Margret Rothe-Buddensieg

Spuk im Bürgerhaus

**Skripten
Literaturwissenschaft 7**

Wissenschaftlicher Beirat:

Karl Eimermacher, Konstanz
Hans-Wolf Jäger, Bremen
Dieter Kimpel, Frankfurt
Gert Mattenklott, Marburg
Klaus R. Scherpe, Berlin
Viktor Žmegač, Zagreb

Margret Rothe-Buddensieg

Spuk im Bürgerhaus

Der Dachboden in der deutschen Prosaliteratur
als Negation der gesellschaftlichen Realität

Scriptor Verlag GmbH
Kronberg Ts.
1974

D 188

© Scriptor Verlag GmbH & Co KG
Wissenschaftliche Veröffentlichungen
Kronberg Taunus 1974
Alle Rechte vorbehalten
Umschlagentwurf Stefan Krause
Druck- und Bindearbeiten:
Friedrich Pustet, Regensburg
Printed in Germany

ISBN 3-589-00079-1

Motto

"Im Sommer 1908 hatten wir den Besuch des Musikkritikers Korngold und seiner Frau, die ihren elfjährigen Sohn Erich Wolfgang mitbrachten. Mahler bat den Jungen, eigene Kompositionen zu spielen, obwohl er kaum angefangen hatte, Klavier spielen zu lernen. Die große Aufmerksamkeit schien ihm nicht angenehm zu sein. Er schlich sich davon und spielte mit unserer Tochter auf dem Dache eines Heuschobers. Ich kam hinaus und rief ihn zur Jause. Er sagte: 'Ich mag nicht' und ich 'Warum denn nicht?' - 'Weil ich nicht schön essen tu ...'.

Er war nicht zu bewegen hereinzukommen, und so bekamen die Kinder ihren Kuchen draußen. Sie vertrugen sich übrigens ganz gut, weil sie beide wortkarg und verbissen waren. So sehr, daß meine fünfjährige Tochter Anna ihn bat, nicht fortzugehen, sondern in ihrem Bett zu übernachten."

Alma Mahler-Werfel, Mein Leben.
Frankfurt, Hamburg 1963, S. 36

Inhalt

Seite

Vorwort

Einleitung · 1

1. Kap.: Optimismus der Entwicklung · 38
Goethe und die Hoffnung · 4o
Zusammenfassung · 52

2. Kap.: Pessimismus der Entwicklung · 58
Mörike und der Trug des Schönen · 58
Stifter und die Last der Tradition · 75
Keller und das Versagen · 86
Zusammenfassung · 1o6

3. Kap.: Krise der Selbstbehauptung · 112
Storm und der Rückzug nach innen · 112
Fontane und die gelbe Gefahr · 134
Raabe und der herablassende Kauz · 164
Zusammenfassung · 2o2

4. Kap.: Falsche Versöhnung · 2o8
Marlitt und die bessere Welt · 2o8
Gabriele Reuter und der Selbstverlust · 224
Zusammenfassung · 242

Nachwort: Ausblick auf das 2o. Jht. · 246
Musil und der Triumph des Eros · 249
Kafka und die tödliche Verleugnung · 254
Neukrantz und das ganze Haus war in Aufruhr · 26o
Literaturverzeichnis · 268

Vorwort

An dieser Stelle sei meinen akademischen Lehrern Dank ausgesprochen: den Philosophen Herrn Prof. Ralfs, Hamburg und Herrn Prof. Lieber, Berlin, den Historikern Herrn Prof. Brunner, Herrn Prof. Fischer und Herrn Prof. Rudolph, Hamburg; den Germanisten Herrn Prof. Stackmann, Hamburg, Herrn Prof. Gruenter und Herrn Prof. Killy, damals Berlin; allen voran aber Herrn Prof. Emrich, Berlin, dem ich die Ermutigung verdanke, einem zunächst skurril erscheinenden Einfall wissenschaftlich zu folgen.

Für die Unterweisung in der Analyse psychodynamischer Prozesse habe ich meinen Lehrern am Institut für Psychotherapie e.V., Berlin, zu danken: Herrn Dr.med. Dieckmann, Herrn Dr.med. Hagsphihl, Herrn Dr.med. Köhler, vor allem aber Herrn Prof. Dr. med. Bach.

An dritter, darum nicht letzter Stelle sei meinen Schülern am Albert-Schweitzer-Gymnasium in Berlin-Neukölln gedankt, deren unbefangener Umgang mit Literatur mich herausforderte, die Realitätstüchtigkeit meiner wissenschaftlichen Kriterien zu überprüfen.

Margret Rothe-Buddensieg

Einleitung

Der Dachboden des Hauses ist uns allen tausendfach bekannt. Geheime Kinderspiele, armer Poet, Geisterspuk und Rattentanz verleihen ihm in unserer Vorstellung ein ebenso phantastisches Gepräge wie die Maskerade der verstaubten Gegenstände, der verborgene Flüchtling und der verheißende Blick aus dem Dachfenster ins Freie. Dort oben ist alles anders. Unser Wissen vom Dachboden scheint aus jenem Stoff gemacht, aus dem die Träume gebildet werden.

Die literarische Gestalt des Dachbodens ist nicht weniger schillernd und phantastisch. Obwohl in der Prosaliteratur im Verlaufe des 19. Jahrhunderts immer markanter und unabweisbarer verdichtet, ist diese Erscheinung wissenschaftlich unentdeckt. In der Darstellung des individuellen Schicksals wird der Dachboden von den Dichtern mehr und mehr als Handlungsort einbezogen, wird tausendfach abgewandeltes Motiv, dessen poetische Eindringlichkeit eine Rätselfrage ist, die ihre Lösung fordert. Mit der Gestaltung dieses Raumes entthronen die bürgerlichen Dichter die Macht seines adeligen Vorläufers, des Schloßturmes, um einen neuen Sachverhalt im Medium dieses unwohnlichen Ortes mitzuteilen, der seine Dynamik aus dem Bürgerhause bezieht. Da es sich um ein historisch vielfach abgewandeltes Motiv handelt, soll seine Geschichte nachgezeichnet werden, um die Identität in der Widersprüchlichkeit aufzuspüren, die die Literatur mit dem Dachbodenmotiv einfängt. Die Analyse soll sich auf die Zeit von Goethes "Wilhelm Meisters theatralische Sendung" aus dem Jahre 1785 bis zu Gabriele Reuters naturalistischem Roman "Aus guter Familie" von 1895 richten und mit einem Ausblick auf das 2o. Jahrhundert schließen.

Seit dem Ende des 18. Jahrhunderts wird in der europäischen Literatur das Bürgerhaus überhaupt mit wachsender Häufigkeit in die konkrete Gestaltung einbezogen, und zwar im Gefolge der realistischen Darstellung bürgerlichen Lebens, dessen primärer Sozialisationsbereich die Familie ist. Kollisionen in dieser Sphäre werden auch in der Wirklichkeit als kritische Phasen des persönlichen Schicksals erfahren. Das "Elternhaus" gibt über die Genese des bürgerlichen Individuums eindringlicher Auskunft als dessen Selbstverständnis, ist jenes doch Schauplatz der ersten einschneidenden Auseinandersetzungen mit der Realität, mit der Familie, die

die elementaren Objektbeziehungen prägt. Die Durchsetzung der bürgerlichen Lebensgestaltung in Europa bringt für die gesellschaftliche Bedeutung des Bürgerhauses sowohl den erzieherischen Imperativ der Sozialisation ins Spiel als auch den der Privatheit, der Individuation. Diese spannungsreiche gesellschaftliche Funktion, die Nachkommen zu vergesellschaften und zu individuieren, verleiht dem Bürgerhause die Doppelgesichtigkeit: Es soll mit seiner Privatheit und Intimität die sichere m ü t t e r l i c h e   B u r g sein, welche die kindliche Selbstentfaltung schützt wie eine Außenhaut, und als Mikrokosmos zugleich der weltoffene v ä t e r l i c h e   S c h a u p l a t z , in dem das Vertrauen erlernt wird, in der ganzen Welt zu bestehen.

Sich mit einer Analyse des Dachbodenmotivs in den literarischen Bedeutungskreis des deutschen Bürgerhauses hineinzubegeben, heißt mithin, den dichterischen Fokus des Sozialisationsproblems abzuschreiten, denn auch das dichterische Haus wird nun zum Brennspiegel des Entwicklungsganges der literarischen Figur. Damit aber ist dieses Haus mehr als es selbst geworden, sein "ästhetischer Schein" wird "Sein für anderes".
Es wird p s y c h i s c h e und s o z i a l e Repräsentanz des Schicksals der dargestellten Personen. Am dinglichen Gebäude nämlich wird unversehens manifest, was während der Entwicklung des Helden aus dem Bewußtsein verlorenging und in die Latenz geriet. Der kindliche Antagonismus zwischen Lust- und Realitätsprinzip, aus dem das Ich als Instanz der "Selbstbehauptung" des Individuums hervorgeht, und der frühe Verinnerlichungsprozeß der elterlichen Über-Ich-Instanzen [1] werden in der dinglichen Darstellung des Bürgerhauses von den Dichtern rigoroser offengelegt als im Bewußtsein der literarischen Figur selbst. Die Negation des Reifungsprozesses, die Lust zu bleiben, wer man ist, verzaubert die Gegenständlichkeit des Erziehungsschauplatzes, in dem die unerfüllten Wünsche fortleben. So wird das literarische Bürgerhaus von den Dichtern zum Ausdruck der Widersprüche von Wunsch und Wirklichkeit, von Körper und Welt. Es ist Innenraum als Symbol des eigenen Leibes und Außenraum als Symbol der Welt. Es wird mithin in der bürgerlichen Literatur zum Schauplatz eines dramatischen Prozesses, in dem darüber verhandelt wird, ob die gesellschaftlichen Widersprüche, unter deren Dynamik

---

1) vgl.S. Freud, Gesammelte Werke Bd. 17, S. 67 ff.

die Individualgenese sich vollzieht, eine menschliche Lösung erfahren. Die bürgerlichen Dichter geben darauf eine immer verzweifeltere Antwort.

Begibt sich eine Untersuchung, die jenen Ort im Bürgerhaus, den D a c h b o d e n , welcher der Ökonomie der Familiengemeinschaft entzogen ist, ins Zentrum stellt, aus dem Problem des individuellen Entwicklungsprozesses, den die Dichter in ihren Werken gestalten, heraus? Es scheint so, weil es sich bei diesem Raum unter dem Dache ja gerade um jenen Ort handelt, der die Instanzen der Intimität und der Weltoffenheit in der Familie außer Kraft setzt. Und doch muß gerade dieser negativen Bestimmung etwas Positives zugehören, was dem Dachboden als literarischem Motiv die Dynamik verleiht. Worin liegt also die Virulenz dieses a b s o n d e r l i c h e n Ortes beschlossen, den die Dichter in das Geschehen mehr und mehr einbeziehen? Sie scheint gerade in diesem Kriterium der A b s o n d e r u n g zu liegen. Dort wird nicht erzogen, dort ist nicht mütterlicher Schutz und nicht väterliche Ordnung. Dort ist Rettung, wenn im Hause der Kampf ausbricht. Was aber macht gerade den Raum unter dem Dache zu jenem wichtigen dritten Ort und nicht irgendeinen verborgenen Winkel des Hauses?

Um diese Fragen zu klären, muß der Dachboden als solcher genauer betrachtet werden. Im Bürgerhause ist er, im Gegensatz zu dem durch die Lagerung von Speisen und Getränken noch mittelbar in die Nutzung einbezogenen Keller, n i c h t m e h r F u n k t i o n s r a u m wie noch im Bauernhaus. Er ist Aufbewahrungsort für veraltetes Inventar, für mehr oder weniger ehrwürdige Ruinen eines abgelebten Lebens im Hause wie auch für Dinge, deren Erinnerung aus der Wohnsphäre des Hauses verdrängt wurde. Er ist eine Sphäre des Vergessens und des Vergessenen, das dort überdauert und unter Staub und Spinnennetz wieder zur Natur zu werden beginnt. Der Dachboden ist demnach ein Raum außerhalb der Gesellschaft und dennoch Teil des Hauses, aber nicht mehr zu dessen Wohnsphäre gehörig, wie vermittelt immer noch der Keller mit seinen verheißenden Naturalien als Garant einer genußreichen Zukunft. Der Dachboden birgt die Sphäre der Vergangenheit oder der vergessenen Tradition; in seinem Inventar halten Natur und Geschichte Einstand wie in der Ruine im Walde;

doch unterscheidet ihn von der letzteren, daß m i t i h m gelebt wird. In ihm überdauert alles aus dem Leben Fortgeräumte.

Darin liegt das Neue, das weder der Speicher des Bauernhauses noch der Schloßturm in sich aufbewahren. Der Dachboden des Bürgerhauses, in den alles Gerümpel, alles Überflüssige fortgeschafft werden kann, ist zugleich der höchste Ort des Hauses und von einem schützenden Dache überwölbt. Von seiner Weite, seiner Unwohnlichkeit und seiner Abgeschiedenheit geht Anziehungskraft aus, denn hier ist alle Lebensplanung außer Kraft gesetzt, und das dorthin Verbannte kehrt aus der Gesellschaft in die Naturgeschichte zurück. Alles Überflüssige, das dort überdauert, ist aber n u r a u s d e n A u g e n . Es lebt zwar nicht fort nach den Gesetzen der Geschichte, aber nach denen der Natur. Weder der geheime Winkel im Hause noch der dunkle Keller vermögen diesen Widerspruch zum geschäftigen Leben der Hausbewohner in sich aufzunehmen, können den Sprung aus der Wirklichkeit auffangen. Das Geheimnis der Anziehungskraft dieses Ortes liegt in seiner Höhe und Abgeschiedenheit. Die Treppe führt dort oben hinauf, wo die Bedrängten den Bedrängern unbeschadet auf dem Kopfe herumtanzen dürfen. Dort ist Licht und Luft. Der Blick aus der engen Luke gibt die weite Welt und den Himmel frei. Dort kann sich Freiheitsbegehren beheimaten, das im Hause bestraft wird.

Doch nicht nur der Sprung aus Geschichte und Gesellschaft wird auf dem Dachboden möglich, weil sie dort ihre Herrschaft an die Natur verloren haben. Das Bürgerhaus ist nicht nur Außenraum als Symbol der Welt, das unter dem Dache seine Negation erfährt, es ist auch Innenraum als Symbol der eigenen Leiblichkeit, und jener höchste Ort verbindet sich mit der Vorstellung von Kopf und Geist. Er ist auch "Oberstübchen". Das Sparrenwerk des Daches gibt hier den konstruktiven Plan des Architekten frei. Unten ist alles verstellt, hier oben ist Klarheit, Funktionalität und schöpferisches Genie. Licht und Luft werden Attribute der Erkenntnis, und der Blick in die Weite nährt den Enthusiasmus des freischweifenden Geistes auf der Suche nach der Wahrheit. Blitz und Donner, Sternhimmel und Sonnenschein, Regen und an den Ziegeln rüttelnder Sturm werden hier unmittelbar als kosmische Naturgewalten erfahren, für die unten im Hause der Blick getrübt wird. Als inneres Drama aber gehört dieser Bereich der Widersprüchlichkeit von Körper und Geist, von Unten und Oben im Körperleben zu. Der Geist, der dort oben unter dem Dache haust, verheißt die Freiheit von materieller Verstrickung. Er tritt auf als Widersacher der libidinösen Weltzuwendung und verheißt die intellektuelle Befreiung von Triebverstrickung, die unten im Hause als Unglück droht. Doch wer hörte nicht beim: "Bei Dir piept's wohl!" unversehens den verirrten Vogel und die Mäuse unter dem Dache mit? Der Triebverzicht, der die geistige Selbstverfügung verheißt, bedeutet Gefahr, und so gehört die Feuersbrunst, die den Dachstuhl verschlingt, zum Ausdruck der physischen Vernichtung wie der Ausbruch des Wahnsinns zum Verlust der Wirklichkeit und der körperlichen Selbstverfügung.

Wie wenig all diese Phantastereien, die unsere Vorstellungen vom Dachboden als einem "Freiraum" im Bürgerhause in seiner dinglichen Gestalt beherrschen, reine Spekulationen sind, von denen sich der analytische Blick reinigen müßte, beweist die volkstümliche Metaphorik, die sich an diesen Ort knüpft und das kollektive Vorverständnis aufdeckt. Im Handwörterbuch des deutschen Aberglaubens gilt der Raum unter dem Dach als die Heimstatt umherirrender Geister. "Bei fast allen Völkern spielt das Dach einerseits als Hauptangriffspunkt dämonischer Mächte, andererseits als sicherer Schutz der Menschen im Volksglauben eine große Rolle". [2] In der Vorstellung des Volkes bevorzugten Geister die Öffnungen im Dach als Eingang in das Haus; sie wollen als ruhelose, unerlöste Wesen der Nacht ein Dach über sich, und der Hausgeist wurde im Gebälk des Daches sitzend gedacht. Um ihm eine Heimstatt zu gewähren und damit seine Gunst zu erwirken und um das Sterben eines Hausbewohners zu erleichtern, wurde die Dachluke geöffnet. Die Leiche des Hausvaters wurde bis zur Bestattung unter dem Dache bei geöffneter Luke aufgebahrt und der Selbstmörder durch eine Dachöffnung aus dem Haus geschafft. Das Dach schützte zudem die Menschen vor den drohenden Geistern der Nacht, dem wilden Jäger, dem Drachen, den Hexen und Walden. Ihnen wurde ein Schüsselchen Milch auf das Dach gestellt, damit das Haus von ihrer "Heim-Suchung" verschont blieb. [3] Das deutsche Sprichwörterlexikon [4] enthält 37 Sprichwörter

---

2) Bächtold-Stäubli, Handwörterbuch des deutschen Aberglaubens, hg. von Hoffmann und Krayer, Berlin, Leipzig 1929-3o, Bd.II, S. 151
3) Wörterbuch d.dt. Aberglaubens, a.a.O., S. 151 ff.
4) Deutsches Sprichwörterlexikon, Leipzig 1867, Bd. 1

zum Wort Dach, das dort als Metapher für Sicherheit, Hoffahrt, Macht und Eigentum eingeht. Im "Bilderschmuck der deutschen Sprache" [5] ist das Dach als Körpersymbol des Kopfes ausgewiesen, mit ihm ist zugleich der Dachstuhl gemeint:

"Das Dach des Hauses hat merkwürdigerweise zu keinen edlen Gleichnissen Anlaß gegeben. Wohl nur in scherzender und niederer Sprache stehts für Hirnschädel, Kopf; z. B.: "Wenn ihm etwas in die Quer kommt, gleich ist Feuer bei ihm im Dache oder es brennt im Dache, d.h. er braust zornig auf, ist ein Hitzkopf ... - Heutzutage liebt man es, die Redensart "Einem aufs Dach steigen" von einer alten Sitte herzuleiten. (...) Thatsache ist es ja allerdings, wenn ein Mann sich von seiner Frau hat schlagen lassen, so wurde dem Manne von der Einwohnerschaft (...) mit Genehmigung der Ortsbehörde buchstäblich das Dach seines Hauses abgedeckt oder abgerissen bis auf die vierte Latte von oben her". [6] "Es sieht bei ihm unter dem Dache nicht sonderlich aus, mit seinem Verstande ists schlecht bestellt". [7]

Im kollektiven Vorverständnis ist also der Dachstuhl Metapher des Verstandes, mehr aber noch der Affekte und Leidenschaften, die im Feuer symbolisiert sind und auf die Körperlichkeit der Vorstellungen vom Raume unter dem Dach verweisen. Die Redewendung, in der die alte dörfliche Volkssitte aufgenommen ist, das Dach abzudecken, gibt zudem Auskunft über die patriarchalische Ordnungsvorstellung, daß der Mann, der nicht die Herrschaft im Hause gegenüber den Untergebenen zu verteidigen weiß, damit auch das Recht auf ein schützendes Dach verwirkt hat. Dem siegreichen Angriff der Schutzbefohlenen auf seine Person im Inneren des Hauses folgt die Vernichtung des sicheren Daches auf öffentlichen Beschluß der Dorfgesellschaft. In Volkssitte und Sprachgebrauch ist die Vermittlung von Körpersymbolik, im Sinne der Selbstbehauptung gegenüber der Frau, und Weltsymbolik, im Sinne des verwirkten Friedens im Sozialen, eindringlich ausgedrückt.

Die Metaphorik der Dachkammer führt in den Bereich der körperlichen Auffassung des Geistes:

---

[5] Bilderschmuck der deutschen Sprache, Weimar 1894, S. 21 ff.
[6] a.a.O., S. 21, vgl. hierzu auch das Handwörterbuch des deutschen Aberglaubens, a.a.O., S. 152: "Soll ein Genosse aus der Gemeinschaft ausgeschlossen werden, wird ihm das Dach abgetragen".
[7] Bilderschmuck der deutschen Sprache, a.a.O., S. 22

"Von der Stube sind keine Gleichnisse entlehnt; nur in der Diminutivform redet man vom Oberstübchen oder Dachstübchen (Jean Paul: Das Dachstübchen der Seele), d.h. Kopf, in Wendungen wie: mit dem ists nicht richtig im Oberstübchen, es rappelt bei ihm im Dachstübchen (der Verstand ist gestört), wenn das und das, ists gleich aus im Oberstübchen, es wird heller im Oberstübchen, Einem das Oberstübchen fegen".⁸⁾

An diese volkstümlichen Vorstellungen vom Oberstübchen unter dem Dache als dem Bereich des Verstandes knüpfen sich die Erfordernisse von Reinlichkeit, Licht, Leere und Aufgeräumtheit als Garanten des Normalen. In den Sprachgebrauch eingegangen ist aber vor allem die düstere Seite der gefährlichen psychischen Belebung dort oben im Kopfe. Wenn es dort rappelt, wird es dunkel. Der negativ getönten Redewendung steht zudem die averbale Geste des verachtungsvollen Tippens an die Stirn zur Seite, die als Kampfansage verstanden wird, weil sie den Gegner durch Verbannung seines Begehrens in die Verrücktheit aus dem Felde schlägt. Es sei endlich noch auf die Bedeutung des Wortes "Olymp" hingewiesen als dem höchsten Rang des Theaters (franz. le paradis). Es ist der Ort der Armen wie auch der Unbeherrschten, welche die anstößige Wahrheit unbefangen im Munde führen. Dieser Ort unter dem Dache des Theaters als Spiel der Welt steht in Analogie zum Sitze der Götter auf dem Bergesgipfel, dem Schauplatz grandioser Streitereien.

Die aus der Wirklichkeit auftauchenden Phantasien vom Dachboden enthüllen innerhalb der Symbolik des Bürgerhauses mithin, daß dieser Ort ein Freiraum ist, dem nichts im Hause gleicht. Selbst bei dem Versuch, seine Dinglichkeit zu beschreiben, bevölkert er sich mit den Geistern, die unten im Hause vertrieben sind, Freiheit von Ordnung, von drangvoller Enge, von Selbstverlust und Triebgefahr ist die Verheißung, die dem Dachboden jenen Sog verleiht, der ihn mit den trotzigen Geistern des Abenteuers, des Aufruhrs, der Willkür und auch des Wahnsinns erfüllt wie auch mit ihren stilleren Schwestern, der Versenkung, der Stille und

---

8) a.a.O. S. 25

des Verzichts, um die Herrschaft über die wehrlose Gegenständlichkeit
dieses Raumes anzutreten. Wo sind die wissenschaftlichen Instanzen zu
suchen, die den kritischen Blick der Analyse sichern? Wo ist in diesem
Chaos der legitime Weg methodischer Beweisführung? Haben wir es doch
bei dem Dachboden mit einem Raum im Bürgerhause zu tun, der soziale
Kriterien außer Kraft setzt und in die Naturgesetzlichkeit führt.

Die Berufung auf die ästhetische Differenz des literarischen Dachbodenmotivs, das noch nicht vorgestellt wurde, weil erst der kritische Zugang zu seinem empirischen Material geklärt werden muß, wäre eine feige
Leugnung der Tatsache, daß diese Differenz nicht die Freiheit vom empirischen Substrat verbürgt. Seine Dynamik bezieht das Dachbodenmotiv
aus dem wirklichen gedanklichen Umgang mit dem Dachboden, aus der
sinnlichen Wahrnehmung. An sie bleibt die Eindringlichkeit des literarischen Motivs gekettet. Von hierher werden ihm die Grenzen der
Wahrscheinlichkeit gesetzt, und vor ihr hat sich daher auch die Methode,
das literarische Motiv zu entschlüsseln, zu legitimieren.

Die wirkliche Phantasmagorie der Vorstellungen vom Dachboden läßt sich
auf zwei Grundthemen reduzieren, die als Kollisionspunkte in der individuellen Lebensplanung eine Symbolisierung dieser absonderlichen Räumlichkeit herbeiführen. Zum einen sind es die unaufgelösten Widersprüche,
die bei der Suche nach einer sozialen Rolle auftreten, und zum anderen
diejenigen, die die Suche nach der Geschlechtsrolle begleiten. Der
erste Bereich betrifft jene Außenseite der Vorstellungen des Dachbodens
im Hause als Weltsymbol. Die konkrete Benennung für die Krisen, aus denen
der Zwang zur Symbolisierung hervorgeht, kann aus der Analyse des konkret-
gesellschaftlichen Hintergrundes gewonnen werden, vor dessen Herrschaft
der individuelle Lebensplan sich bewähren muß. Hier aber sind dem soziologischen Verfahren feste Grenzen gesetzt. Die Familiensozialisation steht
nicht in mechanisch-kausalem Zusammenhang mit den gesellschaftlichen
Kräften. Sie ist nicht die Chiffre, aus der sich der Gesamtzusammenhang
unmittelbar ablesen läßt. Bei der Analyse ist der Blick für qualitative
Differenzen zu schärfen, denn im Bürgerhause haben wir nicht das platte
Abbild gesellschaftlicher Determinanten vor uns. Die Resonanz der bürgerlichen Familie auf das historische Geschehen erfährt durch Selbstbehaup-
tungsstrategien qualitative Veränderungen, die aufgedeckt werden müssen,

wenn die Untersuchungsergebnisse nicht von vornherein mit dem identisch sein sollen, was man ohnehin weiß, nämlich daß es im deutschen Bürgerhaus "Welt", also Öffentlichkeit, nie unverstellt gegeben hat.[9] Methodisch muß also in diesem Bereich von einer qualitativen Differenz zwischen den Konfliktgegnern Individuum und Familie und von einer qualitativen Differenz zwischen Familie und Gesellschaft ausgegangen werden, um die Dynamik der Symbolisierung jenes dritten Ortes im Hause auf die verursachenden Faktoren zurückführen zu können. In keinem Falle kann die Familiensozialisation als genetischer Faktor für die Aufschlüsselung gesellschaftlicher Determinanten dienen. Diese sind dominant und nur historisch aufzudecken, weil das Bürgerhaus als die "Welt" nur in einer verzerrten Vorstellung begriffen wird, die auf die bessere kleine Welt baut und von der Erfahrung des öffentlichen Unterliegens genährt wird. Von daher muß auch der Dachboden kritisch beurteilt werden.

Der andere Bereich, der das Problem der Geschlechtsrolle betrifft und von hieraus die Symbolisierung erfährt, scheint ungleich schwieriger zu entschlüsseln. Hier scheint es kaum möglich, die verschiedenen Resonanzebenen auf jene zurückzuführen, in der die Verursachung gefaßt und konkret benannt werden kann. Die ungelösten Widersprüche, die den Dachboden im Sinne der Negation der Geschlechtsrollen im familiären Zusammenhang aufwerten, bestimmen das Triebschicksal und sind von den Triebobjekten verursacht. Das innere Drama ist zwar in der subjektiven Genese aufzudecken, doch sind hier keine Anleihen in Geschichte und Gesellschaft zu machen. Es ist gleichsam klinischer Befund und hat den Charakter psychischer Dynamik, die zu analysieren ist. Auch dem analytischen Verfahren aber sind feste Grenzen gesetzt: Das Symptom, das beschrieben werden kann, steht nicht in qualitativer Analogie zur Grundstörung. Daher haben wir es nicht mit einem platten Abbild zu tun, das den Blick unmittelbar auf die Verursachung freigibt. Auch das Symptom ist ein Ergebnis von Abwehrmechanismen, die das Überleben garantieren und den am Grunde liegenden unlösbaren Triebwiderspruch verschleiern. Um bei diesem Problem, in das der Dachboden als rettender Ort hineingezogen wird, den sicheren Weg zu beschreiten, muß von vornherein einbekannt werden, daß es sich hierbei um Naturgesetzlichkeit handelt und zwar

---

9) vgl. Habermas, Strukturwandel der Öffentlichkeit, Neuwied 1962

in dem problematischen Sinne, in dem Humanes diesem Bereich zugeordnet werden kann: im Sinne der Naturgesetzlichkeit des Pathologischen. Die festen Grenzen, die der Untersuchung hier gesteckt werden, sind nur mit den Mitteln der Psychoanalyse einzuhalten. Dies kann jedoch nicht ohne genauere Bestimmung dieses diagnostischen Verfahrens angekündigt werden.

Es geht nicht um die Anwendung jenes Registers sexueller Aufschlüsselungen, mit dessen Zauberstab sich der Sesam öffnete. Es geht auch nicht um die Versenkung in die Gefühlsbereiche der "Poésie de l'Espace", mit der Gaston Bachelard [10] den Zugang zur Symbolik des Hauses gewinnt, denn wenn das Glück an Räume, die infantile Erinnerungen an Geborgenheit übermächtig werden lassen [11], fixiert bleibt, wird dieses Glück negiert durch die Angst, welche die Gegenwart auslöst. "In seinen tausend Honigwaben speichert der Raum verdichtete Zeit. Dazu ist der Raum da." [12] Solche Immanenz bei der Betrachtung des Hauses als Welt- und Körpersymbol reißt den Interpreten unweigerlich in den Sog des aufzudeckenden Problems hinein. Die Einfühlung in die "Mütterlichkeit" [13] des bergenden Raumes verschleiert den Blick für die Geschichtslosigkeit, in der der Geborgene lebt. "Zentrierte Einsamkeit" [14] ist nicht Wert an sich, ihre Verursachung muß kritisch befragt werden. Das analytische Verfahren, welches das Haus als Schauplatz eines inneren Dramas erhellen soll, darf nicht selbst Träumerei sein [15], denn es würde unversehens die Symbolisierung des Dachbodens daraufhin zensieren, ob sie den eigenen Wünschen des Interpreten Raum gibt [16]. Zudem gerät diese Versenkung unter den Zwang, eine moralisch getönte Werthierarchie des Hauses herzustellen [17], wodurch das im Dachboden artikulierte Problem in jenem Chaos von Symbolen

---

10) Gaston Bachelard, Poetik des Raumes, München 1960
11) a.a.O., S. 38
12) a.a.O., S. 40
13) a.a.O., S. 40
14) a.a.O., S. 64
15) "Das Elternhaus im Traumvorgang bewohnen, ist mehr als es in der Erinnerung bewohnen, es heißt in dem verschwundenen Hause leben, wie wir darin geträumt haben". a.a.O., S. 48
16) "Das früheste und für die Traumgehalte entscheidende Haus muß seine Dämmerung behalten. Es entsteht aus der Literatur der Tiefe, also der Poesie, nicht der redseligen Literatur". a.a.O., S. 45
17) "Der gesunde Menschenverstand wohnt im Erdgeschoß, immer bereit zum 'Verkehr mit der Außenwelt' auf gleichem Fuße mit dem Mitmenschen, der nie ein Träumer ist. Im Hause des Wortes die Treppe hinaufsteigen, heißt von Stufe zu Stufe abstrahieren. In den Keller hinuntersteigen heißt träumen, heißt sich verlieren in fernen Gängen". a.a.O., S. 176 f.

versinkt, aus dem es gerade ans Licht gehoben werden muß. Das Vertrauen auf das Erkenntnismittel träumerischer Einfühlung ist trügerisch, denn es führt sicher in jenes Feld willkürlicher Spekulationen, für die der Dachboden ja gerade in der Negativität des Fluchtsymbols steht. So wird der kritische Blick verstellt und nur eine willkürliche Freiheit gewonnen, die, weil chimärisch, nicht die Grundstörung aufdecken hilft, sondern die Subjektivität des Interpreten unverhüllter preisgibt, als durch das Erkenntnisinteresse legitimisiert ist.

Nicht die von Gaston Bachelard vorgeführte Versenkung soll in dieser Untersuchung den Zugang zur Genese und Auslösung des inneren Dramas sichern; in dieser Versenkung liegt nämlich eine unzulässige Ontologisierung der Bildlichkeit des Hauses vor, die darum in ihrem rationalen Kern unaufgeklärt bleibt. Es muß ein anderer Weg beschritten werden, um in der Phantasmagorie der sinnlichen Wahrnehmung vom Dachboden als Körpersymbol die Rationalität aufzuspüren und zu benennen. Welches Instrument hat die Psychoanalyse gefunden, um die Dynamik der Tagträumerei zu entschlüsseln?

Allem anderen voran hat sie die tiefe Skepsis gegenüber dem bewußt sich Manifestierenden gelehrt und den Blick auf die Latenz des Triebgeschehens gelenkt, das im widersprüchlichen Zusammenhang zum Bewußtsein steht und, wo es sich nicht zu äußern vermag, eine verborgene Tyrannei über das psychische Geschehen ausübt, und zwar durch den Rückfall in die Naturgesetzlichkeit der Triebe. Um diese zu bestimmen, hat Sigmund Freud ein ganzes Leben sich gezwungen gesehen, Revisionen seiner früheren Ergebnisse vorzunehmen, so daß es hier auch nicht möglich ist, die differenzierten diagnostischen Kriterien, auch seiner Nachfolger, im Einzelfall durchzuspielen und in der Arbeit auf ihre Effektivität hin zu prüfen. Hier ist Bescheidenheit erforderlich. Die Trieb- und Angsttheorien Freuds sollen in dem einfachen Sinne des Zweifels Berücksichtigung finden, daß die mit dem Dachboden in Zusammenhang tretenden Personen nicht unverhüllt preisgeben, was ihre wahren Impulse sind. Der Enthusiasmus der Höhe ist nicht in sich identisch; er kann von der Angst gesteuert sein, in der Tiefe einer Versuchung zu erliegen, die den angstbesetzten Wunsch entfesselt. Von dem in der Psychoanalyse nachgewiesenen Sachverhalt des Verdrängungsprozesses, der eine pathologische Konfliktlösung darstellt, wird auch Licht auf die Bedeutung des Dachbodens geworfen. Die Absonderung dort oben muß als Konfliktlösung in der Geschlechtsrollenproblematik kritisch gewürdigt werden. Die zu erkennen gegebene Lust kann Angst, die Angst latente Lust verbergen. Die Flucht dorthin kann durch Begehren ausgelöst werden, das Begehren selbst in Wahrheit Flucht sein. Was als Innenseite eines Konflikts erscheint, kann an die tabuierten Objekte fixiert sein, was sich als Außenseite des Problems kundtut, in der inneren Vorstellung verborgen liegen. Es muß also beim Dachboden als Körpersymbol geklärt werden, ob die Vorstellungen von dem Ort der Absonderung nicht aus der Vorerfahrung entspringen, daß die Widersprüchlichkeit von aufsteigendem Wunsch und Befriedigung versprechendem Objekt in die Versagung geführt hat. Das heißt mithin, daß die Symbolisierung des Dachbodens eine dunkle und eine helle Seite zu erkennen gibt: eine trügerische Scheinwelt, die als R e g r e s s i o n die Flucht nach Innen und den Realitätsverlust herbeiführt, welche wir im Feuer ausgedrückt finden, und die Ungebrochenheit des trotzigen Aufbegehrens, das als P r o g r e s s i o n dort oben auf den Köpfen der Versager die Glückserwartung gegen die Resignation verteidigt und den wärmenden Sonnenstrahl zum Bundesgenossen hat.

Die wirkliche Doppelgesichtigkeit des Symbolisierungsprozesses, in den der Dachboden hineingerät, ist so unübersehbar nicht. Ein Blick auf seine psychische Entstehung und Funktion klärt das methodische Verfahren. Beim Symbolisierungsprozeß fallen ohnehin Wahrnehmungsprozesse fort, die genetisch der symbiotischen Einheit von Ich und Objekt entstammen und halluzinatorischen Charakter tragen. Symbolisierung, das heißt das metaphorische Denken, ist genetisch die zweite Stufe des sinnlichen Wahrnehmens im Sinne von Vorstellungsinhalten, in denen bereits eine Wahrnehmungsdifferenz zwischen den inneren und äußeren Vorgängen entwickelt ist. Das symbolische Denken steht genetisch zwischen dem früheren konkretistischen Denken des Kleinkindes und dem vollentfalteten begrifflichen Denkens des Erwachsenen als der höchsten Stufe der Objektwelterfassung im Sinne innerer Zusammenhänge [18]. Es zeichnet sich aus durch die willkürliche Zusammensetzung von heterogenen Inhalten, deren innere Bezüge nicht erkannt werden und die deshalb nach äußerlichen Merkmalen eine Einheit bilden. Symbole sind aber D a r s t e l l u n g e n   d e r

---

[18] vgl. hierzu: L.S. Wygotski, Denken und Sprechen, Kap. 4, o.O. 1969,
E. Jones, Theorie der Symbolik, Psyche XII. Jg. 24. 1970
P. Searles, Der Übergang vom konkretistischen zum metaphorischen Denken im Gesundungsprozeß der Schizophrenen, Psyche IX, Jg. 19, 1965

W a h r h e i t und zwar solche, die uns die größtmögliche Annäherung an den uns herausfordernden Gegenstand gewähren, zu der wir aus inneren oder äußeren Gründen befähigt sind. Das bedeutet, daß die wirkliche Bedeutung des Gegenstands im Symbol nur angetastet ist und daß wir uns durch die Verschlüsselung eine Verständigung und Einstimmung mit anderen sichern, die bei o f f e n e r D a r s t e l l u n g s o f o r t a u f g e k ü n d i g t würde. So wird das nicht Faßbare benennbar auf der Vorstufe des Begreifens.

Auf diese Stufe des Erfassens, und dies ist für die Symbolisierung des Dachbodens wichtig, vermag das Denken als hilfreiche Tätigkeit zu rekurrieren, wenn es sich mit einer Wirklichkeit auseinanderzusetzen hat, die sich dem begrifflichen Denken widersetzt. So werden Körper- und Sexualvorstellungen im Dachboden symbolisiert, um einen Wirklichkeitsbezug aufrechtzuerhalten, der sonst aus der Lebenserfahrung ausgeschlossen würde. Was sich in diesem absonderlichen Raum symbolisiert artikuliert, ist demnach mehrfach determiniert und muß als rational noch nicht Gefaßtes, Tabuiertes in seinen wirklichen Bezügen eine begriffliche konkrete Benennung erfahren, um ihm die Unantastbarkeit zu rauben [19]. Unsere Tagträumerei vom Dachboden weist aber nicht nur die Widersprüchlichkeit von Angst und Lust auf und nicht nur die Verschlüsselung des eigentlich Gemeinten. Sie steht auch unter Gestaltungsprinzipien, die Freud in seiner "Traumdeutung" [20] aufgedeckt hat und die uns wieder zur Skepsis gegenüber dem manifesten Befund aufrufen. Der latente Traumgedanke ist die Dynamis des Darstellungsprozesses, die gedrosselt wird durch einen Zensor, das Traum-Ich, welches die im Schlaf andrängenden angstauslösenden Triebwünsche durch Symbolisierung, Verdichtung oder Verschiebung auf das Belanglose zu einer erträgli-

---

[19] E. Jones, a.a.O., S. 942: "Symbole entstehen, wenn der zugrundeliegende Affekt sublimierungsunfähig und der Symbolisierungsprozeß selbst unbewußt ist. Der Weg zum realitätsgerechten Denken beginnt als Unterscheidungsarbeit an den interessengesteuerten, dem Lustprinzip folgenden Identifizierungen, auf denen alle Symbolisierung beruht. Das Interesse haftet zunächst am Konkreten. Die fortschreitende, realitätsgerechte Differenzierung wird durch Verzicht auf die primären Identifizierungen erkauft. So entstehen Allgemeinbegriffe als 'wertvolle Generalisierungen' auf dem Niveau der Realität. Die Funktion der Symbolik ist es, regressiv die einmal etablierte Hemmung wieder zu überwinden, die den freien Ausdruck affektiv besetzter Vorstellungen hindert."
[20] vgl. Freud, a.a.O., Bd. II/III

chen Geschichte macht, die den manifesten Trauminhalt ergibt. Auch hier also werden wir gezwungen, zugunsten der Wahrheit die Symbolisierung als einen Verschleierungsprozeß zu begreifen, der die unerträgliche Latenz artikulierter macht und der Erhellung erst noch bedarf. Wir haben demnach im Sinne dieser Gestaltungsprinzipien auch Skepsis zu zeigen, wenn der Dachboden als Ort des Kopfes und der reinen Erkenntnis auftaucht; nach der Dynamik der Verschiebung kann er nämlich zugleich von unten vollgestellt werden mit all dem Körperunrat, der als freischweifender Geist anständig gekleidet uns die beifällige Einstimmung in die Ausschweifung entlockt und den gutgläubigen Narren dem Gelächter preisgibt.

Was haben nun die beiden Bereiche des Dachbodens im Sinne der Welt- und Körpersymbolik des Bürgerhauses, was haben also Vorgesellschaftung und Selbstfindung miteinander zu tun? Hier ist größte Vorsicht geboten. So erstaunlich die Forschungsergebnisse sind, die mutig das Problem der Beziehung zwischen gesellschaftlicher Verursachung und tiefenpsychologischer Resonanz aufzudecken suchen [21], so sehr hat sich die Verf. doch genötigt gesehen, der Suche nach solchen Vermittlungen nicht die Treue gegenüber dem Nachweis des Feststellbaren zu opfern. Hier muß die kühne Deutung der überprüfbaren Beschreibung der Erscheinungen weichen.

---

[21] vgl. W. Reich, Massenpsychologie des Faschismus, Köln, Berlin 1971
dgl. Dialektischer Materialismus und Psychoanalyse, Bln. 1968
E. Fromm, Die Furcht vor der Freiheit, Zürich 1945
H. Marcuse, Triebstruktur und Gesellschaft, Frankfurt 1967

Wenn das vorästhetische Vorstellungsmaterial, das nicht Thema der Arbeit ist, vom Dachboden in seiner Bedeutung als Welt- und Körpersymbol mit der historisch-soziologischen und der psychoanalytischen Fragestellung entsymbolisiert und aufgeklärt werden kann, so ist nun zu fragen, wie es sich mit dem Dachboden als l i t e r a r i s c h e m M o t i v verhält. Erst jetzt ist es legitim, die ästhetische Differenz der Dichtung zum konkreten Wahrnehmungsprozeß methodisch zu würdigen. Sie ist allerdings gravierend; denn die Dichter gestalten im Zusammenhang mit dem Dachboden den widersprüchlichen Prozeß der individuellen Entwicklung. Die spontanen, diffusen Vorstellungen im Volksglauben und in unseren Phantasien erweisen sich angesichts des dichterischen Umgangs mit dem Dachboden als versprengt, als Hieroglyphe. Das Dachbodenmotiv erscheint gleichsam als stringente Bearbeitung des von uns nur ahnungslos Wahrgenommenen. Die ästhetische Differenz setzt sich im künstlerischen Gestaltungsprozeß durch, der das Phantastische unter die Gesetze der Wahrscheinlichkeit zwingt und so die Vermittlung mit der Wirklichkeit herstellt, die das Erträumte als dichterisch Benanntes erst zu jener Provokation für das Reale werden läßt, die wir in unseren Phantasien für das Leben leugnen müssen. Es scheint, als komme in der Dichtung überhaupt erst alles ans Licht [22)]

Das literarische Dachbodenmotiv läßt in seiner schier unüberschaubaren Vielfalt der poetischen Gestaltungen von Goethe bis Gabriele Reuter doch Identisches erkennen, und das ist seine D r e i e r g e s t a l t. Kindlicher Gegenentwurf zum elterlichen Lebensplan, juveniler illusionärer Protest gegen den Zwang zur Berufsfindung und die Nötigung, vor den Schranken eines Gerichts endlich den Freispruch zu erringen, das sind die drei aufeinander folgenden Entwicklungskrisen der literarischen Hauptfigur, die dem Dachbodenmotiv Bedeutung verleihen. Unbefangenes Kinderspiel, trotzige Flucht und auferlegtes Gericht sind, so erstaunlich dies klingen mag, von den Dichtern unter das Dach verlegt worden, als sei dort der literarische Ort, wo kollidierende Erfahrungen, in die der Held bei der

---

22) vgl. S. Freud, a.a.O., Bd. VIII, S. 417: "Das Interesse an der Psychoanalyse": "Als konventionell zugestandene Realität, in welcher dank der künstlerischen Illusion Symbole und Ersatzhandlungen wirkliche Affekte hervorrufen dürfen, bildet die Kunst ein Zwischenreich zwischen der wunschversagenden Realität und der wunscherfüllten Phantasiewelt, ein Gebiet, auf dem die Allmachtsbestrebungen der primitiven Menschheit gleichsam in Kraft verblieben sind."

Suche nach der eigenen Rolle gerät, eine Auflösung erfahren könnten. Doch nicht nur der chronologische Ablauf kritischer Phasen, welche die Widersprüchlichkeit von Selbstfindung und Selbstäußerung im fortschreitenden Lebensgang des Helden markieren, verleihen dem Dachbodenmotiv Gewicht. Nach Goethe hat keiner der bürgerlichen deutschen Autoren mehr - außer der Trivialautorin Marlitt - auf den ruhigen Fortgang in der Genese des Helden von einer Stufe der Weltwahrnehmung zur nächsten höheren vertraut, um das Schicksal der literarischen Figur zwingend vor Augen zu führen. Sie kassieren vielmehr die Chronologie der Dreierabfolge von Kindheit, Jugend und Reife und lösen das Dachbodenmotiv aus der Verkettung mit dem manifesten Entwicklungsgang des Helden, um den latenten als den schicksalsbestimmenden zu offenbaren. So beginnt Mörike den "Maler Nolten" in der ersten Fassung mit dem Motiv des Gerichts, als sei es unbefangenes Spiel, läßt den illusionären Knabentrotz folgen, doch der ist legitimer politischer Protest, und gibt dann ein Knabenspiel unter dem Dache preis, das nicht auf die spätere Lebenslust verweist, sondern auf die tödliche Umarmung am Ende [23].

Raabe schiebt die Dreiergestalt des Motivs in "Die Leute aus dem Walde" gänzlich ineins; der Greis Ulex mit der Kinderseele unter dem Dache trotzt dort oben der Omnipotenz des Bankiers mit einem Sterndeuterspiel, vor dessen Wahrheit allen blind Geschäftigen gerechtes Gericht zuteil wird [24]. Das Dachbodenmotiv erfährt mithin eine zunehmende V e r - d i c h t u n g .

Doch nicht nur die Widersprüche von Innen- und Außenseite im Entwicklungsgang werden durch das Dachbodenmotiv erkennbar. Es verselbständigt sich auch zunehmend im Sinne der Dominanz einer der drei Gestalten im Werk, wobei das Gerichtsmotiv die beiden anderen Bedeutungen in sich aufzusaugen beginnt. Diese Herrschaft aber ist nicht durch die Entscheidung der Dichter für den verpflichtenden Freispruch ihrer literarischen Figur nach der Lehrzeit zugunsten einer selbstverantwortlichen Zukunft verursacht. Sie zeigt vielmehr, daß die Individualgenese an Bedeutung verliert. Das Gericht unter dem Dache büßt in der Literatur die klassische

---

[23] vgl. Kap. 2 dieser Arbeit, S. 61 ff.
[24] vgl. Kap. 3 dieser Arbeit. S. 179 ff.

Würde des Allgemeinen ein und wird zu einer Strafinstanz, deren Gesetze
niemand kennt. Es sieht mithin so aus, als ob das Dachbodenmotiv mehr
und mehr von der väterlichen, der Außenseite des Bürgerhauses als Weltsymbol bestimmt werde. Dies aber ist nur manifester Befund des Motivs
und würde, unkritisch gelesen, das in ihm verborgene Problem unerklärt
lassen. Wie in Mörikes und Raabes Umgang mit dem Dachboden erkennbar,
v e r d i c h t e n   und   s y m b o l i s i e r e n   die bürgerlichen
Autoren seine Erscheinung, und zwar in dem Sinne der Gesetzlichkeiten,
in denen der Symbolisierungsprozeß objektiv verläuft. Der Dachboden
des literarischen Bürgerhauses erweist sich in den Dichtungen gleichermaßen als der unverfängliche und belanglose Ort, in den das Individu-
ationsproblem des bürgerlichen Helden   v e r s c h o b e n   werden
kann. Dort oben scheint die eindringlichste Nähe zu einer Wahrheit
möglich, die im direkten Lebenszusammenhang des Hauses sich immer
weniger artikulieren kann. Diesen Symbolisierungsprozeß zu beschreiben
als von der Dynamik eines begrifflich und anschaulich nicht konkreter
faßbaren Problems in den dichterischen Werken gesteuert, das eine Lösung
fordert, soll Hauptziel der Arbeit sein. Es soll dabei beschrieben werden, wie sich die bürgerlichen Autoren der im Dachbodenmotiv verschlüs-
selten, einfachen Frage nach Glück und Recht nähern.

Hier ist der Weg der literatursoziologischen Analyse angemessen. Das im
Werk dargestellte Herrschaftsgefüge gibt Aufschluß über das im Dachbodenmotiv verschlüsselte Problem der sozialen Rolle des Helden. Doch muß
auch hier die Tatsache, daß das literarische Bürgerhaus nicht die Welt
unverzerrt spiegelt, Berücksichtigung finden. Es wird vielmehr so häufig
von den Dichtern an den Rand der Geschichte verschoben, daß auch ein
kritischer Blick auf den verzerrten Lösungsweg des Autors herausgefordert wird. Die ohnmächtige Abwehr der kleinen besseren Welt im Hause als
sichere Burg gegen die herrschende Brutalität muß ihre Wahrheit nicht in
sich haben, und die dichterische Veranschaulichung des Rückzugs aus den
gesellschaftlichen Konflikten kann in sich problematisch sein. Die ob-
jektiven Instanzen, von denen aus die Beurteilung wahrheitsgetreu sein
kann, sind im historischen Geschehen ausgedrückt, aus dem die Dichtung
entsteht. Dieses ist im 19. Jahrhundert in Deutschland durch Industrialisierung, gescheiterte bürgerliche Revolution und Imperialismus markiert. Wo das literarische Bürgerhaus in der Optik des Dichters das

Einzelhaus als kleine Welt bleibt, wird es im Grünen am Rande der Geschichte angesiedelt und die Familie in eine Selbstverteidigung gegen die historischen Veränderungen gezwungen, die keinen Triumph ermöglicht, sondern im Scheitern der Verteidiger endet. Wo die Dichter sich mit dem dargestellten Geschehen in die Urbanität begeben, werden sie in die Auseinandersetzung mit der brutalen Wirklichkeit des kapitalistischen Städtebaus gezwungen, wenn das Dachbodenmotiv auftaucht. Das historisch konkrete Mietshaus der zweiten Hälfte des 19. Jahrhunderts stellt nach dem Willen der Stadtplaner eine Lebensgemeinschaft her, in der das Mitleid der Privilegierten und die Bereitschaft der Verarmten, bei jenen an der Tür zu betteln, die Kommunikationsformen sind, die den gesellschaftlichen Frieden sichern:

"In den Mietskasernen gehen die Kinder aus den Kellerwohnungen in die Freischule über denselben Hausflur, wie diejenigen des Rats oder Kaufmanns auf dem Wege nach dem Gymnasium. Schusters Wilhelm aus der Mansarde und die alte bettlägerige Frau Schulz im Hinterhaus, deren Töchterchen durch Nähen oder Putzarbeiten den notdürftigen Lebensunterhalt besorgt, werden in dem ersten Stocke bekannte Persönlichkeiten. Hier ist ein Teller Suppe zur Stärkung bei Krankheit, da ein Kleidungsstück, dort die wirksame Hilfe zur Erlangung freien Unterrichts oder dergleichen und alles das, was sich als das Resultat der gemütlichen Beziehungen zwischen den gleichgearteten und wenn auch noch so verschieden situierten Bewohnern herausstellt, eine Hilfe, welche ihren veredelnden Einfluß auf den Geber ausübt. Und zwischen diesen extremen Gesellschaftsklassen bewegen sich die Ärmeren aus dem III. und IV. Stock, Gesellschaftsklassen von höchster Bedeutung für unser Kulturleben, der Beamte, der Künstler, der Gelehrte, der Lehrer usw. In diesen Klassen wohnt vor allem die geistige Bedeutung unseres Volkes. Zur steten Arbeit, zur häufigen Entsagung gezwungen und sich selbst zwingend, um den in der Gesellschaft erkämpften Raum nicht zu verlieren, womöglich ihn zu vergrößern, sind sie die in Beispiel und Lehre nicht genug zu schätzenden Elemente und wirken fördernd, anregend und somit für die Gesellschaft nützlich, und wäre es fast nur durch ihr Dasein und stummes Beispiel auf diejenigen, die neben ihnen und mit ihnen untermischt sind". [25]

Hier ist der realitätsgetreue Befund, auf den die dichterische Resonanz in der 2. Hälfte des 19. Jahrhunderts mit der Symbolisierung des Dachbodens als Lösungsversuch und als Darstellung der Wahrheit antwortet. Um mithin das Motiv des Dachbodens richtig beurteilen zu können, muß die poetische Symbolisierung im realen historischen Zusammenhang gesehen werden, weil dieser dessen gesellschaftliche Latenz ist. Die Frage nach Glück und Recht könnte im Dachbodenmotiv der bürgerlichen Literatur auch die Antwort jener Klasse finden, deren Freiheitsdurst sich gesellschaftlich nicht mehr rechtfertigen kann und darum zur Verschleierung gezwungen ist.

Was aber hat das Dachbodenmotiv für eine Bedeutung im Hinblick auf die Geschlechtsrolle? Auch hier ist die ästhetische Differenz markant. Wohl werden Triebkonflikte der literarischen Figur durch Projektionen unter das Dach verschoben. Kindliches Spiel als Vorspiel der Männlichkeit, Knabentrotz als Omnipotenzphantasie und Gericht als Herausforderung der Bereitschaft zu Partnerbezug und Vaterschaft werden im Dachbodenmotiv als Krisen der männlichen Geschlechtsrolle erkennbar. Doch dies scheint nach den vorangegangenen Überlegungen nicht mehr sonderlich überraschend. Rätselhafter dagegen ist die Scheidung des in der Innenseite des Dachbodenmotivs beschlossenen Sexualbereichs in Männliches und Weibliches, wobei eine zunehmende Abstraktion vom biologischen Geschlecht festzustellen ist. Literarische Frauenfiguren finden, aus dem Leben unter das Dach gedrängt, in dem Bereich der Freiheit über den Köpfen der anderen nicht sich selbst, sondern den Tod; es sei denn, sie retteten ihr Leben freiwillig dorthin, um eine Liebeswahl zu treffen, die unten als anstössig gilt, wie Fides in Kellers "Hadlaub".[26] Männliche Figuren, die dort oben vom Liebeskonflikt Befreiung erhoffen, geraten an den Rand des Wahnsinns und des Selbstverlusts, die sich im Feuer ausdrücken, wie beim Harfner im "Wilhelm Meister".[27] Den Dichtern scheinen im Dachbodenmotiv die Geschlechtsrollen der bürgerlichen Gesellschaft gleichsam unwillkürlich problematisch zu werden.

Sie definieren im Sexualbereich die Männlichkeit mehr und mehr als das Prinzip der Vereinzelung und der triebfeindlichen, abtrünnigen Selbstbehauptung, wo Goethe noch die erwartungsvolle Hingabe an das Leben ausgedrückt fand. Der problematische dichterische Zugang zu diesem Problem der männlichen Geschlechtsrolle bis hin zum Triebverzicht zugunsten der Selbstbeherrschung wird an den immer fragwürdigeren Zügen der durch den Verzicht geretteten Freiheit deutlich. Auch beim inneren Problem kommt

---

25) James Hobrecht, Über öffentliche Gesundheitspflege, Stettin 1868, S.13. vgl. hierzu auch A. Schinz, Berlin - Stadtschicksal und Städtebau, Braunschweig 1964
26) vgl. Kap. 2 dieser Arbeit. S. 86 ff.
27) vgl. Kap. 1 dieser Arbeit, S. 42 ff.

es, wie bei der sozialen Rolle des Individuums, zu einer Herrschaft des
Gerichtsmotivs über die anderen. Die innere Unterdrückung findet ihren
Ausdruck in einer Sexualisierung der richtenden Instanzen, als stünde
dort oben unter dem Dache der Natur als Richter auf, um vom Unterdrücker
ihr Recht zu fordern. Dieses Gericht, dessen Instanzen immer geheimnisvoll und zugleich unentrinnbar sind, wird von dem inneren Drama her zu
einer namen- und geschichtslosen Gewalt, als würde dort nach Naturgesetzen geurteilt, die über jedes Herrschaftsgefüge triumphieren und
den zum Tode verurteilten, dessen Leben auf der Ausbeutung der Naturgewalt beruht.

Mit dieser dichterischen Kassation des Individualitätsproblems zugunsten
einer Umgestaltung geht die K o l l e k t i v i e r u n g des im
Dachbodenmotiv artikulierten Problems einher; im Sinne des Gerichts
der Natur entsteht drangvolle Enge und Gewimmel unter dem Dache. Dort
wartet die verarmte Mutter des "Grünen Heinrich"[28] auf dem Totenbett,
und ihr namenloses Schicksal fordert den Abtrünnigen vor die Schranken
eines Gerichts, dem Keller den N a m e n d e s V o l k e s gibt.
Dort wartet ein Dienstmädchen als sterbende Prostituierte und fordert
eine Bürgertochter "aus guter Familie" vors Gericht, die sich anheischig
macht, ihrem belanglosen Leben durch Armenfürsorge das Herrschaftszeichen
zu retten.[29] Dort wartet aber auch in Raabes Werken[30] ein Gesindel
von Polizeispitzeln und Gerichtsschreibern, die jenen Dachbodenkauz,
der seine närrische Verkrüppelung als den Geniestreich der Individualität zur Schau trägt, unweigerlich in ihr tödliches Spinnennetz ziehen.
Hier gerät das Dachbodenmotiv unter die Herrschaft einer lebensvernich-
tenden, unentrinnbaren B ü r o k r a t i e .

Die Kollektivierung des Dachbodenmotivs im Verlaufe des 19. Jahrhunderts
hat mithin zwei Gesichter, die die Geschlechtsrollen aus dem individuellen Bereich herausführen. Die Weiblichkeit wird dort angesiedelt als
Instanz derer, die nicht herrschen und doch leben. Ihr steht eine Instanz

---

[28] vgl. Kapitel 2 dieser Arbeit, S. 99 ff.
[29] vgl. Kapitel 4 dieser Arbeit, S. 231 ff.
[30] vgl. Kapitel 3 dieser Arbeit, S. 164 ff.

zur Seite, die nur dem verborgen ist, der sich ihr im Leben entfremdet hat, und vor der die individuelle Selbstbehauptung in der freien Konkurrenz zu Schanden wird. Die Männlichkeit wird dort oben angesiedelt als Instanz eines undurchdringlichen, labyrinthischen bürokratischen Verfolgungsnetzes, vor dessen dämonischer Willkür die individuelle Selbstbehauptung dem höhnischen Gelächter von Quälgeistern preisgegeben ist, die den Tod des Vereinzelten fordern.

Es drängt sich nun allerdings die Frage auf, ob diese Umgestaltung des Dachbodenmotivs noch mit der bürgerlichen Geschlechtsrollenproblematik zu tun hat. Das kann zwar nur in der genauen Einzelanalyse geklärt werden, aber es ist doch deutlich erkennbar, daß die Dichter das Problem der männlichen und weiblichen Geschlechtsrollen nur im Verdrängungszusammenhang sexualisieren und ihm im Gerichtsmotiv eindringliche g e - s e l l s c h a f t l i c h e Bedeutung verleihen. Hier wird die widersprüchliche Vermittlung von Geschlechtsrolle und sozialer Rolle in der Verdichtung und Verschlüsselung der b e i d e n Bereiche deutlich, deren Symbolisierungsprozeß der konkreten Benennung bedarf. Hier, und nur hier, ist durch die literarische Verschiebung von Gesellschaftlichem auf die Geschlechter und von den Geschlechtern auf Gesellschaftliches eine Vermittlung des soziologischen Verfahrens mit dem psychoanalytischen legitim, weil i n d e r D i c h t u n g diese Vermittlung am Dachboden des Bürgerhauses als Welt- und Körpersymbol wirklich virulent wird, die auch in der Volkssitte des Aufs-Dach-Steigens ausgedrückt ist.

Wie kann sich dann aber eine Untersuchung, die auf die Geschichte eines literarischen Motivs gerichtet ist, mit dem soziologischen und psychoanalytischen Verfahren vor dem Zwang bewahren, daß die Dichter der Vorwurf trifft, sie seien nicht kritische Historiographen und sie teilten nicht ihre wirklich geträumten Träume mit? Hierzu ist endlich noch eine erkenntnistheoretische Klärung der ästhetischen Differenz der Poesie zu finden.

Weder ist der Geschichtsprozeß die ontologische Aussage, vor der jedes andere Begehren in Nichts zerfällt, noch ist das Unbewußte das Sein an sich, dessen Vorherrschaft niemand zu entkommen vermöchte. Darum ist

weder die schulmeisterliche Rüge des Historikers noch die Besserwisserei
des Analytikers gegenüber dem Dichter legitim. Die bürgerlichen Dichter
geben nämlich ihre symbolisierte Botschaft nicht offener preis, wenn der
gesellschaftliche Konflikt oder ihr persönliches Schicksal aufgedeckt
sind. Geschichtsprozeß und Triebschicksal sind als zwingender Nachweis
des gesellschaftlichen Leidens vielmehr nur das Material, das zur Bearbeitung aufruft. Der literarische Symbolisierungsprozeß als Darstellung
der Wahrheit veranschaulicht nicht das Bestehende, das uns unverhüllt
anblickt, sondern den nicht-faßbaren Widerspruch dazu, den G e i s t
d e r   V e r ä n d e r u n g , der, der Zukunft zugewendet, uns
n i c h t   v o r   A u g e n   s t e h t . Die Poesie soll hier, legitimiert durch die Gesetzlichkeit des literarischen Symbolisierungsprozesses, als autonomes Medium gewürdigt werden, in dem die Gesellschaft
sich den Veränderungen zuwendet, die noch nicht begriffen werden können.
In diesem Medium kann mithin der Phantasmagorie unserer eigenen Vorstellungen wirklich Ernst verliehen werden.

Und doch ist der besondere Umgang mit diesem Medium der symbolisierten
literarischen Annäherung an die Wahrheit genau zu betrachten. Gewähren
die bürgerlichen Dichter durch die zunehmende Verdichtung des Dachbodenmotivs die größte Nähe zur Anschauung der glücklichen Veränderung oder
aber geraten sie unter den Zwang, einen aufsteigenden Veränderungswunsch,
der nach Entfesselung drängt, zu verrätseln, um ihn unserer Wahrnehmung
zu entziehen? Um diesem Erkenntnisinteresse folgen zu können, hat die
Verf. auf das geschmähteste Verfahren der neueren Germanistik gebaut,
auf die Analyse der Immanenz des Kunstwerks, um die Symbolik zum Sprechen
zu bringen, um die Dichter beim Wort zu nehmen.

Ein Blick in die Ursprungsgeschichte des bürgerlichen Dachbodenmotivs
soll endlich noch klären helfen, was das Ungestaltete, gleichsam Archaische ist, das bei seinem ersten Auftauchen in Goethes "Wilhelm
Meisters theatralische Sendung" verdichtet wird. Als charakteristische
Darstellungen seien hier Petrarcas Besteigung des Mont Ventoux und das
Märchen vom Dornröschen vorgestellt, an denen das Prototypische vorgeführt werden soll.

Petrarcas Brief enthält bereits die Begeisterung beim Aufstieg in die
Höhe und die Angst vor dem Selbstverlust, die ihn beim freien Blick in
die verheißungsvolle Weite der Natur ergreift. Kühnheit und Verzagen
liegen nahe beieinander:

" (...) Wohl aber liegt das Leben, das wir das selige nennen, auf hohem
Gipfel und ein schmaler Pfad, so sagt man, führt zu ihm empor. Es steigen auch viele Hügel zwischendurch auf, und von Tugend zu Tugend muß man
weiterschreiten mit erhabenen Schritten. Auf dem Gipfel ist das Ende aller
Dinge und des Weges Ziel, darauf unsere Pilgerfahrt gerichtet ist. Dorthin gelangen wollen zwar alle, aber, wie Ovid sagt: Wollen, das reicht
nicht aus, Verlangen erst führt dich zum Ziele! (...) Es ist nicht zu
glauben, wie sehr diese Überlegung mir zu dem, was noch zu tun verblieb,
Geist und Körper aufrichtete. (...)
Zuerst stand ich, durch einen ungewohnten Hauch der Luft und durch einen
ganz freien Rundblick bewegt, einem Betäubten gleich. Ich schaue zurück
nach unten: Wolken lagerten zu meinen Füßen, und schon sind mir Athos
und Olymp minder unglaublich geworden, da ich das, was ich über sie gelesen und gehört, auf einem Berge von geringerem Rufe zu sehen bekomme.
Ich richte nunmehr die Augen zur Seite, wo Italien liegt, nach dort, wohin mein Geist sich so sehr gezogen fühlt. (...) Dieweil ich dieses eines
ums andere bestaunte und jetzt Irdisches genoß, dann nach dem Beispiel des
Leibes auch die Seele zum Höheren erhob, schien mir gut, in das Buch der
Bekenntnisse des Augustin hineinzusehen (...) Ich rufe Gott zu Zeugen an
und ihn eben, der dabei war, daß dort, wo ich die Augen zuerst hinheftete,
geschrieben stand: Und es gehen die Menschen, zu bestaunen die Gipfel der
Berge und die ungeheuren Fluten des Meeres und die weit dahinfließenden
Ströme und den Saum des Ozeans und die Kreisbahnen der Gestirne, und haben
nicht acht ihrer selbst.
Ich war wie betäubt, ich gestehe es, und ich bat meinen Bruder, der weiter
zu hören begierig war, mir nicht lästig zu fallen, und schloß das Buch
im Zorne mit mir selbst darüber, daß ich noch jetzt Irdisches bewunderte.
Hätte ich doch schon zuvor - selbst von den Philosophen der Heiden - lernen
müssen, daß nichts bewundernswert ist außer der Seele: Neben ihrer Größe
ist nichts groß. Da beschied ich mich, genug von dem Berge gesehen zu haben und wandte das innere Auge auf mich selbst, und von Stund an hat
niemand mich reden hören, bis wir unten ankamen". [31]

---

31) Petrarca, Briefe, Berlin 1931, S. 43 ff.

Diese Bergbesteigung wird im Sinne des Fortschreitens zur Vollkommenheit auf einem schmalen Pfad erlebt, dessen Ziel auf dem hohen Gipfel durch viele aufragende Hügel nur erschwert zu erreichen ist. Hier wird die Kraft der Tugend herausgefordert, welche die Unbeirrbarkeit des Aufstiegs sichert. Hier oben ist Ende und Ziel des Lebens als Wanderschaft, und darum richtet sich alles Streben nach oben. Doch nicht die unbeirrte Willenskraft ermöglicht die Ankunft, sondern die Kraft des Wunsches, die den Körper zur anstrengenden Arbeit beflügelt, bürgt für die Erreichung des Ziels. Die Höhe aber und das Erlebnis der unbegrenzten Weite betäubt den Ankömmling. Der Blick zurück nach unten ist wolkenverhangen und die Bilder von Athos und Olymp, die aus der Gelehrsamkeit stammen, verblassen angesichts der Verheißung der Natur. Nun beginnt der Geist in Regionen auszuschweifen, wo er eine lebensvollere Beheimatung erhofft. Der Enthusiasmus im Anblick der Landschaft "nach dem Beispiel des Leibes" ist grenzenlos; ihm muß die Seele folgen, um die Ausschweifung als Glück einzufangen. Da aber kommt es zu jenem dunklen Rätsel für den Wanderer, das willkürlich und unwillkürlich zugleich ist und Gott und den Wegbegleiter zum Zeugen der Wirklichkeit des Geschehens braucht. Der unvermittelte Griff nach dem Buch ist Griff nach dem sicheren Halt, dessen der Verzauberte bedarf, um das bei dem begeisterten Anblick aufsteigende Verlangen nach Hingabe an diese schöne Welt zu besiegen. Diese Seele muß sich dem grenzenlosen Begehren versagen, um sich nicht selbst zu verlieren an die Übermacht der Sinne. Sie muß den Betäubten vor dem Eingeständnis der erlebten aufrührerischen Erfahrung hüten, daß die weite Natur mehr Seligkeit verspreche als jene Selbstherrlichkeit, die die Gelehrsamkeit an Athos und Olymp zu rühmen weiß. Mit der Entscheidung für die Fügsamkeit gegenüber der so plötzlich aufgefundenen Warnung, dem Rausch nicht zu verfallen, bemächtigt sich aber Verdrossenheit des Wanderers. Jede menschliche Zuwendung ist Zudringlichkeit, der treue Begleiter wird lästig und der Zorn bricht aus, daß selbst die ernste Mahnung Augustins den Zauber nicht bricht. Der Hader über die Unbelehrbarkeit der Sinne, die der Weisheit aller Philosophen trotzen, beherrscht den Abstieg so sehr, daß das Auge abgewendet wird, um dem inneren Tadel Überzeugungskraft zu verleihen. Das Gericht, das hier gehalten wird, bis der Schauplatz der Versuchung verlassen ist, führt das völlige Verstummen des Schuldbewußten herbei, um eine Seele zu retten, die der Herausforderung durch die Natur nicht gewachsen ist, weil ihre Kraft in einer

Beherrschung liegt, die den Wunsch zum Gegner hat.

Haben wir nun glücklich heraus, daß dieser Wanderer ein Tugendbold ist, dessen Verdrießlichkeit niemand ein Rätsel aufgibt? Wohl kaum. Bei dem Renaissance-Dichter ist der Aufstieg in die Höhe von der lebendigen Erwartung getragen, einem selbstbestimmten Ziele näher zu kommen, das auf die Einstimmung der Körperkräfte vertrauen darf. Die Welt aber ist als unbewehrte weite Landschaft nicht nur verheißungsvoll, sondern auch so grenzenlos, daß der Geist Flügel erhält und die Wünsche nach dieser Grenzenlosigkeit verlangen, die alles menschliche Streben nach Erkenntnis verhöhnt. Und hier beginnt jener Aufruhr gegen eine Naturverfallenheit, deren Geborgenheit in die Verworfenheit führt, weil der Geist dem Rückfall in den Schoß der Alma Mater sich versagt und entflieht. Der Trotz des Wanderers gegenüber dem aufsteigenden Begehren nach einem geschichtslosen Glück, in dem er seiner nicht acht haben muß, darf sich auf die gleiche Spontaneität berufen wie das Begehren. Doch hat er nicht die Allgewalt der Natur, sondern nur den unsichtbaren Schöpfer und den Bruder zur Seite. Das Leben dieses Wanderers soll auf ein Ziel gerichtet bleiben, das Körper, Seele und Geist gemeinsam zur Anstrengung beflügelt und die saumselige Tagträumerei des Vagabunden als Selbstvergeudung aufgibt. Der Drang nach Befreiung von einem Leben, das in der Naturgeschichtlichkeit verläuft, ist selbstbestimmt und führt in die Isolation. Er führt in ein Drama hinein, dessen Ende erst gewiß wird, als der Wanderer sich wieder unten in der Gesellschaft befindet; der Gewinn des Aufbegehrens aber liegt in der Zukunft.

Die Symbolisierung von Körper und Welt in dieser Bergbesteigung ist transparent und dicht zugleich. Zu welcher Wahrheit aber, die konkreter nicht zu benennen war, gewährt sie die größte Nähe? Das Aufbegehren des Wanderers gegen die Hingabe an eine Welt, die nur Natur ist, stellt eine spontane Verweigerung dar, deren Sinn nicht voll ins Bewußtsein eindringt. Der Trotz hat die Kraft innerer Notwendigkeit und führt die Entscheidung für Unbeborgenheit und Abgrenzung herbei, um der eigenen Kräfte habhaft zu bleiben. Und doch, "eigener Sinn ist Eigensinn, eine Freiheit, welche noch innerhalb der Knechtschaft stehen bleibt". [32] In diesem Eigensinn

---

[32] Hegel, Phänomenologie des Geistes, Sämtl. Werke, Bd. V, S. 150, Hamburg 1952

des Wanderers liegt daher der Beginn eines Freiheitskampfes beschlossen, zu dem das europäische Bürgertum sich in der Renaissance für die kommenden Jahrhunderte rüstet, liegt der Sprung aus der Natur in Geschichte und Gesellschaft. Der Verzicht und das innere Gericht des Verstummten veranschaulichen daher den archaischen Beginn der Individuation, die vom Aufbegehren gegen ein naturgesetzlich verlaufendes Leben bestimmt ist und ihre Hoffnung auf die Entwicklungsgesetze des Geschichtsprozesses setzt. Hier wird das geschichtslose Vertrauen auf die Naturgewalten aufgekündigt, weil dieses spontan als eine Knechtschaft erkannt wird, in der die Verfügungsgewalt über Geist und Sinne nicht heranreifen kann. Diese Selbstverfügung ist vielmehr nur in der Widersprüchlichkeit von Selbstbestimmung und Vergesellschaftung zu erringen, die durch die Hoffnung auf die glückliche Veränderung vorangetrieben wird. Der Symbolisierungsprozeß ist in der dichterischen Gestaltung mithin nicht nur im körperlichen transparent zu machen, sondern auch im Historisch-Gesellschaftlichen. Nicht nur der Kampf um die innere Verfügungsgewalt, sondern auch die Verfügungsgewalt des Bürgertums über die Herrschaft der alten Feudalgewalten ist die durch die Symbolisierung hindurchschimmernde Wahrheit, die die zukunftsweisende Dynamik des Textes bestimmt.

Petrarca hat alle entwicklungsbestimmenden Phasen des Dachbodenmotivs in der Bergbesteigung aufgenommen: am Beginn der Wanderschaft die spielerische Auseinandersetzung um Sinn und Ziel des Lebens, dann der jugendliche Übermut, der dem Geist Flügel leiht, und endlich das selbst herbeigeführte Gericht, das die eigenverantwortliche Rückkehr in die Gesellschaft vorbereitet und auf ein zukunftsweisendes Ende verweist. Es wird bei der Analyse des Dachbodenmotivs zu prüfen sein, wie sich der wachsende Verlust jener symbolischen Transparenz zu erkennen gibt, die Petrarcas grandiose Auseinandersetzung auf dem Bergesgipfel um die Herrschaft von Natur und Geschichte über die Menschen solche Luzidität verleiht. Von der symbolischen Nähe dieser frühen Darstellung zur Ursprungsgeschichte des Bürgertums her, ist es nicht verwunderlich, daß das Problem von Individuation und Sozialisation seit der Ära der Französischen Revolution einen Umwandlungsprozeß in der bildlichen Gestaltung erfährt, weil das europäische Bürgertum die Verfügungsgewalt über die Feudalgewalten materiell erkämpft hat, selbst in der Zweideutigkeit dieses ins Ökonomische abgedrängten Prozesses in Deutschland, wo der revolutionäre Triumph fehlt. Daß die deutschen Dichter seither die vollentfaltete Spannung zwischen bürgerlicher Individuation und Sozialisation unter das Dach des Bürgerhauses verschieben und dort verdichten, läßt erkennen, daß bei der literarischen Artikulation das Problem der Entwicklung ein in dieser Untersuchung zu hinterfragender Rückzug aus der Freiheit in die Geborgenheit des Privaten unter dem Dache vollzogen wird, der das Dachbodenmotiv so markant von der Symbolisierung der Bergbesteigung in der Renaissance abhebt. Es ist mithin zu prüfen, ob wir hier nicht vielleicht das Ende eines Prozesses literarisch fassen können, der mit der Geschichte des Bürgertums so eng verbunden ist wie der Ursprungstext aus dem 14. Jahrhundert.

Im Volksmärchen können wir Historisch-Gesellschaftliches sicher nicht fassen, dort muß etwas anderes ausgedrückt sein, das im Dachbodenmotiv auf seine Weise fortlebt. Im Märchen vom Dornröschen lauert unter dem Dache des Schloßturms Todesgefahr auf die Königstochter. Die einst zur Geburtsfeier ungeladene dreizehnte Fee erwartet sie dort heimlich und unentdeckt als Spinnerin am Rade.

"Der König hoffte immer noch sein liebes Kind zu erretten und ließ den Befehl ausgehen, daß alle Spindeln im ganzen Königreiche abgeschafft werden. Die Prinzessin aber wuchs heran und war ein Wunder an Schönheit. Eines Tages, als sie ihr fünfzehntes Jahr eben erreicht hatte, war der König und die Königin ausgegangen und sie ganz allein im Schloß, da ging sie aller Orten herum nach ihrer Lust, endlich kam sie auch an einen alten Thurm. Eine enge Treppe führte dazu, und da sie neugierig war, stieg sie hinauf und gelangte zu einer kleinen Thüre, darin steckte ein gelber Schlüssel, den drehte sie um, da sprang die Thüre auf, und sie war in einem kleinen Stübchen, darin saß eine alte Frau und spann ihren Flachs. Die alte Frau gefiel ihr wohl, und sie machte Scherz mit ihr und sagte, sie wollte auch einmal spinnen und nahm ihr die Spindel aus der Hand. Kaum aber hatte sie die Spindel angerührt, so stach sie sich damit, und da fing alles an einzuschlafen, (...)." 33)

---

33) Kinder- und Hausmärchen der Brüder Grimm, hg. von F. Panzer, Wiesbaden, o. J. (Urfassung von 1812)S. 189 f.
vgl. auch die spätere Fassung von 1843, Leipzig o.J., Bd. 1, S. 227, in der die Dachbodenszene ausführlicher mitgeteilt ist:
"Da ging es allerorten herum, besah Stuben und Kammern, wie es Lust hatte und kam endlich auch an einen alten Turm. Es stieg die enge Wendeltreppe hinauf und gelangte zu einer kleinen Thüre. In dem Schloß steckte ein verrosteter Schlüssel und als es ihn umdrehte, sprang die Thüre auf, und saß da in einem kleinen Stübchen eine alte Frau mit einer Spindel und spann emsig ihren Flachs. 'Guten Tag, du altes Mütterchen', sprach die Königstochter, 'was machst du da?' - 'Ich spinne', sagte die Alte und nickte mit dem Kopf. 'Was ist das für ein Ding, das so lustig herumspringt?' sprach das Mädchen, nahm die Spindel

Dieses Mädchen, das nach dem Wunsche des über die Schönheit seines Kindes beglückten und besorgten Vaters die Sonnenseite des Lebens allein erfahren und verkörpern sollte, ist in Wahrheit nicht schicksalslos. Als die Zeit erreicht ist, in der die Schwelle zur Frau überschritten wird, gehen König und Königin aus dem Hause fort. Die Freigelassene aber, die nun "ganz allein im Schloß" ist, geht "nach ihrer Lust" an die Entdeckung aller Geheimnisse der Welt wie des eigenen Körpers und wird am Ende von ihrer Neugier den Turm hinaufgeführt, wo ganz oben der böse Zauber harrt und sie als eigenes Schicksal ereilt. Die dunkle Seite dieses Lebens, die im Schloß nicht zu Gast gebeten war, überdauert über den Köpfen der Ahnungslosen als Bann, der eine Behütete trifft, welche nicht in der Auseinandersetzung mit seiner Härte heranwachsen durfte wie mit dem Hilfeversprechen der guten Feen.

Was hat es mit der Feindschaft jener dreizehnten weisen Fee auf sich, die als Ungebetene sich zur bösen Zauberin verwandelt und mit der Magie der Unentrinnbarkeit im Turmgemach den Schicksalsfaden spinnt? Diese Figur hat zu vielen Überlegungen Anlaß gegeben, die in die Vorzeit der Mythologie zurückverweisen [34].

---

und wollte auch spinnen. Kaum hatte sie aber die Spindel angerührt, so ging der Zauberspruch in Erfüllung, und sie stach sich damit in den Finger. In dem Augenblick aber, wo sie den Stich empfand, fiel sie auf das Bett nieder, das da stand, und lag in einem tiefen Schlaf. Und dieser Schlaf verbreitete sich über das ganze Schloß".
Die unmittelbare Darstellung des Geschehens unter dem Dache mit der Mitteilung des direkten Gesprächs in der späteren Fassung läßt vermuten, daß hier nicht nur die Intention der Brüder Grimm, die volksnahere Ausdrucksweise zu suchen, durch Tilgung von Lehnwörtern wie Prinzessin sich durchgesetzt hat wie der schwankende Gebrauch von Femininum und Neutrum (die Königstochter - sie, das Mädchen - es und sie), sondern auch eine Aufmerksamkeit für das Geschehen unter dem Dache, die dem 19. Jahrhundert entstammt. Vgl. Panzer, a.a.O., S. 43. Die Bearbeitung stammt von Wilhelm, der sich von Jacob den Vorwurf der eigenen Überarbeitung gefallen lassen mußte und darauf antwortete, er "arbeite ganz in Jacobs, aber auch in seiner, d.h. in der historischen Ansicht". S. 37. Diese barg für Jacob in sich "den Irrtum der Bessermacherei" und schöpfte nicht "gewiß aus jener ewigen Quelle (...), die alles Leben bethaut". Panzer, a.a.O., S. 35

[34] vgl. Handwörterbuch d.dt. Aberglaubens, hg. v. Hoffman u. Krayer, Bln., Leipzig 1929-3o, Bd. II unter "Dornröschen" S. 359 f., wo auf den Brunhilde-Mythos als Erweckungsmotiv, den Naturmythos des Frühlings, die Symbolisierung eines Rechtsbrauchs und die Fahrt ins Totenreich mit der endlichen Befreiung des Opferkindes aus der Gewalt

In ihr scheinen die Nornen als Dreiheit der Totengöttin Hel aufzustehen.[35]
Wie Parzen[36] und Moiren[37] sind die Nornen Töchter des Himmelsgottes, doch bleibt er ihrer nicht Herr und verbannt sie aus seinem Lichtkreis in Nacht und Unterwelt[38], denn "mit dem Erscheinen der Nornen ging den Göttern das Goldalter zu Ende: das Bewußtsein (!) von dem Verfließen der Zeit setzte der seligen Unbefangenheit des Daseins ein Ziel".[39] Die schicksalslose Zeit der Naturgeschichte ist vorüber und der Wechsel der Zeiten beginnt sich mit einem unsicheren Leben zu füllen, das dem S a u m s e l i g e n   d i e   S e l b s t v e r g e s s e n h e i t   f ü r   i m m e r   r a u b t . Daher erscheinen die Nornen als Töchter des Schicksals auch "älter als die Götter, die der Zeit unterworfen sind".[40] Ihre Namen verweisen auf die Abdankung des zeitlosen Glücksvertrauens im Kreislauf der Natur. Sie heißen "(W)urd", die Vergangenheit, "Werdandi", die Gegenwart, und "Skuld", die Zukunft[41]. Ihre Schicksalsfäden ketten

---

des dämonischen Unholds im Totenreich verwiesen wird. Die Autoren meinen aber, daß "die Märchennovelle (vom Dornröschen) als reine Dichtung zu nehmen ist". a.a.O., S. 360
Handwörterbuch des dt. Märchens, hg. v. Bolte-Mackensen, Bln., Leipzig 1930-33, Bd. 1, S. 408 ff, das auf die Spindel als Schlafdorn Odins verweist, mit der Brunhilde gestochen wurde und in Schlaf versank, bis der berufene Freier sie erlöste.
Simrock, Handbuch d.dt. Mythologie, Bonn 1874, S. 399 ff., der auf die Nornen als Vervielfältigungen der Hel hinweist und das Märchen vom Dornröschen dazu S. 342 inhaltlich zitiert, ohne den Bezug zu klären.

35) Simrock, a.a.O., S. 342, Handwörterbuch d.dt. Aberglaubens,a.a.O.,S.359
36) vgl. F. Fiedler, Mythologie der Griechen und italienischen Völker, Halle 1823 unter "Janus", S.512, wo die Parzen als Töchter des Zeus charakterisiert sind, die über Vergangenes und Zukünftiges singen und den Schicksalsfaden spinnen.
37) Fiedler, a.a.O., S. 160 ff., Töchter der Nacht, weil vom Olymp in die Unterwelt verbannt. Ranke-Graves, Griechische Mythologie, Reinbeck 1955, Bd. 1, S.39 f, verweist darauf, daß die Moiren Schwestern der Horen seien wie die Nornen Schwestern der Walküren.
38) Die zwischen Herrschaft und Unterwerfung schwankende Beziehung des Himmelsgottes zu den drei Schicksalsgöttinnen erklärt sich aus dem schwankenden Ausgang des Kampfes zwischen Tag und Nacht. Simrock gibt an, daß die weiblich gedachte Nacht dem männlich gedachten Tag vorausgehe und diese darum in der germanischen Mythologie als das ältere Prinzip gedacht sei, a.a.O., S. 28. Himmelsgott und Nornen bleiben nach dem Kampfe zwischen Licht und Finsternis Verfolger und Verfolgte ineins..
39) Simrock, a.a.O., S. 339   / vgl. a.a.O., S.345 f.
40) Simrock, a.a.O., S. 339
41) Simrock, a.a.O., S. 348; und es hat nicht gelingen wollen, sie mit den christlichen Namen Fides, Spes und Caritas zu adoptieren.

aber nicht nur den Augenblick an das Vergangene und Zukünftige. Sie ziehen als Spinnerinnen auch durch die Welt und verbinden, dem Auge der Menschen in den Wolken erkennbar, mit ihren Fäden die weit auseinanderliegenden Berge [42]. Sie verknüpfen mithin nicht nur das Jetzt mit dem Davor und Danach, sondern beenden auch das beziehungslose Nebeneinander der Dinge in der Welt, indem sie Brücken schlagen.[43] So sind diese weisen Frauen es, "die das Heil der Menschen berathen" [44] und auf die verborgenen Beziehungen nicht nur der Erscheinungen der Welt untereinander hinweisen, um das Auge der Menschen auf ihr Ziel zu lenken. Die Nornen sind mithin nicht Hel selbst als unerbitterliches übermächtiges Fatum; ihre Weissagung deutet auf das p e r s ö n l i c h e Geschick der Menschen, denn sie sind hellsichtig gegenüber der inneren Gesetzlichkeit des besonderen Lebenslaufes. Sie symbolisieren das Prinzip der i n d i v i d u e l l e n E n t w i c k l u n g, jedoch nicht als Befreite, denn als Töchter der Nacht sind sie "Erlösung suchende Jungfrauen".[45]

Als Unerlöste bricht auch die dreizehnte Fee [46] in das Königsschloß im Märchen ein, und als Ausgeburt der Nacht verheißt sie dem Kinde den Tod als L e b e n s z i e l. Nicht das Kind selbst aber trägt die Schuld an seinem Verhängnis, sondern ein Vater, der das Mädchen auf der Sonnenseite des Lebens sehen will. Zwölf goldene Teller sind da, zwölf Stunden hat der Tag, zwölf Monate das Jahr. Im natürlichen Kreislauf im Anblick der Sonne scheinen diesem König die menschlichen Lose beschlossen. Da dem Golde sühnende und beschwichtigende Kraft zukommt [47], weil es, aus dem dunklen Schoß der Erde kommend, zugleich den Sonnenglanz in sich auffängt[48], soll die goldgedeckte Festtafel des Königs auch die verstoßenen Töchter der Nacht mit dem Licht der Sonne versöhnen und die Bürde des Kampfes zwischen Licht und Finsternis aus dem Leben des Neugeborenen tilgen. Die weisen Frauen erweisen sich denn auch an der Wiege des Kindes als freundliche Spenderinnen alles dessen, "was nur auf der Welt herrlich und zu wünschen war".[49]

---

42) Simrock, a.a.O., S. 341
43) Simrock, a.a.O., S. 341
44) Simrock, a.a.O., S. 341
45) Simrock, a.a.O., S. 394
46) Es sind drei Nornen mit den Namen der Zeit als Entwicklung. Es sind aber auch zwölf als Vervielfältigungen der Nachtseite des Tages und des Jahres, vgl. Simrock, a.a.O., S. 339. Nur bei den Asinnen und den Walküren ist das Schwanken zwischen zwölf und dreizehn feststellbar, vgl. Simrock, S. 399 und 358, die für das Märchen charakteristisch ist.

In der ausgeschlossenen dreizehnten aber versammelt sich nun unversehens wieder die einstmals in ihren Töchtern geteilte und gebändigte Kraft der chthonischen Hel und schneidet dem im Lichtkreis des Königs gefangenen schicksalslosen Kinde das Leben selbst ab. Mit dieser dreizehnten rechnete in seinem Haushalt nicht, wer auf die Naturgesetzlichkeit von Jahr und Tag vertraute. Sie kann nicht geladen werden, um dem Kinde "hold und gewogen" zu sein, [50)] denn in ihr ist im Märchen alles beschlossen, was in den Augen des Vaters dem Kinde nicht widerfahren darf: ein Leben, das dem Wechsel anheimgegeben ist und daraus die zukunftsweisende Kraft zur Selbstfindung in einem sich langsam entschleiernden L e b e n s z i e l gewinnt. Da das Wohlwollen für dieses Begehren vom Vater nicht als Segen erbeten und die glückliche Selbstfindung des Kindes ausgeschlossen wurde, verlangt die dreizehnte als Rächerin [51)] des Frevels der Selbstherrlichkeit, der in der väterlichen Sorge verborgen liegt, das ganze Leben des Mädchens zurück, ehe sie zur Frau wird. Sie soll an dem patriarchalischen Herrschaftszeichen zugrunde gehen, das dem König die Verfügungsgewalt über die Seinen verbürgt. Der jovialen Omnipotenz des Königs gegenüber bleibt die Unversöhnte ebenbürtige Gegnerin: die Verteidigerin des individuellen Lebensziel dieses Kindes. Und auch die letzte zwölfte vermag den Fluch gegen den König nur zu schwächen, das ganze Schloß kann sich nur mit der hundertjährigen Fahrt durch das Totenreich des Schlafs von der Schuld lösen und das Leben des Mädchens retten.

Der verblendete König aber, der nicht weiß, daß der Fluch seines Hauses in seiner Selbstherrlichkeit begründet ist, läßt nun alle Spindeln im Lande "abschaffen" [52)], um das Schicksal überhaupt aus seinem Herrschaftsbereich, der verflucht wurde, zu verbannen. Damit bereitet er seinem Hof aber selbst die Auflösung der Beziehungen zwischen Vergangenheit und Zukunft und zugleich, n a c h   s e i n e m   e i g e n e n   W i l l e n , den hundertjährigen Schlaf. Desto sicherer findet das aus der Öffentlich-

---

47) Simrock, a.a.O., S. 353 f.
48) vgl. Metallzauber in: Handwörterbuch d. dt.Märchens, a.a.O., S. 485 f.
49) Dornröschen, 1. Fassung, a.a.O., S. 189
50) Dornröschen, 2. Fassung, a.a.O., S. 226
51) vgl. Rach-hel als Norne, Simrock, a.a.O., S. 312, 341, 349
52) 1. Fassung, a.a.O., S. 189

keit des Landes V e r d r ä n g t e seine Heimstatt an einem Orte unter dem Dach, wo allen Geistern Zuflucht gewährt wird. [53] Dort oben wird ungestört der Faden gesponnen und auf die Einlösung der im Festsaal geforderten Schuld gewartet.

Welchen Anteil hat nun das Mädchen selbst an ihrem Geschick? Die Herangewachsene erfährt sich, als sie fünfzehn Jahre wird, im Schloß nicht als Alleingelassene, sondern als F r e i g e l a s s e n e . "Nach ihrer Lust" [54] entdeckt sie nun, was ihr bisher verborgen war und eilt endlich auch, "da sie neugierig war" [55], die enge Wendeltreppe hinauf zum Turmgemach, wo sie erwartungsvoll die Tür aufschließt. Dies Mädchen ist nicht von einem übermächtigen Geschick blind getrieben; der Zauber, der sie leitet, ist der eigene Wunsch, alles s e l b s t kennenzulernen und zu begreifen. Nur daß die aufgeschlossene Tür des Turmgemachs vor ihr aufspringt, weist daraufhin, daß sie erwartet wird, wo sie Entdeckung sucht. Ihr gefällt die alte Spinnerin am Rade sehr wohl, und sie beginnt mit ihr zu scherzen, um sie zu gewinnen. Den Faden, wie die Alte am Spinnrad zu spinnen, möchte sie selbst lernen. Unbefangen greift sie daher nach dem unbekannten Werkzeug und nimmt es der Spinnerin aus der Hand. Damit aber erfüllt sich der Zauber, und das Schloß versinkt mit ihr in Schlaf.

Das Mädchen selbst war es, die sich durch ihren Freiheitsdurst und den mächtig aufsteigenden Wunsch nach Entdeckung der Welt wie ihrer selbst an den Ort begeben hat, wo endlich das Verlangen ihrer Herr wurde, den eigenen Schicksalsfaden selbst zu spinnen. Die Selbstverfügung aber wird der Schicksalslosen, der Ungeschickten, von der Norne im Märchen verweigert, denn dieses Mädchen kann sich auf keine bestandene Lebensprobe berufen und vermag den Freispruch dort oben nicht zu erringen. Ihre Rückkehr in das Totenreich des Schlafs ist daher nicht nur Rettung vor einem Leben, dessen widerstreitende Kräfte sie nicht kennt, sondern auch innere Einkehr in eine lange Nacht, von der ihr besonntes Leben bisher nicht beschattet

---

53) vgl. unter Dach in: Handwörterbuch d. dt. Aberglaubens, a.a.O., S. 115ff.
54) 1. Fassung, a.a.O., S. 189
55) 1. Fassung, a.a.O., S. 19o

wurde. Nun erst scheint sie Gestalt zu gewinnen, denn die Leute im Lande geben ihr jetzt ihren N a m e n : Dornröschen [56]. In diesem Namen triumphiert aber die Feindseligkeit der Norne als Nachtgeburt: das Schloß wird mit dem bösen Zauber wie mit einer Dornenhecke undurchdringlich überzogen und zur Todesfalle für die Eroberungsversuche der unberufenen Freier. Die Nachtseite der Weiblichkeit symbolisiert sich nun in einer naturverfallenen Zwingburg. Erst als ein todesmutiger Prinz die rechte Stunde der Rückkehr aus dem Totenreich und der Versöhnung erahnt, verwandeln sich die Dornen in Blumen und lassen ihn ein. Hinter ihm aber schließen sich die Dornenhecken wieder undurchdringlich zusammen und nehmen den Kühnen im Schloß gefangen. Ihn aber rührt kein Todesschrecken an. Mit der gleichen Entdeckerfreude wie das Mädchen beflügelt, gelangt er unter das Dach des Turmes. Seine Betroffenheit über die Schönheit der Schlafenden bewegt ihn zum Erweckungskuß, und so wird das Schloß mit Dornröschen aus der Naturverfallenheit erlöst, und die Nornen geben das Mädchen nach der bestandenen Liebesprobe des Prinzen als Zeichen der Versöhnung frei. Wiesehr die dreizehnte Fee aber allein das i n d i v i d u e l l e Glück des Mädchen gehütet hat, wird am Erwachen des Hofes im Schlosse deutlich. Dort ist kein Versöhnungswunsch geträumt worden: Der Koch gibt dem Küchenjungen die ihm vor Äonen zugedachte Ohrfeige, und die Magd rupft das Huhn wie vor hundert Jahren. Die unten bleiben unerlöst.

Die Symbolisierung von Körper und Welt in diesem Märchenschloß ist so transparent und dicht wie die der Bergbesteigung Petrarcas. Zu welcher Wahrheit aber, die konkreter nicht zu benennen war, gewährt sie die größte Nähe? Verweigerung und Aufbegehren bestimmen auch bei Dornröschen die Dynamik des Geschehens, das im Turmgemach seine zweifache Vollendung in Todesschlaf und Erweckungskuß findet. Doch läßt sich hier keine gesellschaftliche oder historische Klärung finden. Im Märchen ist die D i a - l e k t i k d e r w e i b l i c h e n E n t w i c k l u n g im mythischen Kampf zwischen Licht und Finsternis symbolisiert. Ist das darin verborgene, tabuierte Problem überhaupt aufzulösen und zu beschreiben, das uns, so rätselhaft verschlüsselt, in die Urgeschichte der Naturgewalten

---

[56] vgl. 1. Fassung, a.a.O., S. 19o
2. Fassung, a.a.O., S. 228

hineinlockt, damit uns in diesem Labyrinth endlich der Spürsinn ausgeht und die Entdeckung mißlingt? Um die Sicherheit auf dem Wege zum Ziel, dem tabuierten Problem der weiblichen Entwicklung zu behalten, ist es erforderlich, die kritischen Phasen des Dramas im Märchen noch einmal genauer zu betrachten: den Einbruch der dreizehnten Fee und die zwei darauffolgenden Szenen in der Dachkammer.

Wohl dürfen sich die in dem Kampf um Dornröschens Lebensziel in Widerspruch geratenen Gewalten auf den Beistand der archaischen Gottheiten von Tag und Nacht, von Sonnengott und Mutter Erde berufen. Dies ist im Märchen aber keineswegs als der nie endende Kampf der Gottheiten gesehen wie in der Mythologie. Es zeigt sich vielmehr eine einfache, klare Verursachung des Streites: der väterliche Frevel. Der Behütungswunsch des Vaters fordert von den weisen Frauen des Landes für das Mädchen das sichere Glück, dies aber ist in Wahrheit s e i n   e i g e n e s , wie die Sonnenzahl zwölf offenbart. Er opfert unbedenklich die Schicksalsfrage des Kindes nach dem selbstbestimmten Lebensziel, das die Nornen hüten, und verweist damit das Neugeborene unter die Herrschaft einer vergangenen Zeit, die Vertrauensseligkeit der Tagträumerei. Die von dem Golde des Königs ungeblendete dreizehnte aber enthüllt in diesem Begehren das Herrschaftszeichen des Mannes. Sie fordert das Leben des Mädchens zurück, wenn sie mit ihm in Berührung tritt. Das Werkzeug aber, die Spindel, das die Norne im ganzen Lande dem Tabu verfallen läßt, ist nicht nur es selbst als Symbol der s c h ö p f e r i s c h e n   w e i b l i c h e n   A r b e i t , nicht nur diese wird durch den Einspruch der dreizehnten Fee als fluchbeladene enthüllt. Die Spindel ist, von der Mythologie als Odins Schlafdorn aufgefaßt, [57)] auch als männliches Herrschaftszeichen im Märchen tabuiert, ist a g g r e s s i v e s   P h a l l u s - S y m b o l . Das Mädchen, das in der Vertrauensseligkeit zur väterlichen Nähe heranwachsen soll, das nicht die weibliche Arbeit und nicht die weibliche Lebenslust erfahren darf, kann als Herangewachsene auch nicht sich selbst vertrauen. Im Märchen ist mithin am Werkzeug der Spindel die Widersprüchlichkeit von gesellschaftlichem und sexuellem Schicksal in der weiblichen Genese symbolisch verdichtet und ineins gestaltet. Hier liegt das weiblich gesehene Entwicklungsproblem verborgen: die Dialektik von Arbeit und Lebenslust, die im Märchen eine optimistische Auflösung erfährt.

---

57) Handwörterbuch d.dt. Märchens, Bd. 1, S. 4o8 ff.

Die dreizehnte Fee als rächende Ausgeburt der Nacht trägt ihre Lichtseite
im Märchen nicht offen zur Schau wie der König im Schloß. Diese schimmert
aber schon in der Ambivalenz des Wortes "Zauberin" durch, und so ist das
Geheimnis ihres Auftrags in Wahrheit die R e t t u n g   v o r   d e r
v e r b o r g e n e n   N a c h t s e i t e im Behütungswunsch des Vaters.
In diesen Verdrängungszusammenhang tritt das Dachbodenmotiv als klärende
Instanz ein. Der "böse Geist" des Schlosses findet im Turmgemach eine
Heimstatt, damit sich ein Schicksal gegen den Willen der Verblendeten
unten erfülle, das nicht im Selbstverlust endet, sondern im selbstbestimmten Ziel. Die Spinnerin am Rade fordert dort oben als hellsichtige
weise Frau nur ein weibliches Freiheitsbegehren in die Schranken der Alma
Mater, das eine glückgewohnte und unbelehrte Ahnungslose unter das Dach
führt. So ist die Nachtfahrt der Schlafenden nach dem Stich der Spindel
auch nicht als das Versinken in der Feindseligkeit gegen das männliche
Prinzip zu sehen, das auf die erste Berührung mit seiner Wirklichkeit
folgt. Diese Nachtfahrt wird u n t e r   d e m   D a c h e   g e -
s c h ü t z t   a l s   T r a u m   v o n   d e r   V e r s ö h n u n g
mit einem Glücks- und Freiheitsbegehren, das nicht patriarchalisch gefesselt und dämonisiert ist, sondern im Reich der Alma Mater gehütet,
im Volke mit der Namensgebung beantwortet und endlich durch die Ergriffen-
heit des sonst so Unerschrockenen zum befreiten Leben erwacht. In dieser
optimistischen Lösung des Problems der weiblichen Selbstentfaltung im
Märchen findet endlich auch das Rätsel des väterlichen Behütungswunsches,
der sich gegen die Freilassung richtet, seine Auflösung: in der Versöhnung
der Geschlechter.

Auch im Dachbodenmotiv dieses Märchens ist die Dreiergestalt der kritischen
Entwicklungsphasen, die das Motiv bestimmen, erkennbar; in der kindlichen
enthusiastischen Erwartung beim Aufstieg zum Turm, im jugendlichen Übermut
beim Zugriff zur Schicksalsspindel und endlich im Gericht, das der Ahnungslosen das Selbstverfügungsrecht abspricht und den hundertjährigen Schlaf
als Sühne fordert, ehe in der Erlösung der Freispruch gegeben wird. Das
Turmgemach ist der w i r k l i c h e   O r t   d e r   V e r s ö h n u n g,
die unten im Schloß des Königs vereitelt war. Damit zeigt das Dachbodenmotiv im Volksmärchen aber, neben der Dreiergestalt als dem genetischen
Prinzip der Entwicklung, auch schon seine andere Funktion, die D e n u n -
z i a t i o n   d e s   V e r d r ä n g u n g s z u s a m m e n h a n g e s

im manifesten Geschehen unten im Hause. Das Dachbodenmotiv steht hier für
die Negation der patriarchalischen Glücksvorstellung, um die Widersprüchlichkeit der weiblichen Selbstfindung vor **falscher Versöhnung** zu hüten. Diese Funktion des Motivs hat allerdings - so
erstaunlich dies klingen mag - **prototypischen** Charakter
im Zusammenhang mit dem Problem der Entwicklung der weiblichen Figuren
in der bürgerlichen Literatur behalten. Alles, was bei dem Entwicklungsgang dieser Frauen in die Latenz gerät, wie im Märchen das Prinzip des
weiblich aufgefaßten Lebensziels, das die böse Fee streitbar verteidigt,
versammelt sich unter dem Dach, um dort über Rettung oder Untergang der
Frau zu entscheiden, dies aber gleichsam im Sinne eines aufleuchtenden
Menetekels, einer **hellsichtigen Beschwörung**.
Und zugleich nimmt der Konflikt, der die Frauenfiguren unter das Dach
führt - wie im Volksmärchen - lebensgefährlichen Charakter an. Es geht
dort in der weiblichen Genese nicht um das Selbstbewußtsein, sondern um
Leben oder Tod, und nur in Kellers "Hadlaub" und in Storms "Von jenseits
des Meeres" gelingt es, die optimistische Lösung zu gestalten, während
die Marlitt diese im "Geheimnis der alten Mamsell" auf Kosten der Wahrheit
herbeiführt.

Das Dachbodenmotiv, das in der weiblichen Variante des Kampfes um ein
selbstbestimmtes Lebensziel im Märchen von Dornröschen aus der Vorzeit
des bürgerlichen Motivs vorgestellt und der männlichen Variante in Petrarcas
Bergbesteigung zugesellt wurde, transzendiert damit schon am Ursprungsort
das innerhalb der literarischen Figur liegende Problem der Entwicklung.
Während in Petrarcas Bergbesteigung das Identitätsproblem im Sinne der
Selbstbehauptung gegen das Chaos der Wünsche vorherrscht
und die Seite des Wanderers den ausbrechenden Streit als **inneres
Drama** zugunsten einer glücklicheren historischen Perspektive auszutragen vermag, beleuchtet das archaische Ausmaß der streitbaren Schicksalsspinnerin unter dem Dache den höheren Verdrängungsgrad, mit dem die Selbstfindung des Mädchens tabuiert ist. Eine Tochter der Muttergöttin muß als
Deus ex Machina beschworen werden, um in die im Hause herrschenden Erziehungsprinzipien einzugreifen. In diesem Symbolisierungsprozeß scheint auch
in der bürgerlichen deutschen Variante die größte Nähe zu einem **Problem gesucht** zu werden, das nicht einfach im Problem von Ver-

gesellschaftung und Selbstfindung der weiblichen Figuren begründet liegt
und sich im innerpsychischen Widerstreit nicht symbolisieren läßt wie die
historisch zukunftsweisende Bergbesteigung Petrarcas. Die Fixierung des
analytischen Spürsinns auf die sexuelle Feindschaft der Geschlechter würde
sicher den Blick für das Tabu verstellen, das im Symbol der Weiblichkeit,
wie sie sich in der bürgerlichen Literatur verdichtet zu erkennen gibt,
nur gestaltet, nicht aber benannt ist.

In der Weiblichkeit wird im 19. Jahrhundert alles symbolisiert, was nicht
herrscht und doch lebt. Sie ist das Symbol der Ohnmacht wie auch des
Aufruhrs von unten. In ihr wird alles verdichtet, was als die Negation
der herrschenden Ordnungsvorstellungen dem Tabu verfallen ist. So nur erklärt sich die Kollektivierung der Bedeutung des Dachbodenmotivs. Sie gehört zur Gestaltung eines Konflikts, der im Märchen noch in der naiven
Symbolisierung der Spindel anschaubar wurde und in dem Problem, das
d i e   s c h ö p f e r i s c h e   A r b e i t   und die   L e b e n s -
l u s t   aller an der Herrschaft   n i c h t   B e t e i l i g t e n
zum Kern hat, verborgen zu liegen scheint.

Erst in der Artikulation dieser Frage, die in diesen Vorbemerkungen nicht
hinreichend geklärt werden kann, sondern zum Spürsinn im Detail verpflichtet, sah die Verf. die Legitimation, dem zunächst nichts weiter
als pfiffig erscheinenden Einfall zu folgen, aus der Optik des Dachbodens
die deutsche Prosaliteratur zu betrachten.

1. Kapitel

OPTIMISMUS DER ENTWICKLUNG

In den Werken der vorbürgerlichen Zeit tritt das Motiv des Dachbodens nicht auf. Wohl stellt im "Don Quichote" [1] der Bibliothekssaal, in dem der "Ritter von der traurigen Gestalt" seine alten Ritterromane zu lesen pflegt, ein Refugium analog dem Dachboden dar, die konkreten Elemente des Dachbodenmotivs aber, der Saal befindet sich zu ebener Erde, erscheinen nicht, weil es im Hause keinen Konfliktgegner gibt: dieser ist vielmehr die Welt, in die Don Quichote auszieht. Auch Jörg Wickrams "Goldfaden" [2] (1557) zieht sich, als er von heimlicher Liebessehnsucht erfüllt ist, in "seine Kammer" zurück, über deren Lage wir aber nichts erfahren [3], weil das innere Geschehen an diesem Ort kein signifikanter Ausdruck für das Schicksal des Helden ist. Dieses Rückzugsmotiv bei Cervantes und Wickram ist vielmehr beiläufig und hat noch keinen sprechenden Charakter für einen inneren Prozeß der literarischen Figur, der aus der Welt fortführte in den Fluchtort oben im Hause.

In Wielands Roman "Die Abenteuer des Don Sylvio von Rosalva" [4] (1764), der als Entwicklungsroman gelten könnte, finden sich ebenfalls nicht scharf akzentuierte Erscheinungen des Motivs, denn der junge Don Sylvio rettet sich, als er allein im Hause ist, zu jenem Zeitpunkt also, da die Geheimnisse des Hauses entdeckt werden könnten, mit seinen aus der Bücherkammer des Vaters geretteten Schätzen in den Garten im Freien und baut sich dort ein Feenschloß, das er in aller Heimlichkeit genießt. Dieses Feenschloß im Bereich der Natur aber führt aus dem Bereich des Dachbodenmotivs heraus. Bei keinem der angeführten Autoren kommt es bei der Darstellung des Lebensweges ihres Helden zu einer Kollision, die durch Konflikte in der Hausgemeinschaft ausgelöst und im Sinne des Einblicks in die Genese von sozialem und sexuellen Schicksal der literarischen Figur von den Dichtern symbolisiert wäre. Die Rettung der literarischen Figur über den Köpfen der ande-

---

1) M. de Cervantes Saavedra, Don Quichote von la Mancha, Hg. von Wurzbach, 4 Bde., Leipzig 1905, Bd. 1, S. 20 ff.
2) J. Wickram, Goldfaden. Hg. R. Eichinger, München 1923, S. 40 f.
3) Wickram, a.a.O., S. 40 ff.
4) C.M. Wieland, Wieland's Werke in 40 Bd. Berlin o. J., Bd. 14., S. 14 f.

ren ist noch keine. Für diesen Sachverhalt ist sicher nicht die Architekturgeschichte verantwortlich zu machen, denn das Bürgerhaus der deutschen Renaissance und des Barock ist allerdings mit imponierenderen Speichern ausgestattet als das Bürgerhaus des 18. und 19. Jahrhunderts. Wohl ziehen Don Quichote, Goldfaden und Don Sylvio sich aus einem Konflikt zurück, doch Buch und Liebessehnsucht verweisen auf den nahenden Auszug des Helden in die Welt als Bewährungsort. Das Dachbodenmotiv taucht in seiner konkreten Gestalt offensichtlich erst in jener Literaturepoche auf, die bürgerliche Verhältnisse im engen stofflichen Rahmen ernst nimmt und so das Bürgerhaus als realen Schauplatz in die Optik der Dichter rückt.

Auch im bürgerlichen Roman "Anton Reiser" (1785) von C.Ph. Moritz, dessen traurige Kindheit [5] die psychischen Voraussetzungen aufweist, wird nur berichtet, daß die Lektüre verbotener Bücher "in der Kammer" [6] vor sich geht und sich daraus die ersten phantastischen Versuche der Beherrschung in der "Welt" in der kindlichen Vorstellung ergeben. Die konkreten räumlichen Verhältnisse bleiben jedoch noch ungestaltet. Wenn der Dichter von Antons Traum berichtet, der sich im zweiten und dritten Lebensjahr wiederholte, "daß er eine hohe düstere Stiege hinaufstieg, und eine grauenvolle Gestalt ihm die Rückkehr verweigerte" [7], so ist die Ausmalung der Szenerie so dürftig, daß von einer dichterischen Aufnahme des Dachbodenmotivs noch nicht gesprochen werden kann, auch dann nicht, wenn Moritz schon ausdrücklich sagt, daß in der Kindheit "es insbesondere nötig (sei), daß alle übrigen Ideen sich an die Ideen des Ortes anschließen, weil sie gleichsam in sich noch zu wenig Konsistenz haben und sich an sich selber noch nicht festhalten können". [8]
Der Dichter nimmt die Subjektivität seiner literarischen Figur und die konkreten Phasen ihrer Entwicklung noch nicht so ernst, daß dieses Geschehen und sein absonderlicher Schauplatz selbst realistisch gestaltet würden. Die entwicklungsbestimmende Räumlichkeit hebt Moritz nicht plastisch hervor. Die Funktion der Identifikation von "Ort" und "Idee", mit der der innere Entwicklungsgang des Helden sich fassen ließe, übernimmt zum Bei-

---

5) C.Ph. Moritz, Anton Reiser, Heilbronn 1886, S. 9: "Unter diesen Umständen wurde Anton geboren, und von ihm kann man sagen, daß er von der Wiege an unterdrückt wurde."
6) Moritz, a.a.O., S. 27
7) Moritz, a.a.O., S. 28
8) Moritz, a.a.O., S. 77

spiel die Trockenstube des Gerbers, welche neben der Werkstatt des Meisters liegt. [9] Als Anton später "von der Werkstatt, der Trockenstube und dem Holzboden" Abschied nimmt, [10] haben wir nicht erfahren, welche Rolle letztere für Anton gespielt hat. Der Raum des Dachbodens selbst hat keine manifeste Bedeutung im Roman, und die schwache Andeutung beim Abschied von den räumlichen Refugien [11] läßt das Motiv nur in den Reflexionen des Dichters anklingen. Und doch muß festgehalten werden, daß das Dachbodenmotiv sich gleichsam <u>während der Darstellung</u> der Entwicklungsphasen jenes "Anton Reiser", der durch die Bedrängtheit konkret-bürgerlicher Verhältnisse geprägt wird, in das <u>Bewußtsein des Dichters</u> als Einfall einschleicht.

<u>G o e t h e</u>   und die Hoffnung

Erst in Goethes "Wilhelm Meisters theatralische Sendung" (1785) taucht der Dachboden mit unabweisbarer Konkretion auf. Wilhelm ist Kind einer <u>unharmonischen</u> Ehe [12], so daß "ihm nichts übrig blieb, als sich in sich zu verkriechen, ein Schicksal, das bei Kindern und Alten von großen Folgen ist"[13]. Wilhelm, den das Puppenspiel – ein Geschenk der freundlichen Großmutter – fasziniert hatte, entdeckt das fortgeräumte Spiel in der Speisekammer an einem Tage, an dem er <u>allein im Hause</u> ist. Er findet das Buch von David und Goliath, das er, durch ein verdächtiges Geräusch im Nebenzimmer erschreckt, zu sich steckt, woraufhin er

"sich mit dieser Beute leise die Treppe hinauf in die Dachkammer rettete. – Von der Zeit an wandte er alle verstohlenen einsamen Stunden drauf, sein Schauspiel hin und wieder zu lesen, es auswendig zu lernen und sich in Gedanken vorzustellen, wie herrlich es sein müßte, wenn er auch die Gestalten dazu mit seinen Fingern beleben könnte, er ward darüber in seinen Gedanken selbst zum David und zum Goliath, spielte beide wechselweise vor sich allein, und ich kann im Vorbeigehen nicht unbemerkt lassen, was für einen magischen Eindruck Böden, Ställe und heimliche Gemächer auf die Kinder zu machen pflegen, wo sie, von dem Druck ihrer Lehrer befreit, sich fast ganz allein selbst genießen, eine Empfindung, die sich in späteren Jahren langsam verliert und manchmal wiederholt". (17 f)

Goethe gibt uns also selbst die Erklärung. Es mag hier schon gefolgert

---

9) Moritz, a.a.O., S. 62
10) Moritz, a.a.O., S. 87
11) Moritz, a.a.O., S. 77
12) vgl. Goethe, Weimarer Ausgabe, Weimar 1911, Bd. 51, S. 3, 11 f., 20
13) Goethe, Theatralische Sendung, a.a.O., S. 12; im folgenden werden Verweise auf dieses Werk im Text mit Seitenzahlen in Klammern vermerkt.

werden, daß der Gang zum Dachboden gerade in dem Moment notwendig geschieht, da die Selbstbehauptung in konfliktreicher Situation innere Notwendigkeit erlangt. Der Augenblick des Alleinseins schafft den Anlaß, denn das Kind ist sich selbst überlassen. Da das bewohnte Haus die Ungestörtheit versagt, übt der Dachboden seine Anziehungskraft als Refugium und Freiheitsraum aus. Die Rettung des verheißenden Gegenstandes auf den Dachboden unterstreicht den psychologischen Aspekt der emanzipatorischen Situation, weil durch Diebstahl und Flucht eine Welt gewonnen wird, die die Eltern nicht eröffnen. Wilhelms Gang zum Dachboden ist ein Akt der Selbstfindung. Da das Selbstbewußtsein sich aber gerade beim Theaterspiel entfaltet, ist die Subjektivität der Bindung Wilhelms ans Theater konstituiert, die Jarno noch am Ende der "Lehrjahre" rügt: "Wer sich nur selbst spielen kann, der ist nicht zum Schauspieler geboren." [14] Dieses Dachbodenabenteuer des Knaben Wilhelm mit David und Goliath hat nicht den Charakter schauspielerischer Verwandlung, sondern der Selbstfindung im Raum der Abgeschiedenheit von der Familie. Dies ließe sich auch an den Darstellungen des späteren Mißgeschicks während der Kindervorstellungen (23 ff.) nachweisen, die Wilhelms Befangenheit vor den Zuschauern enthüllten. Die freundliche und erstaunte Großmutter entlockt Wilhelm das Geständnis seines Diebstahls und seiner Spiele (S. 19). Sie sorgt dafür, daß seine geheimen Wünsche im Familienkreise Verständnis finden. Ein Hinweis, daß Wilhelm den Dachboden noch einmal aufgesucht habe, erfolgt daher auch nicht mehr.

Goethe hat bei der Umarbeitung der "Theatralischen Sendung" zu "Wilhelm Meisters Lehrjahre" dieser Szene mit dem Dachbodenerlebnis die Unmittelbarkeit genommen und seine eigenen Erläuterungen über die Anziehungskraft solcher Gemächer auf Kinder ganz gestrichen.

In den "Lehrjahren" (1795) erfahren wir das Erlebnis erst, als Wilhelm Mariane von kindlichem Glück als einem mit der Geliebten nicht geteilten berichtet. [15] Der Leser erfährt es also nicht vom Autor, sondern von der Hauptfigur selbst. Die Heimlichkeit des Aufenthalts unter dem Dache verschärft sich dadurch, daß der Leser gleichsam einen verbotenen Blick in die vertraute Szene wirft. Auch daß es sich um einen Akt der Selbstfindung handelt, wird durch die Entdeckung im Geständnis an die Geliebte akzentuiert.

---

14) Goethe, Hamburger Ausgabe in 14 Bd. hg. Erich Trunz, Hamburg 1956, Bd. 7, S. 551
15) Goethe, Lehrjahre, S. 21

Erhellend für den Inhalt des Dachbodenmotivs ist noch der Hinweis, daß sich nur in der "Theatralischen Sendung" findet, daß Werners kühler Geschäftsgeist auf die Ausbesserung des oberen Teiles des Vaterhauses gedrungen habe, der in schlimmem Zustande war (175 f.). Es ist kein Zufall, daß gerade dieser Repräsentant der Zweckmäßigkeit den Bereich des Hauses in die Nutzbarkeit einbezieht, der sich gemeinhin der Ökonomie des Ganzen entzieht, und als Hüter des bürgerlichen Ordnungsprinzips den Freiheitsraum unter dem Dache der Sozialsphäre integriert.

Die Gegenfiguren, die sich solchem Zwang ständig entziehen, Mignon und Harfner, sind daher auch nicht Besucher, sondern Bewohner des Dachbodens. Mignon schläft in einer Dachkammer (224) auf der nackten Erde und ist "durch nichts zu bewegen, ein Bett oder einen Strohsack anzunehmen". Harfner wohnt auf dem Dachboden (73 f.) [16] eines außerhalb des Ortes gelegenen "schlechten" Wirtshauses. Hier ist es der Schuldbeladene, der sich aus der menschlichen Gemeinschaft in den Raum unter dem Dache zurückzieht, um dort seine Trauer zu genießen, wel er das Geheimnis, das ihn zum "Fremdling" gemacht hat, nicht mitteilen kann. Wilhelm sucht den Harfner dort auf, als er spürt, daß er zu Entscheidungen über sein eigenes Leben gezwungen wird. Er sucht ihn also unter dem Dache in Bedrängnis auf und hofft, mit dem Harfner, der sich dort selbst genügt, zur Selbstbesinnung zu kommen.

Es ist das zweite Mal, daß wir Wilhelm auf den Dachboden folgen, den wir ihn diesmal in "verdrießlicher Unruhe" aufsuchen sehen. [17] Von dem widerspenstigen Treiben der Schauspieler bedrängt, betrachtet er es als ein Glück, [18] daß der alte Dachbodenbewohner in seinem "Herzen die angenehmste Bekanntschaft" findet. Dies "sich in der Einsamkeit beschäftigen" und

---

16) Goethe, Theatralische Sendung, a.a.O., Bd. 52, S. 73 f; vgl. Lehrjahre, S. 136 ff.
17) Goethe, Lehrjahre, S. 136
18) "Ich finde dich sehr glücklich, daß du dich in der Einsamkeit so angenehm beschäftigen und unterhalten kannst, und, da du überall ein Fremdling bist, in deinem Herzen die angenehmste Bekannstschaft findest." Theatralische Sendung, S. 75

"im eigenen Herzen die angehmste Bekanntschaft finden", das dem Kinde auf
dem Dachboden die Möglichkeit schafft, die Welt in den ungestörten Kräften
der eigenen Phantasie zu erkennen, stellt bei dem Harfner jedoch den verzweifelten Verzicht auf alle menschlichen Beziehungen dar und läßt ihn den
Teufelskreis der eigenen Schuld hoffnungslos immer wieder neu abschreiten.
Die Freiheit, die er auf dem Dachboden von der Gesellschaft und der Wirklichkeit genießt, ist daher durchaus trügerisch, weil das, was dorthin gerettet wird, das Geheimnis der Schuld, hier ungebrochene Herrschaft über
das Gemüt des Harfners ausüben kann. Dies liegt auch in dem Liede beschlossen, das er in Wilhelms Gegenwart unter dem Dache singt: "Wer sich
der Einsamkeit ergibt / Der ist bald allein (...) O kann ich nur einmal
recht einsam sein / Dann bin ich nicht allein" (75 f.). Das dem Motiv zugehörige Moment der Freiheit schlägt hier in Gefahr um. Als Wilhelm in
seiner Bedrängnis in der Dachkammer des Harfners eintritt und dieser bestürzt innehält, bittet er ihn, ungestört in seinen Liedern fortzufahren
und setzt sich schweigend zu ihm. Er ist gekommen, die Einsamkeit des
Harfners zu teilen. Als dieser geendet hat, stellt sich eine innere Einstimmung her, die Goethe in der "Theatralischen Sendung" zu einer Sitzung
von Herrnhutern in Analogie setzt, weil in ihr sich eine mystische Einheit
unter den Gesängen des Liturgen herstelle.

"Auf alles, was der Jüngling zu ihm sagte, antwortete der Alte in der
reinsten Übereinstimmung durch Anklänge, die alle verwandten Empfindungen
rege machten und ein weites Feld des Denkens eröffneten (...), wodurch
unser Freund in einen Zustand versetzt wurde, der sich von seinem bishe-
rigen gedruckten und armseligen Leben wirklich unterschied. Die Gefühle
von dem Adel seines Wesens, von der Höhe seiner Bestimmung, das Mitgefühl
des Guten und Großen unter den Menschen hervorzubringen, ward aufs Neue
in ihm lebendig, er pries den Alten und beneidete ihn zugleich, daß er
diese Stimmung in seiner Seele hervorgebracht hatte und wünschte sich nichts
mehr als mit ihm zu Verbesserung und Bekehrung der Welt gemeinsame Sache
zu machen. Seine alten Ideen von Hoffnung und Zuversicht, die er dem
Theater geschenkt hatte, wurden wieder rege, er knüpfte mit unglaublicher
Schnelligkeit wieder das Höchste daran, daß ein vernünftiger Mensch, der
damals in sein Gehirn hineingeschaut hätte, ihn notwendig müßte für wahnsinnig gehalten haben. Er verließ die elende Kammer mit dem größten Wider-
streben, als ihn die Nacht zu weichen zwang, und er war niemals unschlüs-
siger gewesen, was er tun wolle, könne, solle, als auf dem Wege, den er
nach dem Quartier nahm." (76 ff.)

Wilhelm Meister ist in dieser Dachbodenszene der Wirklichkeit entrückt.
Hier hat das Motiv eine gefährliche Tönung. Es lockt in eine Scheinwelt,
die dem Wahnsinn nahe liegt. Diesem zweiten Besuch Wilhelms unter dem

Dache wohnt das Moment des Wirklichkeitsverlustes unmittelbar inne. [19]
Noch einmal berichtet Goethe in den "Lehrjahren" indirekt, daß der Harfner
auf dem Dachboden weilt. [20] Als er den Brand entfacht hat, kommt er die
oberste Treppe herunter; von oben kommt auch der Rauch. Das Feuer erfaßt
das Holzwerk des Daches und "eine leichte Treppe" und vereitelt dem Harfner fast die eigene Rettung. Die Flucht unter das Dach ist umgeschlagen
in wahnsinnige Selbstzerstörung, die auch dem Orte seiner Versenkung gilt
als einem Teil seiner selbst. Als der Geistliche, der Harfner nach diesem
Ausbruch in Pflege genommen hat, über seine Heilmethode berichtet, [21] entfaltet er ex nagativo, daß Vereinzelung, die Überhebung und der ungestörte
Selbstgenuß, den Harfner zum Dachbodenbewohner gemacht haben.

"Seit vielen Jahren hat er an nichts, was außer ihm war, den mindesten
Anteil genommen, ja fast nichts gemerkt, bloß in sich gekehrt, betrachtete
er sein hohles leeres Ich, das ihm als ein unermeßlicher Abgrund erschien.
Wie rührend war es, wenn er von diesem traurigen Zustande sprach! Ich sehe
nichts vor mir, nichts hinter mir, rief er aus, als eine unendliche Nacht,
in der ich mich in der schrecklichsten Einsamkeit befinde; kein Gefühl
bleibt mir als das Gefühl meiner Schuld, die doch auch nur wie ein entferntes unförmliches Gespenst sich rückwärts sehen läßt. Doch da ist keine
Höhe, keine Tiefe, kein Vor und Zurück, kein Wort drückt diesen immer gleichen Zustand aus. Manchmal ruf' ich in der Not dieser Gleichgültigkeit:
Ewig! Ewig! mit Heftigkeit aus, und dieses seltsame unbegreifliche Wort
ist hell und klar gegen die Finsternis meines Zustandes. Kein Strahl einer
Gottheit erscheint mir in dieser Nacht, ich weine meine Thränen alle mir
selbst und um mich selbst. Nichts ist mir grausamer als Freundschaft und
Liebe; denn sie allein locken mir den Wunsch ab, daß die Erscheinungen, die
mich umgeben, wirklich sein möchten. Aber auch diese beiden Gespenster sind
nur aus dem Abgrunde gestiegen, um mich zu ängstigen und um mir zuletzt
auch das teure Bewußtsein dieses ungeheuren Daseins zu rauben." [22]

An diesem ersten Dachbodenbewohner in der deutschen Literatur tritt das
Motiv voll unter dem negativen Aspekt des Realitätsentzugs und des Wahnsinns
in Erscheinung. Wo der innere Konflikt alle Energien, die auf Sozialisation
drängen, absorbiert, ist auch das Ich von Selbstauflösung bedroht. Unter

---

19) Goethe hat auch diese Dachbodenszene in den "Lehrjahren" gekürzt. Die
phantastische Einwirkung Harfners auf Wilhelms Pläne fällt fort, vgl.
Lehrjahre S. 138 f.: "denn wirklich fing er auf dem Rückwege über seine
Lage lebhafter als bisher geschehen zu denken an und war mit dem Vorsatze,
sich aus derselben herauszuziehen, nach Hause gelangt". Hier ist der Dachboden eher als Ort der Selbstbesinnung eingeführt.
20) Goethe, a.a.O., S. 331
21) Goethe, a.a.O., S. 346 f.
22) Goethe, a.a.O., S. 346 f.

dem Dache wartet auf den Geflohenen der Wahnsinn, der durch die Entfachung des Feuers auf dem Dachboden seinen materiellen Ausdruck findet.

Die Turmgesellschaft wird uns als etwas Geheimnisvolles vorgestellt. Das Schloß Lotharios mit den vielen Türmen und Galerien birgt es, wie wir zuerst von Lydie erfahren: "Ich hatte ihr Geheimnis nicht entdeckt, aber ich hatte beobachtet, daß sie ein Geheimnis verbargen. Wozu diese verschlossenen Zimmer? Diese wunderlichen Gänge? Warum kann niemand zum Turm gelangen"?[23] Auch Wilhelm teilt sich das Geheimnis der Bewohner an der Architektur des Schlosses mit, denn "als er sich dem Schloß näherte, fiel ihm der Turm mit den vielen Gängen und Seitengebäuden mehr als sonst auf" (463), und "zu gewissen Galerien und besonders zu dem alten Turm, den er von außen recht gut kannte, hatte er bisher vergebens Weg und Eingang gesucht". (493) Das Turmgemach als Zentrum der Turmgesellschaft muß hier in die Analyse des Dachbodenmotivs mit einbezogen werden, da hier das vorbürgerliche Substrat des Dachbodenmotivs in die bürgerliche Literatur eingeht.

Damit Wilhelm "um anderer Willen zu leben und seiner selbst in seiner pflichtmäßigen Tätigkeit zu vergessen" lerne, (495) wird er eines Tages bei aufgehender Sonne zur Einweihung in die Geheimnisse des Turmes bestimmt. Jarno "führte ihn durch bekannte und unbekannte Zimmer des Schlosses, dann durch einige Galerien, und sie gelangten endlich vor eine große alte Türe, die stark mit Eisen beschlagen war. Jarno pochte, die Tür tat sich ein wenig auf, so daß ein Mensch hineinschlüpfen konnte. Jarno schob Wilhelm hinein, ohne ihm zu folgen." (493)
Die Beschreibung des Weges dorthin bleibt durchaus dunkel und labyrinthisch. Nur unter Führung des bereits Eingeweihten wird die Tür erreicht, die durch ihr Alter und ihre Wehrhaftigkeit nur vage ahnen läßt, daß es sich um den Eingang zu dem alten Turm handelt,[24] weil dieser üblicherweise mit dem Schloßtrakt durch eine Tür verbunden ist. Diese Tür aber ist nicht Pforte

---

23) Goethe, a.a.O., S. 462; im folgenden wird "Wilhelm Meisters Lehrjahre" im Text mit Seitenzahl angemerkt.
24) Dies läßt sich überhaupt nur indirekt aus dem Text bestimmen; vgl. S.547: "Jene geheimnisvollen Mächte des Turms" und "etwas von dem Turme erzähle, auch S. 548: "alles, was Sie im Thurme gesehen haben, sind nur Reliquien" und S. 564: "aus unserem alten Turme soll eine Societät ausgehen (...)."

und Eingang im vornehmlichen Sinne, sondern eisenbeschlagener <u>Verschluß des Geheimnisses</u>. Kein Schlüssel verschafft Eingang, und erst auf das Pochen des Eingeweihten hin öffnet sie sich, doch von selbst und nur so weit, daß Wilhelm von Jarno hineingeschoben werden kann. Nicht ein autonomer Entschluß verschafft ihm den Einlaß, er ist zur bestimmten Stunde gerufen worden. Er ist bekannt und wird geschoben. Die Bedeutung der individuellen Freiheit, die bisher beim Dachboden unter positivem wie negativem Aspekt beim Dachbodenmotiv in Goethes Roman in Erscheinung trat, ist dadurch bereits überschritten, wie auch durch den Hinweis, daß Wilhelm seiner selbst in "seiner pflichtmäßigen Thätigkeit zu vergessen" lernen solle, der dieser dritten Erscheinung des Motivs im Roman vorausgeht.

Auch im Inneren wird Wilhelm zweimal angerufen: "Tritt herein". Er befindet sich in einem Raum, der "ehemals eine Kapelle" gewesen sein muß. Statt des Altars steht vorn ein großer grüner Tisch, über ihn ein Vorhang gebreitet, und an den Seiten befinden sich Schränke mit Rollen angefüllt. Auf den Anruf: "Setz dich!" nimmt Wilhelm auf einem Armstuhl Platz, mit dem Rücken zum Eingang. " Es war kein anderer Platz im ganzen Zimmer, er mußte sich darein ergeben, ob ihn schon die Morgensonne blendete; der Sessel stand fest, er konnte nur die Hand vor die Augen halten." (494) Auf einen Sessel genötigt, der nicht zu rücken ist, die Augen von der Sonne geblendet, gegen die er sich nur mit der Hand wehren kann, befindet sich Wilhelm in der Situation des Prüflings.

In schneller Folge treten in den geöffneten Vorhang aus einer leeren, dunklen Öffnung, deren Ursprung geheimnisvoll bleibt, vier Figuren. Die erste macht einen Hinweis, daß die Bilderwelt der Kindheit Wilhelms, in der Form der Gemäldesammlung des Großvaters, im Kreise der Gesellschaft aufgehoben sei. Die zweite spricht von der Gewißheit, daß der Einsatz der ganzen Person bei allen Handlungen, auch den irrenden, endlich zur Erkenntnis führe. Die dritte ruft zur sinnvollen Gemeinschaft mit Menschen auf. Als Wilhelm daraufhin sagt, warum man ihn dann nicht strenger geführt habe, ertönt aus dem Verborgenen eine Stimme: "Rechte nicht mit uns, du bist gerettet und auf dem Wege zum Ziel." (495) Die vierte Figur - der Geist des Vaters - verabschiedet sich in der Gestalt des Königs von Dänemark versöhnt von Wilhelm. Durch diese letzte Begegnung wird Wilhelm in die "verworrenste Lage" (496) versetzt. Doch wird dem Gerufenen kein Aufschub

gewährt. Hinter dem Tisch fordert ihn der Abbé nun auf, heranzutreten und
auf den erhöhten Stufen seinen Lehrbrief zu empfangen. Wenn es darin heißt:
"Die Höhe reizt uns, nicht die Stufen, den Gipfel im Auge wandeln wir gern
auf der Ebene" (496), so ist hier dem Dachbodenmotiv ein Inhalt mitgeteilt,
der seinen Bedeutungsumkreis über das individuelle Interesse auf Allgemeines
hin erweitert. Durch Wilhelms drittes Eintreten in den Dachbodenbereich
wird das Motiv als Hort bloß individueller Freiheit relativiert. Die Tatsache, daß Wilhelm weder durch spontanen Entschluß, noch in Bedrängnis wie
vordem, sondern durch Aufforderung und Geleit des Eingeweihten dorthin gelangt, ist Beweis einer allgemeineren Geltung des Motivs am Ende des Romans,
die dem Handlungsablauf entspricht. Alle Geheimnisse gibt der Turm dem Eingeweihten wie dem Leser nicht offen preis: Als Felix hinter Wilhelm in dem
Saale erscheint und der Vater nach der freudigen Begrüßung verwirrt ausbricht: "Wo kommst du her, mein Kind, gerade in diesem Augenblick?" greift
der Abbé ein: "Fragen sie nicht. Heil dir, junger Mann! Deine Lehrjahre
sind vorüber; die Natur hat dich losgesprochen." (497) [25]

Dieser rätselvolle Charakter der Turmgesellschaft, der dem Dachbodenmotiv
neue Bedeutung verleiht, verdient besondere Beachtung, weil sich hier ein
Zug des Motivs bereits dokumentiert, der später besonderes Gewicht erhält.
In den Bereich einer geheimnisvollen Gesellschaft wird ein Mann durch
einen eingeweihten Boten geholt und erbittlich aufgefordert, sich am
unvertrauten Orte <u>einem Schiedsspruch von undurchschaubarer Herkunft zu
unterstellen</u>, ohne daß das Recht der "Sozietät" zu einem solchen Eingriff
in die individuelle Selbstbestimmung, die vorher dem Motiv ja gerade zugehörte, offengelegt wird.

Im Unterschied zu Wilhelm, der eine neue Stufe der Entwicklung erreicht,
sind Mignon und Harfner dem Tod verfallen. Als <u>Bewohner</u> des Dachbodens,
als Fremdlinge, können sie den Prozeß der Individuation nicht im Sinne
sozialer Selbstentäußerung auflösen.

---

25) Vgl. auch Schillers Betroffenheit im Brief vom 8. Juli 1796

Mignon hat sich, wie wir aus ihrer Krankengeschichte erfahren, in Verzweiflung in der Nacht aus Wilhelms Zimmer zum Harfner auf den Dachboden gerettet. (524) Da sie nur beseelt war von der "Liebe zu dem Manne, der es aus den Händen der Barbaren rettete" (576), von dem sie sich jedoch nun verstoßen glauben mußte, bedeutet ihre Flucht zu Harfner auf dem Dachboden ihre Flucht aus der Welt, die sich nun langsam vollzieht. Als sie später Felix auf dem Schoße hat, sieht sie "völlig aus wie ein abgeschiedener Geist und der Knabe wie das Leben selbst; es schien, als wenn Himmel und Erde sich umarmten." (525) Wenn sie noch immer die Lust spürt, über die Gipfel der Berge zu gehen, "von einem Haus aufs andere, von einem Baum auf den anderen zu schreiten", (528) wie in den ersten Lebensjahren, so ist dies ein Zeichen ihrer eingeborenen Sehnsucht nach Befreiung aus Erdenschwere, die im Aufenthalt und in ihrer letzten Flucht auf den Dachboden als dem luftigsten und höchsten Ort der menschlichen Behausung seinen Ausdruck findet. Blau als die Farbe der Luft ist auch die Farbe, die die umhüllenden Teppiche und die Kleidung der Knaben bei Mignons Exequien auszeichnet. (574) Mignon teilt dem Motiv das Moment der freischwebenden Phantasie mit, die die Kollision mit der Wirklichkeit als tödliche Gefahr zu fürchten hat. Die Freiheit, die Mignon umgibt, ist der Schein, der zum Tode führt. [26]

Harfner, der unter den Bemühungen der Menschen um sein Schicksal, aus der mythischen Namenslosigkeit erlöst, als Augustin in bürgerlicher Kleidung in der Gesellschaft erscheint, hat die Züge des Alters verloren. Doch diese Rückkehr ins Leben ist nur Schein, sein Verhängnis enthüllt sich. Unter dem Verdacht, Felix mit einer tödlichen Dosis Opium vergiftet zu haben, die er sich selbst zugedacht hatte, flüchtet er auf den Dachboden, wo man ihn in seinem Blute findet. Unter Anwendung einer List gelingt es ihm, seine Verbände zu lösen, und er verblutet. (601 ff.) Als der Harfner, der auf dem Dachboden die Einsamkeit mit sich selbst suchte, seine Identität und den realen Schuldzusammenhang unabweisbar aufgedeckt sieht, legt er Hand an sich, um "die großen Schmerzen auf ewig aufzuheben". (597) Auch für den

---

[26] Vgl. Mignons Lied: "So laßt mich scheinen, bis ich werde,
    Zieht mir das weiße Kleid nicht aus!
    Ich eile von der schönen Erde
    Hinab in jenes feste Haus." S. 515

Harfner gibt es wie für Mignon als einzige Möglichkeit des Auszugs aus dem Dachboden nur den Tod.
Die Turmgesellschaft selbst verläßt am Ende der "Lehrjahre" die Abgeschiedenheit des Turms. Aus Jarnos Erklärungen (574 ff.) erfahren wir, daß der Turm bereits Hort einer verlöschenden Tradition und Ort einer allmählich belächelten Vergangenheit sei. Wilhelm fühlt sich daher schändlich irregeleitet, da er so klug sei wie vorher, eine Wendung, der wir schon angelegentlich seines Besuches auf dem Dachboden beim Harfner begegneten. Die rein geistige, gleichsam luftige Sphäre des Dachbodenmotivs, das reine Prinzip der Idee als Theorie, negiert hier Goethe in seinem Roman selbst durch Jarnos ironischen Bericht (548 ff.) über die Geschichte der Turmgesellschaft. Auf der höchsten Stufe der Allgemeinheit, die Goethe dem Dachbodenmotiv in der Gestaltung der Turmgesellschaft mitteilt, wiederholen sich die spezifischen Phänomene: die Anziehungskraft des Dachbodens auf die Jugend, dort einen neuen Weltplan herzustellen, der als Geheimnis gehütet wird. Auch findet sich das Moment der Überhebung als Auflösungserscheinung wieder. [27]

Und endlich erscheint der Turm als Archiv [28]. Der Abbé jedoch leitet das jugendliche Unternehmen aus der Exklusivität ins Allgemeine, weil er die Isolation als Gefahr erkannte: "Nur alle Menschen machen die Menschheit aus, und nur alle Kräfte zusammen die Welt." [29] Er drängt damit auf die Welthaltigkeit der Gesellschaft, deren Glieder den Turm verlassen, [30] wie das Kind den Dachboden der ersten geheimen Spiele, um den dort gewonnenen Entwürfen Wirklichkeit zu verleihen.

Goethe hat als erster in der deutschen Literatur den Dachboden in die Darstellung aufgenommen und zugleich diesem Motiv die Dialektik von Individuation und Sozialisation mitgeteilt. Sein Bedeutungsfeld läßt sich mithin nun zum ersten Mal konkret bestimmen. Der Knabe, in konfliktreichen Beziehungen aufwachsend, findet offensichtlich in der Familiengemeinschaft nicht den Freiheitsraum zur tätigen Entdeckung der Welt wie seiner selbst, weil diese dynamische Entfaltung der eigenen Kräfte und die Herausforderung,

---
27) S. 550: "Wir fingen an, nur die Fehler der anderen und ihre Beschränkung zu sehen und uns selbst für treffliche Wesen zu halten."
28) S. 550: "Wir wollten uns ein eigenes Archiv unserer Weltkenntnis bilden."
29) S. 550
30) S. 564: "Aus unserem alten Turme soll eine Societät ausgehen, die sich in allen Teilen der Welt ausbreiten kann."

die damit an die Bezugspersonen gerichtet wird [31], das mühsam aufrechterhaltene Gleichgewicht der ganzen Gemeinschaft bedroht. Dies läßt sich daran nachweisen, daß Wilhelm sein eigenes, von der wohlwollenden Großmutter geschenktes Puppenspiel fortgeräumt in der Speisekammer wiederfindet, die die auf orale Befriedigung regredierte Lebensgemeinschaft versinnbildlicht. Der geheime Gang zum Dachboden, auf den er das durch Diebstahl zurückeroberte Buch rettet, ist Befreiung von falschem Frieden, den er unten als Bedrängnis erlebt. Das Spiel von David und Goliath unter dem Dache ist echter <u>geglückter Gegenentwurf zu einer Realität, die seine Lust am Leben angreift</u>. Der tödliche Kampf zwischen dem übermächtigen mordgierigen Riesen und dem schmächtigen, Harfe spielenden Hirtenknaben David feiert den Sieg des Friedfertigen über die Übermacht des Gewalttätigen. In dem spielerischen Nachvollzug des blutigen Kampfes, in dem er selbst sich als den Sieger feiert, rettet der Knabe sein Ich durch Identifikation mit dem Guten als dem welterhaltenden Prinzip. Er rettet sein Ich damit zugleich vor der Identifikation mit dem Angreifer [32], die das herrschende Prinzip der Ichbildung in der bürgerlichen Familie ist und in die sich der ödipale Wunsch des Sohnes nach dem Vatermord durch die Konstitution des Über-Ichs auflöst. Diese erste Erscheinung des Dachbodenmotivs in den Spielen des Kindes als Neuschöpfung der Welt ist der Atmosphäre im Hause unten als Negation entgegengesetzt und geglückter wünschbarer Gegenentwurf, der dem <u>Ausblick auf das Leben Hoffnung</u> verleiht [33]

In der zweiten Erscheinung tritt das Motiv als Ort scheinhafter Freiheit in der Periode von Wilhelm Meisters Theaterleben auf. Diese Zeit ist charakterisiert als Wilhelms Irrweg im Kampf um eine "Rolle", der ihn in die schöne Illusion führt, in Wahrheit aber seine <u>Identität</u> als <u>Überhebung</u> bedroht. So gesellt ihm Goethe den Dachbodenbewohner Harfner zu, der im wahnhaften Selbstgenuß unter dem Dache die Rettung vor seiner Schuld sucht und für den die <u>Wahrheit über seine Identität der Tod ist</u>. Diese zweite

---

31) vgl.Bateson,Jackson etc.:Schizophrenie und Familie,Frankfurt 1969,S.45 ff.
32) vgl. hierzu die kurzen Angaben von Anna Freud in: Das Ich und die Abwehrmechanismen. München o.J., S.85 ff., die Beschreibung dieses psychischen Phänomens von S. Freud in "Die Traumdeutung", Gesammelte Werke in 18.Bd., Frankfurt 1966⁴, Bd. II/III, S. 267 ff. und die grundlegende Auseinandersetzung in S. Freuds Falldarstellung des kleinen Hans, Bd. VII, S. 241 ff.
33)Wie ernst Goethe den auf Realität drängenden Wunsch des Knaben nimmt,zeigt sich an dem Schutz und Beistand,den er Wilhelm in der Gestalt der gütigen Großmutter in der Familie zur Seite stellt.

Erscheinung des Motivs ist charakterisiert durch Realitätsverlust, in dem die Gefahr des Wahnsinns lauert und der im Ausbruch des Feuers seinen materiellen Ausdruck findet. Den bedrohlichen Aspekt des illusionären Charakters, der in diesem Ausdruck des Motivs liegt, betont Goethe dadurch, daß Wilhelms Verzicht auf seine Theaterpläne mit dem Tode des Harfners zusammenfällt.

Das dritte Auftreten des Motivs überschreitet das Problem der Selbstfindung zur Selbstentäußerung im Dienste eines höheren Allgemeinen hin. Goethe hat jedoch den Widerstreit von Individuation und Sozialisation nicht innerhalb des Motivs gelöst, wie es durch die Einbeziehung der Turmgesellschaft zu denken wäre. Die Allgemeinheit, die die Turmgesellschaft vertritt, ist abstrakte Idee, die auf Geheimnis und Sektiererei angewiesen ist. Die Legitimation für die Forderung an Wilhelm, sich nach der Zeit illusionärer Suche nach einer eigenen Rolle zu verantworten, liegt in der metaphysischen Weihe einer exklusiven Sekte, liegt in der Autorität des Irrationalen, nicht in dem erfahrbaren Anspruch der ganzen Gesellschaft begründet. Da mithin innerhalb des Dachbodenmotivs die Sozialisation autoritär auferlegte Pflicht ist und nicht mit dem Beistand des individuellen Bedürfnisses nach sozialer und libidinöser Selbstäußerung in der Welt rechnen kann, muß der Abbé den Besuch Wilhelms in der Turmgesellschaft auch mit dem Ausruf beenden: "Deine Lehrjahre sind vorüber; die Natur hat dich losgesprochen." (497): denn nur durch diesen unvermittelten Freispruch wird Wilhelms Bereitschaft zu höherer Verantwortung unter der Herrschaft einer Idee überhaupt verständlich. Schillers Kritik an der Rätselhaftigkeit dieser abstrakten Idee, die die Turmgesellschaft vertritt, scheint daher nur allzu berechtigt: "Nur wenn das Sinnliche und das Moralische im Menschen feindlich entgegen streben, muß der reinen Vernunft Hülfe gesucht werden." 34)

33) Wie ernst Goethe den auf Realität drängenden Wunsch des Knaben nimmt, zeigt sich an dem Schutz und Beistand, den er Wilhelm in der Gestalt der gütigen Großmutter in der Familie zur Seite stellt.
34) Schillers Brief vom 9. Juli 1796, vgl. auch den Brief vom 8. Juli 1796, daraus: "Wenn ich überhaupt an dem Ganzen noch etwas auszustellen hätte, so wäre es dieses, 'daß bei dem großen und tiefen Ernste, der in allem Einzelnen herrscht, und durch den es so mächtig wirkt, die Einbildungskraft zu frei mit dem Ganzen zu spielen scheint' - Mir deucht, daß Sie hier die freie Grazie der Bewegung etwas weiter getrieben haben, als sich mit dem poetischen Ernste verträgt, (...). Ich glaube zu bemerken, daß eine gewisse Kondeszenz gegen die schwache Seite des Publikums Sie verleitet hat, einem mehr theatralischen Zweck und durch mehr theatralische Mittel, als bei einem Roman nötig und billig ist, zu verfolgen."

Den wirklichen Ernst, der in der Dialektik von Individuation und Sozialisation liegt, hält Goethe also innerhalb des Motivs verschleiert. Er gestaltet innerhalb seines Bedeutungskreises nur die Krisen, die im Leben auf Bewältigung drängen. Dem Ernst dieser Aufgabe bewahrt Goethe seine Würde, indem er am Schluß der "Lehrjahre" Jarno einen ironischen Bericht über die Turmgesellschaft geben läßt, in dem alle kritischen Momente der individuellen Überhebung des Dachbodenmotivs der Turmgesellschaft selbst aufgebürdet werden: der Weltentwurf des Knabenspiels, die Maskerade der Illusion und die Überhebung durch Realitätsentzug in der Exklusivität. Der Dachboden wird bei Goethe in "Wilhelm Meisters Lehrjahren" als Konfliktsphäre dargestellt und zugleich entdämonisiert durch den Ausspruch des Abbé: "Nur alle Menschen machen die Menschheit aus, und nur alle Kräfte zusammen die Welt." (55o) "Aus unserem alten Turme soll eine Societät ausgehen, die sich in allen Teilen der Welt ausbreiten kann." (564) Die Hoffnung des Bürgertums auf die Geschichtsmächtigkeit des befreiten Individuum in der Gesamtgesellschaft, die die Zeit der Französischen Revolution in Deutschland als Aufbruchsstimmung durchzieht, teilt sich auch an Goethes <u>Hoffnung auf die Praxis des Lebens selbst mit, in dem die Dialektik von Individuation und Sozialisation auf menschliche Weise lösbar wäre.</u> In dieser Hoffnung liegt die Kraft begründet, das Konfliktmotiv des Dachbodens <u>ironisch aufzulösen</u> durch die Perspektive schöpferischer Praxis, als die die "Wanderjahre" gelten könnten.

Z u s a m m e n f a s s u n g

Und doch hat die Macht des Klassikers über die Dämonie des rettenden Ortes zu Häupten der Bedränger in der deutschen Literaturgeschichte sich nicht forterben können. Die hoffnungsvolle Auflösung jener Widersprüche im Entwicklungsgang des Helden, für die das Dachbodenmotiv einsteht, weicht vielmehr einer zunehmenden Befangenheit der Dichter gegenüber dem aufrührerischen Geist, der dort oben haust und bei Goethe noch durch den optimistischen Hinweis auf die Würde des tätigen Lebens in der ganzen Gesellschaft seine Entzauberung erfuhr. Im Rückblick auf die Bergbesteigung Petrarcas und das Volksmärchen vom Dornröschen und im Vorgriff auf die deutsche Literatur des 19. Jahrhunderts sei noch einmal Goethes Gestaltung des Dachbodenmotivs festgehalten. Hiermit erfassen wir nämlich sowohl die <u>erste bürgerliche Benennung</u> des literarischen Motivs als auch den dichterischen

Brückenschlag von der Vergangenheit zum Problem der individuellen Entwicklung in der bürgerlichen Gesellschaft.

Das kindliche Spiel des Knaben Wilhelm vom Triumph des Friedfertigen über die Tyrannei des Gewalttätigen nimmt als kindliche Hoffnung die mutige Überwältigung eines gesellschaftlichen und sexuellen Unglücks vorweg, das die unten im Hause in der Latenz beherrscht. Dieses Dachbodenspiel rettet dem Kinde die erwartungsvolle Neugier und die Lebenslust, mit der Petrarca den Wanderer die Bergbesteigung und das Volksmärchen Dornröschen die Entdeckung des Schlosses als Initialphase der Bewährung beginnen läßt. Neu aber ist bei Goethe die Übertragung des Problems in die Enge der bürgerlichen Familiengemeinschaft, in die konkrete Misere des Ehekriegs. Hier findet keine dichterische Symbolisierung statt, sondern die mutige Benennung eines familiären Unglücks als Ursache für die Absonderlichkeit des Aufenthalts auf dem Dachboden. Goethe macht den Blick frei für die unmittelbare innere Notwendigkeit der kindlichen Flucht unter das Dach und verleiht dem Knabenspiel damit die Kraft zur Negation des latenten sozialen und sexuellen Elends in der Hausgemeinschaft. Diese Verengung der dichterischen Optik gegenüber Bergbesteigung und Märchenschloß erweist sich am Ende des 18. Jahrhunderts als mutige literarische Verweigerung gegenüber dem verlöschenden Glanz entleerter Formen zugunsten des eindringlicheren Stoffes. Die dichterische Nüchternheit nimmt die Bedrängtheit bürgerlicher Lebensverhältnisse als solche ernst und holt damit einen literarischen Stoff ans Licht, der dem Problem der individuellen Entwicklung die Allgemeinverbindlichkeit verbürgt.

Mit dieser Entscheidung ist das Bürgerhaus als literarischer Schauplatz ins Zentrum gerückt und das Drama der individuellen Selbstfindung aus der Natürlichkeit der Bergbesteigung und aus der Mythologie des Märchenschlosses endgültig befreit. Damit aber ist nicht nur einem Realismus die Tür geöffnet, der die symbolische Verschleierung zugunsten der eindringlicheren Nähe zur Wahrheit auflöst, sondern nun erst ist die literarische Darstellung des Entwicklungsproblems als historisch und gesellschaftlich veränderliches möglich geworden. Die Widersprüchlichkeit von Individuation und Sozialisation wird jetzt wirklich als humaner Sachverhalt verständlich, und erst jetzt kann das Dachbodenmotiv als die konkrete Negation des bürgerlichen Lebensplans unten im Hause fungieren. Daher geschieht bei Goethe der erste Aufstieg in die Höhe auch nicht mehr nur in der planen Positivität der kindlichen Neugier als natürlichem Lebensimpuls; das Verlassen des familiären Zusammenhangs in der Phase der Unschuld des Helden wird als sozial verursachte Flucht erkennbar und denunziert das Leben unten im Hause. Goethes nüchterne Entscheidung für die Privatisierung des Entwicklungsproblems verleitet ihn nicht zur innerlichen Aufwertung des engen Familienzusammenhanges gegen die Virulenz der gesamtgesellschaftlichen Wirklichkeit. Durch das Auftauchen des Dachbodenmotivs aus dem Unfrieden im Hause erfährt das private Elend vielmehr eine Veröffentlichung, die die Hoffnung auf die glückliche Veränderung beschwört.

Die zweite Erscheinung des Dachbodenmotivs im "Wilhelm Meister" führt aus dem bürgerlichen Leben fort. Es markiert die Krise in Wilhelms Theaterleben. Die "hohen Ziele" zu "Verbesserung und Bekehrung der Welt" scheitern an der "Widerspenstigkeit der Schauspieler" und sein Selbstgefühl von "der Höhe seiner Bestimmung und dem Adel seines Wesens" steht in verdrießlichem Gegensatz zur Armseligkeit seines jetzigen Lebens. Der Besuch beim Harfner unter dem Dache ist vom jugendlichen Überschwang der Ankunft des Bergwanderers auf dem Gipfel und dem Übermut Dornröschens beim Zugriff zur Schicksalsspindel nicht mehr ungebrochen getragen, wohl aber von der Ahnungslosigkeit der beiden Vorläufer. Auch Wilhelm rettet eine juvenile Omnipotenzphantasie zum Harfner. Und doch ist auch in dieser zweiten Erscheinung des Motivs mit dem geheimnisvollen Fremdling die Lebenskrise konkreter gefaßt als im Schicksal der Vorläufer durch die tödliche Gefahr der narzißtischen Selbstbespiegelung.

Die hohen Ideale der ästhetischen Erziehung aller Menschen münden nicht in der Verwirklichung eines gesellschaftlichen Ziels, sondern in der Scheinwelt, über die das fröhliche, unbelehrbare Lumpengesindel der Schauspieler Herr wird. Der innere Adel erweist sich nicht stärker als die Wirklichkeit. Vor der Unabweisbarkeit dieser Erfahrung, die dem Höhenflug des Ahnungslosen ein jähes Ende setzt und ihn zur Überprüfung seines Lebenszieles zwingt, weicht Wilhelm zurück in die kindliche Hoffnung auf den Triumph des Harfe spielenden David über die Gewalttätigkeit des Riesen. Jetzt aber blickt ihn oben ein Harfe spielender Fremdling an, bei dem die kindliche Hoffnung auf den Triumph in schlimmer Verwahrung ist. Dieser Sänger weint alle Tränen sich selbst, und das einzige Gefühl, das seine "Gleichgültigkeit" durchbricht, ist das der Schuld, und nicht einmal diese hat noch Leben, sie ist ein "unförmliches Gespenst", das sich nur "von rückwärts" zu erkennen gibt.

Wohl klingt in dieser Dachbodenszene die Angst vor dem Selbstverlust des Wanderers beim Anblick der Natur noch an und der böse Zauber der hundertjährigen Fahrt durchs Totenreich. Goethe hat aber der zweiten Gestalt des Dachbodenmotivs im Sinne des jugendlichen Protests gegen die Verächtlichkeit der Welt neue Eindringlichkeit verliehen, indem er die individuellen Zielsetzungen zum Problem der praktischen Tätigkeit macht und der Überheblichkeit des Gescheiterten die Gefahr der Vertauschung von Schein und Wirklichkeit mitteilt. Wilhelms ahnungsloser Übermut hatte schon vorher im Theaterleben seine Unschuld verloren, und seine Flucht unter das Dach hält zum Trotz einen schönen Schein aufrecht, dessen materieller Ausdruck der beginnende Wahnsinn des Harfners ist. Nach dem ersten jugendlichen Scheitern vereitelt Goethe seinem Helden den inneren Rückfall in die Geschichtslosigkeit der infantilen Hoffnung. Er stellt auf dem Dachboden die geheime "Einstimmung" zwischen dem bedrängten Wilhelm her, der sich als Kind in David verkörpert sah, und dem Harfner, der Identität und Ziel auf seiner Wanderschaft verloren hat. Der dichterische Eingriff beim drohenden Rückfall in die Tagträumerei hat damit rigoroseren Charakter. Nicht der moralische Protest gegen die Geschichtslosigkeit eines saumseligen Lebens beherrscht diese Dachbodenszene, sondern das Menetekel der psychischen Depersonalisation als Folge des Objektverlusts. Goethe läßt Wilhelm die Aufforderung zur praktischen Bewährung im Leben in der Negativität erfahren, er läßt ihn dort oben in das ruinierte Angesicht seiner eigenen Kindheitsvorstellung blicken, die von der geheimen Verworfenheit des Inzests entstellt ist. Er entläßt seinen Helden aus dieser Prüfung mit dem doppelten Verlust der im Dachbodenmotiv gehüteten Vorstellungen, mit dem Verlust des kindlichen Vertrauens auf den sicheren Triumph des Friedfertigen und auf die jugendliche Selbstherrlichkeit des leichten Zugriffs im Leben. Nur mit solchem dichterischem Rigorismus gegenüber der Allgemeinverbindlichkeit des Problems der Selbstfindung versinkt der ganze Geisterspuk unter dem Dache in Schall und Rauch vor der Wirklichkeit.

Und doch scheint dem Klassiker bei jener geheimnisvollen dritten Gestalt des Dachbodenmotivs im Sinne des Gerichts die Luzidität verloren zu gehen, scheint er der symbolischen Verdichtung des Problems der individuellen Mündigkeit zu bedürfen. Hier nämlich taucht die Verdrossenheit des Bergwanderers, das Sonnensymbol des Vaters, die Gipfelmetaphorik Petrarcas und die "Natur" des Märchenschlosses unvermittelt wieder auf, so daß der Freispruch dort oben in Rätsel gehüllt ist. Es soll eine Entschlüsselung gewagt werden, weil hier die Widersprüchlichkeit von sozialer und sexueller Rolle ihre erste bürgerliche Benennung erfährt.

Den Freispruch erwirbt der Prüfling erst bei aufgehender Sonne, zum Zeitpunkt des ausgefochtenen Kampfes zwischen Nacht und Tag, durch die Versöhnung mit dem Geist der Väter und am Ende durch die Versöhnung mit den Müttern. Hatte Goethe schon durch die bedrängte Kindheit des Helden im ehelichen Unfrieden des Vaterhauses die Geschlechter als unausweichlich aufeinander bezogen literarisch ins Blickfeld gerückt, so beschwört er nun auch diese beiden Lebensbereiche als Instanzen des Gerichts, vor denen sich der individuelle Lebensplan legitimieren muß. Daß der Geist des Vaters in der Gestalt des Königs von Dänemark erscheint, provoziert die Erlösung von ödipaler Triebverstrickung [35] und damit die innere Bereitschaft zu autonomer Liebeswahl. Erst durch die Erlösung vom Inzestwunsch, der das Knabenspiel und die Einstimmung mit dem Harfner noch beherrscht, wird die Selbstvergessenheit in gesellschaftlicher Tätigkeit von Angst befreit und durch das Vertrauen auf die Legitimität der inneren Wünsche getragen. Doch damit ist der Freispruch des Mannes nicht gewonnen. Der Geist der im Elend verstorbenen Mariane taucht aus der Nacht in der Gestalt ihres Kindes Felix ans Licht und beschwört insgeheim die Schuld der Abtrünnigkeit und der Triebwillkür vor dem Prüfling. Durch den spontanen Ausdruck seiner väterlichen Freude aber gewinnt er die Versöhnung mit dem mütterlichen Prinzip und den Freispruch. Bei allem Ernst aber, der diesem Gericht über den Herangereiften im Dachbodenmotiv mitgeteilt ist, läßt Goethe auch die Dämonie dieser letzten Geisterbeschwörung in Nichts zerfallen. Vor der lebendigen Erfahrung eines Lebens unter allen Menschen und in der Gemeinsamkeit der gesellschaftlichen Kräfte, in die der Roman ausmündet, zerrinnt der Spuk der adeligen Sekte im Turm als Narretei.

---

35) vgl. S. Freud, a.a.O., Bd. II/III, S. 271 f.

Bei Goethe ist das Dachbodenmotiv in allen drei Gestalten wohl Nachweis der Lebenskrisen im Entwicklungsgang des Helden und der Kollision von Wunsch und Wirklichkeit; sein Umgang mit diesem Motiv bleibt aber immer widersprüchlich. Es steht bei ihm für die Negation des Verdrängungszusammenhanges im Leben des Helden und hält die Hoffnung auf die glückliche Veränderung gegen die drohende Unterdrückung wach. <u>Der Dichter würdigt damit wohl die Humanität der dort sich versammelnden Wünsche, aber er nimmt sie unter dem Dache nicht hinter Schloß und Riegel, um sie aus dem Leben zu retten, seine Dachbodengeister erfahren ihre Entzauberung in der Praxis.</u> In Wahrheit – und dies bedarf bei der Untersuchung der nachfolgenden Geschichte des Motivs der Erinnerung – liegt die dichterische Verfügungsgewalt über die Dämonie der Wünsche unter dem Dache des Hauses und die literarische Herrschaft über die symbolische Verrätselung ihrer Ansprüche in dem Vertrauen begründet, daß die aufrührerischen Geister unter dem Dache in der Gesellschaft ihre Materialisierung erfahren. Für Goethe ist das Problem der Selbstentfaltung des bürgerlichen Individuums in "Wilhelm Meister" <u>nicht eines der privaten Abgrenzung von Natur und Gesellschaft, sondern eines der konkreten gesellschaftlichen Tätigkeit.</u> Es ist nun zu prüfen, was aus diesem Vertrauen wird.

2. Kapitel
PESSIMISMUS DER ENTWICKLUNG

Die in der Goethe-Nachfolge entstandene deutsche Romanliteratur muß nun einer eingehenden Analyse unterzogen werden, um das Motiv des Dachbodens als soziales und dem historischen Prozeß unterliegendes Konfliktmodell einem Urteil unterziehen zu können. Um auf sichere Untersuchungsergebnisse aufbauen zu können, soll das Gesamtwerk von Eduard Mörike, Adalbert Stifter und Gottfried Keller überprüft werden. Zugleich wird damit die Zeit der Industrialisierung, die historische Leistung des europäischen Bürgertums, als gesellschaftliches Fundament der Entwicklung des Individuums ins Blickfeld gerückt werden können.

M ö r i k e   und der Trug des Schönen

Eduard Mörike nimmt das Motiv des Dachbodens innerhalb seines Gesamtwerkes nur in seinem Roman "Maler Nolten" [1] (1832) in nennenswerter Weise auf, hier jedoch teilt er ihm eine bedeutsame Rolle zu. Es müssen bei der Analyse des Romans beide Fassungen herangezogen werden, die frühe rigorose Fassung mit dem tödlichen Ausgang und die spätere überarbeitete mit dem Glättungsversuch, den Mörike am Ende des ersten der beiden Teile des Romans aufgab.

Die erste Erscheinung des Motivs im Roman kommt aus dem Grenzbereich des Turmes. Beim gräflichen Sylvesterfest erscheint eine Maske in langem braunen Gewande, (37) die nur an der Stimme als eine weibliche Person erkennbar ist. Sie gibt sich als "König der Wächter der Nacht" wie als "<u>Geist</u> dieser Zunft" zu erkennen und lädt Nolten und seine Freunde zur "frommen Unterhaltung" kurz vor Mitternacht ins Wächterstübchen auf den Turm der Albanikirche. (38) In dieser Vermummung wird die geheimnisvolle Zigeunerin Elisabeth als Unbekannte in den Roman eingeführt. Die Freunde finden sich zur genannten Zeit ein. Mit der Türmerfamilie zusammensitzend, erzählen sie sich die Sagen vom "gespensterhaften Nachtwächter", und eine Erzählung ergibt die andere. Allein Nolten ist mit seinen Gedanken nicht bei den anderen. Er nimmt auch wenig Anteil an der Geschichte vom "Feuerreiter", dem

---

[1] Mörike, 1. Fassung: Werke, hg. von Mainc, Bd. 2: im folgenden werden die Seitenzahlen im Text angemerkt. 2. Fassung. Werke, hg. von Krauß, Teil 4.

Dachkammerbewohner mit der Affinität zum Feuer.[2] In dem Augenblick, als
im obersten Turmgemach das Verhängnis des Wahnsinns und seine Nähe zum
Feuer als dem Element der Zerstörung innerhalb des Dachbodenmotivs im Liede
vorgetragen wird, tritt unerkannt die Zigeunerin ein:
"Schon vor dem Schlusse des Gesanges öffnete sich die Tür, und leise trat
die Gestalt des Nachtwächters herein. Er blieb unbeweglich an der Wand hingepflanzt
stehen, während der erschrockene Sänger, im Begriffe abzubrechen,
auf einen Wink des Larkens mit der letzten Strophe fortfuhr, deren Eindruck
durch die Gegenwart dieses fremden Wesens entweder nur um so mehr
erhöht wurde oder ganz verloren ging." (41)
In dieser Koinzidenz liegt allerdings ein latentes Todesgrauen, wenn -
wie hier - vermutet werden muß, daß es sich um die Aufnahme des Dachbodenmotivs
als Verhandlungsort des Sozialisationsproblems handelt, eine Szene,
die Larkens, der Schauspieler, als nur halb ernst gemeinten Schabernack
für Nolten inszenierte. In der letzten Strophe des Liedes nämlich wird das
Gerippe des Feuerreiters im Keller gefunden, und es zerfällt in Asche, als
sein Schicksal ans Licht kommt. Hinter dem Schabernack des Schauspielers
taucht die Frage auf, ob dies das Schicksal der Personen des Romans werden
solle, die darin eine Rolle spielen. Larkens Posse bewegt sich am Anfang
des Romans zwischen Leben und Tod; sein Mut, auf diese komödiantische
Weise ins Beziehungsgefüge der Personen eingreifen zu können, ist Verblendung.

Der beklemmende Eindruck veranlaßt die Freunde nach "einiger Verlegenheit",
das Dachbodenmotiv direkt ins Gespräch aufzunehmen:
"Man sprach vom geheimnisvollen Reize des Wohnens auf Türmen, von dem
fremden und großen Sinn des Mittelalters, wie er sich an den Formen der Baukunst,
der heiligen besonders, offenbarte und dergleichen mehr. Die Gegenwart
des Unbekannten, so sparsam bis jetzt seine Worte waren, übte dennoch
den größten Eindruck auf die Bedeutung und die steigende Wärme des Gesprächs.
Die hohl aus der Maske tönende Sprache und der ruhige Ernst der durchblickenden,
dunkel feurigen Augen konnte sogar ein vorübergehendes Grauen
erregen und einen momentanen Glauben an etwas Übermenschliches aufkommen
lassen". (42)
Die Zigeunerin öffnet danach das Fenster und spricht hinausblickend:"Kommt
hierher und fühlet, wie es schon frisch herüberduftet aus der nahen Zukunft."
(42) Aus ihrem Munde will dieser Spruch an der Schwelle des neuen Jahres

---

2) S. 4o d. ersten Fassung: "Ein kleines Haus, schmal und spitz und neuerdings
ganz baufällig (...). Im obersten Teil desselben soll aber ehemals
ein junger Mann, nur allein gewohnt haben, dessen Lebensweise niemandem
näher bekannt gewesen, der sich auch niemals blicken lassen, außer jedesmal
vor dem Ausbruch einer Feuersbrunst."

genauso wenig hoffnungsvoll erscheinen, wie ihre Erinnerung an Noltens
Braut Agnes, die sie mit den Worten schließt: "Ach, nur zu bald wirst du
weinen, Gott helfe dir". (44)

Die Frage nach der Treue, (43) die sich an Nolten richtet, und die dieser
auch sofort als Anklage versteht, erstellt im Turmgemach erneut das Sozialisationsproblem. Erst als Nolten diesen Raum verläßt, wendet er sich gegen
die Willkür dieses Verfahrens, indem er Larkens rügt:

"Ich danke dir', sagte er in beleidigtem Tone, indem sie die Treppen des
Turmes hinabstiegen, 'ich danke dir für deine wohlgemeinte Zurechtweisung
in einer Sache, worin ich übrigens füglich mein eigener Richter sein könnte."
(44)

Da die Anklage von der Instanz der Sozialisation schon zu Beginn des Romans
in der scheinhaften Form einer "Komödie" (22) erhoben wird, die Larkens mit
der vermummten Zigeunerin inszeniert, um dem Freund eine Rüge zu erteilen,
fällt der sonst eingreifende Prozeß unter dem Dache bereits zu Anfang einem
verblendeten Spiel zum Opfer. Die inhaltliche Bedeutung dieser Szene hat
Gustav Schwab verkannt, wenn er sagt:

"Der Hokuspokus mit der Zigeunerin während der Maskerade auf dem Stadtturm
nimmt einen ungebührlichen Raum weg und macht offenbar, daß der Dichter
nicht Platz genug findet, das Kunstwerk von Larkens mit der falschen Korres-
pondenz auf eine die Wahrscheinlichkeit nicht allzu grob verletzende Weise
einzuleiten". 3)

Daß Mörike aber hier mit der Aufnahme des Dachbodenmotivs als "Hokuspokus"
die Vertauschung von schöner Illusion und Sozialisation, an der der Schauspieler schuldig wird, inhaltlich motiviert, zeugt ja gerade von der kon-
sequenten Durchführung jener verhängnisvollen Funktion dieser Figur in
Mörikes Roman, die Schwab entgangen ist.

Mörike selbst scheint dieser Kritik an seinem Werk erlegen zu sein. In der
zweiten Fassung des Romans hat er dieses eindringliche Zeichen eines kommenden Verhängnisses getilgt. Das Dachbodenmotiv tritt am Anfang nicht mehr
in Erscheinung. 4) Jetzt spielt auf dem Maskenfest eine Schauspielerin, die
mit Larkens befreundet ist, die Rolle des Nachtwächters als plane, lehr-
reiche Komödie. Die im Turmgemach hergestellte Beziehung des Feuerreiters
zu Elisabeth fällt ebenfalls fort, und erst in der Begegnung mit Agnes wird
die Zigeunerin eingeführt. 5)

---

3) Gustav Schwab, "Blätter für literarische Unterhaltung" 1827, zitiert nach:
"Meister d. dt. Kritik", München 1963, Bd. 2, S. 26
4) Mörike, a.a.O., S. 60 ff.
5) Mörike, a.a.O., S. 74 ff.

Das Motiv des Dachbodens wird im Roman indirekt durch ein Tagebuchblatt aufgenommen. Zuvor erfahren wir durch Larkens, (188 ff.) daß die Beziehung der Zigeunerin zu Nolten mit einem älteren Verwandten in Verbindung steht, in dessen Leben die "prototypische Erklärung" zur Geschichte Noltens beschlossen scheint. Damit rückt das Vaterhaus als innerer Schauplatz, in dem die Glieder der Geschlechterkette einander berühren, in den Vordergrund. Das "Tagebuch aus Noltens Jugendleben" (193 ff.) führt in dieses Haus hinein.

Die Bedeutung des Dachbodens im Vaterhaus wird bruchstückhaft angedeutet, als die Geschwister an einem Tage mit bleiernem Lichte nach dem "Rehstock" gehen. (195) Die verschleierte Sonne ruft in der Schwester Kindheitserinnerungen wach. Dies veranlaßt auch Theobald Nolten, der Schwester die Enthüllung eines Geheimnisses auf dem "Rehstock" zu versprechen. (196) [6] Es ist sein verschwiegener Aufenthalt auf dem Dachboden des Elternhauses. Die Offenbarung des Geheimnisses vom Dachboden durch Nolten selbst, die zugleich seine befreiende Ablösung von der Herrschaft der Kindheitsphantasien sein könnte, suspendiert Mörike durch den Einbruch der Koinzidenz von Phantasie und Wirklichkeit. Im Mauerwerk der Ruine auf dem "Rehstock" blickt ihn die Kindheitsphantasie der verheißungsvollen fremdartigen Schönheit auf dem Dachboden in der menschlichen Gestalt der Harfe spielenden Zigeunerin an. Theobald wünscht sich ihr mit einer Entschiedenheit, in der sich panisches Entsetzen und verzehrende Sehnsucht mischen, zu nähern: "Und laß es ein Gespenst sein, wir gehen drauf zu!" (198) Bei dem Anblick der Zigeunerin jedoch umfängt ihn tiefe Ohnmacht. Wahn und Wirklichkeit sind zusammengefallen. Seine bewußtlos sich wieder öffnenden Augen blicken in die schwarzen der Zigeunerin, die ihn aus seiner Ohnmacht befreit und sich entfernt. "Die Unbekannte stand seitwärts, er konnte sie nicht sogleich bemerken, aber er richtete sich auf und lächelte befriedigt, da er sie gefunden". (199) Die Zigeunerin aber verharrt in Zurückhaltung; während Theobald sie sucht, entzieht sie sich. Die Identität zwischen dem Dachbodenbild und der Zigeunerin verschärft die Herrschaft des Motivs im Roman, anstatt es zu entkräften, durch die Verkettung mit der "seltsamen Tochter des Waldes", (199) einer "Gestalt in brauner Frauenkleidung und mit verhülltem Haupt", die "am verschütteten Brunnen" am Eingang der Ruine saß. (198) Die Identi-

---

[6] Die Ankündigung der Enthüllung über seinen Aufenthalt auf dem Dachboden fällt in der zweiten Fassung fort. Vgl.ds.a.a.O.,S.217

tätsproblematik des Romanhelden wird mit einem Naturgeschöpf verknüpft.
Harfner und Mignon leben in dieser Figur fort, ohne daß deren in ihrem Leiden
liegende Anziehungskraft dem Romanhelden als Todesgefahr offenbar würde.
Die innere Entwicklung des Helden gerät durch dieses Hinüberreichen des
Dachbodenmotivs in den Naturbereich in das Dunkel eines "verschütteten
Brunnens".

In der zweiten Fassung, die das Dachbodenmotiv bisher tilgte, ist auch die
Ankündigung der Enthüllung des Kindheitsgeheimnisses fortgefallen. Die Zigeunerin heißt nun "Elsbeth" und "Lisa" und ist der aktive Teil der sich
Begegnenden. Sie begrüßt die Geschwister [7] und beschließt, bei ihnen zu
bleiben. Aus Theobalds Erzählung erfahren wir dort, daß sie nach ihrer
Frage an ihn: Liebst du mich?", sich durch ein Liebesversprechen von ihm
seiner Treue mit den Worten: "Treu um Treue, Seel' um Seele!" und mit einem
Kuß versichert habe. Das geheimnisvolle Naturgeschöpf der ersten Fassung,
das sich selbst als wahnsinnig ausgibt (2o3) [8] und jedes Nachtlager verweigert, ist hier zu einem auf Ehrenwort bauenden bürgerlichen Mädchen
geworden, das aus dem Hause geworfen wird [9] und für diese Schmach Rache
zu nehmen verspricht. Die dämonische Symbiose des "Ich kenne sie und sie
kennt mich" (2o1) der ersten Fassung ist hier auf eine Vertragsebene geschoben.

In der ersten Fassung des Romans aber ist es Theobald, der beschlossen hat,
die Zigeunerin in das Vaterhaus zu nehmen. (2o1) Durch das Entsetzen, das
sie bei dem Vater hervorruft, wird der Schwester entlockt, daß "der Bruder
von einem Bilde gesagt, welches er schon als Kind öfters in einer Dachkammer gesehen, und das die wunderbarste Ähnlichkeit mit dem Mädchen habe",
und der "Pfarrer winkte verdrießlich mit der Hand und seufzte laut". (2o5)
[1o] Das Bild auf dem Dachboden hat Theobalds eigenmächtigen Entschluß,

---

[7] 2. Fassung, a.a.O., S. 217: "Heil euch, Heil euch, ihr seid's. Der
  Bruder, die Schwester (...) habe. lang auf euch gewartet."
[8] vgl. Mörike. a.a.O., S. 22o
[9] vgl. Mörike, a.a.O., S. 228 ff.
[1o] vgl. Mörike, a.a.O., S. 222 f.

Elisabeth mit ins Haus zu bringen, verursacht. Dem Heranwachsenden will es nicht einleuchten, daß, was auf dem Dachboden verwahrt ist, aus der Lebensgemeinschaft im Haus verdrängt ist und dort nicht Heimat finden kann.

In der zweiten Fassung wird der Schauplatz auf dem Dachboden und das Geheimnis von Theobald durch den Erzähler dargestellt, während Theobald unter dem Eindruck der Begegnung "stumm und abgekehrt am Boden lag". [10)]

Die Zigeunerin findet in der ersten Fassung nach dem beklemmenden einsilbigen Abendmahl Gelegenheit, "aus der Tür und sofort geschwinde aus dem Hause zu entschlüpfen, ohne auch nachher, als man sie vermißte, wieder aufgefunden werden zu können". (2o6 f.) Das dunkle Geheimnis ihrer Herkunft und ihre Leidenschaft zu Theobald nimmt sie mit auf die Flucht ins Ungewisse, ehe durch den Vater die Aufklärung gegeben wird; nur das vergessene Bündel bleibt im Hause als ein Versprechen der Wiederkehr zurück. (2o7) [11)] Das kommende Unglück wird zu einem persönlichen Racheakt verschoben, im Gegensatz zu dem in der ersten Fassung dargestellten Verblendungszusammenhang, in den die Personen durch die Willkür des Schauspielers im Sinne der Vertauschung von Schein und Wirklichkeit geraten. In der ersten Fassung des Romans liegt der Ursprung des Verhängnisses im Konflikt, für den das Motiv des Dachbodens einsteht, begründet, und dieser ist nicht lösbar, weil Larkens seinem wirklichen Ernst die Maske einer Posse aufsetzt.

In dieser zweiten Aufnahme des Dachbodenmotivs im Roman also, das in der Genese des Helden das ursprüngliche des Knabenspiels ist, bricht etwas in den wohlgehüteten Ordnungsbereich der Familie ein; die Symbiose des Motivs mit der Zigeunerin als fremdartigem Naturwesen zeigt, daß dieses auf dem Dachboden in der Verbannung fortlebende Wesen ein Teil des Lebens selbst ist, das nun als Gefahr in eine Familie zurückkehrt, die sich davor zu retten hoffte. Der Knabe sucht auf dem Dachboden die Fesseln einer Ordnung

---

[11)] vgl. Mörike, a.a.O., S. 228 ff.

zu sprengen, in der das Leben nur als gebändigtes erfahrbar ist. In dem
Verlangen, in der Freiheit unter dem Dache die ganze ungeschmälerte Welt
und sich selbst zu entdecken, begegnet er dort der Schönheit in fremdartiger Gestalt. Das Glück selbst scheint ihm in einem Gegenstand anwesend,
in dem Porträt mit dem feierlichen Reiz des Exotischen, das nun zum Fetisch
wird.

Die Geschichte, die der Vater von dem Oheim als dem Ursprung des Verhängnisses erzählt, muß darum genauer betrachtet werden, weil sich darin die
gegensätzlichen Prinzipien der Familie darstellen, von denen das eine in
die Verbannung geriet. Der Pfarrer berichtet in seiner Erzählung (2o7 ff.)
12) von dem Bruder als einem überspannten Genie, "welcher schon in der
frühesten Jugend nichts wollte und nichts vornahm, was in der Ordnung gewesen wäre". Nicht ohne Neid weist er auf die fürstliche Unterstützung hin,
die der Bruder für seine Studien der Malerei in Italien erlangte. Über das
"Unglück" selbst läßt Mörike den Oheim aus seinen hinterlassenen Blättern
berichten. Es ist seine Begegnung mit der Zigeunerin Loskine, die er zur
Flucht von ihrem Volke bewegte und zur Frau nahm. (2o8 ff.)

Wenn Larkens im Leben des Oheims die "prototypische Erklärung" für die
Geschichte Theobald Noltens erblickt, so ist die Differenz von Wirklichkeit und Schein zu beachten. Der Oheim hatte <u>keine</u> Affinität zum Dachboden.
Die Anerkennung seiner Wünsche in der Gesellschaft ist ihm zuteil geworden.
Als er das Gesicht Loskines bei einem Blitzschlag aufleuchten sieht, (21o)
ist es die <u>freie Natur</u>, die er für sich zu gewinnen hofft. Daß er in der
Nähe zur ungebrochenen Natur sein Glück erblickt, beweist sein Bekenntnis,
daß die Erscheinung Loskines vor seinem Auge jeder Ästhetisierung durch
die Malerei widerstrebe. (211) Ist es beim Oheim das <u>Unwetter,</u> welches
das Gesicht erleuchtet und die Veränderung seines ganzen Lebens hervorruft,
so geschieht dies bei Theobald im bewußtlosen Blick in Elisabeths Augen
durch die Fixierung seines Schönheitsverlangens an ein <u>auf dem Dachboden
oft betrachteten Bild</u>. Das die ursprünglichen Fesseln sprengende Glücksverlangen des Oheims wird in der Gewinnung der Zigeunerin <u>verwirklicht</u>, während

---

12) Mörike, a.a.O., S. 231 ff.

es bei dem Romanhelden durch die Fixierung auf den verbannten Gegenstand
des Porträts in die Latenz gerät. Dieser Gegenstand absorbiert die Lust,
die auf das Leben hinausweisen sollte, und erweist sich als lähmende Fessel,
die Realitätsverlust im Gefolge hat. Oheim und Neffe stehen bei Mörike zueinander wie Glück und Illusion, wie Wirklichkeit und Schein.

Mit dem Entschluß des Oheims: "Die Meinung der Welt soll mich nicht hindern,
der Seligste unter den Menschen zu sein" (219), schließt das Tagebuch. Diese
Meinung der Welt klingt nun aus dem Munde des Bruders. Selbst daß die Gatten
sich "abgöttisch geliebt", ist nicht Anlaß zur Versöhnung für diesen Vater.
Er vertritt die bürgerliche Ordnung gegen das Glück.
"Wer von der Familie hätte sich nicht davor bekreuzigen sollen, so eine wild-
fremde Verwandtschaft einzugehen? Alles riet dem Bruder ab, alles verschwor
sich gegen eine Verbindung, ich selbst, Gott vergebe mir's, habe mich ver-
feindet mit ihm, so lieb ich ihn hatte. Umsonst, der Fürst war auf seiner
Seite". (219)
Im weiteren erzählt er vom Tode Loskines und vom Raub des Kindes Elisabeth,
das die Zigeuner wieder mit sich ins Ungewisse fortnahmen. (22o) An dieser
Stelle des Berichtes überfällt den Vater jedoch plötzlich panische Angst.
13) Die Furcht vor Feuer führt beim Durchsuchen des Hauses unweigerlich auf
den Dachboden als dem Ort, in dem das Verbannte überdauert. Dort finden sie
das Porträt Loskines, vom Monde bestrahlt, das Elisabeth so sehr gleicht.
"Der Pfarrer (...) nahm das Bild seufzend von der Wand und versteckte es
in die hinterste Ecke". (221) Der Dachboden im Hause des Pfarrers stellt
einen Gegensatz zum Wohnraum dar und ist Refugium der in Loskines Bild aufbewahrten Schönheit und Freiheit, das der in diesem Hause aufwachsende Knabe
nur noch am Fetisch erfahren kann.

Der Pfarrer, der jetzige Herr des Hauses jedoch, wird von Melancholie beherrscht. (2o4) Auch im Epilog auf den verstorbenen Bruder stellt der
Pfarrer das Ordnungsprinzip in seinem Hause wieder her, das er selbst vertritt: "Ich sage, Friede sei mit ihm! (...) Ob ich gleich warnen muß jeden

---

13) S. 22o d. ersten Fassung: "Es ist unfaßlich, es ist rein zum toll werden, mir wirbelt der Verstand, wenn ich's denke, heute muß ich es erleben, daß der Bastard mir durch meine eigenen Kinder über die Schwelle
gebracht wird (...) Wenn sie sich nur nicht irgendwo versteckt! Heiliger
Geist, wenn sie mir das Haus anzündeten, die Mordbrenner! - Auf Kinder!
Mir läuft es siedend über den Rücken, mir ahnet ein Unglück! Durchsucht
jeden Winkel!"

(...), daß er den Fallstrick des Versuchers vermeide und nie die Bahn heilsamer Ordnung verlasse. Ich denke hier an meinen eigenen Sohn Theobald". (222) Daß ein solches Ordnungsprinzip sich immer an den Widerstrebenden richtet, zeigte sich schon an des Pfarrers Darstellung vom Schicksal des Bruders, es steht bei Mörike nicht mehr im Dienste eines positiven Ziels. Jetzt richtet es sich an den abwesenden Sohn, dessen Künstlertum diesem Prinzip nicht genügen zu wollen scheint. [14] "Nur der ängstliche Ausdruck seiner grenzenlosen Vorliebe" (222) für den Sohn läßt erkennen, daß der Vater in dem Glücksverlangen des Sohnes sich selbst wiedererkennt, daß das Bild Loskines auch wirklich auf den Dachboden seines Hauses gehört. Für die Bedeutung des Dachbodenmotivs als Gegensphäre ist die unerbitterliche Strenge festzuhalten, mit der der Vater sich dem Wunsche des Sohnes nach Erfüllung seiner Talente als Maler entgegenstellt, ja, ihn bis an seinen Tod nicht zu erfüllen verspricht. Erst der Verzicht des Sohnes kann seiner eigenen trübseligen Versagung Recht geben.

Der Struktur des ersten Teiles des "Maler Nolten" entsprechend, der im Fortschreiten des Geschehens die innere Entwicklung des Romanhelden durch kunstvolle Einschübe zurückverfolgt wird in der Erinnerung des Vaters die Neigung des Knaben zum Aufenthalt auf dem Dachboden als Versuch deutlich, sich dem Zugriff des trübseligen und herrischen Vaters zu entziehen. Daß Mörike mit dem ersten Teil des Romans die Entwicklung des Helden durch die Darstellung seines Aufenthaltes auf dem Dachboden abschließt, zeigt, daß sich das Geheimnis des jungen Malers auf dem Dachboden im Vaterhause auflöst, anstatt durch den Auszug ins Leben. Der Vater kennt das Refugium des Knaben nicht. Erst der Erzähler entfaltet den Zusammenhang zwischen dem Dachbodenerlebnis und der Wirkung Elisabeths auf Nolten. Mörike schließt den Kreis des inneren und äußeren Geschehens unauflöslich zusammen, indem er die individuelle Entwicklung Noltens an die kindliche Erfahrung gefesselt darstellt:

"Wenn er seit seinen Kinderjahren, in Rißthal schon manchen verstohlenen Augenblick mit der Betrachtung jenes unwiderstehlichen Bildes zugebracht hatte, wenn sich hieraus allmählich ein schwärmerisch religiöser Umgang wie mit dem geliebten Idol eines Schutzgeistes entspann, wenn die Treue, womit der Knabe sein Geheimnis verschwieg, den Reiz desselben unglaublich erhöhte, so mußte der Moment, worin das Wunderbild ihm lebendig entgegentrat, ein ungeheurer und unauslöschlicher sein. Es war, als erleuchtete

---

14) vgl. S. 222 d. ersten Fassung.

ein zauberhaftes Licht die hintersten Schachten seiner inneren Welt, als
bräche der unterirdische Strom seines Daseins plötzlich lautrauschend zu
seinen Füßen hervor aus der Tiefe, als wäre das Siegel vom Evangelium seines
Schicksals gesprungen. Niemand war Zeuge vor dem seltsamen Bündnis, welches
der Knabe in einer Art von Verzückung mit seiner angebeteten Freundin dort
unter den Ruinen schloß, aber nach dem, was er Adelheiden darüber zu verstehen gab, sollte man glauben, daß ein gegenseitiges Gelübde der geistigen
Liebe stattgefunden, deren geheimnisvolles Band, an eine wunderbare Naturnotwendigkeit geknüpft, beide Gemüter, aller Entfernung zum Trotze, auf
immer vereinigen sollte.
Doch dauerte es lange, bis Theobald die tiefe Sehnsucht nach der Entfernten
überwand. Sein ganzes Wesen war in Wehmut aufgelöst, mit doppelter Inbrunst
hielt er sich an jenes teure Bild, der Trieb, zu bilden und zu malen, ward
jetzt unwiderstehlich, und sein Beruf zum Künstler war entschieden.
In kurzem starb der Vater am Schlagflusse. (...)
Elisabethen hat er nie wieder gesehen."(223 f.)

In dieser Darstellung des Dachbodens werden weder Treppen noch ein anderes
Requisit des bewußten Verlassens der Wohngemeinschaft erwähnt. Auch ist es
kein einmaliges Verlassen der Familie, um unter dem Dache eine bestimmte
Handlung zu vollziehen, in der sich ein zum Protest bereites Ich manifestiert,
wie in Goethes "Wilhelm Meister". Es handelt sich um den ständigen Besuch
der Dachkammer "seit den Kinderjahren", um geheimen Umgang mit der Schönheit.
Da der Aufstieg über eine Treppe oder die Beschaffung eines Schlüssels nicht
erwähnt sind, tritt die magische Anziehungskraft des Dachbodens, die das
<u>unbewußte</u> Verlassen der Wohnsphäre bewirkt, besonders hervor. Entscheidend
ist auch, daß das Motiv des Dachbodens zum ersten Mal in der Weise erscheint,
daß etwas dorthin <u>Verbanntes</u>, also das <u>Vorgefundene</u> zum Inhalt der Anziehungskraft wird, daß nicht durch die Rettung eines verheißungsvollen Gegenstandes dorthin, wo er genossen werden kann, sondern durch die reine Anschauung eines verbannten Bildes sich eine Negation der Wohnsphäre im Hause
herstellt.

Die psychische Dynamik, unter der das Dachbodenerlebnis dieses Knaben steht,
liegt im Unbewußten begründet. Es ist nicht der Kampf um Individuation, um
lustbetonte Abgrenzung von der Welt, die sich hier bewußt vollzieht. Sehnsucht und Hingabe an Vorindividuelles, Tabuiertes beherrschen ihn dort.
Es ist nicht das männliche Prinzip der gerechten Weltordnung, das Goethes
Knabe Wilhelm im Kampf zwischen Gut und Böse sieghaft verwirklicht, um
sich vor der Unterwerfung unter einen falschen Frieden im Hause zu retten.
Theobald Nolten führt geheime Sehnsucht unter das Dach, die er im "verbotenen Anblick" eines exotischen Schutzgeistes genießt. Die Trennung von

seinem "Idol" führt ihm in seinen Träumen das Bild immer wieder zu.Diesem
Knaben geht es nicht um Ablösung durch Individuation, sondern um die <u>Stillung eines im Bürgerhause verbotenen Verlangens, um Hingabe an Unwiderstehliches, in dem Schönheit und Geborgenheit versöhnt sind.</u> Nolten beschwört
<u>in seinem Knabenerlebnis das weibliche Prinzip, das er im Vaterhause vermißt.</u> 15)

Noltens Begegnung mit der Zigeunerin könnte die Befreiung der unter dem
Dache in Anbetung verharrenden Sehnsucht ins Leben bedeuten. Diese Auflösung der Herrschaft des Zaubers über den Knaben ist jedoch nur Schein.
Mörike hat die Zigeunerin mit dämonischen Zügen ausgestattet; sie ist aus
dem Leben verbannte, geächtete Natur, die, heimatlos umherirrend, den Wahnsinn im Gefolge hat. Das Prinzip des Weiblichen, dem er in fremdartiger
Gestalt begegnet, trägt lebensfeindliche Züge. Noltens Verlangen nach libidinöser Selbstentäußerung gerät durch die Gefahr des Feuers, mit der Mörike
die Zigeunerin umgibt, in die Nähe der Selbstauflösung. Die Anbetung unter
dem Dache war nicht lustvolle Entdeckung des Triebs als der eigenen Natur;
denn er erfährt Elisabeth als ein unausweichliches Schicksal, durch 'dessen
zauberhaftes Licht die hintersten Schachten seiner inneren Welt erleuchtet'
werden, als 'einen unterirdischen Strom seines Daseins', der 'aus der Tiefe
seines Daseins plötzlich lautrauschend hervorbricht'. (233)

Noltens Begegnung mit dem menschlichen Objekt seines Verlangens wird zu einer
verhängnisvollen Symbiose mit dem Gegenstand der Anbetung unter dem Dache,
in der sich die geistigste Liebe' an 'wunderbare Naturnotwendigkeit' kettet.
Der <u>Fetisch unter dem Dache triumphiert über das heimatlos umherirrende
Naturwesen</u>, denn Noltens Trennung von der Geächteten löst 'sein ganzes
Wesen in Wehmut auf, und mit doppelter Inbrunst hält er sich an jenes teure
Bild'. (233) Die unauflösliche Verschmelzung von Fetisch und geächteter
Natur befreit nicht seine eigenen Kräfte, sondern reißt ihn in den <u>Verdrängungszusammenhang des bürgerlichen Lebens im Vaterhause</u> zurück. Seine
Kräfte stehen nun im Dienste des 'unwiderstehlichen Triebs', seinen Dämon,
den 'Genius der Kunst', durch Beschwörung in seinen Bildern zu versöhnen.
Der Dämon aber verzehrt die Lebenslust.Noltens Braut Agnes, deren Wünsche,

---

15) S. 193 d. l. Fassung: "(Die Mutter lebte nicht mehr)", Ernestine dagegen
tritt in der Atmosphäre des Hauses als negative Repräsentantin des weiblichen Prinzips auf. Sie ist keifende Wirtschafterin. vgl. S. 195.

sich mit ihm im Leben zu beheimaten, zum leeren Wahn werden, geht in Umnachtung unter (4lo ff.). Sie stürzt sich im Wahnsinn in einen Brunnen im Walde. (419) Der Sohn des Bürgers, der sich dem Glück unter dem Dache zu nähern hoffte, gerät im Leben selbst in den Sog einer Naturgewalt, die 'am verschütteten Brunnen wartend' eine tödliche Umarmung verheißt. (423 f.)

Die Eröffnung des libidinösen Ursprungs von Noltens Entscheidung für die Kunst schließt den ersten Teil des Romans in der frühen Fassung ab. Neben dem äußeren Handlungsablauf, der Noltens Genie zu Beginn sein Recht werden läßt, verläuft der innere zurück in die Dachkammer des Vaterhauses und offenbart das Rätsel seiner Identität, das sich nur dort entschlüsseln läßt. Der zweite Teil des Romans hätte in der Nachfolge des "Wilhelm Meister" die Aufgabe zu erfüllen, die Reife des Mannes in der Welt der Lebenserfahrung als Meisterschaft zu gestalten, die individuelle Entwicklung in Welthaltigkeit aufzulösen. Mörike hat dies nur in der frühen Fassung angestrebt. Die Überarbeitung des Romans endet mit dem ersten Teil; wohl darum, weil das Bestreben, in der Überarbeitung des erfolglosen Werkes den Schrecken aus der Dichtung zu tilgen, in Kollision mit der Entfaltung des Verhängnisses geriet, das den zweiten Teil des Romans ingesamt zum Inhalt hat.

Die Gefangenschaft von Nolten und Larkens, die sie im Anschluß an die Aufführung des "König von Orplid" wegen des Verdachts der Aufwiegelei zu erdulden hatten, nimmt im ersten Teil das Dachbodenmotiv noch einmal auf [16] Nolten interpretiert seine Haft als Befreiung aus der Welt des Adels. Dies leitet nach dem Scheitern der künstlerischen Wirksamkeit seinen Rückzug aud der Welt ein. In der Einsamkeit der Gefangenschaft vollzieht Nolten die Rückbesinnung auf seine Individualität im bürgerlichen Sinne. Sie ist Rückzug auf Privates und stellt sich ihm als Eroberung einer neuen Freiheit dar, die aber nur wieder das Dachbodenidol des Vaterhauses beschwört: "Fast glaube ich, wieder ein Knabe zu sein, der auf des Vaters Bühne vor jenem Gemälde wie vor dem Genius der Kunst gekniet, so jung und fromm und ungeteilt ist jetzt meine Inbrunst für diesen göttlichen Beruf. (...) Ich habe der Welt entsagt (...) sie darf mir nicht mehr angehören, als mir die Wolke angehört, deren Anblick mir eine alte Sehnsucht immer neu erzeugt." (232)

---

16) vgl. S. 178 d. ersten Fassung.

Die Wiedergewinnung einer 'ungeteilten Inbrunst' ist jedoch nicht Akt der Individuation, sondern darin wiederholen sich verhängnisvoll die ungelösten Konflikte dieses Helden, auf die er nun zurückgeworfen wird. Der Fetisch der Triebkräfte und die Sehnsucht nach der illusionären Freiheit und Ungebundenheit der erdenfernen Wolken verweisen auf die immer wieder andrängende Kollision von Wunsch und Wirklichkeit, die dieses Leben aus der Welt hinausdrängen. Larkens erblickt in diesem Rückzugsimpuls von Nolten die Gefahr des Realitätsverlusts, die dem Dachbodenmotiv im Sinne illusionärer Selbstfindung durch Überhebung zugehört. Er fürchtet die Selbstentfremdung des Freundes durch Regression. Gerade die Heftigkeit, mit der Nolten diesen Vorwurf zurückweist, zeigt, daß Larkens recht hat. (233) Der Schauspieler versucht mit seiner Kritik zu verhindern, daß Nolten, der das Verlangen, sich unter das Dach zurückzuziehen, nicht überwunden hat, sich dorthin <u>als Bewohner</u> zurückzieht:

"Das Unglück macht den Menschen hypochondrisch, er zieht einen Zaun dann gern so knapp wie möglich um sein Häuschen (...). Unstreitig hat dein Leben viel Bedeutung, allein du nimmst seine Lehren in einem viel zu engen Sinn: du legst ihm eine Art dämonischen Charakter bei, oder, ich weiß nicht was? - glaubst dich gegängelt von einem wunderlichen spiritus familiaris, der in deines Vaters Rumpelkammer spukt." (233)

Zugleich gesteht Larkens dem Freunde, daß ihn die bisherige Geschmeidigkeit, mit der Nolten sich in die Gesellschaft um den Grafen einfand, mit Besorgnis für seine Zukunft erfüllt habe. (236) Er fordert von Nolten die mutige Selbstäußerung in der Kunst als Hingabe an die Lebenden. Dies könnte als humaner Ausblick auf die Entwicklung des Helden zur Meisterschaft gelten, die den Inhalt des zweiten Teils dieses Entwicklungsromans im Sinne bürgerlicher Selbstverwirklichung bestimmen könnte. Doch Larkens Funktion in diesem Werk ist die Verwirrung von Wirklichkeit und Schein. Er sucht die wahren Konflikte zu überspielen, in Verblendung darüber, daß er ihrer wirklichen Gewalt damit nur dämonisches Ausmaß verleiht. Larkens steht für den Schein der Entwicklung, während Mörike die Entwicklung seines Helden nicht von der kindlichen Potentialität zur geglückten Heranreifung eines Verantwortlichen konzipiert.

Die vierte und letzte Erscheinung des Dachbodenmotivs in "Maler Nolten" taucht in der Reflexion der Personen selbst auf und könnte seine Brechung bedeuten, zumal Nolten nun zum ersten Male selbst seine Erlebnisse unter dem Dache preisgibt. Er erzählt, er sei "länger als billig ein Knabe ge-

blieben". (286) Bei seiner Art, sich zu unterhalten, "wurde der Körper wenig
geübt"; seine "Neigung ging auf stillere Beschäftigungen":
"Ich gab mich an irgendeinen beschränkten Winkel, wo ich gewiß sein konnte,
von niemandem gefunden zu werden, an der Kirchhofmauer oder auf dem obersten
Boden des Hauses zwischen den abgeschützten Saatfrüchten (...) gerne einer
Beschaulichkeit hin, die man fromm hätte nennen können, wenn eine innige
Richtung der Seele auf die Natur und die nächste Außenwelt in ihren kleinsten
Erscheinungen diese Benennung verdiente; (...). Mit welchem unaussprech-
lichen Vergnügen konnte ich, wenn die andern im Hof sich tummelten, eben an
einer Dachlücke sitzen, mein Vesperbrot verzehren, eine neue Zeichnung ohne
Musterblatt vornehmen." (286)

Hier läßt er auch die Gespielen an seinen Märchenspielen teilhaben und
hält die guten und bösen Geister getrennt versteckt. Über der Andacht, mit
der die Kinder ihm lauschen, beginnt er fast selbst an die Geister seiner
Phantasie zu glauben. (287) Dort hat er auch hinter einem Bretterverschlag
"völlige Nacht" gemacht und "(dies war die höchste Lust), während außen
heller Tag eine Kerze"angezündet, "die ich mir heimlich zu verschaffen
und wohl zu verstecken wußte". (286) Nolten gibt also alle phantastischen
geheimen Spiele des Knaben preis, die auf Entdeckung der Welt hin zur Er-
probung der Gefahr gehen und den Ungehorsam gegenüber dem väterlichen Gebot
einleiten, der sich in seiner Berufswahl später produktiv ausdrückt.

Der bürgerliche Schwiegervater ist von der Entdeckung dieser kindlichen
Unbotmäßigkeit denn auch jetzt noch entsetzt, (287 f.) während der adlige
Gönner Noltens darin den Beweis für die Befreiung des Künstlers von bürgerlicher Enge erblickt. Er feiert die "Absurdität" des Knabenspiels als
frühe Manifestation der Künstlernatur, die den inneren Reichtum begründeten.
Die Gefahr des Realitätsverlustes durch kindliche Introversion, die in
Noltens Bekenntnissen bereits - anders als bei "Wilhelm Meister" - mitschwingt, ist für den Adeligen nicht erkennbar. [17] Auf sie weist Nolten
---
17) S. 287 f. der 1. Fassung: "Alles, was Sie sagten, trifft mit der Vorstellung überein, die ich von Ihrer Individualität seit früh gehabt. (...)
Hier ist jede Absurdität Anfang und Äußerung einer edlen Kraft, und dieses
Brüten, wobei man nichts herauskommen sieht, das kein Stück gibt, ist die
rechte Sammelzeit des eigentlichen inneren Menschen, der freilich eben
nicht viel in die Welt ist. Ich kann es mir nicht reizend genug vorstellen, das stille gedämpfte Licht, worin dem Knaben dann die Welt noch
schwebt, wo man geneigt ist, den gewöhnlichsten Gegenständen ein fremdes,
oft unheimliches Gepräge aufzudrücken und ein Geheimnis damit zu verbinden, nur damit sie der Phantasie etwas bedeuten, wo hinter jedem
sichtbaren Dinge, es sei dies, was es wolle - ein Holz, ein Stein oder
der Hahnkopf auf dem Turme -, ein Unsichtbares, hinter jeder
toten Sache ein geistig Etwas steckt, das sein eignes, in sich verborg-
nes Leben andächtig abgeschlossen hegt, wo alles Ausdruck, alles Physio-
gnomie annimmt."

aber selbst hin: "Nur werden Sie mir zugeben, (...) daß dergleichen Eigenheiten auch gefährlich werden können, wenn ich Ihnen den freilich nur sehr schwachen Anfang einer fixen Idee in einem Kindergemüt vortrage, einen Fall, den Sie wenigstens bei diesem Alter nicht gesucht haben würden." (288) Dies ist die kindliche Wahnvorstellung seiner Braut Agnes. Mit Noltens Einwand ist zwar die Gefahr, die im Roman zur Katastrophe führt, angesprochen, doch ist sie auf das unschuldige Opfer verschoben. Der Beifall, den der Baron der Selbstversenkung des Knaben als inneren Reichtum zollt, durch den er tote Gegenstände mit Wahnvorstellungen sich beleben sieht, gilt zugleich der bürgerlichen Innerlichkeit als dem sicheren Zeichen der Ohnmacht. Der Baron hat – gleichsam von außen schauend – sämtliche Kriterien der Genese des Individuums in der Phase eines politisch entmündigten Bürgertums beschrieben. <u>Die "Entwicklung" bedeutet nur noch Sturz von einer Kollision in die andere, aus der lediglich Ohnmachtserfahrungen gewonnen werden.</u> Der Knabe, der die Selbstbefreiung seines Triebes unter dem Dache als dem einzigen Ort der Freiheit sucht, gerät dort in einen Verdrängungszusammenhang, der seine Lebenslust absorbiert und an einen zur fremdländischen Schönheit sublimierten Fetisch fixiert. Der Umstand, daß Nolten seinen Konflikt nicht mit ins Gespräch einbringen kann, daß er seinen <u>geheimen Umgang mit seinem Idol unter dem Dache auch jetzt nicht preiszugeben vermag</u>, ist ein Todessignal. Sein letztes Bild, über dessen Vollendung ihn der Tod durch die Zigeunerin ereilt, ist der Narziß. (292)
Mörike hat die "Entwicklung" seines Helden im Rückzug von der Welt auf sich selbst rigoros als Manifestation des Todeswunsches dargestellt. Das Knabenidol auf dem Dachboden verzehrt seine Kräfte und vereitelt den Weg ins Leben. So kommt es zu der verwirrenden Überschichtung der Erscheinungen des Motivs im Roman, die <u>alle unter das Primat des Wirklichkeitsverlustes</u> gestellt sind und das Geschehen beherrschen. Beginn und Ende Noltens werden unter dem Blick der sich vollziehenden Katastrophe vertauschbar. Seine Genese ist das Abschreiten eines unlösbaren Konfliktes, dessen Wahrheit durch den verblendeten Eingriff des Schauspielers verschleiert wird und alles, was an Entfaltung möglich wäre, in seinen Sog zurückreißt. Als Schauspieler vertritt Larkens nicht das Leben, er leitet die <u>Aussöhnung Noltens mit der Welt nach der Gefangenschaft auf der Basis des Betruges</u> ein. So enthüllt der zweite Teil des Entwicklungsromans, der die Darstellung des Helden in geglückter Vergesellschaftung zum Ziele hätte, nur den Schein eines Glücks, das in Verhängnis umschlägt, als der Schleier fällt. Nolten stirbt in den Armen der Zigeunerin, (423 f.) die selbst im Wahnsinn untergeht, (430)

womit der Roman endet. Ihre tödliche Anziehung triumphiert über die Realitätsebene im Roman, wie das Schönheitsidol in der Dachkammer die Erscheinung des Dachbodenmotivs außer Kraft setzt, die den Eingang des Helden in die Welt und endlich seine Konfrontation mit der Wirklichkeit einleiten sollen. Das Lied des "Feuerreiters", das in der Posse auf dem Kirchturm erklingt, ist das wirkliche Sozialisationsmotiv dieses Entwicklungsromans. Mörike hat die Dialektik von Individuation und Sozialisation anders als Goethe im "Wilhelm Meister" gestaltet. Sie scheint für ihn nicht mehr im Konflikt zwischen einem tätigen um Identität ringenden männlichen Individuum und der Welt allein beschlossen, dessen Sieg auch für die Frauen im Roman erfochten wird. Mörike erkennt diese Dialektik vielmehr als Konflikt in den tieferen psychischen Schichten des Individuums wieder, die ihr bereits die materielle Gewalt von Verdrängungsenergie verleihen. Das Freiheitsproblem der Selbstentfaltung ist zum Problem der natürlichen Selbstäußerung materialisiert und rückt damit den psychischen Konflikt der patriarchalischen Sexualverdrängung in den Vordergrund, die dem männlichen Individuum als Ichfindung abverlangt wird. Das männliche und weibliche Prinzip geraten als dämonische Interpretationen von Individuation und Sozialisation in eine Kollision, in der das Weibliche als Todesgefahr triumphiert. Selbstbefreiung und Selbstäußerung als Konflikt des Männlichen mit dem Weiblichen, im Verinnerlichungsprozeß des Helden in die Welt und vernichten ihn als ihr Opfer. Über das Geschehen im Roman triumphiert der Fetisch des Triebs, dessen magischer Schein die lebendige Welt zur Kulisse verdunkelt, bis alle unter seiner Knechtschaft ins Grab gehen.

Dieses Werk ist nicht Künstlerroman allein, es ist die Offenlegung der Verzweiflung darüber, daß in einer Zeit politischer und ökonomischer Fesselung der auf Entfaltung drängenden Kräfte im Bürgertum auch die Bewältigung von Individuation und Sozialisation des einzelnen in der Welt vereitelt wird.

Den Schein überspielter objektiver Widersprüche läßt Mörike in die Katastrophe münden. Der Dichter mag von seinen Zeitgenossen die gleiche Kraft zu rigoroser mimetischer Erkenntnis durch das Medium der Dichtung erhofft haben. Sein Werk ist mit Bestürzung aufgenommen und vergessen worden als Äußerung eines Mannes, der in seinem Werk nicht Ordnung schaffen konnte.

In Wahrheit ist diese "unordentliche" Dichtung als ein getreuer Ausdruck der tiefen Depression zu würdigen, welche aus der Zeit um die Karlsbader Beschlüsse erwuchs.

Stifter und die Last der Tradition

Im ersten Teil der "Feldblumen" (1840) [1] nimmt Adalbert Stifter ein Dachbodenrefugium auf. Auch hier rettet sich ein Knabe mit seinem Buch auf den Dachboden, um es dort ungestört zu genießen wie Wilhelm Meister. Doch ist es nicht die Dynamik der Welt im Kampf von Gut und Böse, in dem der Knabe siegt, es ist die Geschichte einer unschuldig hingerichteten wunderschönen Frau, deren Schicksal abzuwenden der Knabe "dreihundert Jahre zu spät" kommt [2]. Das Erlebnis der Schönheit hält sich bei dem Knaben ganz in den Grenzen der Fatalität. Die Unschuld unterliegt. Der Refugiumscharakter aber ist verbürgt durch das Verbot des Vaters, dem die Welt des Schönen in der Vorstellungswelt des Knaben entgegengesetzt wird [3]. Das Erlebnis im Taubenschlag ist aber von merkwürdiger Gebrochenheit, so daß sich in der Darstellung nicht die Beseeligung des Erklimmens der Treppe niederschlägt, sondern der Abstieg in Tränen, weil alles Vertrauen des Knaben auf Versöhnung von Schönheit und Gerechtigkeit gerade dort zunichte wird. Das Refugium des Dachbodens, das zu einem handlungslosen Raum der Fatalität wird, absorbiert die Kräfte der Lebenslust, die im Knaben sich dort zu entfalten streben. Dem Erlebnis dieses Kindes mangelt jegliche Herausforderung an die Welt, es ist vielmehr Einübung der Misere, und "wundersame, liebliche Gefühle" hat der Schreiber "bis in die spätesten Zeiten" seines Lebens hinübergetragen. (32) Er ist auch "für und für kein anderer" geworden, so daß sich aus dem hoffnungslosen Glück ein Schönheitsverlangen entwickelt, das an seinen Ursprungsort, den Dachboden, fixiert bleibt. (32) Auch ist der Erwachsene später mit sich im Reinen, wenn er sich im regressiven Verharren auf der kindlichen Erfahrung in die nun nicht mehr realitätsbezogene Wunschwelt begibt. Das Weibliche, für dessen Rettung er schon auf dem Dachboden als Knabe dreihundert Jahre zu spät kam, hat sich für ihn zur Schönheit sublimiert, auf deren "stofflichen Besitz" er

---

1) Stifter, Studien, Osnabrück 1899, Bd. 1. Im folgenden werden Hinweise aus diesem Band der Ausgabe im Text selbst angegeben.
2) S. 32: "Ich hatte es millionenfach lieber, wenn ich mich aus einem schönen Ritterbuche abängstigen konnte (...) oder wenn mir einmal geradezu das Herz brach, da Ludwig der Strenge sofort seine wunderschöne, unschuldige Gattin hinrichten ließ, die bloß verleumdet war, und die niemand retten konnte als ich, der ich aus dem Buch die ganze Schlechtigkeit ihrer Feinde gelesen hatte, aber unglücklicherweise 300 Jahre zu spät."
3) S. 31: "Ich habe es jetzt heraus, wie mich das Ding schon als Kind verfolgte, wo ich oft um lichte Steinchen raufte, oder als Knabe mit dicken

verzichtet, weil er sie "endlich immer jemand andern lassen muß" und das
"mit der größten Heiterkeit". (33) Beim Anblick der Schönheit in menschlicher Gestalt steht dann auch wie ein Blitz das Vaterhaus wieder vor Augen,
(4o) [4] und als sie sich abwendet, wiederholt sich die kindliche Erfahrung
unter dem Dache, der Erzähler geht die "Steintreppe hinab in die düstere
Stadtgasse." (48) Die Inkogruenz des Schönheitsverlangens mit der Welt läßt
ihn nun auch auf jede Versöhnung verzichten zugunsten einer Verherrlichung
der schönen Fiktion, (52) obwohl er vor dem ersten Anblick der Geliebten
von gemeinsamem Glück konkrete Vorstellungen hatte (36 ff.). Seine Empfindungen beflügeln ihn nun vielmehr zur Darstellung eines Utopia von Ehe-
paaren in klassizistischer Szenerie, bei deren "großen und sanften Menschen"
(55) der Schreiber ständiger einsamer Gast zu sein wünscht:
"Sie möchten mich bei sich leben, malen und dichten lassen, als Kebsmann
des Bildes meiner getrennten Zenobia, die ihrerseits wieder anderswo mit
meinem Bilde in geistiger Ehe lebt." (55)
Der fiktive Charakter der künstlerischen Vision wird noch bestärkt durch
die Enthüllung, daß die schöne Frau in Wirklichkeit hart und kalt ist. (6o)
Erst durch die Begegnung mit der schönen Zwillingsschwester, die von jener
bitteres Unrecht erfahren hat, beginnt sich der Schönheitsbegriff mit Wirklichkeit zu füllen. Die Liebe stellt sich jetzt als die Möglichkeit dar,
das unter dem Dache verlorene Vertrauen auf Glück wieder aufzubauen, zumal
diese Geliebte ein Unrecht erfahren hat, das zu helfen er nun zu rechter
Zeit kommt. Dieser literarische Kompromiß wird von Stifter jedoch auf
Kosten der Glaubwürdigkeit vollzogen.

Die beiden bisher betrachteten Erscheinungen des Dachbodenmotivs bei Stifter
lassen im Gegensatz zu Goethe schon charakteristische Abwandlungen erkennen:
Der Raum unter dem Dache als Sphäre der Individuation verheißt nicht das
Glück der Freiheit und Selbstbewußtwerdung. Einmal breitet sich <u>Langeweile</u>
bei dem Blick aus der Dachkammer aus. Das Moment der Überhebung wird weder
als Glück noch als Gefahr wirksam. Sodann ist das Erlebnis im Taubenschlag
wohl als autonome Handlung durch die Übertretung des väterlichen Verbotes
zu sehen, wenn auch die Treppe als Symbol der Überhebung nicht erwähnt ist;

---

3) rotgeweinten Augen von dem Taubenschlage herabkam, in dem ich stundenlang
   gekauert saß, um die schönsten Romane zu lesen, die mein seliger Vater so
   sehr verbot".
4) S. 4o: "Von meiner Kindheit an war immer etwas in mir", wie eine schwer-
   mütig-schöne Dichtung, dunkel und halbbewußt, in Schönheitstränen sich
   abmühend".

doch ist das errungene Glück eines in Tränen, und die Ausweglosigkeit des
Erlebnisses stellt sich immer wieder neu her. Das moralische Prinzip und
das Schönheitsverlangen werden in der Dachbodenlektüre ihrer menschlichen
Rechte beraubt, so daß sich der Rückgriff des Erzählers auf dieses kindliche Erleben als Regression in eine zur Wirklichkeit des Lebens selbst
in scharfem Gegensatz stehende, in sich selbst problematische Phantasiewelt darstellt. Die "Heiterkeit" (33), mit der der Erzähler sich abgefunden
hat, absorbiert jedoch auch die kritische Funktion dieses Gegensatzes, die
das Dachbodenmotiv in sein Recht einsetzen könnte. Die Bedeutung des kindlichen Spiels und des Realitätsverlustes gehen bei Stifter ineinander über,
und die Wahrheit des Sozialkonflikts, der sich hier im Motiv äußert, steht
bereits ungestaltet hinter dem Werk selbst.

Da der Turm bei Stifter im "Hochwald" (1841), wie in der "Narrenburg" (1841),
naturgeschichtlichen Charakter hat, als das kriegerische Zerstörung und
menschliche Vergänglichkeit geschichtslos Überdauernde [5], kann das Dachbodenmotiv, das an die Sphäre des Humanen unmittelbar gebunden ist, nicht
rein in Erscheinung treten. Der Turm in diesem Zusammenhang gehört in den
Bereich des Motivs der Ruine. Auf eine Darstellung der mittelbaren Zusammenhänge mit dem Dachbodenmotiv muß hier verzichtet werden. Lediglich der
Turm im "Prokopus" [6],(1848) der für die Hauptfigur selbst als Refugium
dient, ist hier interessant. Prokops Ehe ist unglücklich, die Gatten gehen
einander aus dem Wege. In dieser Situation gällt ihm der "seltsame Turm
auf dem Fichtenkegel" (468) in die Augen, dessen oberen Teil er sich nun
ausbaut und einrichtet [7]. Die Beschäftigung mit den Sternen als einer

---

5) vgl. Stifter, a.a.O., S. 193, 282, 338: auch sind die Räume, in denen
die Lebensberichte der Vorfahren aufbewahrt werden, unterirdisch.
6) Stifter, Sämtliche Werke, hg. H.L. Geiger, Berlin, Darmstadt, Wien 1959,
Bd. 2: im folgenden werden Hinweise im Text selbst angegeben.
7) S. 468 f.: "Prokopus hatte den seltsamen Turm auf dem Fichtenkegel ausge-
baut. Er hatte ihn mit Büchern, Werkzeugen und sogar mit Hausrat eingerichtet. Hierher ging er nun immer und schaute, mit einem Pelze angetan,
nach den Sternen. Auch noch etwas anderes Sonderbares hatte er eingerichtet. Er zog von der Spitze des Turmes, wo eine Abplattung war, auf der er
gerne im Winde und bei funkelnden Sternen saß, mehrere sehr dicke und mit
goldenem Drahte übersponnene Saiten bis an die Pflastersteine des Bodens
nieder, auf dem der Turm stand, so daß sie schief vom Turme gegen den
Boden gespannt waren. Diese Saiten tönten, wenn ein Lüftchen oder ein
Wind zog, über den ganzen Berg in mächtigen, wenn auch oft in leisen eindringlichen Tönen. Ja, selbst in der Nacht, wenn alles schlief, tönte
oft das tiefe Summen auf dem Berge. Er hatte eine Einrichtung getroffen,

schöneren Ordnung in der fernen unbelebten Natur des Kosmos trägt nur sehr vermittelt individuelle Züge als Befreiung vom Zwang einer verdrießlichen Ehe. Von der Individualität Prokops selbst geht in die Darstellung nichts ein. Die Bücher werden nur als Einrichtungsgegenstand wie Hausrat und Werkzeuge erwähnt, richtet sich doch sein Interesse auf die <u>kosmische Natur</u> selbst. Auch die Verschwiegenheit und das Geheimnis, die das Refugium für den Außenstehenden kennzeichnen, sind hier durch die schaurigen Äolsklänge, die "über den ganzen Berg" tönen, aufgehoben in einen Bereich weithin reichender Öffentlichkeit, an deren Unheimlichkeit die Umliegenden teilnehmen müssen.

Die Intentions- und Emotionslosigkeit in der Betrachtung der Sterne [8] auf der Spitze des Turms scheint nicht, wie im "Kondor", der Integration geschuldet, sondern in der Zugehörigkeit Prokops zum Adel begründet, bei dem der einzelne zugleich die Gesamtheit vertritt. Die Äolsklänge lassen die Öffentlichkeit auch an seinem Leben im Refugium teilnehmen und bekunden damit, daß dem Aristokraten - im Gegensatz zum Bürger - der Impuls zum Rückzug in die Innerlichkeit des Verborgenen nicht eigen ist. Der Turm eines Schlosses oder Herrensitzes gibt den Raum für die aristokratische Ausprägung des Dachbodenmotivs ab. Den spezifischen Gegensatz zum Dachboden des Bürgerhauses bildet die in der Herrschaft über Land und Leute begründete Tatsache, daß der Turm, <u>der einen weiten Ausblick über das Herrschaftsgebiet gewährt, selbst auch Blickpunkt ist</u>. Das verbindende Moment, das die Einbeziehung des Turmes als Aufenthaltsraum in das Dachbodenmotiv nahelegt, ist das Merkmal seiner <u>Abgeschlossenheit nach unten</u>, die sich in der zur Herrschaftsausübung im Gegensatz stehenden Aktivität im obersten Geschoß des Turmes niederschlägt.

In Stifters "Nachsommer" [9] (1857), der als in der Nachfolge von "Wilhelm Meisters Lehrjahre" entstanden betrachtet werden kann, findet sich das Motiv nicht; warum dies so ist, kann auf der Grundlage des bisher gewonnenen

---

7) daß er den Kloben, auf welchem oben die Saiten befestigt waren, durch den Druck einer Feder niedriger stellten konnte, daß die Saiten schlotterten, wenn er wollte, daß sie keinen Klang geben sollten."
8) Von einem Betrachten der Sterne mit einem Fernrohr als Instrument der näheren Betrachtung ist bei diesem Beispiel nicht die Rede.
9) Stifter, Nachsommer, hg. Alfred Gerz, Potsdam, o.J., 2 Bde; im folgenden werden die Seitenzahlen im Text selbst angegeben.

Verständnisses des Motivs schon ex negativo entwickelt werden. Die Beschreibung des Vaterhauses stellt sich als Einführung in die soziale Sphäre des Hauses dar (7 ff.) und entfaltet daher auch den Gang der <u>Integration</u> des Heranwachsenden in die Welt der Eltern. Eine Erinnerung an einen Raum, in dem sich die kindliche Aktivität ungestört von der Aufsicht der Eltern hätte entfalten können, klingt nicht an, obwohl der Vater das Prinzip der Ordnung im strengen Sinne vertritt (16 ff.). Die Entwicklung <u>des Individuums ist mit Erziehung identisch</u> und bedeutet daher Annäherung an die Eltern: "Als wir nach und nach heranwuchsen, wurden wir immer mehr in den Umgang der Eltern gezogen." (16) Am Rosenhaus wird der Romanheld denn auch später an das Prinzip der Ordnung als etwas Heimatlichem angenehm erinnert [1o]. Wie die Eltern in diesem Erziehungsroman in der Zeit der Kindheit des Helden den Rahmen der Entwicklung allein bestimmen, so wird auch Gustav von seinem Stiefvater bestimmt und geformt:
"Mir war es rührend, daß die Bücher alle in Gustavs Zimmer aufgestellt waren, und daß man das Zutrauen hatte, daß er kein anderes lesen werde,als welches ihm von dem Ziehvater bezeichnet worden sei". (352)
Die vertrauensvolle Gefügigkeit, die Stifter dem Kind in der Leitung durch die Eltern verleiht, setzt die Anziehungskraft des Dachbodens außer Kraft, denn nur <u>das</u> Kind haben wir den Dachboden über ein Verbot hinweg aufsuchen sehen, das sich davon das Glück der Entdeckung einer Welt erhoffte, die die Eltern nicht eröffneten. Daher kann im "Nachsommer" dieser Teil des Hauses, der in die Sphäre des Zusammenlebens nicht einbezogen ist, nur den Makel der "Unwohnlichkeit" und "Ungastlichkeit" tragen (362; 393), dem ein kaum zugestandener Schauder innewohnt.

Inhaltlich kann hier auf den Roman nicht näher eingegangen werden. Doch ist noch ein Phänomen zu beleuchten, das die Dialektik des Dachbodenmotivs erhellt. Nimmt es nicht wunder, daß gerade in einem Roman, in dem die Pflege und Rettung des Alten und Überkommenen die Menschen verbindet, das Motiv völlig fehlt? Daß also in dieser antiquarischen Welt der Dachboden bedeutungslos ist? Die Frage löst sich von selbst durch die Gegenfrage, was denn den Dachboden, in den die <u>Lebenden nichts mehr forträumen können</u>, nun eigentlich noch geheimnisvoll machen sollte, da ja das Vergangene

---

[1o] S. 235, nachdem der junge Romanheld das ganze Anwesen kennengelernt hat: "Mich freute es, daß ich in dem Hause eine so große Reinlichkeit und Ordnung angetroffen hatte, wie ich bisher nur in dem Hause meiner Eltern angetroffen hatte." Vgl. auch S. 4oo

unter den Lebenden über das Gegenwärtige herrscht. Gerade die liebevolle Restaurierung des Vergessenen und die Restitution seiner Würde als Kultur bedeutet die Rückführung des Dachbodeninventars aus dem naturgeschichtlichen Zustand des materiellen Überdauerns in den humanen der bewunderten Schönheit. Diese Rückführung bedeutet jedoch auch den Verlust der nicht integrierten, auf Veränderung drängenden Lebenslust, die auf dem Dachboden sich einen Aktionsraum suchte. Das Fehlen des Dachbodenmotivs im "Nachsommer" zeigt, daß Stifter die Dialektik von Individuation und Sozialisation aus dem Romangeschehen ausklammert.

Wie die Kindheit des Romanhelden in der Liebe und in der Annäherung an das geistige Blickfeld der Eltern sich erfüllt, und der Dachboden als Sphäre außerhalb der Gesellschaft durch das vorherrschende Prinzip der Kontinuität literarisch kassiert ist, so stellt auch die Welt im Roman das Prinzip humaner Tradition als allein weltgestaltendes dar. Der Name als Ausdruck der Individuation wird daher weder erfragt noch genannt, (233) bis die Menschen sich ihrer Einstimmigkeit und Neigung versichert haben. In der Erhaltung und Pflege des vergessenen schönen Gegenstandes, der die Menschen im Roman zusammenführt, herrscht die Einheit von Kontinuität und Humanität als Verzicht auf Spontaneität, als Stilisation von Angst vor der Veränderlichkeit des Lebens.

Auch in Stifters Novelle "Die Mappe meines Urgroßvaters" [11] (1841) dient der in der Rahmenhandlung erscheinende Dachboden der Rückführung von Naturgeschichte in Humanität. In dieser Novelle finden wir die eindringlichste Erscheinung des Motivs in Stifters Werk.
Die Trümmer eines alten Hausstandes erfüllen die ganze Atmosphäre des Vaterhauses und üben ihren Zauber auf den Urenkel aus, (4o8 f.) der in der Berührung mit diesen Dingen schon an deren Bemächtigung durch seine eigenen Urenkel denkt. Die stofflichen Relikte des vergangenen Lebens werden so zu eigenwilligen Garanten der Geschlechtertradition. Immer, wenn etwas Wunderliches unter "die berechtigten Hausdinge" geriet, so heißt es, "das ist vom Doktor", (4o9) weil dieser Urgroßvater, wenn auch wohlhabend, als Narr in die Familiengeschichte eingegangen ist. Da alle Dinge mit der Erinnerung an den Urgroßvater behaftet werden, bemächtigt sich ihrer das spielende Kind auch nicht zur Ausstattung seiner eigenen Phantasiewelt, denn sie

---

11) Stifter, Studien, Bd. 1: im folgenden im Text selbst angegeben.

verbreiten den <u>Schauder der Vergänglichkeit</u>. Die Sphäre des Vergangenen ist jedoch dem zukunftsgerichteten Ernst der kindlichen Spiele feindlich, weshalb die Kinder auf dem Dachboden sich "nicht weiter wagten".

"Es mochte damals noch viel mehr Altertümliches gegeben haben, wenn wir Kinder den Schauder vor so manchem anrüchigen Winkel hätten überwinden können, der noch bestand, und wohin sich seit Ewigkeit der Schutt geflüchtet hatte. Da war zum Beispiel ein hölzerner Gang zwischen Schüttboden und Dach, in dem eine Menge urältester Sachen lag; aber schon einige Schritte tief in ihm stand auf einem großen Untersatze eine goldglänzende heilige Margareta, die allemal einen so drohenden Schein gab, so oft wir hineinschauten, (...) daß wir uns nicht weiter wagten." (12)

Der Schauder vergegenwärtigt sich sogar noch am im Kehrricht gefundenen Lappen. (412)Diese "Dichtung des Plunders", mit dem der Garten und das Haus bis unter das Dach angefüllt sind, bezeichnet der Erzähler als "traurigsanft", weil auf den Spuren der Alltäglichkeit "die Schatten der Verblichenen fortgehen und unser eigener mit". (412) Diese reflektierte Erinnerung des Heranwachsenden trägt denn auch noch gebrochen die Züge des kindlichen Schauders davor, die Dinge unbeschwert zum Material der eigenen Weltgestaltung zu machen, sind es doch alles Teile eines verjährten Bilderbuches, zu dem <u>allein der Urgroßvater die Auslegung wußte.</u> (413) Das Motiv des Dachbodens überwölbt hier als Ort der Vergangenheit und der Tradition gleichsam das ganze Geschehen im Hause. Den Vater hat der Erzähler in die Schriften des Urahnen vertieft in Erinnerung, (414) und er selbst, als Kind den unheimlichen Erzählungen der Großmutter folgend, "hörte ihr mit begierig hingerichteten Augen zu, und brauchte gar nicht auf die Worte zu hören, denn ich glaubte ohnehin alles gerne und fest". (415 f.)

So sieht der Erzähler das spielende Kind als mittleres Glied einer gleichermaßen vor- und rückwärtsreichenden Kette, die, ungleich dem Antagonismus der geschriebenen Geschichte, eine stumme Geschichte der Liebe darstellt, in der das einzelne Glied seiner Einsamkeit enthoben ist. Dem naturgeschichtlichen Grundzug der Familiengemeinschaft entsprechend, repräsentiert sich diese Geschichte auch vornehmlich an Frauengestalten. (413) Von einer im eigentlichen Sinne so geschichtslosen und statischen Kindheit sagt der Erzähler denn auch: "So war es in meiner Kindheit,und so flossen die Jahre

---

12) Text des Zitates hinter der Auslassung aus der letzten Fassung der Novelle; Stifter, Werke, Bd. 3, S. 767. Aus diesem Grunde hat auch die "Finsternis der Truhe der Mutter" größere Anziehungskraft, da ihre Anwesenheit das Überhandnehmen kindlicher Ängste verhindert. S. 410

dahin." "Die Jahre waren damals sehr, sehr lange, und es verging ungemein viele Zeit, ehe wir ein wenig größer geworden waren." (416)

Die Eheschließung führt den Erzähler wieder ins Elternhaus; er betrachtet dessen Inventar nun <u>als Kenner</u> (417 f.). " Eines Tages, da eben ein grauer sanfter Landregen die Berge und Wälder verhing, verschaffte mir das Haus etwas, das ich nicht suchte, und das mich sehr freute, weil es mir gleichsam das ganze versunkene aufgehobene Märchen darin gab." (418) Dieser graue Regen nämlich hatte die Situation wieder beschworen, in der er als Kind den Dachboden aufsuchte. Es nimmt nicht wunder, wenn wir bei diesem Anlaß erfahren, daß das Kind in einer Welt der Vergängnis den Dachboden gerade in einer Zeit aufsucht, da die Geborgenheit unter dem schützenden Dache an dem Trommeln der Regentropfen sinnlich wahrnehmbar wird. Der Herangewachsene begibt sich nur halbbewußt auf den Dachboden, der in dieser Novelle das eigentliche Geheimnis des Hauses in der schriftlichen Hinterlassenschaft des Urgroßvaters bewahrt. Der Erzähler entdeckt sie im Sockel des einstmals gefürchteten Standbildes der Margarete, nachdem er dieses ans Licht gerückt und sachkundig betrachtet hat. Das Reinigen der Gegenstände "vom schändenden Staube" ist die einzige Handlung, in der Stifter das Dachbodenmotiv positiv einbezieht, die einzige Handlung, in der der schöne Gegenstand aus dem naturhaften Zustand befreit wieder als ein menschlicher zu sprechen beginnt. Zugleich mit dieser Entdeckung enthüllen dem Erzähler die Papiere seines Vaters dessen Liebe zu seinem Sohne, so daß er die Treppe hinabsteigt und die stofflichen Zeugen des väterlichen Wirkens mit der gleichen Liebe zu betrachten beginnt wie jener die des seinen. (422) Der Dachboden weist, wie das ganze Haus, auf Vergangenes hin und erweist sich jetzt als <u>Ort der verpflichtenden Tradition</u>. Tradition hat im Sinne Stifters Rationalität durch die in ihr beschlossene stilisierte Humanität, die auch im "Nachsommer" wirkt. Der weibliche Teil der Familie dagegen zeichnet sich durch Unwissenhiet über den Sinn der vergangenen Geschichte im Hause aus [13] und hält an geschichtslosen Vorstellungen fest. Großvater und Vater saßen wohl im Familienkreise in die überkommenen Schriften vertieft, doch blieb deren Inhalt für die anderen verschlossen. <u>Der Geist der Familie auf dem Dachboden wird patriarchalisch verwaltet.</u> Der schriftliche Nachlaß der väter-

---

13) S. 421: "Tausendmal hatte ich die Mutter um das Lederbuch gefragt, sie wußte es nicht und sie hatte vergebens oft das ganze Haus danach durchforscht". Vgl. auch S. 423 f.

lichen Liebe und die Schriften des Urgroßvaters, die der Dachboden nur dem Erzähler freigibt, richten jetzt den Anspruch an den männlichen Nachgeborenen, dem dort aufgehobenen Geiste der Väter die Treue zu halten. Daher ist auch wieder der Abstieg aus der Höhe als Ausdruck der Reintegration in die Hausgemeinschaft von Stifter dargestellt. (422) Erst nach dem Abschied des jungen Paares, das in der letzten Fassung der Novelle [14] durch die Zurücklassung der Brautgewänder in der Brauttruhe des Vaterhauses (784) sein eigenes Schicksal symbolisch dem der Hausbewohner eingliedert, und nach dem Entschluß, die Brüder um Erhaltung des Hauses als eines Ortes der Erinnerungen zu bitten. (785) also nach der Sicherung der Familientradition, lassen sich die Schriften des Urgroßvaters entziffern. Als Gegenstand, den der Dachboden verwahrte, sollen sie kurz in die Analyse einbezogen werden, weil Stifter die Tradition in der Novelle als Wahrheitsinstanz konstituiert. Diese Schriften und ihre Lebensprinzipien erhalten damit die gleiche Bedeutung wie Wilhelm Meisters Lehrbrief von dem Streben nach Vollkommenheit als Sozialisationsprinzip innerhalb des Dachbodenmotivs.

Das Grundprinzip einer segensreichen Lebensweise hatte der Urgroßvater von einem Manne übernommen, der seinen Selbstmord vereitelte. Damit beginnen die hinterlassenen Tagebücher. Der Lebensretter - ehemals ein berüchtigter Haudegen - hatte sich durch Gehorsam gegen sein Lebensprinzip zu einem wohltätigen Menschen entwickelt. Es bestand darin, sich durch das Tagebuchschreiben ein Medium der Reflexion als Schirm gegen die bedrohliche Spontaneität des Lebens und der eigenen Natur zu schaffen, da das Niedergelegte nicht vor dem Ablauf von drei Jahren entsiegelt und freigegeben werden durfte. Während zu Beginn der Inhalt der Tagebücher sich noch unterschied wie die Unruhe und die bunte Vielfalt des Lebens selbst, beginnen sie nach und nach einander im Inhalt zu gleichen als Zeichen des Sieges des Schreibers über sich selbst:

"Ich lernte nach und nach das Gute von dem Gepriesenen zu unterscheiden, und das Heißersehnte von dem Gewordenen, und so wurde ich widerstreitenderweise mitten im Kriege und Blutvergießen ein sanfter Mensch. (...) Ich fing mit der Zeit auch an, im Leben auszuüben, was ich im Geiste denken gelernt hatte."[15]

---

14) Stifter, Werke, Bd. 3, im folgenden Seitenzahlen im Text selbst angemerkt.
15) Studien, Band 1, S. 448

Die Menschlichkeit dieses Mannes hatte sich entfaltet durch Annäherung an
das der Spontaneität des Lebens entgegengestellte Prinzip der Stilisation:
die Sanftmut. Mit dem siegreichen Ringen um diese Tugend beginnt beim
Lebensretter wie bei dem ihm folgenden Urgroßvater die Liebe zu den antiquarischen Gegenständen [16], in denen der Drang nach Selbstäußerung im

Leben ein konfliktfreies vergegenständlichtes Bezugsfeld findet. <u>Nur der
Sanftmütige, der das Vergangene am Leben erhält, findet bei Stifter noch
den inneren Frieden, in dessen Dienst er das Motiv des Dachbodens stellt</u>;
dieser Frieden ist jedoch nur verbürgt durch die Unterwerfung unter die
Autorität des Tradierten.

Stifters Aufnahme des Dachbodenmotivs in sein Werk ließe sich als Verzicht
auf individuelle Entwicklung definieren. Das Spiel des Kindes trägt bereits
das Stigma des Realitätsverlustes; entweder sublimiert es den Glücksverzicht
zum ewig unerreichbaren Idol der Schönheit oder es sieht, von der Übermacht
der Vergangenheit mit kaum eingestandenem Schauder erfüllt, sich selbst
bereits <u>zu den Schatten der Toten forteilen, die sein Leben beherrschen</u>.
Da der Individuation von Stifter selbst im kindlichen Spiel nicht das
natürliche Recht auf die zur Veränderung drängende Lebenslust mitgeteilt
wird, geraten seine Menschen bereits in Konflikt mit ihrer eigenen Natur.
Der Überdruß, der sich kein Ventil schaffen darf, führt auf dem Dachboden
aber die <u>Langeweile im Gefolge</u>, wo Goethe noch die Kraft zur Gestaltung
dieser Erscheinung des Motivs als Zeichen illusionärer Verirrung und des
Wahnsinns leitete. Der Illusion dagegen ist von Stifter die Negativität
genommen; sie muß Recht behalten gegen das Leben, das er aus seinem Werk
mit sanfter Hand verdrängt.

Der Nachkömmling, dessen Kinderspiele hoffnungslos waren, muß dem Urgroßvater, der ihm sein Lebensprinzip als Tradition hinterläßt, die Treue halten.
Die Übermacht des Hergebrachten ist dargestellt als kulturelle Weltgestaltung, in Wirklichkeit aber sanfte Mortifikation der <u>aufs Leben nicht mehr
Hoffenden</u>. Die Sanftmütigen sind einander so zugetan, wie die Toten schweigend von den Nachlebenden Gehorsam erheischen; sie fordern voneinander die

---

16) Studien, Band 1, S. 447

innere Übereinstimmung in der Negativität des restlosen Verzichts auf die
Spontaneität. Entscheidend an diesem Verdrängungszusammenhang, der als
Sozialisationsprinzip bei Stifter erscheint, ist die Wendung, die das Freiheitsstreben des Dachbodenmotivs unter dieser Perspektive nimmt. Was bei
Goethe im erwachenden schöpferischen Trieb zu libidinöser Weltgestaltung
im Sinne des kindlichen Freiheitswunsches noch drängend in die bewußten
Handlungen eingeht, wird in Stifters Werk bereits zum Chaos des Natürlichen
dämonisiert, dem die Stilisation als Humanität entgegengesetzt werden muß,
um die Triebgefahr zu bannen. Die Aufwertung der Tradition geschieht im
Dienste des Kampfes gegen das Glück. So biegt Stifter im Motiv des Dachbodens das Prinzip der Sozialisation zur bloßen Kontinuität zurück. Der
Verzicht auf individuelles Glück verdrängt aber auch die Lust zur Überprüfung des Hergebrachten auf seine Menschlichkeit hin, und das Sicherheitsbedürfnis, für das die Sanftmütigen den Preis des selbstbestimmten Schicksals zahlen, weist nicht auf ein schöpferisches Ziel hin, sondern auf Angst.

In Wahrheit aber artikuliert das Motiv des Dachbodens, wo immer es in der
Literatur auftaucht, den Sozialkonflikt, zu dem der Dichter sich zu äußern
gedrängt wird, als Frage nach der Herkunft des Leidens, das er darstellt.
Hinter Stifters Bemühen um einen <u>sanften Ausgleich der Krisen</u>, in denen
die Entwicklung des bürgerlichen Individuums verläuft, steht die problematische Haltung des Autors zum Recht der bürgerlichen Selbstbestimmung.
Die Hoffnung auf Individuation wird mit dem Todesschrecken bedroht, und
die schöne Illusion, daß Vergangenes den Lebenden ein sicheres soziales
Glück verheißen könne, triumphiert innerhalb des Dachbodenmotivs über die
Hoffnung auf die glückliche Veränderung der Welt als blanke Unterwerfung.
Stifter setzt also das Dachbodenmotiv in der von Goethe negativ akzentuierten Gestalt der gefährlichen Illusion positiv in ein Herrschaftsrecht über
die Menschen ein. Wahn und Wirklichkeit geraten in seinem Werk manifest
in Verwirrung.

Keller und das Versagen

Von Gottfried Keller sei zunächst eine Erscheinung aus den "Züricher Novellen" (1876) erwähnt, die das Motiv im Bereich des Turmes zeigt.

Herr Jacques ist von dem Wunsche beseelt, unter lauter Dutzendköpfen ein Original zu werden [1]. Ein Pate nimmt sich seiner an und führt ihn zu den Trümmern der Burg Manegg, deren ehemaliger Herr der Sammler der Manesse-Handschrift ist. Mit dem Hinweis, daß nur der ein gutes Original sei, der Nachahmung verdiene, weist der kluge Pate die Originalitätsbestrebungen des jungen Mannes ins Allgemeine (17).

Zwar ist der Turm hier, wie bei Stifter, Zeuge vergangener Größe:
"Jetzt hausen die Spinnen und Fledermäuse auf den dunklen Estrichen, der Metzger trocknet seine Felle dort, oder es hämmert ein einsamer Schuster im hohen Gemach! Aber einst war es lustiger". (18)
Doch ist er nicht Anlaß, das völlig verschollene Schicksal zu beschwören, sondern in den in diese Rahmenhandlung eingeschlossenen Novellen wird gerade der Widerspruch von Selbstbestimmung und Tradition dargestellt. Dieses Problem bleibt als Thema über dem Geschehen stehen. Gerade die unvergessene Leistung bringt es mit sich, in der Sammeltätigkeit und im Originären die beiden Pole der Humanität darzustellen. Die alten Türme sind damit nicht mehr naturgeschichtliche Zeugen eines vergessenen Schicksals, das erst der Erzähler, wie bei Adalbert Stifter im "Hochwald" und in der "Narrenburg", aus der Verschollenheit wieder hervorhebt, sondern lebendige Zeugen eines in den Werken fortlebenden Fleißes. Daß sich hier am Dachbodenmotiv eine Umwandlung des aufs Allgemeine gerichteten aristokratischen Verhaltens ins Bürgerliche durch Individuation abzeichnet und der Dachboden sich bei Keller als charakteristisches bürgerliches Motiv erweist, obwohl er den Schauplatz ins Mittelalter verlegt, soll an diesen Novellen analysiert werden.

In der ersten Novelle "Hadlaub", die der Pate erzählt, zieht sich die schöne Kunigunde, da sie der Gesellschaft ihre Leidenschaft nicht zu opfern bereit

---

[1] Keller, Gesammelte Werke in 3 Bd., hg. H. Schumacher, S. 8; im folgenden werden die Hinweise im Text selbst in Klammern angemerkt.

ist, in ihr "festes Wasserhaus" zurück (2o). Heinrich von Klingenberg, der
sie dort aufsucht, erscheint, als gleite er "auf einer wie Gold leuchtenden
Strickleiter, oder wie andere meinten, von Dämonen getragen an der Turmmauer empor bis zu dem offenen Fenster der Dame". (21 f.) [2] Diese zieht
sich jedoch endlich in ein Kloster zurück und läßt ihre unehelich geborene
Tochter Fides höfisch erziehen. Die natürliche Geburt von Fides ist das
öffentliche Korrelat zu der ins obere Turmgemach geflüchteten Liebe, die
sich der Konvention endlich wieder unterwirft.

Johann Hadlaub, der Bauernsohn, arbeitet, da er "nicht auf den Hof getaugt"
hätte (49), im Manesseturm, um die verlorenen Minnelieder zusammenzutragen.
Für Fides, die er liebt, wünscht er ein Lied zu singen, jedoch, der Innerlichkeit seiner Neigung entsprechend, im Verborgenen (49). Als er im Freien
gesungen hat, werden weibliche Stimmen über ihm laut, "und überrascht emporblickend, sah er in der Höhe durch die Baumwipfel einen sonnenbeglänzten
Turm ragen". (5o f.) Dieses unvermittelte Erscheinen des Motivs als Hoffnung
ist karg, ja fast prosaisch zu nennen und erst durch die Kenntnis der Bedeutung des Dachbodenmotivs schon einzuordnen. Da diese Hoffnung an einem
Ort aufleuchtet, der Verborgenheit verheißt, ist das Glück der Begegnung
in der Hofgesellschaft mit dem Augenblick, da diese "ihren Beifall laut
zu erkennen gibt", auch verloren (67) [3]. Lediglich Fides Büchslein aus
Elfenbein bleibt als handgreiflicher Beweis ihrer Neigung in Hadlaubs Händen (68).

Fides begibt sich, nachdem ihr das mütterliche Lehen übertragen wurde, auf
ihren Besitz, "und sie saß als Freiin von Wasserstelz auf der Burg am Rhein,
einsam, wie einst ihre Mutter" (74). Wernher, der "vollendete Ritter", bewirbt sich als angesehener und wahrhafter Edelmann um ihre Gunst. (75 ff.)

---

2) Im Märchen ist dieses Motiv vorgebildet bei Rapunzel. Es erscheint in
   ähnlicher Ausprägung im "Martin Salander", vgl. Werke Bd. 2, S. 884, in
   der Sage vom Lautenspiel: Der geizige Junker sperrt seine drei ihm noch
   verbliebenen Töchter in das oberste Stockwerk des Hauses, um die Mitgift
   einzusparen, von wo sie durch ihr Lautenspiel in den Mondnächten die
   Freier anlocken.
3) S. 67: "Hingerissen von dem anmutigen, wahrhaft rührenden Schauspiele, das
   die beiden gewährten, gaben alle Umstehenden ihre Freude und ihren Beifall laut zu erkennen. (...) Durch das beifällige Geräusch wurde jedoch
   Fides aus ihrer Vergessenheit gerissen; sie zuckte zusammen."

Hadlaubs edler Frauendienst – intentionslos im höfischen Bereich [4] wird
nun zu einer streitbaren Handlung. Die adelige Gesellschaft stellt sich
gegen ihn (76), und der ritterliche Bewerber läßt Fides' Wasserburg bewachen.
(77) Insgeheim bittet Fides Hadlaub, im Verborgenen in die Wasserburg zu
kommen (77 f.). Das Schicksal, das ihn dort erwartet, läßt sie im Ungewissen,
und die Begegnung bleibt für Hadlaub ein Wagnis, das er, auch zum Tode entschlossen, ohne Waffen zu bestehen entschlossen ist. Der Einsatz der eigenen Person, nicht der Waffen, ist als bürgerlich-individuelles Moment anzusehen wie das Verlassen der Gesellschaft und die Entscheidung in der Abgeschiedenheit füreinander als Vorbedingungen eines individuellen Glückes,
das in der Sphäre jenseits der gesellschaftlichen Norm seinen Ursprung
haben soll.

Mit dem Büchslein als Liebespfand gibt Hadlaub sich dem Fährmann zu erkennen, wird jedoch im Schloß, da unerwartete Gäste erscheinen, in das
unterste Gemach im Turm geworfen. Erst als diese die Burg wieder verlassen
haben, wird er aus dem Verließ entlassen: "Die Magd führte ihn nun im gleichen Turme viele Treppen hinauf in ein kleines Gemach, das mit einem Bette,
Tisch und Stühlen versehen war." Ein Blick aus dem Fenster zeigt, daß der
Raum "jeder Beobachtung entzogen war". (81) Nach dem Aufbruch der Gäste
vollzieht Fides die gleiche dem Dachbodenmotiv zugehörige befreiende Handlung des Treppensteigens zum oberen Turmgemach. Der Schlüssel in ihrer Hand
ist Symbol ihrer individuellen Entscheidung. Das kleine Müllerskind nimmt
sie aber als Unterpfand des Lebens und der Hoffnung in die Abgeschiedenheit
des Turmgemachs mit (82).

Wie Gaston Bachelard gezeigt hat [5], ist das oberste Turmgemach vielfach
Refugium der Liebe und des heimlichen Glückes. Daß gerade die Liebe in den
Schauplatz des oberen Turmgemaches wandert, zeigt, daß sie sich als höchste

---

4) S. 76: "Daß dieser Graf, gerade weil er ein vornehmer Ritter war, vielleicht gar keine ernsten Absichten, wie man heute sagen würde, mit seinem
Minnedienste verband, nach alter Sitte, da man nicht freite, wo man minnte,
das konnte ihm (Hadlaub) nicht möglich scheinen." Vgl. Gedanken der Fürstäbtissin dazu. S. 80.
5) Gaston Bachelard, a.a.O., S. 57

Individuation darzustellen beginnt und zu einem bürgerlichen Phänomen entwickelt, das die höfisch-aristokratische Welt negiert. Sie begibt sich in die Sphäre des Dachbodens als Ort der individuellen Freiheit außerhalb der feudalen Gesellschaft.

Fides beginnt das Zwiegespräch mit der Frage, was Johannes sich bei seinen Liedern an sie gedacht habe (83). Die Sphäre der intentionslosen, sich selbst genügenden Minne wird damit von beiden verlassen. Sie überschreiten die Ebene der höfischen Konvention und stehen einander als Selbstverantwortliche gegenüber. Der Sänger unterscheidet denn auch seine Lieder, die zum Vergnügen dienen, von denen, die sich an Fides richten. Über den Liebkosungen des Kindes finden beide zueinander, so daß sie sich mit der Versicherung einander versprechen, in der <u>Person</u> des anderen Schutz und Glück zu suchen:
"Hier will ich nun mein wahres Leben aus Gottes Hand empfangen, hier meine sichere Burg und Heimat bauen und in Ehren wohnen." (86)
Hier klingt nun, wie bei der Mutter von Fides [6], das Rapunzelmotiv, das dem Bereich des Dachbodens in seiner Erscheinung als Hort der heimlichen Liebe zugeordnet ist, an:
"Ein Windhauch hob einen Augenblick ihr langes dunkles Haar empor, daß es vom höchsten Turmgemach wie eine Fahne in die Luft und über den Rhein hinaus flatterte, als ob es Kunde davon geben möchte, daß eine schöne Frau hier in ihrer Seligkeit sitze." (86)
Anders als bei der Mutter, wird die Sphäre der Isolation im Besitze des Glücks verlassen, da es in die Gesellschaft gerettet werden soll. Diese laden die Liebenden nun zu Gast, und die Versöhnung gelingt. (86 f.) [7] Auf die Eröffnung hin, daß Hadlaubs Vater den "Kauf eines guten steinernen Hauses am neuen Markt zu Zürich" (88) eingeleitet habe, verläßt Fides den Bereich ihres Herkommens wie Hadlaub den seinen. <u>Das Bürgertum konstituiert sich in dieser Novelle gleichsam innerhalb der Privatheit, die das Dachbodenmotiv verbürgt.</u> Die Freiheit vom sozialen Zwang ermöglicht die Verbindung des bäuerlichen Hofsängers mit dem natürlichen Kinde des Adels. Der entschiedene Kampf der Liebenden um die Legitimation ihres gemeinsamen

---

6) Hier ist es jedoch nicht Ausdruck der Heimlichkeit, sondern des Wunsches nach Beheimatung in der Welt.
7) Manesse: "Der junge Mann ist in diesem Fall wohl lehensfähig, da unser heiteres Spiel diese ernste Wendung genommen hat, so wollen wir das übrigens als ein Zeichen der Zeit freundlich hinnehmen und uns freuen, daß in dem unaufhörlichen Wandel aller Dinge treue Minne bestehen bleibt und obsiegt." (S. 87)

Glückes unter den alten Ständen Adel und Bauerntum, denen sie beide nicht
voll integriert werden konnten, entzaubert die Bedeutung des Dachbodenmotivs
in dieser Novelle zum reinen Ursprung der auf Veränderung drängenden bürgerlichen Lebenskraft. Das dort Gewonnene wird daher im Sozialbereich zum An-
bruch einer neuen Zeit, zu einem neuen dynamischen Sozialisationsprinzip,
dem das Echtheitssiegel geglückter Individuation aufgeprägt ist.

Beeindruckt von dieser Geschichte des Paten und dadurch an der Ausbildung
bornierter Überhebung gehindert, zieht nun Herr Jacques auf das oberste
Stockwerk des Elternhauses, um eine neue Sammlung im Sinne der Manesse-
Handschrift von den Zeugnissen herzustellen, die der Stadt und Republik
Zürich zu Ehren gereichen (89). Daß es sich bei diesem Arbeitsraum um einen
Schauplatz innerhalb des Dachbodenmotivs handelt, bezeugt das Intérieur
des "Exils". Baufällige, mit Blumen und Vögeln bemalte Kisten stehen dort;
von der Decke hängen "verschollene Zierstücke" und an den Wänden zeigt sich
eine "unweise Versammlung" von Familienbildnissen, welche wegen ihrer ge-
ringen Qualität dorthin verbannt worden waren. Nicht das Geheimnis ver-
schollener Würde harrt hier auf die Entdeckung des Besuchers, wie bei Stifter, sondern <u>die Tradition fällt in diesem bürgerlichen Elternhause</u> des
Herrn Jacques <u>im Gewande der Nichtswürdigkeit ins Auge, die den dort oben
Verweilenden auf das Leben verweist.</u> "Die grundlose Heiterkeit der verjährten Gesellschaft machte fast einen unheimlichen Eindruck." (9o)

Doch nicht nur der gute Geschmack der Hausbewohner stellt sich in dem In-
ventar dieser oberen Kammer ex negativo dar, sondern auch ihre sozialen
Anschauungen und ihre politische Haltung. Zwischen alten Stichen versteckt,
hängt ein kleiner Rahmen mit einem Bildnis. Darunter ein Spruch: "König
Karl von Engelland / Ward der Krone quitt erkannt./ Daß er dürfe keiner
Krone, / machten sie ihn Köpfes ohne." (9o) Der Autor jenes Spruches galt
im Gedächtnis der Familie als Antipapist und Aufsässiger. "Da eine geheime
Tradition im Hause dahin lautete, daß es besser wäre, wenn nie eine Empö-
rung stattgefunden hätte, nie ein König enthauptet worden und auch keine
Kirchentrennung entstanden wäre", (9o) so war das Porträt des freisinnigen
Mannes verkauft worden. Von dem Bildlein als Gegenstand des Dachbodenmotivs
jedoch, mit der frechen Aufschrift, ging die Sage, daß, so oft versucht
worden war, es endlich fortzuschaffen, "der alte Empörer nächtlich umgehe

und mit entsetzlichen Hammerschlägen das Rähmlein wieder an der Wand befestige" (9o). Durch die "entsetzlichen Hammerschläge" des Geistes wird die freisinnige Vergangenheit im Hause im scharfen Gegensatz zum Geiste der lebenden Bewohner gehalten. Diese kritische Instanz zu beseitigen, stellt ein Vergehen dar, das den Geist des aufsässigen Verstorbenen auf den Plan ruft, um es mit dem Todesschrecken zu bestrafen. Im Gegensatz zu Stifter ist der <u>Geist des Aufruhrs dort unter dem Dache aufbewahrt, und die Verstorbenen verteidigen den Fortschritt am freiesten Ort dieses Hauses</u>, der dem rückwärts gewandten, bornierten Sinn der Familie die Stirn bietet.

Herr Jacques hat in diesem Raum einen Tisch in die Mitte gestellt, womit Keller bezeichnet, daß Handlung im Vordergrund steht, und nicht eine übermächtige Wirkung des Inventars auf den Bedrängten, ein Zug, der uns bei Keller noch oft beschäftigen wird. Diese Aktivität jedoch – das Sammeln von Denkwürdigkeiten, die das Gemeinwesen der Stadt Zürich verherrlichen – wird von dem weisen Paten wieder kritisiert, da sie analog dem Wunsche, ein Original unter Dutzendköpfen zu sein, die bornierte Überheblichkeit lediglich auf das Gemeinwesen übertrage und an der Ausbreitung eines Gesamtdünkels mitschuldig werde (92). Nach Anhörung der Geschichte des "Narren auf Manegg" steigt Herr Jacques wieder "in die Kammer der Merkwürdigkeiten" hinauf und hängt den sorgfältigen Entwurf des Titelblattes seiner geplanten Sammlung als <u>Akt des Verzichtes auf Ruhmsucht</u> für die Nachkommen an die Wand.

Zweimal tritt das Dachbodenmotiv in den "Züricher Novellen" in Erscheinung. Einmal als Refugium für Herrn Jacques, der seine Individualität durch Integration bedroht sieht. Es wird in diesem Zusammenhang zum Schauplatz eines tatkräftigen Beweises für die <u>Unvergänglichkeit des republikanischen Geistes</u>. In den Erzählungen des Paten, die Herrn Jacques die geglückte zukunftsgerichtete Beziehung von Individuum und Gesellschaft vor Augen führen, erscheint das Motiv sodann als Hort des privaten Glückes, aus dem das Bürgertum durch die wagemutige Verbindung von bäuerlichem Hofsänger und natürlicher Tochter des Adels entspringt. Als ein spezifisches Merkmal läßt sich bei Keller der konkrete Bezug auf die bürgerliche Gesellschaft selbst im Erscheinen des Dachbodenmotivs erkennen, das er in einem republikanischen definierten Sozialisationsprinzip auflöst. Im "Hadlaub" wirkt das Motiv an der <u>Genese des Bürgertums</u> durch persönliche Liebeswahl mit; der Geist des bürgerlichen Ahnen hält die Erinnerung an die geglückte Errichtung der Republik in der Schweiz im Bürgerhause wach.

Anders verhält es sich allerdings bei Keller in seinem Entwicklungsroman "Der grüne Heinrich" [8] (1853 ff.).

Der grüne Heinrich bewohnt mit seiner Mutter in dem Stadtmietshause des verstorbenen Vaters das oberste Stockwerk, das "einen hellen Gegensatz zu den kühlen Finsternissen der Tiefe" (69) [9] bildet. Darüber liegt der "luftige Estrich", also der Dachboden mit seinen Galerien. In der Wohnung herrscht im Zusammenleben mit der Mutter allein die reine Intimität. So verarbeitet er die ersten Eindrücke aus der Umwelt, zum Beispiel vom Trödelladen der Frau Margret, "in der Stille unserer Stube (...) zu träumerischen Geweben" [10]. Erst die Erfahrungen der Schule und ihrer Normen [11] bewirken, daß er desto eifriger im Stillen mit sich selbst verkehrt. Wie bei Goethe, Mörike und Stifter ist es der schon zur Schule gehende Knabe, welcher sich mit seinen Spielen "in sich selbst verkehrt", um gegenüber den Anforderungen von außen sein Ich zu behaupten. Es wäre also psychisch der Augenblick gekommen, in dem Heinrich den ohnehin nicht ohne Reiz geschilderten "luftigen Estrich" aufsuchen müßte. Doch da die Autorität des Vaters fehlt, die Mutter mit dem Schutze der Intimität und Geborgenheit ohnehin im Gegensatz zu denen steht, deren Anforderungen ihn bedrängen, entfernt er sich nicht aus ihrer Sphäre, nur aus der unmittelbaren Beobachtung, was die Ungestörtheit des Spieles fordert. Auch die Tatsache, daß Heinrich ein Ungenügen [12] an der Unterhaltung mit der Mutter zur eigenen Betätigung forttreibt, veranschaulicht, daß das Dachbodenmotiv nicht streng in Erscheinung tritt. Es handelt sich nicht um verwehrtes Glück, das er

---

8) Keller, Der grüne Heinrich, Berlin 1919, erste Fassung des Romans; im folgenden werden Texthinweise aus dieser Ausgabe im Text selbst angegeben, die überarbeitete Fassung von 1879 f., Werke Bd. 2, in den Anmerkungen.
9) Werke, Bd. 2, S. 23
10) a.a.O., S. 60
11) a.a.O., S. 67
12) a.a.O., S. 70: "Desto eifriger verkehrte ich im Stillen mit mir selbst, in der Welt, die ich mir allein zu bauen gezwungen war", denn die mütterliche "Unterhaltung sowie das Treiben im wunderlichen Nachbarshause konnte doch zuletzt meine Stunden nicht ausfüllen, und ich bedurfte eines sinnlichen Stoffes, welcher meiner Gestaltungskraft anheimgegeben war". Wie in Stifters "Feldblumen" unterhält er sich zunächst mit "bunten Steinen", dann mit der lebenden Natur, bis er diese, aus Unkenntnis über ihre Bedürfnisse, umkommen läßt.

sich verschafft, sondern er beginnt das fehlende väterliche Prinzip gerade
in der Nähe der Mutter im Nachvollzug eines Schöpfungsaktes herzustellen.

Die "verrückte, marktschreierische Theosophie" aus dem Trödelladen gibt
ihm die Anleitung, nach der er einen Weltplan auf Papier entwirft, um
seine Mitmenschen in die Sphären von Gut und Böse, Himmel und Hölle zu ver-
setzen. Er hält selbst Gericht und stellt die verletzte Gerechtigkeit der
Welt dort täglich wieder her. Später erweitert Heinrich sein Spiel. Aus dem
Chaos trennt er die vier Elemente. Jetzt erst, in der schöpferischen Be-
geisterung, beginnt er die Grenze des Gehorsams zu überschreiten, wie bei
Goethe und Stifter dargestellt. Er bemächtigt sich des Wachses, das die
Mutter im Wäscheschrank verwahrt. Die Freiheit, die er sich nimmt, ist für
Keller aber so selbstverständlich mit seinem Bedürfnis verbunden, eine
eigene Schöpfung erstehen zu lassen, daß lediglich das Wachs als notwendiges
Material und sein Aufbewahrungsort mitgeteilt werden, nicht aber, wie bei
Stifter, die Übertretung eines Verbotes selbst. Jetzt erst erfahren wir auch -
dies ist der einzige Niederschlag der Übertretung - daß sich alles "in
einer abgelegenen Kammer" abgespielt habe. Über das Innere dieser Kammer
erfahren wir jedoch nichts außer der Beschreibung des "Lieblingstisches".(132)
Als Heinrich im Krankenhaus, in der anatomischen Abteilung eine Sammlung
von Embryonen erblickt, beginnt er den letzten Akt seiner Weltschöpfung
zu planen: die Schaffung des Menschen und die Namensgebung. Immer ist es
das Vergnügen der Tat, das Heinrich vorantreibt, und von Ungebrochenheit
zeugt, daß er die Mischung von Grauen und Faszination während seines eigenen
Schöpfungskates aushält, so daß das Chaos der kindlichen Vorstellungen von
der Welt sich durch einen individuellen Willensakt in die Elemente teilt
und auflöst. Daß er mit der Bildung der Wachsfiguren die Erschaffung des
Menschen nachvollzieht, zeigt der Hinweis auf die von ihm hergestellte
Lebensbeschreibung seiner Kreaturen, die auch die Zeit mit umfaßt, die sie
im Berge, aus dem die Kinder kommen, verbracht haben (132). Ihrer Wesens-
beschreibung entsprechend, stellt Heinrich sie in seine Weltordnung von
Gut und Böse.

Von ungefähr stößt Heinrich an seinen großen Tisch, so daß die ganze Wachs-
gesellschaft in den Gläsern zu zappeln beginnt. Damit hat er die Bewegung

als Urprinzip des Lebens erschaffen, und in dem rasenden Tanze, den er nun begeistert auf dem Tisch veranstaltet, vollzieht sich der letzte Schöpfungsakt. Bei diesem tollen Schauspiel aber erhebt sich die lebende Natur in der Gestalt einer drohenden schwarzen Katze aus einem Winkel der Kammer. In panischer Angst wirft Heinrich seine ganze Weltschöpfung nach dem fauchenden Tier. Als zuletzt die vier Elemente zerschellt sind, fühlt er die Krallen der Katze in seinem Nacken, und mit einem Schrei fällt er zu Boden in die Scherben (132). Sogleich ist denn auch die Mutter zur Stelle. Mit dem Angriff der Katze und mit der mütterlichen Entdeckung seiner geheimen Spiele ist diesen ein Ende gesetzt. Die Weltschöpfung des Knaben endet in der Niederlage, über deren Bewältigung Keller nichts anderes mitteilt als die Entwicklung seines Helden selbst. Unbedenklich können die Schöpfungsspiele des grünen Heinrich in der abgelegenen Kammer dem Dachbodenmotiv nicht zugeordnet werden, da ein Verlassen der Wohnebene nicht stattfindet, die Mutter ihn in der Kammer auch beschäftigt wußte. Als eine Sphäre der Freiheit vom Verbot des Vaters und der Lehrer wird das Motiv hier genauso wenig wirksam wie im "Nachsommer", wo allerdings die Integration des Kindes in die Welt des Vaters die Flucht vereitelte. Es muß für das Auftreten des Dachbodenmotivs in den Kinderjahren des Helden gefolgert werden, daß eine strenge und zugleich auch distanzierte Autorität in der Wohnsphäre erst das Fortstehen des Kindes in den Dachboden bewirkt. Züge des Motivs treten in den Spielen des grünen Heinrich allerdings auf, weil er sich zwar nicht dem Schutze, wohl aber der Intimität, die die Mutter vertritt, entzieht und in diesem Entzug ein Akt der Individuation zu sehen ist. Die Schöpfungsspiele selbst stellen ja ein männliches Prinzip her, das dem der Mutter entgegengesetzt ist. Ein entscheidender Unterschied zum Charakter des Motivs bei Stifter in den "Feldblumen" ist die Tatsache, daß Heinrich nach dem Kampf mit der Katze nicht wieder in der Kammer spielt und die Niederlage dort nicht wiederholt, sondern sofort ein neues Betätigungsfeld sucht.

Nachdem Heinrich Habersaats Handwerk erlernt hat, kommt dieser zur Mutter und verspricht dem Sohne klingenden Lohn, falls er bei ihm ordentlich arbeiten wolle. Auf diese Weise könne Heinrich sein Geld verdienen und für spätere Studienreisen etwas zurücklegen [13]. In den "verständigen Worten"

---

[13] a.a.O., S. 212 ff.

Habersaats formuliert sich für Heinrich zum ersten Mal ein <u>Anspruch der Gesellschaft</u> an ihn, der nämlich, sich selbst zu erhalten mit dem, was er gelernt hat. Diese Forderung weist er unbedenklich zurück und <u>richtet sich nun auf dem Dachboden ein</u>. Während er sich als Kind in der Nähe der Mutter noch vor dem Zwang der Normen der Umwelt geborgen wußte und die abgelegene Kammer für die Schöpfungsspiele die Ungestörtheit gewährte, tritt nun das Dachbodenmotiv in seiner reinen Ausprägung in Erscheinung, weil Heinrich nun gesellschaftlichem Zwang "eine eigene Welt" entgegenstellt [14].

Nicht so sehr die Tatsache, daß er auf dem Dachboden ein <u>Atelier</u> einrichtet, weist auf das Dachbodenmotiv hin, dies könnte zunächst einfach die konkrete Möglichkeit seiner selbständigen Tätigkeit sein, sondern vielmehr der besondere Charakter seiner Beschäftigung dort. Charakteristisch ist wieder die Anwesenheit der Mutter bei der Einrichtung im Dachboden. Auch jetzt wird eine eigene Reaktion auf Habersaats Anerbieten von ihr nicht bekannt, geschweige denn, eine Unterstützung von Habersaats Angebot gegenüber dem Sohne. Daher richtet die Mutter mit ein; sie sorgt für Intimität, auch unter dem Dache. Als Zeichen seiner Selbstbestimmung beginnt Heinrich nun zum ersten Mal mit Sorgfalt das Inventar zu entscheiden, so daß es fast zum Intérieur wird. Nicht ohne Selbstgefälligkeit legt er Wert auf Imponierendes, auf "abenteuerliche Knalleffekte" [15] und malerische Eindrücke, die nun unversehens die "ältesten und ehrwürdigsten unserer Geräte" vermitteln.

Dies ist ein neuer Zug in der Entwicklung Heinrichs, und gerade im Rahmen des Dachbodenmotivs wird seine Bedeutung sichtbar. Da eine reale Beziehung zur Wirklichkeit nicht stattfindet, begreift er seine Dachkammer als <u>Wirkungskreis</u>, weil diese widerstandslos die Züge einer illusionären Selbstbehauptung annimmt und spiegelt. Daß ihm in diesem Bemühen das Abenteuerliche und der antiquarische Gegenstand als Staffage leerer Originalitätsvorstellungen dienen, zeigt sich in der Befreiung der Dinge von ihrem praktischen Nutzwert zugunsten des Dekors. Sie beginnen am Orte seiner

---

14) a.a.O., S. 213: "Hoffnungsvoll und vergnügt schlug ich meinen Sitz zuoberst im Hause auf, in einer Dachkammer, welche über einen Teil der Stadt weg weit nach Norden hin sah, deren Fenster am frühen Morgen und am Abend den ersten und letzten Sonnenblick auffingen. Es war mir eine ebenso wichtige als angenehme Arbeit, hier eine eigene Welt zu schaffen, und ich brachte mehrere Tage mit der Einrichtung der Kammer zu."
15) a.a.O., S. 213

illusionären Welt diese selbst widerzuspiegeln, nicht mehr - wie sonst bei Keller innerhalb des Dachbodenmotivs auch - ihren immanenten Zweck und Sinn; sie werden zu Requisiten des Sonderlings. Damit jedoch offenbart sich in der Entwicklung des grünen Heinrich der gefährliche Zwang, den das Dachbodenmotiv als Hort der schönen Illusion im Gefolge führt; der Dachboden entfremdet den dort Eingerichteten unweigerlich der Wirklichkeit, die ihm dort oben mehr und mehr als der Bereich bedrohlicher, unlösbarer Kollisionen zu erscheinen beginnt.

Ganz im Vordergrund steht, wie bei den Schöpfungsspielen, der Tisch, das Medium der Aktivität: "In der Mitte ward eine mächtige Staffelei aufgepflanzt", auf der er "sattsam herumzufegen" beginnt [16]. Die ziehenden Wolken werden zum Modell, das Heinrich nun, hingerissen von seinem ständigen Wandel, zu malen beginnt (308 f.). Mit ihnen, als Symbol der Freiheit und der Illusion dem Dachbodenmotiv zugehörig, macht er seine ersten perspektivischen Fortschritte. Gerade an diese Hingabe schließt sich denn auch die Bewußtwerdung der Freiheit an: "Ich war ganz und gar mir selbst überlassen, vollkommen frei und unabhängig, ohne die mindeste Einwirkung und ohne Vorbild, noch Vorschrift." (309) Diese Gedanken enthalten die Dialektik dieser Freiheit in sich; nicht Vorbild noch Vorschrift stellt sich auf dem Dachboden entgegen, der Aufenthalt ist ohne reale Auseinandersetzung mit der Welt und führt zur Selbstbespiegelung. Die Aktivität Heinrichs ist mehr Pose innerhalb einer unangemessenen unernsten Rolle als individuelle Selbstäußerung. Was dem Harfner zum Trost im Verhängnis werden mußte, zeigt sich bei Heinrich als Ungenügen; die Isolation führt ihn in Bedrängnis. Er lädt seine früheren Schulfreunde in das Atelier, "erst jetzt fühlend, was ich verloren" und entfaltet eine "hochtrabende" und "tiefsinnige" Aktivität, in die Keller leise Verzweiflung mischt. Es ist der rückschauende Blick des Erzählers, der die Szene reflektiert:

---

16) Es wäre eine psychologisierende, nicht aber literarische Analyse, die allein das Dachbodenmotiv offenlegen kann, wollte man sagen, daß Keller seine eigenen Bemühungen auf dem Gebiete der Malerei hier ironisiere. Das Autobiographische erreicht das literarische Motiv mit seinem Bedeutungskreis nicht. Keller selbst hat sein Atelier im Estrich erst nach der Münchner Reise eingerichtet. Vgl. E. Korrodi, Gottfried Kellers Lebensraum, Zürich-Leipzig, 1930, S. 12, Anm. 20.

"So glich meine Zelle, in welcher sich gesuchte Gegenstände und Zieraten immer mehr anhäuften, dem kochenden Herde eines Hexenmeisters oder Alchimisten, auf welchem ein ringendes Leben gebraut wurde. Das Anmutige und Gesunde und das Verzerrte und Sonderbare, Maß und Willkür brodelten durcheinander und mischten sich oder schieden sich in Lichtblicken aus." (31o)
An dieser Darstellung eines drohenden illusionären Realitätsentzugs, die eine kritische Phase in der Entwicklung des Helden kennzeichnet, ist im Gegensatz zu Mörike, der das Problem seiner Verursachung in die Latenz eines Verdrängungszusammenhangs verlegt, bei Keller offensichtlich, daß er die Frage nach der Schuld an dem bedrängten Schicksal dieses Heranwachsenden im Roman offenlegt. Es ist Heinrichs Ausschluß von dem Besuch der Schule (175 ff.).

Die Offenlegung der gesellschaftlichen Schuld entdämonisiert das Dachbodenmotiv also auch in seiner illusionären Gestalt. Keller macht deutlich, daß die illusionäre Überhebung seines Helden das Indiz einer sozialen Schuld der Verantwortlichen ist, die im Roman benannt werden. Die Tatsache, daß das Dachbodenmotiv in Wahrheit ein soziales Konfliktmotiv ist, gerät bei Keller an keiner Stelle seines Auftretens in Vergessenheit.

Keller hat übrigens, ähnlich Goethe und Mörike, an dieser illusionären Dachbodenszene in der zweiten überarbeiteten Fassung wesentliche Merkmale getilgt. Gerade die vertiefte Beschäftigung mit den Wolken fällt ganz fort, und die Betrachtung über den Zustand der Freiheit von Vorschriften und Vorbild schließt nun unmittelbar an die Aufstellung der Staffelei an [17]. Der Aufenthalt wird nur negativ durch Isolation charakterisiert, die Merkmale psychischer Bedrängnis fallen fort. Ein wichtiges Moment des Refugiums im beschönigenden Sinne ist gestrichen, um die wirkliche Gefährdung des Helden nicht zu verschleiern. Auch ein zweites Merkmal der Dachbodenperiode tilgt Keller bei der Überarbeitung: die Heinrich jetzt erfassende Sammelleidenschaft (31o ff.) [18]. Das nach der Einrichtung des Ateliers ausbrechende Verlangen, Bücher und Stiche zu besitzen, hat seinen Ursprung in dem Wunsch nach Erweiterung des Lebenshorizontes, der innerhalb des Dachbodenmotivs nur geistig zu entdecken ist. Die Verkennung der finanziellen Forderungen,

---

17) a.a.O., S. 213 ff.
18) a.a.O., S. 216

die aus seinen Käufen entstanden, sind dem Realitätsverlust geschuldet. Die positive Belebung der Einsamkeit des Helden unter dem Dache durch die Bücher mußte als Anzeichen der Gefährdung der Identität fallen, weil sich in der Begeisterung für die Wolken und das Leben in den Büchern Innenwelt und Außenwelt nicht mehr als unterscheidbar darstellen. Die gefährliche Aufwertung der Welt des Phantastischen wurde in der zweiten Fassung des Romans, die für den grünen Heinrich die Rettung in der Gesellschaft vorsieht, getilgt. Da Keller das Kapitel mit dem Dachbodenatelier nun auch als "Schwindelhaber" bezeichnet, ist die Abgeschiedenheit und Ungestörtheit des Heranwachsenden in der künstlerischen Betätigung als Stufe <u>reiner Scharlatanerie aus Mangel an Weltbezug</u> charakterisiert. Dieser Aufbau einer "eigenen Welt" innerhalb des Dachbodenmotivs endet denn auch mit dem Auftreten eines begabten Lehrers im Roman; nach der Begegnung mit Römer beginnen die Lehrjahre des grünen Heinrich.

Die Bedeutung des Motivs für das Geschehen reduziert Keller im allgemeinen auf sein Mindestmaß; es ist prosaischer Ausdruck einer Kollision, die auf soziale Bewältigung drängt. In der Urfassung taucht der Dachboden nicht noch einmal auf. Dagegen scheint er in der zweiten Fassung an der Motivierung für das Überleben des Helden mitbeteiligt, Keller führt ihn hier zum dritten Male ein.

Keller hatte dem grünen Heinrich für seine Berufung zur Malerei eine deutlich problematische Motivation zugeordnet: Ein Hinweis auf die frühe identische Selbstäußerung des Knaben in den Schöpfungsspielen, die das moralische Prinzip von Gut und Böse als das entscheidende des Lebens herstellten, ist zwar noch in Heinrichs Wunsch enthalten, Maler zu werden. Das sei, als sage man: "Es werde Licht" (241). In dieser ästhetischen Vergegenwärtigung des kindlichen Bestätigungswunsches fehlt das wichtige Element der Tätigkeit: Die gerechte Weltordnung ist zum schönen Bilde vergegenständlicht und seiner Dynamik beraubt. Diese Tätigkeit kann, nach der inneren Motivation, die Keller ihr zuordnet, nicht den Eintritt des grünen Heinrich in die Welt der Erfahrung vorbereiten, denn sie selbst ist Rückzug.

Als Heinrich, der als Künstler gescheitert heimkehrt, im Hause des Grafen eine konkrete Möglichkeit eröffnet wird, seine Tätigkeit mit der Wirklichkeit zu versöhnen (842), reift in ihm der Plan, seine in München begonnenen

und abgebrochenen Studien der Rechte und der Geschichte abzuschließen und
sich in den öffentlichen Dienst zu begeben.

In der Urfassung jedoch wird dieser Neubeginn durch den Tod der Mutter vor
seiner Heimkehr vereitelt. Das Volk, das die Mutter schützt, hat das Urteil
über ihn gesprochen. Seine Heimkehr stellt sich daher als Eintritt in eine
mortifizierte Welt dar (866 f.). Das Vaterhaus ist ihm verschlossen und
seine letzten Tage im finsteren, tiefliegenden Sterbezimmer der verarmten
Mutter weisen unerbittlich darauf hin, daß ein Aufstieg mit so schwerer
Schuld beladen in lichtere Höhen nicht mehr möglich ist. Der hinterlassene
Koffer der Mutter enthält nur Todessymbole, die sinnlos verwahrten Kleider
längst verstorbener Frauen (867). Ein erlösendes Urteil wird in der Tiefe
des Hauses nicht gesprochen, das Verhängnis vollzieht sich in der Fatalität.
In der zweiten Fasung kehrt Heinrich in das Vaterhaus zurück. Er geht, von
einer Nachbarin geleitet, die vertrauten Treppen hinauf:
"Sie eilte wieder vor mir her, um hilfreich bei der Hand zu sein, wenn es
not tat, und ich folgte mit zitternden Knien. Die Nachbarin erklomm rasch
und leicht die Treppen; auf den verschiedenen Stockwerken standen feierlich Leute unter ihren Türen, leise sprechend, wie in einem Sterbehaus.
Auch vor unserer Wohnung standen solche, die ich nicht kannte; meine Füh-
rerin im alten Vaterhaus eilte auch an diesen vorüber, und ich folgte ihr
bis auf den Dachboden, wo ich unsern Hausrat dicht aufeinander stehen sah,
und die Mutter in einem Kämmerchen wohnte. Leise öffnete die Nachbarin
dessen Türe; da lag die Arme auf dem Sterbebett, die Arme über die Decke
hingestreckt, das todesbleiche Gesicht weder rechts noch links wendend
und langsam atmend. In den ausgeprägten Zügen schien ein tiefer Kummer auf-
zuleben und der Ruhe der Ergebung oder der Ohnmacht Platz zu machen (...).
Die Nachbarin trat jetzt an das Bett, nahm ein Tüchlein und trocknete
sanft die feuchte Stirne und die Lippen der Kranken; dann, während ich
immer noch wie ein vor ein Gericht Gerufener dastand, den Hut in der Hand,
die Schachtel zu Füßen, neigte sie sich nieder und sagte ihr mit zarter
Stimme, welche die Leidende unmöglich erschrecken konnte: 'Frau Lee! Der
Heinrich ist da!' Obgleich diese Worte bei aller Weichheit so vernehmlich
gesprochen waren, daß auch die vor der offenen Tür versammelten Weiber sie
hörten, gab sie doch kein anderes Zeichen, als daß sie die Augen leise
nach der Sprechenden hin wendete. Indessen benahm mir außer der Trauer
auch die dumpfe dämmerige Luft des Kämmerchens den Atem; denn der Unverstand der Wärterin, die in einem Winkel hockte, hielt nicht nur das kleine
Fenster verschlossen, sondern auch die grüne Gardine davor, und ich mußte
daran erkennen, daß heute noch kein Arzt dagewesen sei. Unwillkürlich schlug
ich die Gardine zurück und öffnete das Fenster. Die reine Frühlingsluft
und das mit ihr einströmende Licht bewegten das erstarrende ernste Gesicht
mit einem Schimmer von Leben; auf der Höhe der hageren Wangen zitterte
leicht die Haut; sie regte energisch die Augen und richtete einen langen
fragenden Blick auf mich, als ich mich, ihre Hände ergreifend, zu ihr
niederbeugte; das Wort aber, das ihre ebenfalls zitternden Lippen bewegte,

brachte sie nicht mehr hervor." 19)
Wichtig an dieser Aufnahme des Dachbodenmotivs ist die Öffentlichkeit des
Prozesses, der hier dem 'vor ein Gericht Gerufenen' eröffnet wird. Die
Szene zeigt wieder das Geleit der Eingeweihten, denn Fremde schauen ihn
aus dem einst vertrauten Vaterhause an, und unter dem Dache befällt Heinrich
Beklemmung wie Wilhelm Meister in der Turmgesellschaft und die zur Neujahrs-
nacht Geladenen im Turm der Albanikirche von Mörikes "Maler Nolten". Doch
ist die fordernde Instanz nicht mehr geheim und ihre Legitimation nicht
die "Idee" im klassischen Sinne. Es wird <u>der Schuldige gerufen im Angesicht</u>
<u>seines Opfers</u>. Wenn das Dachbodenmotiv hier durch die Armut der Mutter auch
das Moment der Einsamkeit und des Rückzugs von der Welt hat, so äußert
sich darin nun die Schuld des Verschollenen, der in der Fremde nichts als
die Freiheit und die Unabhängigkeit suchte. <u>Die Allgemeingültigkeit des</u>
<u>Verfahrens legitimieren bei Keller die einfachen Menschen</u>, die er ihm zu-
ordnet. Vor ihnen wird das Recht der individuellen Freiheit zunichte: "Es
war fast, wie wenn meine eigene Person aus mir wegzöge." 20) Nicht die
Mutter, die die Menschheit in der bürgerlichen Gesellschaft als Subjekt
auch nicht vertritt, ist es, die richtet. "Ihre stille Gegenwart, an deren
Aufhören ich nicht denken durfte" 21), spendet noch Trost in ihrem Tode,
als ein Bild des Friedens. Doch vor der "ernsten Stunde"22) wird der Ver-
söhnungsversuch durch die mitgebrachten Geschenke zunichte, zur "Nutzlosigkeit einer gezierten Handlung".

Keller hat das Dachbodenmotiv jedoch zur Rettung eingeführt. Wie im
"Wilhelm Meister" eine Beziehung zwischen der urteilenden Instanz im Turm
und dem Geforderten durch die Beantwortung nur gedachter, nicht geäußerter

---

19) a.a.O., S. 697 f.: Daß es sich hier um die ehemalige Atelierskammer handelt, ist unwahrscheinlich. Diese Kammer hat nur ein hohes Fenster, das
Atelier hatte dagegen mehrere. Diese Erscheinung des Dachbodenmotivs hat
Eigengewicht im Geschehen, und so fehlt die Anknüpfung an die voraus-
gehende Handlung.
20) a.a.O., S. 697
21) a.a.O., S. 698 f.
22) a.a.O., S. 698: "Ich machte mir mit meiner unglücklichen Schachtel zu
schaffen, öffnete dieselbe und zog den feinen Wollstoff hervor, den
ich zu einem Kleide bestimmt hatte. Im Begriff, das Stück auseinander-
zufalten und als leichte schützende Decke über das Bett und die Leiche
zu legen, um es ihr nur irgendwie noch nahe zu bringen, fiel mir doch
die Nutzlosigkeit einer so gezierten Handlung in so ernster Stunde auf
die Seele, ich wickelte das Zeug zusammen und verbarg es wieder in
der Schachtel."

Fragen entsteht und sich darin die mögliche Wandlung des Angerufenen ankündigt, so hat auch die realistische Szene der Dachkammer in Kellers "Der grüne Heinrich" deutlich Züge eines solchen Neubeginns. Die Instanz tritt Heinrich nicht gegenüber; der Trauernde sucht und findet selbst in der Hinterlassenschaft der Mutter die Anklageschriften. Im Gegensatz zur Urfassung ist hier die Anklage offengelegt durch ein handgeschriebenes Buch und ein Brieffragment von der Hand der Mutter [23]. Beide Schriftstücke haben das Problem der Selbstverwirklichung zum Inhalt. Das Gedicht "Verlornes Recht, verlornes Glück" [24] stellt das Recht als lebendigen Ausdruck des Friedens mit dem Volk über das Glück der Selbstverwirklichung. Ohne diesen Frieden gibt es auch kein Glück. Das Brieffragment der Mutter [25], das keinen Adressaten hat, wirft das offene Problem der individuellen Selbstentfaltung auf und hinterläßt den Nachlebenden den Zweifel, ob ihr Gewähren dem Sohne auch ein glückliches Leben beschert habe. Die Schriftstücke enthalten die ernste Mahnung, die gesellschaftlichen Erziehungsnormen, unter denen die individuelle Entwicklung verläuft, auf ihre Menschlichkeit hin zu überprüfen, eine Mahnung, die die Immanenz des Romans sprengt. Heinrich, der Sohn der Verarmten, bezieht sich in den Schuldzusammenhang nun ein als

---

[23] a.a.O., S. 698
[24] a.a.O., S. 699
[25] S. 7oo: "Wenn es nun Gott wirklich geschehen läßt, daß mein Sohn unglücklich werden und ein irrendes Leben führen sollte, so tritt die Frage an mich heran, ob nicht mich, seine Mutter, die Verschuldung trifft, insofern ich es in meiner Unwissenheit an einer festen Erziehung habe mangeln lassen und das Kind einer so schrankenlosen Freiheit und Willkür anheim gestellt habe. Hätte ich nicht suchen sollen, daß unter Mitwirkung Erfahrener einiger Zwang angewendet und der Sohn einem sichern Erwerbsberufe zugewendet wurde, statt ihn, der die Welt nicht kannte, unberechtigten Liebhabereien zu überlassen, die nur geldfressend und ziellos sind? Wenn ich sehe, wie wohlgestellte Väter ihre Söhne zwingen, oft schon vor dem zwanzigsten Jahre ihr Brot zu verdienen, und wie das solchen Söhnen nur zu nützen scheint, so fällt der traurige, altbekannte Selbstvorwurf mir doppelt schwer, und ich hätte in meiner Arglosigkeit nie gedacht, daß eine solche Erfahrung mich jemals heimsuchen könnte. Freilich habe ich seinerzeit um Rat gefragt; als man aber den Wünschen des Kindes nicht zustimmte, hörte ich auf zu fragen und ließ es gewähren. Damit habe ich mich über meinen Stand erhoben und, indem ich mir einbildete, ein Genie in die Welt gesetzt zu haben, die Bescheidenheit verletzt und das Kind geschädigt, daß es sich vielleicht niemals erholen wird. Wo soll ich nun die Hilfe suchen?'
Hier brach die Schrift ab; denn vom nächsten Worte stand nur noch der Anfangsbuchstabe. An wen der Brief gerichtet war, ob er mit oder ohne obiges Bruchstück oder gar nicht abgegangen, wußte ich nicht, und eine Antwort fand sich unter den aufbewahrten Briefschaften nicht vor. Wahrscheinlich hatte sie die Sache doch unterdrückt."

Abtrünniger [26]. Seinen Schuldspruch nach der Konfrontation mit der Frage des Rechts als der natürlichen Lebensäußerung des Volkes bei Keller spricht er auf dem Dachboden selbst aus. Da er eingestehen muß, daß seine chimärische Freiheit nicht Vergesellschaftung, sondern <u>Abtrünnigkeit</u> war, die ihn von der 'Lebensquelle, die ihn mit dem Volke verbindet' abtrennte, glaubt er, zum Dienst am Allgemeinwohl nicht legitimiert zu sein. Weil Keller mit dem Geständnis das Überleben als Sühne motiviert, soll die erste Fassung mit dem tödlichen Ende nochmals zum Vergleich herangezogen werden.

Das Gedicht vom verlorenen Recht und verlorenen Glück taucht schon in der Urfassung auf; hier richtet es sich aber an einen Verzweifelten, der in der heimatlichen Natur als Fremdling umherirrt:
"Eines Abends streifte er (Heinrich) in der Gegend umher und kam an den breiten Fluß. Ein großer siebzigjähriger Mann, den er noch nicht gesehen (...), beschäftigte sich am Ufer mit Fischerzeug und sang ein sonderbares Lied dazu vom Recht und vom Glück, von dem man nicht wußte, wie es in die Gegend gekommen." (868)
Da das Lied hier in der Natur selbst erklingt, entsteht die Rechtsfrage nicht. "Heinrich stand vor dem Sänger still und hörte zu." Er verharrt in Sprachlosigkeit, und es ist der Sänger, der ihn anspricht und erkennt, wie er <u>alles</u> sieht. (869) Der Ursprung des Liedes bleibt dunkel, und auch der Sänger ist Heinrich unbekannt, obwohl ihn dieser als einen Lee erkennt.

---

25) Durch diesen Brief ordnet Keller die Witwe und ihren Sohn einander gleich als außerhalb der sozialen Normen Stehende. Ihre "Arglosigkeit" und "Unwissenheit" über das, was in einer am Vater orientierten Gesellschaft, der sie nur als Ohnmächtige angehörten und die sie an den Rand des Lebens drängte, zur Selbstbehauptung erlernt werden muß, hat sie beide um das Vertrauen gebracht, ihrer Aufgabe gerecht geworden zu sein. Die Orientierung der Erziehung an den Wünschen des Kindes, das sie verschollen glaubt, kann die Mutter nur noch als sträfliche Überhebung begreifen.
26) a.a.O., S. 7oo f.: Es "verschmolz sich nun die in dem Gedichte von dem verlorenen Glücke aufgeworfene Rechtsfrage mit derjenigen des Brieffragments und fiel mir zu Lasten als dem einzigen haftbaren Inhaber der Schuld. - So war nun der Spiegel, welcher das Volksleben widerspiegeln sollte, zerschlagen und der Einzelmann, der an der Volksmehrheit so hoffnungsreich mitwachsen wollte, rechtlos geworden. Denn da ich die unmittelbare Lebensquelle, die mich mit dem Volke verband, vernichtet hatte, so besaß ich kein Recht, unter diesem Volke mitwirken zu wollen, nach dem Worte: Wer die Welt will verbessern helfen, kehre erst vor seiner Türe."

Jenen breiten Fluß hat Keller vorher in der Umgegend des Pfarrhofes nicht
dargestellt. Eine Totenlandschaft mit Charon und Lethe umgibt Heinrich und
die Erkenntnis einer Schuld wird daher nicht in ihm wach. Schweigend lauscht
er den Erinnerungen des Sängers an seine Mutter.
"Der Himmel jener Jahre schien dem zuhörenden Heinrich vorüberzuziehen in der
blauen wolkenreinen Höhe. Er vermochte den lachenden Himmel und das grüne
Land nicht länger zu ertragen und wollte zur Stadt zurück, wo er sich in dem
Sterbegemach der Mutter verbarg" (87o).
Das Lied vom verlorenen Recht und verlorenen Glück, das in der Natur erklingt,
ist nicht Aufforderung zur Rechenschaft, sondern Abgesang, dem Heinrich
sprachlos zuhört. Gericht wird in der Natur nicht gehalten. Erst den Toten
nimmt sie versöhnt in ihren Schoß auf: "Es war ein schöner freundlicher
Sommerabend als man ihn mit Verwunderung und Teilnahme begrub, und es ist
auf seinem Grabe ein recht frisches und grünes Gras gewachsen." (87o) In
der zweiten Fassung hat das Dachbodengericht nur den Überheblichen vor die
Schranken gerufen, nicht aber sein Leben gefordert, das er als Überlebender
fortan in den Dienst der Sühne zu stellen hat.

Der Ausgang in die Gesellschaft als Vollendung des Helden im Entwicklungsroman vollzieht sich bei Keller nicht optimistisch, sondern als Sühne
"vor dem düsteren, aber gleichmäßig ruhigen Hintergrunde von Freudlosig-
keit" [27]. Heinrich Lee besorgt "die Kanzlei eines kleinen Oberamtes" [28]
mit einem düster geschärften Sensorium für die "Neigung zum Nachlassen und
zur Pflichtvergessenheit" [29], gewinnt aber seinen Frieden mit der Welt durch
das Vertrauen, das er Menschen einflößt. Das Glück aber vermag der Sühnende
nicht mehr für sich zu erlangen.

Der Unschuldige wird unter dem Dache unter ein Recht gefordert, das ihm
selbst einst vorenthalten bleibt. Es muß offen bleiben, ob der frühe Entwurf, das Opfer in den Schoß der Natur zurückkehren zu lassen, oder der
spätere, es in ein Leben zu verweisen, das glücklos ist, das Problem der
Kollision von Glück und Recht in der bürgerlichen Gesellschaft des 19.
Jahrhunderts scharfsinniger aufwirft.

---

27) a.a.O., S. 7o1
28) a.a.O., S. 7o4
29) a.a.O., S. 7o5

Gottfried Keller hat in seinen Novellen, in denen das Leben als dramatischer Ausschnitt dargestellt ist, für das Dachbodenmotiv einen unproblematischen Ausdruck gefunden: Es ist frei von Zwang zur Introversion als Anzeichen sozialer Problematik des Individuums. Das Leben selbst scheint dort die Aufforderung auszusprechen, diese Sphäre der Zurückgezogenheit durch Hinwendung zur Welt zu verlassen; denn der Dachboden ist der prosaische Abstellraum der Nichtswürdigkeiten, als der er vom Glücklichen auch in der Wirklichkeit erfahren wird. Der Mangel an Poesie im Umgang mit dem Motiv bezeugt Kellers Unbefangenheit. Die Individuen erfahren sich selbst als Subjekte der sozialen Entwicklung, sie scheinen Glück und Recht miteinander zu versöhnen.

Im Entwicklungsroman aber, der den Anteil des Gesellschaftlichen an der individuellen Entwicklung in seiner ganzen Breite entfalten muß, geht dem Dichter dem Rollenproblem gegenüber die Unbefangenheit verloren. Sein Held, der ohne die Konfrontation mit dem Vater aufwächst, kann sich im gesellschaftlichen Bereich, der einer der Männer ist, nicht selbst finden. Der kindliche Schöpfungsdrang wird durch das Versagen der am Vater orientierten Gesellschaft dem Witwenkind gegenüber auf dem Irrweg der illusionären, überheblichen Abwendung von der Wirklichkeit unter das Dach verwiesen. Im Zusammenhang dieser Gesellschaftsordnung, in der der grüne Heinrich mit ungemessenen Kräften seine Rolle suchen muß, wird seine Entfernung von der Mutter zur Irrfahrt und zum Scheitern an den Realitäten. Das Dachbodenmotiv des Ateliers von "Schwindelhaber" ist bei Keller im Sinne des Realitätsentzugs während seiner künstlerischen Phase ohne poetische Beschönigung zum Ausdruck eines in seinen Symptomen offengelegten Leidens geworden.

Durch die strenge Bindung der individuellen Genese an den sozialen Erfahrungsbereich, der Keller überall in seinen Dichtungen rigoros die Treue hielt, konkretisiert sich bei ihm der Irrweg des Witwenkindes. Unverschleierter als bei Mörike und Stifter, die den Helden das Weibliche nur noch in der leeren Hülle der Schönheit ersehnen lassen können, offenbart Keller im Entwicklungsgang des grünen Heinrich zugleich das soziale Problem der beiden Geschlechter. Dort allerdings weicht Kellers Optimismus der Gesellschaft gegenüber vor dem Ernst eines Problems, das er als unbewältigtes in seinem Roman gestaltet. Die Aufbewahrung dieser Wahrheit unter dem Dache

im Angesicht der sterbenden Mutter zudem, die das Leben als verheißungsvoll
nicht erfahren durfte, bringt die Bedeutung des Dachbodenmotivs wieder in
jenen grundsätzlich feindlichen Gegensatz zum "Boden der Tatsachen", der
schon bei Stifter und Mörike festzustellen war und dem Keller in den Novellen unbefangen zu tilgen verstand. Die Hinterlassenschaft der in Armut
unter dem Dache verstorbenen Mutter ist Vorwurf und hat nicht die Verheißung des Lebens wie in den Novellen in sich. Im Roman steht das Dachbodenmotiv unversehens wieder im Dienste eines verletzten, verdrängten Rechts,
so tritt mithin wieder in den Dienst der Beschwörung und erhält damit auch
unversehens wieder jene Weihe, von der Keller es in den Novellen freizu-
halten wußte. Um die Kollision von Glück und Recht gruppiert Keller die
Mutter, hilfreiche Frauen und die Bewohner eines Mietshauses als Repräsentanten des Volkes, in deren stummen Blicken sich das herrschende Unrecht
spiegelt. Keller durchschlägt die bürgerliche Trennung des gesellschaftlichen Bereichs in Privatheit und Öffentlichkeit und macht, indem er das
Recht in die Hände des Volkes legt, die einfachen Menschen zu denjenigen,
die das Recht zur Überprüfung der Humanität des einzelnen haben. In der
Urteilskraft des Volkes wird der patriarchalische Imperativ der Selbstbeherrschung als eine Lüge entlarvt, die nur die Angst, nicht konkurrenzfähig
zu sein, verschleiert.

Kellers Position entfernt sich allerdings angesichts der gesellschaftlichen
Realität des 19. Jahrhunderts so sehr von dem Boden der Tatsachen, daß nur
noch das Refugium unter dem Dache ihr Wächter sein kann. Er beschwört auf
dem Dachboden als Gerichtsort ein historisches Vertrauen, das im vorbürgerlichen bäuerlichen Materialismus begründet liegt, in dem auch Männer und
Frauen im gemeinsamen Kampf um die Ernte der Natur einander noch unmittelbar bedurften.

Diese Verheißung innerhalb des Dachbodenmotivs gerät dem Dichter jedoch angesichts der Industrialisierung unter der Dynamik des Privateigentums aus
der Unbefangenheit heraus, die das Motiv in seinen Novellen auszeichnete.
Die Sozialordnung, auf die das bürgerliche Recht baut, hat nämlich der
sozialen Natur des Menschen den Kampf angesagt durch die Fesselung des befreiten bürgerlichen Individuums an die ökonomischen Gesetze des Konkurrenz-
kampfes. Die Mütter, das Volk und der Einzelne, die Keller im Dachboden-

motiv als Subjekte eines glückhafter lösbaren Sozialisationsprozesses
mahnend vors Auge führt, sind längst der gesellschaftlichen Unterdrückung
anheimgefallen.

Z u s a m m e n f a s s u n g

Die Abwandlung des Dachbodenmotivs in der Wilhelm-Meister-Nachfolge läßt
am Individuationsprozeß der literarischen Hauptfiguren bei dem resignierten
Deutschen Mörike die Verzweiflung erkennen, bei dem konservativen Österreicher Stifter die gegen das Leben gerichtete Aufwertung der tradierten
Autorität als soziale Norm und bei dem republikanischen Schweizer Keller
den Angriff gegen eine Sozialordnung, in der das Volk Objekt bürgerlicher
Selbstbehauptung geworden ist.

Auffällig ist, daß bei allen drei Autoren das Problem der Selbstentfaltung
sich nicht mehr an einem Individuum darstellen läßt, dessen Ansprüche als
unproblematisch zu gelten hätten. Die Dialektik von Individuation und Sozialisation, die aus dem gesellschaftlichen Bereich gedrängt wird, weil dort
das Individuum nur seine Ohnmacht erfährt, wandert als etwas Unbewältigtes
auf den Dachboden und erweist sich dort als unbeherrschbar. In der Schicksalssymbolik des Bürgerhauses ist aber der Bereich des Physischen mit dem
des Sozialen als Körper und Welt vermittelt. An diesem Schauplatz veranschaulichen die Dichter, daß der Unglückliche einem doppelten Verhängnis
ausgesetzt ist: Die Kollision im Leben wird als ein Angriff von außen und
als einer von innen erfahren. Das Dachbodenmotiv wird daher in der deutschen Literatur des 19. Jahrhunderts in die von den Dichtern dargestellten
Sozialkonflikte mit hineingezogen und unter ihrer Dynamik symbolisiert.
Dieser höchste Ort, der nur die historisch erledigten Zeugen der Lebensgeschichte im Hause verwahren sollte, füllt sich in der Literatur mehr und
mehr mit den Zeugen des ungelebten Lebens, an die es gefesselt ist und von
denen es Befreiung erheischt. Die Personen, die den Dachboden als Refugium
der eigenen Wünsche erklimmen, weil sie in der Gesellschaft nur deren Vereitelung erfuhren, blicken unter dem Dache unvermittelt ins Angesicht ihrer
Verzweiflung. Die Energien, die sich in der Gesellschaft nicht äußern durften,
bedrohen dort oben die Psyche. Der Sozialkonflikt wird an der eigenen Natur
erfahren.

Doch nicht nur das Individuum, das sich gesellschaftlich nicht mehr verwirklichen kann, wird mit der äußeren Gefahr auch von innen bedroht. Es muß eine schwer zu fassende Vermittlung dieses Problems mit der sozialen Repräsentanz der beiden Geschlechter vorhanden sein, für die das Dachbodenmotiv zum symbolisierten Ausdruck wird. Die unterschiedlichen Lebensäußerungen des Männlichen und Weiblichen scheinen für Mörike, Keller und auch Stifter durch die natürlichen Eigenschaften nicht mehr hinreichend bestimmt. Die Scheidung, die sich in der Bedeutung der beiden Bereiche des menschlichen Lebens vollzieht, gerät mit in die von den Dichtern dargestellten gesellschaftlichen Widersprüchen hinein. Wenn im Prozeß bürgerlicher Ichfindung das Leben nämlich als Kampf verstanden wird, so gelingt die Individuation nur noch als <u>männliche Abgrenzung</u> im Sinne der <u>Selbstbehauptung</u>, an deren Grunde die Kastrationsangst liegt. Die männliche Seite der Selbstverwirklichung verkommt zum Potenzbeweis als Herrschaftszeichen. Die Musen aber scheinen das chimärische Glück solcher Selbstfindung zu fliehen, denn die Dichter wenden ihr Wohlwollen denen zu, die unterliegen. Sie erzählen die Geschichte des sozialen Unglücks ihrer Helden unter dem Aspekt des verzweifelten Scheiterns auf dem Wege zu sich selbst. Die Dichter schwanken in ihrer eigenen Haltung zu dem mitgeteilten Unglück zwischen Resignation, Beschönigung und eindringlicher Warnung. Ihre literarische Bedeutung liegt in der zwingenden Benennung des Konflikts, der die gesellschaftliche Ausklammerung der Unterdrückten ist. Damit aber rückt der andere Bereich des Lebens mit ins Blickfeld, der sich als Objekt bürgerlicher Selbstbehauptung im 19. Jahrhundert erfährt und alle jene umfaßt, die <u>nicht herrschen und doch leben.</u> 30)

Die literarische Figur, die den Prozeß bügerlicher Selbstbefreiung wegen ökonomischer Abhängigkeit nicht vollziehen kann, die soziale Klasse, deren Angehörige sich nicht individuieren können, weil die Vereinzelten das Leben dabei verlieren würden, gerät in die Passivität. Diese Form des Lebens, die die Individuation ausschließt, scheint bei den Dichtern mit dem Stigma der Weiblichkeit identisch.

---

30) Vgl. M. Horkheimer und Th. W. Adorno, Dialektik der Aufklärung, Amsterdam 1947, S. 134 f.

Dieses Schicksal wird daher vorwiegend an weiblichen Figuren veranschaulicht, an denen das Begehren nach Selbstentfaltung kassiert wird. Mignon, die Mutter des grünen Heinrich, Agnes und die Zigeunerin Elisabeth, deren Urbild auf dem Dachboden verwahrt ist, erfahren die Abtrennung vom Familienzusammenhang als Abspaltung von ihrem natürlichen Leben. Dieser Prozeß hat für sie nur Wahnsinn und Tod bereit. Lediglich Kellers Fides in "Hadlaub" gewinnt im Turm das Lebensglück wie einst Dornröschen, weil die Liebenden gemeinsam ihr Herkommen verlassen und auf ihrem Lebensmut eine neue Gesellschaftsordnung aufbauen, in der auch die libidinösen Hoffnungen eingelöst werden. So offen wie in der historischen Novelle vom glücklichen Ende des Mittelalters stellt sich die Gesellschaft den Dichtern im 19. Jahrhundert nicht mehr dar. Was sich nicht individuell selbst verwirklichen kann, gerät unter die Verfügungsgewalt der herrschenden Ordnung. Offen kritisiert bei Keller, mit der Dynamik der Wiederkehr des Verdrängten gestaltet bei Mörike und blind aufgewertet bei Stifter, ist die Geschlechtlichkeit nicht mehr eine Form der natürlichen Lebensäußerung. Sie verliert bei den Dichtern ihre realen Konturen und wird Hülle, wird "Sein für anderes". Unter diese Hülle, die Natürliches und allen Menschen Vertrautes zu bergen scheint, schlüpft aber ein Problem, das bei den Dichtern dieses Gewandes der Natürlichkeit bedarf, <u>um sich sehen lassen zu können</u>. Wir haben es dabei mit nichts anderem als mit der Dynamik des <u>Symbolisierungsprozesses</u> zu tun. Nur bei getreuer Berücksichtigung dieser Gesetzlichkeit ist es möglich, die Analyse der dichterischen Gestaltung des Männlichen und Weiblichen aus der Trivialität der bürgerlichen Frauenemanzipationsdebatten herauszuhalten, die das Symbol für den wahren Sachverhalt nehmen, seine Dialektik kassieren und darum an der Verrätselung eines gesellschaftlichen Problems teilhaben.

Die Unterschiede der männlichen und weiblichen Suche nach einem sozialen Ziel in der Selbstverwirklichung waren schon in Petrarcas Bergbesteigung und im Märchen von Dornröschen markant hervorgetreten, aber auch die geschwisterliche Nähe, die beim Problem der Rettung aus Naturverfallenheit zueinander gewonnen wird. Das Trennende scheint in diesen Texten ganz konkret aus der natürlichen Bestimmung der Geschlechter zu erwachsen. Auch Goethe würdigte das Weibliche noch als das natürliche, spontane Leben außerhalb der Identitätsproblematik des Mannes, und nur im Gericht der

Turmgesellschaft, vor dem der herangereifte Held sich legitimieren muß, um endlich den Freispruch von der Natur zu erlangen, beschwört der Dichter durch das unvermittelte Erscheinen des natürlichen Sohnes die weibliche Instanz als richtende. Aber auch das Problem einer durch die Spontaneität des Mannes verletzten Weiblichkeit, das blitzartig im Dachbodenmotiv des "Wilhelm Meister" beschworen wird, zerfällt vor Goethes Vertrauen auf die Versöhnung der Geschlechter in der praktischen Lebensbewährung in Nichts. Goethe <u>entsymbolisiert</u> selbst die Frage der Legitimität der Geschlechter durch den Hinweis auf die Praxis. Hier sieht er eine Wahrheit sich konkretisieren, vor der der Zauber unter dem Dache zerfällt.

Den Nachfolgern Goethes in der ersten Hälfte des 19. Jahrhunderts aber gelingt diese Entsymbolisierung durch die optimistische Inthronisation des Realitätsprinzips nicht mehr wie beim Klassiker. Das Vertrauen auf die Entzauberung der im Dachbodenmotiv beschworenen Wünsche durch ihre Verwirklichung in der Gesellschaft weicht der tiefen Skepsis gegenüber der herrschenden Gesellschaftsordnung, selbst bei Stifter, der das Tradierte als Imperativ für die Gegenwärtigen aufwertet. Die gesellschaftliche Wirklichkeit, in die die Dichter ihre Dachbodengeister entlassen müßten, um sie zu erlösen, ist aber von der politischen Unterdrückung durch Karlsbader Beschlüsse, Demagogenverfolgung und gescheiterte bürgerliche Revolution gekennzeichnet. Nur durch willkürliche Sprengung der Grenzen der historisch gesetzten Wahrscheinlichkeit ließe sich unter dieser politischen Optik das Reich der Wünsche unter dem Dach im Kunstwerk entzaubern. Die historische Katastrophe der Jahrhundertmitte scheint es zu sein, mit der wir die <u>Dynamik in ihrer Konkretion</u> fassen, die den Zwang zur symbolischen Verdichtung der Bereiche des Männlichen und Weiblichen herbeiführt. Die dichterische Gestaltung eines männlichen Triumphs im humanen Sinne will nach Goethe im Einvernehmen mit der poetischen Wahrheit ebensowenig gelingen wie die Gestaltung eines weiblichen Sieges für alle. Fides in Kellers "Hadlaub" als triumphierendes weibliches Prinzip wirft, durch die Aufbruchsstimmung des Bürgertums im Mittelalter hoffnungsvoll beglänzt, nur ein desto düstereres Licht auf die Gegenwart des Dichters. Beide Geschlechter werden unter der Herrschaft von Unterdrückungsmechanismen entstellt, um statt des natürlichen den virulenteren historischen Sachverhalt verdichtet in sich zu fassen - die Dialektik von Herr und Knecht. Um das Weibliche,

das Nicht-Individuierte, gruppieren Mörike mit Elisabeth und Agnes, Keller
mit der Mutter Heinrich Lees und Stifter durch die Ignoranz der Frauen
gegenüber der tradierten Würde des Bürgerhauses nun die gesellschaftlichen
Bereiche der Unterdrückten, die vor der öffentlichen Willkür in den Schutz
des namenlosen Kollektivs flüchten müssen. Die Ablösung des Ohnmächtigen -
wie im "Maler Nolten" und in "Der grüne Heinrich" der bürgerliche Künstler -
wird vom <u>Gescheiterten selbst als Abtrünnigkeit</u> und Vermessenheit erfahren
und von einer im Namen des Volkes unter dem Dache richtenden Instanz verurteilt.

Mit der Symbolisierung der Geschlechter im Sinne der gesellschaftlichen
Widersprüche aber, die das Haus als Weltsymbol betrifft, wird unversehens
auch der andere Bereich des Lebens betroffen, die Körperlichkeit. Nicht
nur die gesellschaftlichen Implikationen der Geschlechtlichkeit pervertieren; mit der sozialen Unterdrückung pervertieren auch die natürlichen.
Da sich das männliche Prinzip, das die Dichter meiden, unter dem Primat
der Spontaneität und der freien Konkurrenz anschickt, die gesellschaftlichen
Ordnungsfunktionen selbstherrlich zu verwalten, stellt sich das weibliche
Prinzip unversehens als das Chaotische dar. <u>Das Ohnmächtige erweist sich</u> als
nicht beherrschbar [31]. Daher tritt die Kollision von Macht und Ohnmacht, von
Körper und Welt in diesen Widerspruch mit ein, der die Symbolik des Hauses
bestimmt; denn dem Weiblichen wird in der patriarchalischen Gesellschaft
der Bereich der Natur insgesamt zugeordnet. Die Kollision erweist sich
daher auch an der Unbeherrschbarkeit der materiellen Gewalt der Natur, die
in die Unterdrückung gerät. Alles, was von der Verfügung über sich selbst
ausgeschlossen wird, gerät zugleich aus der auferlegten Ordnung heraus,
und damit sind bei Keller und Mörike längst nicht mehr nur die Frauen gemeint, sondern alles, was Objekt von Herrschaft geworden ist. Die vom
bürgerlichen Imperativ der Mündigkeit ausgeschlossene "namenlose Masse" [32]
erweist sich in der Optik der Dichter als ebensowenig integrierbar wie der
<u>natürliche</u> Bereich des Menschen, den Sigmund Freud später als das vorindividuelle Es dem Über-Ich entgegensetzen wird: <u>die Triebsphäre des Menschen.</u>

---

31) Ein Sachverhalt, dem Nietzsche <u>mit Recht</u> später den Ausdruck verleiht:
"Wenn du zum Weibe gehst, vergiß die Peitsche nicht!"
32) Vgl. hierzu den charakteristischen Umgang mit dem Bereich der Weiblichkeit als gesellschaftliche Kategorie bei Gustave LeBon in seinem Buch
"Psychologie der Massen".

Der gesellschaftliche Antagonismus zwischen dem, was wirklich unter die
zur Fratze entstellte Männlichkeit und Weiblichkeit subsumiert wird, bringt
das den Freispruch der Natur erheischende Individuum in den Dichtungen in
Konflikt mit seiner eigenen Sehnsucht nach libidinöser Selbstvergessenheit.
In diesem Trieb vermag es - wie Maler Nolten - nur noch den dunklen Zwang
zur Selbstauflösung wiederzuerkennen.

Die Festigung der Herrschaftspositionen des Bürgertums während seiner ökonomischen Emanzipation müßte dahin führen, die Widersprüche zwischen Natur
und Gesellschaft, zwischen Individuation und Sozialisation zu verschärfen,
die sich im Dachbodenmotiv in der Rollenproblematik der literarischen Figur
ablesen ließen. Für die Analyse dieser Fragen sollen in der zweiten Hälfte
des 19. Jahrhunderts die Gesamtwerke von Theodor Storm, Theodor Fontane
und Wilhelm Raabe herangezogen werden.

3. Kapitel

KRISE DER SELBSTBEHAUPTUNG

Bei Theodor Storm, Theodor Fontane und Wilhelm Raabe tritt der Dachboden mit solcher Häufigkeit auf, daß es fragwürdig erscheint, das Motiv noch an der Dreierkonstellation im "Wilhelm Meister" zu messen. Die Szenerie verdüstert sich, selten fällt Licht in diesen Raum der Höhe. Die Treppe wird dunkel und schwindelnd, Getier und Feuchtigkeit verbreiten Unbehaustheit als Verfall. Zugleich aber finden wir immer häufiger den Dachbodenbewohner, dessen Originalität über die leeren Gestelten derer triumphieren soll, die in der Öffentlichkeit leben. Im Dachboden leben diejenigen, die der Sphäre des realitätstüchtigen Lebens gegenüber die bessere Welt vertreten. Die Momente des Dachbodenmotivs, die schon in der Goethe-Nachfolge auf den Wirklichkeitsverlust und auf den scheinhaften Gewinn von Eigentlichem hindeuteten, also die Momente des Irrationalen und Illusionären, gewinnen nun Überhand.

Der Dachboden ist nicht mehr scharf abgegrenzt. Kaum unterscheiden die Dichter zwischen Dachkammer und Dachboden, Spinnweben und Plunder füllen auch hier den Raum. Oft ist beides nur durch leichte Türen getrennt. Dort hausen nun die Ausgestoßenen, Gescheiterten und Sonderlinge, Literaten, Philosophen, Studenten, Ehebrecherinnen und die alternde Tänzerin. Krankheit, Leid, Armut und Tod sind eingezogen. Gericht wird gehalten wie vordem; zu fragen ist aber, ob sich hier Neues herstellt; warum sich der Horizont so verdüstert; warum die Sphäre der individuellen Freiheit sich zu der der Caritas und der Resignation wandelt; warum der Dachbodenbereich sich nun auf den Raum im obersten Stock des Wohnhauses auszudehnen beginnt, der von den Lebenden nun auch gemieden wird, weil er nur noch von vergangenem Lachen zeugt.

S t o r m   und der Rückzug nach innen

Bei Theodor Storm erscheint das obere Stockwerk häufig nur in der Rahmenerzählung, mit der die Novelle eingeleitet wird. Ein alter Mensch zieht sich müde von der Unruhe der Menschen im unteren Teil des Hauses zurück, steigt die Treppe hinauf und öffnet mit einem Schlüssel einen verlassenen

Raum im Oberstock, dessen verstaubte und verschlissene Pracht die Erinnerungen an das eigentliche Schicksal des Hauses wachruft. In dem verlassenen Prunkzimmer beginnt das melancholische Intérieur den Gehalt der Novelle selbst preiszugeben. Das Dachbodenmotiv beherrscht als Beginn und Ende des Werkes das Geschehen. In 22 Novellen Storms wird der obere Raum des Hauses mit sprechenden Gegenständen angefüllt beschrieben, die vom vergangenen Leben zeugen.

Nur in "Von jenseits des Meeres" (1865) wird das Dachbodenmotiv zum Hort einer später eingelösten Hoffnung. Zwei Kinder erobern sich gemeinsam Freiheit und Glück auf dem Dachboden und an geheimen anderen Plätzen gegen die versagende Strenge eines ungeliebten Vaters.

"Und so konnte man uns denn oft abends in der Dämmerung auf der Bodentreppe oder in dem großen Reiseschranke zusammensitzen finden. Je heimlicher wir unseren Märchensaal aufgeschlagen hatten, desto lebendiger traten alle die wunderlichen und süßen Gestalten, die verzauberten Ungeheuer, Schneewittchen und die Frau Holle vor unsere Phantasie. Unsere Vorliebe für verborgene Erzählplätzchen trieb uns zur Entdeckung immer neuer Schlupfwinkel." [1]

Der Rückzug der Kinder unter das Dach bedeutet Rettung des Wunsches nach Selbstentfaltung vor den Versagungen, die vom Vater ausgehen und das Glücksvertrauen bedrohen. Die gemeinsame Beschwörung der Phantasiegestalten im "Märchensaal"bedeutet, daß gegen die bedrückende Realitätserfahrung, in der "aller Lust ein Ende" [2] gesetzt ist, die Lust am Leben verteidigt wird, denn die Tagträumerei der Kinder verweist hoffnungsvoll auf ein zukünftiges Leben, in dem alle verheißenden Wünsche eingelöst werden sollen. Da das Dachbodenmotiv hier der Hüter der Lebenslust der Kinder ist, wird das Geheimnis auch wie das eigene Leben vor jedem Angriff mutig verteidigt. Eines Tages holt der Knabe Jenny von den bedrückenden Schulaufgaben heimlich fort zum Räuberspiel.

"Ich faßte ihre Hand und zog sie durch die Büsche hart an der Gartenmauer entlang, und während wir das Trappen der Soldaten in einem Gange des vordersten Fabrikgebäudes verhallen hörten, schlüpften wir durch eine vom Garten aus hineinführende Tür in den entlegensten Anbau, auf dessen oberstem Boden ich auch meinen Taubenschlag eingerichtet hatte. Als wir auf der dämmerigen Treppe standen, atmeten wir einen Augenblick auf; wir waren glücklich entronnen. Aber wir stiegen höher, auf den ersten und dann auf

---

1) Theodor Storm, Sämtliche Werke in 4 Bd., Hg. P. Goldammer, Berlin 1956, Bd. 2, S. 164 f.
2) Storm, a.a.O., S. 164

den zweiten Dachboden; Jenny voran, ich vermochte kaum zu folgen, aber es entzückte mich - das weiß ich noch sehr wohl -, wie die geschmeidigen Füßchen mit sichern, fast lautlosen Tritten vor mir die Stufen hinaufflogen. Als wir den letzten Boden erreicht hatten, ließen wir behutsam die Falltür herab und wälzten einen großen länglichen Holzblock darauf, der, Gott weiß bei welcher Gelegenheit, auf dem abgelegenen Boden liegengeblieben war." 3)

Der Gang der Kinder zum obersten Dachboden beginnt mit der Verführung Jennys zur Pflichtvergessenheit. Die "Räuber", die sie nun im Spiel sind, verschaffen sich durch die Übertretung das Glück der Unauffindbarkeit für die Umwelt, indem sie die Falltür verrammeln. Die ungestörte Nähe, die sie hier finden, löst in dem Knaben die neugierige Betrachtung der Hand des Mädchens aus fremdem Lande aus. Er gewahrt die dunklen Monde der Fingernägel als Zeichen der Halbblutabstammung: "Es befremdete mich, und ich konnte die Augen nicht davon wenden" 4). Jetzt gibt Jenny das Geheimnis ihrer Herkunft preis, was sie bisher hartnäckig verweigerte. Der Raum ist dämmrig, Spinnweben durchziehen ihn, doch Frühlingssonne fällt durch das schadhafte Dach. Alle glückverheißenden Momente des Freiheitsmotivs, das dem Dachboden zugehört, teilt Storm dieser Szene der Kinderliebe mit.

Als die anderen Kinder die Verfolgung der beiden Räuber aufnehmen, klettert Jenny in die Sparren des dunkelsten Dachwinkels hinauf. Der Knabe rettet sich über das Dach und kommt mit Gepolter auf der Erde an, nicht ohne das schadhafte Dach weiter beschädigt und bei seinem Sturz schmerzhafte Stöße empfangen zu haben. Die Kühnheit des Knaben führt zur Entdeckung, und der strenge Vater will seinen Sohn schlagen. Als er jedoch die Hand zum Schlage erheben will, wirft Jenny sich über den Knaben.

"'Du,' schrie sie, und die ganze kleine Gestalt streckte sich, 'rühr ihn nicht an!' Sie hielt ihm das geballte Fäustchen vors Gesicht. Im Grund ihrer Augen funkelte etwas, das herausschießen wollte. Mein Vater, einen Schritt zurücktretend, kniff nach seiner Art die Lippen zusammen und legte die Hände auf den Rücken; dann wandte er sich ab und ging, bei sich selber murmelnd, in sein Kontor zurück. Mir war, als habe er gesagt: 'Das muß ein Ende haben' (...) Seit diesem Tage war - so glaube ich - in uns beiden ein unbewußtes Gefühl der Zusammengehörigkeit und gegenseitiger Verantwortlichkeit entstanden, es war ein Keim gelegt, der viele Jahre geschlummert hat, aus dem aber dann im Strahl der Mondnacht die blaue Märchenblume emporgeschossen ist, deren Duft mich jetzt berauscht.' " 5)

---

3) Storm, a.a.O., S. 167
4) Storm, a.a.O., S. 168
5) Storm, a.a.O., S. 170 f.

Storm nimmt in dieser Novelle als der einzigen in seinem Gesamtwerk das
Dachbodenmotiv im optimistischen Sinne auf. Sie rückt damit im Sinne des
Motivs scheinbar in die Nähe von Kellers Novelle "Hadlaub". Die positive
Gestaltung des Freiheitsmotivs betrifft die mutigen, ungebrochenen Kinder,
die ihr Glück auch auf dem 'Boden der Tatsachen' verwegen verteidigen, den
Angriff auf den strafenden Vater nicht scheuen und endlich über die gewalt-
same Trennung siegen. Auch gesellt Storm den Kindern noch eine schützende
Mutter [6] zu, die dem kindlichen Begehren den Realitätsbezug rettet. Und
doch ist die Dynamik sozialer Veränderung aus "Hadlaub" hier einer Verklärung des privaten Glückes mit einem fremdartigen, exotischen Geschöpf
gewichen. Die Allgemeinverbindlichkeit für das bürgerliche Leben, die
Keller noch in der optimistischen Selbstfindung der Liebenden unter dem
Turmdache am historischen Stoff vergegenwärtigte, ist bei Storm zum Sonderfall eines Kinderglückes geworden, dessen exotischer Zauber dem Gehalt
der Novelle das Zwingende raubt und ihn in die Ferne des Märchens rückt.

In der Novelle "Ein Fest auf Haderslevhuus" [7] (1885) nimmt Storm das
Rapunzelmotiv an einem historischen Stoff aus der Feudalzeit des 14. Jahrhunderts in Nord-Schleswig auf, verleiht ihm aber düsteren Charakter: Die
Überlebenden der großen Pest überleben das Geschehen in der Novelle nicht.
Der unglückliche Rolf Lembeck entfernt sich nach einem peinlichen Gespräch
von seiner ungestümen Frau Wulfhild [8]. Einem dunklen Drange folgend, reitet
er in den nächtlichen Wald hinein, bis er "den Oberteil eines runden Turms"
[9] erblickt.

"Der Ritter schaute starr hinauf, als müsse er ein Wunder hier erwarten;
aber nur der Nachthauch rührte dann und wann das Laub der Bäume, und in
kurzen Pausen schlug am Waldesrand die Nachtigall. Doch wie ein jäher Schrei
durchfuhr es ihn: dort oben zwischen den Zinnen lehnte jetzt ein Weib;
nein, nicht ein Weib, ein Kind - er wußte nicht, ob eines, ob das andere.
Den Arm mit einem weißen Mäntelchen verhüllt, neigte sie sich tief hinab,
denn der Kehle der Nachtbeleberin entquollen jetzt jene langgehaltenen Töne:
sehnsüchtig, nicht enden wollend, wie ein heißer Liebeskuß-.
Rolf Lembeck stand unten im Waldesschatten, unbeweglich, mit verhaltenem
Atem. "O Stunde, bist du da!" Seine Lippen flüsterten es nur; das sanfte

---

6) Storm, a.a.O., S. 171
7) Storm, Werke Bd. IV, S. 61 ff.
8) Storm, a.a.O., S. 8o f.
9) Storm, a.a.O., S. 83

Rauschen weiblicher Gewänder berührte von oben her sein Ohr; ein Atmen, mehr ein Seufzer, kam herab; und nun hob sich ein Antlitz, schmal und blaß und legte sich auf das gestützte Händchen; das Mondlicht schimmerte auf einem Silberstreife, der das dunkle Haar umfing." 10)

Diese Liebesbegegnung wandelt das Rapunzelmotiv im Sinne des Realitätsentzuges um, denn die Frau auf dem Turme erheischt nicht Befreiung ins Leben; sie ist Nachtgeschöpf und im Mondglanz mit sich allein. Der Ritter Lembeck dagegen befindet sich auf "nächtlichem Irregang" 11), und als er dem geheimnisvollen Wesen antwortet, 'erschrickt sie und biegt sich von der Mauer weg' 12). Die Sehnsucht, in der sich beide treffen, hat ihre Wurzeln nicht in der Lust am Leben, sondern im Zauber der Entrückung. Dagmar entschließt sich zu einer Antwort auf den Anruf des Mannes aus dem Dunkel erst, als sie erkennt, daß er ihr ein Tristan-Zitat zugerufen hat, auf das textgetreu zu antworten ihre Eitelkeit reizt 13).

Um diese Begegnung hat Storm eine Theaterkulisse aus Unwirklichkeit gestellt, die allein über den "Zauber" 14) herrscht, dem beide erliegen. Als Dagmar glaubt, die Mondnacht habe ihr einen Troubadour herbeigezaubert, läßt Storm den Spuk durch das "hallende Gebell" 15) ihrer Dogge versinken. Anders als die wildgewordene schwarze Katze, die in Kellers "Der grüne Heinrich" den Sieg der wirklichen Natur über den chimärischen Schöpfungswahn des Knaben herstellt, bereitet diese ungebärdige Dogge dem <u>nächtlichen Schauspiel nur äußerlich ein Ende</u>. Der "Zauber" herrscht in dem dunklen innerlichen Verlangen über die Beiden weiter. Sie verfallen dem nächtlichen Spuk, weil sie sich nicht an das Licht der Sonne wagen. Das Dachbodenmotiv gerät hier selbst in seiner verheißungsvollsten Gestaltung als Ruf nach dem Leben, den Rapunzel vom Turm in die weite Welt ergehen läßt, in feindlichen Gegensatz zur Wirklichkeit. Der schöne Wahn der Nacht wird nicht im Leben aufgelöst; er bleibt vielmehr an jenen Ort außerhalb des sozialen Lebens gebunden. Diese Rapunzelfigur erleidet mit der Entmachtung des Wahns den eigenen Tod. Als die schützende Pappel gefällt wird, befällt sie eine <u>heimtückische Krankheit, der sie später erliegt</u> 16). Rolf Lembeck flieht

10) Storm, a.a.O., S. 83 f.
11) Storm, a.a.O., S. 83
12) Storm, a.a.O., S. 84
13) Vgl. S. 84.
14) Storm, a.a.O., S. 85
15) Storm, a.a.O., S. 85
16) Storm, a.a.O., S. 111 ff.

aus den Wohnräumen des Schlosses und aus dem Ehegemach "in eine Bodenkammer" [17], wo er mit seiner Sehnsucht allein ist. Über die heimlich Liebenden, die die Flucht vor dem Leben selbst vollzogen haben, macht sich die Realität Herr. Die wehrhafte Frau Wulfhild spürt das Geheimnis auf und vereitelt die Annäherung, indem sie den Vater Dagmars zum Schutz seines Kindes vor dieser Leidenschaft bewegt. [18]

Um der Verstorbenen ihren letzten Wunsch zu erfüllen, lädt der Vater Rolf Lembeck zum "Hochzeitsfest" seiner Tochter und führt ihn eine Wendeltreppe hinauf zum Totensaal, wo die Exequien gefeiert werden [19]. Beim Anblick der Geliebten reißt Rolf Lembeck die Tote an sich und flieht durch die endlosen Räume des Schlosses vor der Verfolgung des Schloßhauptmannes, bis er auf den obersten Teil des Turmes gelangt.
"Er schlang die Arme fest um ihren Leib, da war mit einem Satz der greise Mann ihm in dem Rücken; er stürzte vor und griff nach ihm, doch seine Faust fuhr in das Leere. Ihm war, als flöge ein Schatten an ihm vorüber; er sah jenseits der Brüstung, wie in der Sternennacht, die Sterbekleider seines Kindes wehen; dann nichts mehr, nur von unten auf der Nachhall eines schweren Falles. Der Abendhauch fuhr über die leere Turmdecke; der Hund stand mit den Vordertatzen auf den Zinnen und sah winselnd in die Tiefe." [20]
Wie beim Harfner aus Goethes "Wilhelm Meisters Lehrjahre" folgt in dieser Novelle auf die Zerstörung des Wahns, für den das Dachbodenmotiv im Sinne des Realitätsverlustes einsteht, die Wahnsinnstat. Nur der weite nächtliche Himmelsraum bleibt dem Verfolgten noch als verheißungsvolle Lockung offen. Die flimmernden "Nachtgestirne in ihrer stummen, unerschütterlichen Ruhe" aber verleihen der Liebesklage, die den Gehalt der Novelle ausmacht, die Ewigkeit. Anders als bei Goethe, wo die Herrschaft des Wahns noch mit dem natürlichen Schauder der Lebenden im Roman beantwortet wird, behält hier der schöne Wahn das positive Recht gegenüber denen, die sich vor seiner zerstörerischen Gewalt fürchten und einzugreifen suchen [21]. Das Dachbodenmotiv wird in der pessimistischen Deutung und in der Weihe, die das Geschick der Liebenden umgibt, zu einer ewigen Wunde, die das Leben stigmatisiert.

---

17) Storm, a.a.O., S. 87
18) Storm, a.a.O., S. 105 ff.
19) Storm, a.a.O., S. 121
20) Storm, a.a.O., S. 124
21) Storm, a.a.O., S. 125: "'Und die andern?' fragt ihr, 'was ward aus denen?' - Die andern? - Ich habe von ihnen nichts weiter erkunden können; es gab ja Klöster derzeit, in die hinein sich ein beraubtes, auch ein verpfuschtes Leben flüchten konnte! Was liegt daran? Die Geräusche die ihre Schritte machten, sind seit Jahrhunderten verhallt und werden nimmermehr gehört werden."

Der Rückgriff auf einen historischen Stoff, der in Kellers "Hadlaub" noch
die verbindliche Mahnung beschwor, die einstmals erkämpften bürgerlichen
Freiheiten zu verteidigen, vergegenwärtigt bei Storm nur die Ewigkeit der
Kollision von Glücksverlangen und realem Leben, nur die Ewigkeit des Scheiterns; und es bleibt offen, ob unter dem Blickpunkt dieser Kollision, für
die das Dachbodenmotiv hier einsteht, für Storm das Glücksverlangen naturgesetzlich zur Hybris und zum Realitätsverlust führt, oder ob diejenigen,
die das reale Leben verteidigen, sich notwendig der Unmenschlichkeit schuldig machen.

In der Novelle "Hinzelmeier - Eine nachdenkliche Geschichte" (1850) [22]
birgt der Dachboden das Geheimnis der ewigen Jugend und Schönheit. Die
Leute in der Stadt meinen, in diesem Hause gehe es nicht mit rechten Dingen
zu. Dem kleinen Sohn des Hauses, Hinzelmeier, scheint es nur natürlich,
daß seine Eltern immer jung und schön waren, er entdeckt aber eines Tages
Merkwürdiges:

"Eines Herbstnachmittags, da es schon gegen das Zwielicht ging, saß er in
dem langen Korridor des oberen Stockwerks und spielte Einsiedler; denn
weil die silbergraue Katze, welche sonst bei ihm zur Schule ging, eben in
den Garten hinabgeschlichen war, um nach den Buchfinken zu sehen, so hatte
er mit dem Professorspiel für heute aufhören müssen. Er saß nun als Einsiedler in einem Winkel und dachte sich allerhand, wohin wohl die Vögel
flogen und wie die Welt draußen wohl aussehen möge und noch viel Tief-
sinnigeres; denn er wollte der Katze darüber auf den anderen Tag einen
Vortrag halten - als er seine Mutter, die schöne Frau Abel, an sich vorüber-
gehen sah. 'Heisa, Mutter!' rief er; aber sie hörte nicht, sondern ging
mit raschen Schritten an das Ende des Korridors; hier blieb sie stehen
und schlug mit dem Schnupftuch dreimal gegen die weiße Wand. - Hinzelmeier
zählte in Gedanken 'eins, zwei', und kaum hatte er 'drei' gezählt, als
er die Wand sich lautlos öffen und seine Mutter dadurch verschwinden sah;
kaum konnte der Zipfel des Schnupftuches noch mit hindurchschlüpfen, so
ging alles mit einem leisen Klapp wieder zusammen, und der Einsiedler
dachte nun auch noch darüber nach, wohin doch wohl seine Mutter durch die
Wand gegangen sei. Darüber ward es allmählich dunkler, und das Dämmern in
seinem Winkel war schon so groß geworden, daß es ihn ganz verschlungen
hatte, da machte es, wie zuvor, einen leisen Klapp, und die schöne Frau
Abel trat aus der Wand wieder in den Korridor hinein. Ein Rosenduft schlug
dem Knaben entgegen, wie sie an ihm vorüberstrich. 'Mutter, Mutter!' rief
er; aber er hielt sie nicht zurück." (271 f.)

Der Spielplatz dieses Kindes ist nicht geheimnisvoll, er ist der Mutter
vertrauter, sie ist die Hüterin eines Geheimnisses für ihn. Seine Spiele

---

[22] Storm, Werke, Bd. I, S. 271 ff: im folgenden zitiert im Text mit Seiten-
angaben.

mit der Katze oder als Einsiedler haben nicht den Ernst und die Kraft der
Schöpfungsspiele, in denen durch die eigene Tätigkeit der verborgene Weltplan ausgeforscht wird. Die Spiele dieses Knaben erschöpfen sich eher in
einem untätigen, dumpfen Nachsinnen darüber, wie "die Welt draußen wohl
aussehen möge", sie sind mehr Pose als Tat. Eine eigene Phantasie vom kommenden Leben stellt der Knabe nicht her, weshalb er auch vor der Katze posiert; die stumme Kreatur als Adressat steht für die Inhalts- und Folgenlosigkeit seines Nachsinnens ein. Als er später unten im Wohnzimmer von den
Eltern Aufklärung über das beobachtete rätselhafte Geschehen im Oberstock
des Hauses erbittet, lenken sie ihn unschwer mit einem Spielzeug ab (272 f.).

Das außerordentliche Ereignis unter dem Dache des Vaterhauses bleibt für
den Knaben über Jahre vergessen, eine Reaktion, die in seinem Leben noch
eine wichtige Rolle spielen soll, wie sich an der prospektiven Bedeutung
der Kinderspiele innerhalb des Dachbodenmotivs abzeichnet. Weder autonomes
Schönheitsverlangen, noch die Neugier rufen ihn zu selbständiger Entdeckung
auf. Wieder scheint es ein Zufall zu sein, der ihn in der Vorpubertät nun
auf das Geheimnis stößt. Eigentlich hat er andere, schon etwas zu kindlich
anmutende Pläne:

> Es war ihm nun fast so, als müßte um einige Jahre der Bart zu wachsen anfangen, da ging er eines Nachmittags wieder in den alten Korridor hinauf,
> um die weißen Wände zu besichtigen; denn er wollte auf den Abend das berühmte Schattenspiel 'Nebukadnezar und der Nußknacker' zur Aufführung
> bringen." (273)

Doch kommt er nicht dazu, unversehens erblickt er ein Schnupftuch mit den
Initialen seiner Mutter, mit dem er sich durch das ihr abgeguckte Zeichen
Einlaß verschafft, doch er steht, "wohin er am wenigsten zu gelangen dachte -
auf dem Hausboden" (274). In tiefer Enttäuschung blickt er um sich und sucht
den Rückweg in wohnlichere Teile des Hauses, doch er kann ihn nicht mehr
finden. Als er durch ein Schlüsselloch, um die dunkle Treppe nach einer
hilfreichen Person abzusuchen, schaut, erblickt er unversehens in einem
hellen Zimmer das Geheimnis der Eltern: einen goldschimmernden Schrein,
vor dem sie kniend aus einer langsam sich öffnenden Rose Glück und Jugend
empfangen (274 f.). Als er durch Schritte an der Tür erschreckt aufspringen
will, raubt ihm ein heftiger Schmerz die Besinnung, und er erwacht in seinem
Bett aus seiner Betäubung, an seiner Seite die Mutter. Von ihr erfährt er

das Vorrecht und die Verpflichtung, sich das dauernde Glück in der Welt zu suchen und es nicht zu verfehlen, da es dann für immer verloren sei, der Rosengarten verschlossen bleibe. Als die Mutter ihn fragt, ob er nun in die Welt hinauswolle und "eine Kunst" erlernen, bejaht Hinzelmeier mit der Bemerkung: aber "eine große Kunst, so seine, die sonst noch niemand hat erlernen können. Frau Abel schüttelte sorgenvoll den Kopf" (277). Der Abschied dieses jungen Mannes aus dem Elternhause ist eine sorgenvolle Beschwörung der Mutter, das Glück nicht zu vergessen. Anders als der dumme Tor, der durch den Irrtum Erfahrungen sammelt, die ihn endlich reicher machen als den Klugen, scheint Hinzelmeier, seiner Untätigkeit und Hilflosigkeit während des Geschehens unter dem Dache entsprechend, der Gefahr ausgesetzt zu sein, die Welt der Erfahrungen überhaupt zu verfehlen, weil dieses Kind des in alle Ewigkeit gesicherten Glücks an einem Orte außerhalb der Welt aufwuchs und in ihm weder die Bedürfnisse nach Individuation als Abgrenzung von anderen, noch nach Sozialisation als Hinwendung zur Welt tätig heranreifen konnten. Die Verfehltheit dieses Knaben zeigt Storms Kritik am zeitlosen Glück, dessen Kraft vom Dachboden als einem Ort außerhalb der Wirklichkeit des Lebens gespeist wird.

Nachdem Hinzelmeier zwei Jahre bei einem weisen Meister gelernt hat, schreibt er an seine Eltern, er wolle nun den Stein der Weisen suchen und von seiner Wanderschaft nicht zurückkehren, bis er ihn gefunden habe (278). Auf der Wanderschaft begleitet ihn ein Geschöpf des weisen Meisters, ein Rabe mit einer grünen Brille. Er ist das Symbol des nach abstrakter Erkenntnis strebenden reinen Geistes und zugleich ein Turmvogel, ein Hinweis also, daß diese Begleitung Hinzelmeier zur Auseinandersetzung mit der Welt nicht helfen wird. Immer dann, wenn das Glück sich dem Wandernden nähert, verwandelt der Rabe mit einer grünen Brille die Welt in einsame Öde, bis Hinzelmeier als Greis, zu schwach, der leidenden Rosenjungfrau, die für ihn bestimmt war, entgegenzueilen, niedersinkt und im fallenden Schnee den Tod findet. Die Rose auf seinem Grabe ist nicht Sühne der Lebensschuld wie das Gras auf dem Hügel über dem "grünen Heinrich Kellers, sondern deren Verewigung.

Auffällig an dieser Aufnahme des Dachbodenmotivs ist die Nichtigkeit des Helden. So außerordentlich die Verheißung, das ewige Glück zu erlangen ist, die vom Dachboden seines Vaterhauses ausgeht, so erbärmlich ist das Versagen

Hinzelmeiers. Dem Glück, das die Eltern unter das Dach ihres Hauses aus der Welt holten und dort in der Abgeschiedenheit von anderen genossen, entspringt ein Knabe, der durch nichts zur Tat angereizt wird und dessen Heranreifen sich in eitler Pose erschöpft. Seine Wanderschaft durch die Welt auf der Suche nach dem Stein der Weisen trägt die gleichen Züge, sie ist beherrscht von dem Wunsche, vor anderen durch das Außerordentliche, Niedagewesene herauszuragen, das er sich aneignen will, ohne die Welt der Erfahrungen zu durchmessen und auf der Wanderschaft die Weisheit selbst zu erringen. Das Streben nach Weisheit wird zur leeren Selbstbespiegelung eines Toren, dessen Weltfremdheit daher auch nicht den Charme der Unschuld trägt. Die dem Dachbodenmotiv zugehörige Mahnung, in die Welt hinauszuziehen und sich dort heimisch zu machen, läßt dieses Kind zum eitlen Tölpel werden, der endlich nur den alten "Nachbar Kasperle" nachahmt, welcher, im Besitze des Steines der Weisen, die Zeit mit Nachdenken verbringt, was damit anzufangen sei, bis Heinzelmeier in dem Stein einen großen helben Käse erblickt, den sie beide mit dem Raben verschlingen (29o ff.). Dieser Genuß ist jedoch nicht Identifikation mit dem Erkannten, sondern Torheit, Hinzelmeiers Wunsch nach Bewährung, der sich schon im Gespräch mit der Mutter vor dem Abschied als eitel erwies (277) und ihn mehr als die Suche nach dem Glück in der Welt herumtreibt, endet im Versagen, im Tode.

Das Dachbodenmotiv steht in dieser Novelle für das errungene und ewig gesicherte private Glück. Es ist hier nicht Möglichkeit eines lebendigen Bezuges zur Welt, sondern <u>Besitz gegen die Welt der anderen draußen</u> (271 f.); seine Kraft wirkt in der ganzen Sphäre des Hauses. Storm zeigt an dem Versagen des Sohnes aus dem glücklichen Hause, daß die von der Umwelt abgeschlossene, kleine bessere Welt im Heranwachsenden den Wunsch nach Individuation und Sozialisation verzehrt, <u>weil jede Veränderung Bedrohung dieses geschichtslosen ewigen Glückes ist.</u>

In der Novelle "Auf dem Staatshof" [23] (1859) wird das obere Stockwerk eines Hauses, das die verkommenen Zeugen eines vergangenen Reichtums birgt,

---

23) Storm, a.a.O., S. 496 ff., im folgenden im Text angemerkt.

mit den Requisiten des Dachbodens ausgestattet. Die Vergänglichkeit ist
dort aber nicht Erinnerung an die eigene Geschichte; sie trägt den Makel
der Schuld [24], Verwesung hält Einzug. Tapeten hängen von den Wänden, die
fortgeräumten Porträts der Ahnen haben nur noch Flecke hinterlassen; mit
dem Schlüssel erschließt sich zugleich das Grauen, das die dunkle Treppe
eröffnet. Moder und Feuchtigkeit herrschen, Öde liegt über dem Ganzen.
Die Kinder
"betraten diese Räume mit einer lüsternen Neugierde, obgleich wir wußten,
daß nichts darin zu sehen sei als die halberloschenen Tapeten und etwa
in dem einen Seitenzimmer das leere Bettgestell der verstorbenen Besitzer."
(5o7).
Die Verödung des Oberstockes dieses "Staatshofes" durch die er in den Geltungsbereich des Dachbodenmotivs gerät, ist Gericht über die früheren Besitzer des Hauses. Auch die einzige Nachfahrin, deren Schicksal der Erzähler in dieser Novelle beschwört, steht in der Tradition dieser Schuld. [25]
Hier geht nicht Zukünftiges, keine Hoffnung vom Dachbodenmotiv aus; der
Verfall der früheren Pracht ist Gericht.

Die zweite Erwähnung des Dachbodens ist ebenfalls Beschwörung der Kindheitserinnerung des Erzählers. Er findet sich in "warmer, sommerlicher Dämmerung"
auf Heu gebettet als Kind wieder. Der Blick richtet sich hoch auf "durch
wüstes Dunkel, bis er aufs Neue in eine matte Dämmerung gelangt, die zwischen
zahllosen Spinngeweben aus einem Dachfensterchen hereinfällt". (498) In der

---

24) Storm, a.a.O., S. 497: "Neunzig Höfe, so hieß es, hatten sie gehabt
und sich im Übermut vermessen, das Hundert vollzumachen. Aber die Zeiten
waren umgeschlagen, es war unrecht Gut dazwischengekommen, sagten die
Leute."
25) Storm, a.a.O., S. 5o3 f.: "Wir mochten auf diese Weise bis zum Trio gelangt sein, als die Stubentür sich langsam öffnete und ein dickköpfiger
Nachbarsjunge hereintrat, der Sohn des Schuhflickers, der mir an Werkeltagen bei meinem Räuber- und Soldatenspiel die vortrefflichsten Dienste
leistet. 'Was will der?' fragte Anne Lene, als meine Mutter einen Augenblick innehielt. - 'Ich wollte mit Marx spielen', sagte der Junge und
sah verlegen auf seine groben Nagelschuhe. 'Setz dich nur, Simon' erwiderte meine Mutter, 'bis der Tanz aus ist; dann könnt ihr alle miteinander in den Garten gehn.' Damit nickte sie zu uns hinüber und begann
das Trio zu spielen. Ich avancierte, aber Anna Lene kam mir nicht entgegen, sie ließ die Arme hängen und musterte mit unverkennbarer Verdrossenheit den struppigen Kopf meines Spielkameraden. (...) Sie legte
den Fächer auf den Tisch und sagte: 'Laß Marx nur mit dem Jungen spielen.'
Ich fühle noch jetzt die Beschämung, daß ich dem schönen Kinde zu Gefallen,
wenn auch nicht ohne ein deutliches Vorgefühl der Reue, meinen plebejischen Günstling fallenließ."

Sommerstille unter dem Dache bedeckt die kleine Anna Lene ihn keuchend mit
Heu und feiert im Spiel seinen Tod und sein Begräbnis (498). Die alte Wieb,
die dem kleinen Mädchen den Tod des Knaben bestätigen soll, führt die
Kinder fort in die zu dieser Zeit noch lebendige Pracht des Eßsaales,
wo sie nun beim Kuchenessen bedient werden. Storm verschränkt bei dieser
zweiten Erwähnung des Dachbodenmotivs das Todesspiel des Mädchens mit
der Ahnung des Verfalls dieser Familie (499 f.).

Die dritte Erwähnung des Dachbodenmotivs findet sich, als eine aufdringliche Bettlerin an den "Staatshof" kommt, um an eine alte, ungetilgte
Schuld zu erinnern; sie ist durch die stolzen Vorfahren des Hofes an den
Bettelstab gekommen und läßt sich nun nicht abschütteln:
"'Geh nun, Trin' (...) 'du kannst zur Nacht wiederkommen; was hast du
nun noch hier zu suchen?' Allein diese ließ sich nicht abweisen. Sie
richtete sich hoch auf, indem sie mit einem Ausdruck überlegenen Hohnes
auf die Alte herabsah. 'Zu suchen?' rief sie und verzog ihren Mund, daß
das blendende Gebiß zwischen den Lippen hervortrat. 'Mein Muttergut such
ich, womit ihr die Löcher in eurem alten Dache zugestopft habt.' Wieb
machte Miene, Anna Lene ins Haus zu ziehen. 'Bleib sie nur Mamsell',
sagte das Weib und ließ die empfangene Münze in die Tasche gleiten, 'ich
gehe schon; es ist hier doch nichts mehr zu finden. 'Aber,' fuhr sie fort,
mit einer geheimnisvollen Gebärde sich gegen die Alte neigend, 'auf deinem
Heuboden schlafe ich nicht wieder. Es geht was um in eurem Hause, das
pflückt des Nachts den Mörtel aus den Fugen. Wenn nur das alte hoffärtige
Weib noch mit daruntersäße, damit ihr alle auf einmal euren Lohn bekämet!'
(5o9 f.)
Die Erwähnung des bedrohten Daches durch die Bettlerin und ihr Unkenruf
vergegenwärtigen die schuldhafte Vergangenheit der Familie und beschwören
die <u>Rache der Armen unter das Dach des Hauses.</u> Das Erscheinen dieses Menetekels beantwortet Anna Lene mit einer hilflosen Geste; sie trägt seither
keinen Schmuck mehr (511), eine Abwehr, die die wirkliche Gefahr nicht zu
bannen vermag.

Anna Lenes Verbindung mit einem auf Reichtum bedachten jungen Adeligen ist
gelöst worden, als ihre finanziellen Verhältnisse ihn enttäuschten. Seither hat "man eins der kleineren Zimmer in dem oberen Stockwerk für sie
instand gesetzt" (514). Sie zieht sich also nach diesem Scheitern in jenen
Ort des Hauses als Bewohnerin zurück, wo nunmehr das Gericht beginnt. Sie
nimmt die Züge des Dachbodenbewohners, der aus dem Leben flieht und doch

nichts als die Verzweiflung dorthin rettet, an. Dort sucht der Erzähler
sie auf, als er von dem unruhigen Flackern eines Lichtes in ihrem Zimmer
aufgeschreckt wird. Ihre Tür ist nur angelehnt, Anspruch auf Intimität
zu machen, hat für sie keinen Sinn mehr. Sie verbrennt dort die Briefe
des früheren Geliebten, und als sie vom Erzähler unvermittelt angesprochen
wird, erschrickt sie nicht einmal.
"Sie blieb ruhig sitzen, ohne sich nach mir umzuwenden, und ließ den Brief
in ihrer Hand verbrennen. 'Sie sind kalt', sagte sie, 'sie sollen heiß
werden!" (516)
In einem verzweifelten Entschluß sagt sie zu dem Gast: "Ich verspreche es
dir, ich will nicht länger auf ihn warten." Und auf die Frage, ob sie ihn
sehr geliebt habe, antwortet sie nun nur noch: "Ich weiß es nicht - das
ist auch einerlei" (517). Sie zeigt jetzt deutlich die innere Bedrohung
des Dachbodenbewohners, dessen Bedürfnis nach Rückzug aus der Welt und
dessen Umgang mit dem Feuer. Der Erzähler kann sie nicht bewegen, in die
Stadt zurückzuziehen: "Nein, nicht unter Menschen, laß mich hier," und
auch die Arbeit, zu der sie sich nun zwingt, ist nur der Schein einer
eigenen Tätigkeit im Leben: "Allein man fühlte leicht, daß die Teilnahme
an diesen Dingen nur eine äußerliche war; eine Anstrengung, von der sie
bald in der Einsamkeit ausruhen mußte" (517). Die innere Not Anna Lenes
ist Ausdruck des kommenden Verhängnisses, das sie nun als Wehrlose anzieht.

Wichtig an dieser Szene für die Wandlung des Dachbodenmotivs ist, daß <u>das
obere Stockwerk zum Dachboden verkommt</u>. Die Bedrohung durch die Allgegenwart der sozialen Schuld der Familie, für die die Bettlerin steht, breitet
sich als Einsamkeit und Wehrlosigkeit angesichts des kommenden Gerichts
von oben nach unten über das Haus aus. Schon ist es bei Storm <u>nur noch der
Raum zu ebener Erde, in dem die Menschen wirklich miteinander leben.</u>
Anna Lena erlebt im Oberstock des Hauses mit dem Verfall seiner einstigen
Pracht auch den Verlust ihrer selbst. Für sie ist der Verzicht auf den
schönen Wahn der Liebe, den sie im Feuer aufgehen läßt, zugleich Verzicht
auf das Leben überhaupt, widerstandslose Erwartung des Unterganges. Dies
scheint allen weiblichen Figuren innerhalb des Dachbodenmotivs in der
bürgerlichen Literatur eigen: Der Verzicht auf die Liebeshoffnung ist
gleichbedeutend mit dem Verzicht auf das Leben selbst.

Aber aus sich selbst heraus läßt Storm die Katastrophe nicht geschehen.

Es bleibt alles in der Schwebe, sie kommt von außen. Von ungefähr wünschen an einem heißen Sommertag die jungen Leute der Stadt eine Landpartie zum Staatshof zu machen. Dort beginnt es unvermittelt wieder auszusehen wie früher, bunte Mädchenkleider im Garten und Lachen und Leben erfüllen das Haus (518). Klaus Peters ist der Eindringling, dessen reicher Vater sich als Käufer für den Staatshof interessierte, "um ihm eine glänzende Wirtschaft einzurichten", und der sich nun schon als Besitzer des Staatshofes fühlt. Er erfüllt den Mädchen denn auch den Wunsch nach Musik und holt den dürren Schneider Drees zum Aufspielen. Anna Lene zeigt den Mädchen die blühenden Sträucher des Gartens, aus denen sie eine Blumenkrone für den Tanzsaal machen, pflückt selbst aber nichts, und dann dringen sie alle oben in den feuchten, dumpfen alten Prunksaal und hängen die Blumenkrone an die Stelle, wo einstmals der Kronleuchter gehangen hatte. Das junge lustige Leben macht sich Herr auf dem Staatshof, und endlich gelingt es auch dem Erzähler, Anna Lene zum Menuett zu bitten: "Aber eine Menuett, Anna Lene!' 'Eine Menuett, Marx! – Und', fügte sie lächelnd hinzu, 'nicht wahr, Freund Simon darf dabeisein?'" (521). In diesen Worten Anna Lenes schwingt die Reue über ihren kindlichen Hochmut dem Schuhflickerjungen gegenüber mit und die Hoffnung, daß an diesem Abend mit der Jugend auch der soziale Frieden in den Staatshof zurückgekehrt sei. Doch Klaus Peters zerstört die Illusion, als sie eintreten: "Aufgespielt, Drees!' (...) 'aber kratze nicht so, es kommen feine Leute an den Tanz.'" (522) Der Tanz führt das Paar daher auch nicht in den Kreis der anderen hinein, sondern aus ihm fort: "Ich war allein mit ihr; diese festen klingenden Geigenstriche hatten uns von der Welt geschieden; sie lag verschollen, unerreichbar weit dahinter" (522). Der Abstieg über die Treppe ist für die Vertriebene – sie war vom Tanze ungewöhnlich blaß geworden – ein Abstieg in den Tod. Unten schließt Wieb den Schrank mit dem Brautlinnen Anna Lenes, und das Mondlicht liegt "wie Schnee auf den Steinfliesen vor dem Hause", (523) dürre Zweige knacken, Raben fliegen auf. Der Schatz, den der Erzähler "ins Freie" zu retten hofft, findet ihm Wasser den Tod (524 ff.).

Diesem Neubeginn aber kehrt der Dichter den Rücken. Storm stellt sich auf die Seite eines Opfers, das er selbst nicht unbeschadet vor Augen führt, und letztlich bleibt auch in dieser Novelle offen, ob die verarmte Nachfahrin an der eigenen Demütigung des sozialen Abstiegs zugrunde geht,

weil ihr ihre Hände zu zart für kräftige Arbeit erscheinen, oder ob an
ihr nur das Gericht für den früheren Landraub ihrer Familie vollzogen wird.
Das Leben aber, das sich unbefangen des Verfallenen bedient, um es zu genießen und mit Zukunft zu erfüllen, erscheint in dieser Novelle als brutal,
obwohl der Dichter das Geschehen als gerechtes Gericht motiviert. Vergangenheit und Zukunft sind gleichermaßen verstellt, und das Thema ist die Poesie
des Todgeweihten, über die nichts hinausweisen darf.

In der Novelle "Im Nachbarhause links" (1875) [26] gewinnt der Dachboden
eines verödeten, von einer alten Witwe bewohnten Hauses Bedeutung. Das
Haus ist trister Gegensatz zum Nachbarhause rechts, in dem Kinderlachen
und Geselligkeit die Räume erfüllt:
"Nach Norden ein höhes düsteres Gebäude; zwar auch mit großen Fenstern,
aber die Scheiben derselben waren klein, zum Teil erblindet und nichts
dahinter sichtbar als hie und da ein graues Spinngewebe. Der einstige
Ölanstrich an der Mauer und der mächtigen Haustür war gänzlich abgeblättert,
die Klinke und der Messingklopfer mit dem Löwenkopf von Grünspan überzogen. Das Haus stand am hellen Tage und mitten in der belebten Straße wie
in Todesschweigen; nur nachts, sagten die Leute, wenn es anderswo still
geworden, dann werde es drinnen unruhig." (554)
Dieses Haus scheint Hexenhaus und "Rumpelkammer" (556) zugleich, unzugänglich für alle anderen, und niemand hat die alte Frau je gesehen; nur
ihr Testament beim Stadtgericht zeugt für ihr Leben. Die erste Begegnung
mit der geheimnisvollen Alten geschieht zufällig im Garten, am nächsten
Tag erhält der Erzähler einen Korb Birnen von ihr mit einer Empfehlung
(558 f.). Ehe es zu einer Erwiderung des Erzählers kommt, schweifen seine
Gedanken zu seinem Großvater zurück, der seine Kinderjahre an diesem Orte
verbracht hatte und die Erinnerung an seine kindliche Gespielin bis ins
Alter festgehalten hat. Sie hatte ein besonderes Vergnügen daran gefunden,
die Goldstücke, die ihr der Vater mitgebracht hatte, in den Schoß auszuschütten und mit ihrem Gespielen zu betrachten (560). Der Großvater war
aber später von der Herangewachsenen verschmäht worden und in die weite
Welt gezogen. Diese Rückerinnerung verknüpft sich mit dem Auftrag des
Ahnen nach dem Orte seines kindlichen Glückes zu suchen und mit der seltsamen Nachbarin, die in einer kalten Winternacht "halb besinnungslos und
fast verkommen auf der Bodentreppe gefunden" (563) wird.

---

26) Storm, Werke, Bd. II, S. 554 ff., im folgenden im Text angemerkt.

"'Der alte Geizdrache' (...) 'heizt nur mit dem Fallholz aus dem Apfelgarten; es ist kein warmer Fleck in dem ganzen Rumpelkasten; und nachts, wenn ehrliche Leute in ihren Betten liegen, kriecht sie vom Boden bis zum Keller, um ihre Schätze zu beäugeln, die sie überall hinter Kisten und Kasten weggestaucht hat.' (...) 'Wie ein toter Alraun huckte sie in dem dunkeln Treppenwinkel, ein ausgebranntes Diebslaternchen noch in der erstarrten Hand, (...) der Verstand (soll) zum Teufel sein; sonderbar genug, daß der die alte Hexe nicht auf einmal geholt hat!'" (563 f.)

Die seltsame Alte wird in ihrem eigenen Hause umgetrieben, und auf der Bodentreppe ereilt sie der Zusammenbruch. Die Angst vor der Welt wird in dieses zur Rumpelkammer gewordene Haus mit hineingenommen und verfolgt die Bewohnerin dort als Wahnsinn. Auch in dieser Novelle wird das Dachbodenmotiv nicht mehr als die Gegensphäre aufgenommen. Es herrscht von oben her über das ganze Haus und bezwingt gerade den, der sich vor der Welt und ihren Verlusten zu retten hofft; er wird in der Isolation überwältigt. Ungewöhnlich an dieser Motivgestaltung ist die <u>Kälte, die das Haus beherrscht</u>, während bisher das Feuer den Wahnsinn begleitete. Sie entströmt dem Golde und dem Geiz dieser alten Frau und ist der bestimmte Charakter ihres Weltbezugs. Der Wahnsinn dieser Frau entsteht nicht aus dem Scheitern der Liebeshoffnungen oder der Selbstverwirklichung; er ist die <u>kalte Angst vor dem Substanzverlust</u> in der Welt, und der nächtliche Zusammenbruch auf der Bodentreppe ist daher das Ende ihrer Selbstverteidigung.

Die öffentlichen Autoritäten bestellen als Vormund den Erzähler. Er findet in den verwahrlosten Räumen unter Spinnweben, das ganze Haus ist Rumpelkammer. Die Isolation der Frau bezieht in dieser Novelle die ganze Wohnsphäre mit ein, jede Bewegung und Regung löst Panik aus. Für Storm liegt in diesem Schicksal das Gericht über das Leben einer Frau, die ihrer Liebe nicht folgte und darum aus dem Bereich der Lebensfreude verdrängt wurde. Kläglicher Ersatz für ungelebtes Leben wird das Geld, das sie in ihrer Einsamkeit auf der Bodentreppe zählt wie ehemals im Garten mit dem Knaben. (565 f.)

Unter dem Dache, wo ehemals die Freiheit lockte, dort, wo das vergangene Leben aufbewahrt wird, wird nun <u>der Schrecken erwartet</u>: "Allerdings heute nacht - man hat mich berauben wollen; es tappte auf dem Hausboden, vermummte Gestalten stiegen zu den Dachluken herein; es klingelte im ganzen Hause.-" (565) Nicht nur, daß sich der Dachboden hier als Ort der drohenden Gefahr darstellt; es stellt sich in dieser Motivgestaltung eine Einheit

her, die in seiner weiteren Geschichte an Gewichtigkeit gewinnen sollte.
Die Gefahr unter dem Dach ist nicht mehr nur Ausdruck eines individuellen
privaten Scheiterns, sie führt die andere Gefahr des Überfalls von der
Straße her im Gefolge. Es klingelt im ganzen Hause, der soziale Bezug wird
nur noch als Einbruch erfahren. Daher bleibt der Mund des Erzählers, der
der Enkel des verschmähten Geliebten ist, auch verschlossen (58o), als
die alte Frau die Erben sucht, um ihnen das Geld zu schenken, um dessent-
willen sie Liebe verweigerte. Die Geste der Versöhnung mit dem Leben,
das sich der Greisin nur noch im panischen Schrecken meldet, läßt Storm
ins Leere gehen.

Es handelt sich also bei der Aufnahme des Dachbodenmotivs in dieser Novelle
um das Gerichtsmotiv. Hier ist es bereits ganz in den psychologischen Bereich eingebettet. Was an Libido dem Leben nicht gegeben wird, wird durch
Angst abgefordert. Das ganze Haus mit seinem Dachboden wird zum Innenraum
eines Triebkonflikts, und das Gericht ist die Angst, deren Geister den
Dachboden bevölkern. Storm entläßt die Angeklagte jedoch nicht in die Sühne;
die Macht des Triebs, die sich als Angst über das ganze Haus verbreitet,
richtet die Verblendete, die in den Dämonen ihrer eigenen Natur nur die
Geister einer räuberischen Welt zu fassen vermag. Die Hilfe eines Arztes
weist sie energisch zurück: "Nein, mein Lieber, keinen Arzt! Ich kenne
meine Natur am besten."(569f.)Die Klingeldrähte, "die durch das ganze
Haus und auch dort hinauf liefen" (57o), sollen vor der Gefahr schützen,
doch sie kündigen sie gerade an. "Auf den einsamen Böden" (57o) sucht die
Bewohnerin daher nach der Eule, die das Klingeln in der Nacht verursacht
haben soll. Doch das Nachtgespenst läßt sich nicht fassen. Der Kampf mit
dem realen und dinglichen Anlaß der Angst ist nicht schon der Sieg über
ihre Verursachung. Der Realitätsbereich löst sich auf in einen Schein von
Projektionen für den Leidenden; das Konkrete ist nicht mehr wahr, das Dachbodenmotiv steht für die im Hause herrschende psychische Realität.

Der Vorschlag des Erzählers, die Angst der Bewohnerin vor Raub durch Aufnahme des Vermögens und Verwahrung am sicheren Orte zu bannen, kommt daher
wie aus einer anderen Welt (57o). Diese Handlung wird im obersten Stock
des Hauses vollzogen. "Wir wurden in den dritten Stock hinaufgeführt;
hier öffnete die Wärterin eine Tür, an der von einer eisernen Krampe ein

schweres Vorlegeschloß herabhing". (57o) Das Motiv der verschlossenen
Tür, das zum Dachboden in seiner Gerichtsfunktion gehörte, taucht hier
wieder auf. Die Eintretenden werden von der Wärterin geleitet, anders
als im verborgenen Zimmer der Turmgesellschaft im "Wilhelm Meister"; die
Eingeweihte ist die Geforderte, die Herbeigerufenen halten die Prüfung ab.
Diese Prüfung hat jedoch einen ambivalenten Charakter, denn die Greisin
ist die Inhaberin eines stattlichen Vermögens, zugleich gezeichnet von den
Schatten des Todes. Das Zimmer ist an den Wänden, wie ehemals in der Turmgesellschaft im "Wilhelm Meister" die Rollen die Auflösung der Privatheit
in einem größeren sozialen Zusammenhang dokumentierten, mit Geldsäcken
gefüllt. Das Geld hat jedoch einen abstrakten Sozialbezug, es ist Zeichen
von Herrschaft. Das geheime Erschauern der Eintretenden vor den Zeichen
der Macht löst sich auf, das Vermögen wird katalogisiert und gerät unter
Gemeindekontrolle. Die Greisin ist unter Kuratel gestellt, ihre Verfügungsgewalt dahin.

Die eindringliche Frage des Erzählers, "ob das nun alles, ob nichts mehr
zurück sei," (571) verneint die Alte beharrlich, doch er ahnt, daß sie Geld
zurückbehalten hat, an dem ihr Leben hängt, und kehrt unerwartet zurück,
um einen vergessenen Silberbleistift zu holen.

Eine Kerze erhellt jetzt das Zimmer im Oberstock. Die Greisin hält in der
einen Hand "einen leeren Beutel von rotem Seidendamast, die andere wühlte
in einem Haufen Gold, der vor ihr aufgeschüttet lag." (571) Diese Entdeckung stürzt die Greisin in offene Verzweiflung.
"Sie stieß einen Schreckensruf aus, als sie mich erblickte und streckte
beide Hände über den funkelnden Haufen; gleich darauf aber erhob sie sie
bittend gegen mich und rief:'Oh, lassen Sie mir das! Es ist meine einzige
Freude; ich habe ja sonst gar keine Freuden mehr!' Eine scharfe zitternde
Stimme war es und doch der Ton eines Kinderflehens, was aus der alten
Brust hervorbrach. Dann griff sie nach meiner Hand, riß mich an die Tür
und zeigte in das dunkle gähnende Treppenhaus hinab. 'Es ist alles leer!'
sagte sie, 'alles! Oder glauben Sie, mein Lieber, daß die Tochter aus
Elysium hier diese Stufen noch hinaufmarschiert? - Nur das Gold - nehmen
Sie es mir nicht - ich bin sonst ganz allein in all den langen Nächten!'."
(571 f.)
Die Greisin überwältigt die Angst vor dem Verlust des ersten Liebesobjektes,
das auch ihr letztes ist, denn es sind die Goldmünzen, mit denen sie im
Garten einst spielte. Hatte sie als Kind dem glänzenden Golde vor der Liebe
des Knaben den Vorzug gegeben, so halten jetzt die Taler diese "einzige

Freude" fest und verweisen sie doch auf die Erstarrung im Tode. Das Haus
als Weltsymbol zeigt gähnende Leere, die Lebensfreude ist verscheucht.
Als Körpersymbol weist es hin auf die Einsamkeit und das Grauen, die auf
die verweigerte libidinöse Selbstäußerung folgen: die "Tochter aus Elysium"
schwingt sich über diese Stufen nicht hinauf. Dieses Haus der Geizigen
ist Totenhaus; Leiblichkeit und Weltbezug sind zum toten Abfall des Geldes
geworden. Ehe "Frühlingsluft" (581) das Haus durchwehen soll, ereilt sie
der Tod, dem ein erbitterter Kampf gegen die gefürchteten räuberischen
Wahngestalten vorangegangen sein muß, die den Sieg davongetragen haben.
(582 f.)

In dieser Novelle gestaltet Storm die Dialektik des bürgerlichen Eigentums,
dem äußeren Reichtum entspricht die innere Verarmung. Dieses Haus als
Welt- und Körpersymbol ist von Kälte beherrscht, und nur am Rande erwähnt
der Dichter die Gegensphäre, den versöhnten Weltbezug der Bewohner im
Nachbarhause rechts, das von Kinderlachen und Geselligkeit erfüllt ist.
Storms Interesse gilt jenem kalten, verschlossenen und verkommenen Hause,
das Hexenhaus und Rumpelkammer zugleich ist und in dem es nachts nicht
mit rechten Dingen zugeht. Jene Alte, die von niemandem je gesehen wurde,
hat den Rückzug aus dem Leben längst vollzogen, der Widerspruch von Individuation und Sozialisation stellt sich nicht mehr, aus ihrem Reich sind
Lust und Leben als räuberische Gewalten verscheucht, denn der bürgerliche
Besitz, der Akkumulation erheischt, läßt jeden Sozialbezug als Vergeudung
erscheinen, und der eigene Körper, dessen Triebkräfte zu den Lebenden
drängen, gerät mit in die Angst vor dem Substanzverlust hinein. Unversehens
entfaltet sich in diesem Haus die Doppelgesichtigkeit der bürgerlichen
Sicherheit. Das Privateigentum wird zum Liebesobjekt, weil sein magischer
Zauber die Angst vor dem unwägbaren Zugriff des Lebens bannen soll. Die
Herrschaft des Kapitals über die Lebenslust als räuberische Gewalt aber
ist in Wahrheit ein Pakt mit den Schatten des Todes. Das ganze Haus gerät
in den Geltungsbereich des Dachbodenmotivs, hier herrscht das vom Leben
Vergessene. Staub, Plunder, Verfall, Spinnweben, Dämmerung und das sinnlose Chaos der Gegenstände zeigen nur die Selbstauflösung der Bewohnerin
an; denn in den Wahngestalten, die in der Nacht vom Dachboden her eindringen, <u>kehren Lust und Leben als panischer Schrecken zurück</u>. Sie lassen
der Geängsteten zwar das Gold, nicht aber das Leben. Das Gericht auf dem

Dachboden, von dem die Eule sich nicht mehr vertreiben läßt, ist nicht
mehr real, es ist psychischer Prozeß, der keinen Freispruch von der Natur
herbeiführt, sondern nur den Tod. Und doch hat Storm über dieses Ende die
Tröstlichkeit gebreitet (583), die von der am Ende eingelösten Liebesschuld
ausgeht.

Dem Dachbodenmotiv wird von Storm die Eindeutigkeit des Widerspruchs von
Wunsch und Wirklichkeit genommen; es verweist nur noch gebrochen auf diese
Kollision, weil der Dichter sich nicht mit seinen Werken in das Drama
dieses Widerspruches hineinbegibt. Vielfach ist das Motiv nur Rahmen im
Sinne des wirklich Vergessenen und von den Lebenden Fortgeräumten, und es
beheimatet das ganze Geschehen der Novelle unter dem Dache. Der Dichter
begibt sich mithin selbst in den Geltungsbereich des Dachbodenmotivs und
kritisiert innerhalb dieser Instanz die Achtlosigkeit der blind im Gegenwärtigen Gefangenen. Ähnlich wie bei Stifter scheint der kritische Bezug
zur Gegenwart im Werk verblaßt; das Menschliche liegt unter dem Gerümpel
der Vergangenheit über den Köpfen derer unten und lebt nur in der Innerlichkeit des Erzählers fort. Es bleibt daher bei Storm im eigentlichen
Sinne der literarischen Aussage offen, ob diese sich nicht selbst als das
aus der Wirklichkeit unters Dach Fortgeräumte versteht, ob sie nicht selbst
unter dem Realitätsverlust des unters Dach Geflüchteten steht.

Auch die verheißungsvollen Inhalte des Motivs, der Freiheitswunsch und
das Glücksverlangen, verlieren das Provozierende. Storm entrückt das
Problem in die Ferne exotischen Zaubers. In "Von jenseits des Meeres"
wird dem Triumph von Freiheit und Glück, die sich vor der Versagung im
Hause unter das Dach der Kinder retteten, als fremdartigem Sonderfall die
Allgemeinverbindlichkeit geraubt. Neben den Sieg dieser Absonderlichen
nämlich stellt sich unversehens die Resignation im Leben der Nicht-Beson-
deren. Damit raubt Storm dem Dachbodenmotiv gerade bei der optimistischen
Gestaltung das Zwingende für die Adressaten seiner Dichtung, das an dem
Motiv bisher auffiel. In "Hinzelmeiers" Hause, unter dessen Dach das Glück
beheimatet ist und das Leben der Erzieher wirklich bestimmt, läßt Storm
einen Erben heranwachsen, der seinen Auftrag in der Welt nicht zu erfüllen
lernt. Dieses Haus steht außerhalb der Geschichte und wird von allen Leuten

gemieden. In diesem privat eingelösten Versöhnungswunsch sieht Storm zugleich die Schicksalslosigkeit als Stigma mitgegeben, die den Erben der Glücklichen mit Vergeßlichkeit schlägt, weil das Kind nie alternder Eltern sich nicht entwickeln kann. In diesem Hause kann der Erbe weder lernen, sich selbst abzugrenzen, noch Gemeinschaft mit anderen außer dem Hause zu erstreben. Die dichterische Kritik an der problemlosen Verwirklichung der unter dem Dache verwahrten Utopie der Versöhnugn der Geschlechter im Sinne einer nur privat eingelösten Hoffnung zeigt, daß Storm in "Von jenseits des Meeres" die gesellschaftliche Relevanz des Zaubers auf dem Dachboden auch in dieser Novelle ernster nimmt, als es obenhin erscheinen möchte. Er schickt seinen weltfremden, vergeßlichen Helden ja mit dem Auftrag, im Leben das private Glück zu suchen und heimzuführen, in Vereitelung und Tod. Das nichtige Ende Hinzelmeiers ist in der Optik Storms das unausweichliche gesellschaftliche Resultat der sozialen Bewährung eines privaten Glückes, das, abgedichtet gegen die Welt, in diesem Hause von oben her herrscht. Dies Glück ist geschichtslos, ist todverfallen. Mit der rigorosen dichterischen Zerstörung der Affirmation hält Storm daher auch unverbrüchlich an der Widersprüchlichkeit von Selbstfindung und gesellschaftlicher Bewährung, von Individuation und Sozialisation fest. Der privat gegen das Leben abgedichteten Herrschaft des Lustprinzips, der falschen Versöhnung mit den Geistern unter dem Dache gibt er nur den närrischen Versager zum Erben. Und doch steht auch diese Novelle Storms mit ihrer eindringlichen Gestaltung des Dachbodenmotivs durch den Märchenzauber der Rosenjungfrauen für uns gleichsam hinter Glas wie der Triumph der mutigen Kinder in "Von jenseits des Meeres". Die Phantasmagorie der Wünsche unter dem Dache ist durch die Zerstörung der Affirmation nicht mit der Unbefangenheit des Klassikers zugunsten der Praxis des Lebens entzaubert, denn vor diese mutige dichterische Entsymbolisierung schiebt sich eine poetische Anleihe vom Märchen, die dem Geschehen nicht die größte sinnliche Nähe zum Problem gewährt wie im Volksmärchen, sondern es in Wirklichkeit unversehens dem realistischen Zugriff entrückt. Es muß vermutet werden, daß das Problem der individuellen Entwicklung für Storm nur dann mit der Kraft zur Negation gestaltet werden konnte, wenn es mit dem Märchenmantel verkleidet die peinigende Nähe preisgibt zugunsten der größeren Distanz zur Verbindlichkeit, ein Zug, der auch in der Kindernovelle mit dem gelungenen Aufruhr auffiel. Auch der literarische Rückgriff auf den histo-

rischen Stoff, durch den bei Gottfried Keller im "Hadlaub" noch der
zwingende Bezug zum bürgerlichen Leben in seiner Gegenwärtigkeit gelang,
hat bei Storm Anteil an der Distanzierung. In der Novelle "Ein Fest auf
Haderslevhuus" gerät das Dachbodenmotiv mit in die resignative Trauer
hinein, denn die Vergangenheit kündet wie das Märchen nur vom irrealen,
hier sogar tödlichen Wahn eines Glückes, über das eine unmenschliche
Wirklichkeit triumphiert. Das Motiv steht hier für die Ewigkeit der
Kollision von Wunsch und Wirklichkeit. Der Dichter steht auf der Seite
der poetischen Illusion, zu der das Dachbodenmotiv in dieser Novelle herab-
kommt. An der Poesie des Todgeweihten aber ist das Problem der Entwicklung, das Storm in den beiden anderen Novellen zur Distanzierung zwang,
überhaupt kassiert.

Storm ist auf der Seite der Unterlegenen wie Keller und Mörike, und er
gestaltet ihr Schicksal vorwiegend an Frauenfiguren. Ihnen aber steht der
Untergang als Fatum auf der Stirn geschrieben, ihr Ende ist nicht als
soziales Schicksal transparent. Anna Lene und die geizige Greisin in
"Auf dem Staatshof" und "Im Nachbarhause links" sind Erbinnen des vor-
industriellen bürgerlichen Handels- und Landkapitals, das Storm in der
todverfallenen Weiblichkeit symbolisiert. Hier führt er gesellschaftliche
Ohnmacht zwingend vor Augen. Und doch gerät der Dichter gegenüber dem
parteilichen Keller in Zweideutigkeit hinein. Die beiden Erbinnen sind
Opfer, denen die Unschuld mangelt, ihre Abdankung ist gerechtes Gericht,
das Storm unter dem Dache ansiedelt, denn es sühnt sozialen Hochmut.
Der Dichter gerät in beiden Novellen, die das Eigentum zum Problem haben,
mit seiner eigenen Sympathie für die Verurteilten in Widerspruch, ohne
daß dieser selbst gestaltet würde wie bei Keller im "Grünen Heinrich".
Die Widersprüchlichkeit schleicht sich vielmehr unversehens als Zweideutigkeit ein durch die poetische Weihe, mit der Storm die Abdankung
der Schuldiggesprochenen verklärt. Das unter dem Dach abgehaltene Gericht
ist gerecht und unmenschlich zugleich. So aber werden von Storm auch die
Nachlebenden unserem Vertrauen entzogen, für die der Prozeß stattfand und
deren Glaubwürdigkeit in den früheren Dichtungen unangetastet blieb. Den
Nachfolgenden ist von Storm der leise Verdacht der Gewalttätigkeit und
der Usurpation mitgeteilt, und in diesen Verdacht gerät bei Storm das
Dachbodenmotiv mit hinein.

Fontane und die gelbe Gefahr

Auch bei Theodor Fontane [1] breitet sich der Dachbodenbereich von oben nach unten aus. Die Giebelstube wird der Ort, an dem entscheidende Reflexionen über die Handlung im Werk erfolgen. Oft läßt sich nur aus den dort angestellten Überlegungen die Handlung, die sich im Hause und in der Umwelt abspielt, erschließen, weil die Innerlichkeit die Konflikte erst schafft und das Geschehen bestimmt. Auch bei Fontane sind vorwiegend Frauen davon betroffen, ihr soziales Schicksal scheint ihm offensichtlich in besonderem Maße problematisch. Charakteristisch für Fontane ist, er beschreibt Räume nicht überschaubar und plastisch, was die Untersuchung zum Dachbodenmotiv erschwert hat. Seine Beschreibungen widersprechen sich oder sind auch so unplastisch, daß eine räumliche Orientierung für das Geschehen häufig nicht möglich ist.

Hradscheck in "Unterm Birnbaum" (1885) [2] ist stolz auf sein Haus: "Da lag es, sauber und freundlich, links die sich von der Straße her bis in den Garten hineinziehende Kegelbahn, rechts der Hof samt dem Küchenhaus (...). Der kaum vom Winde bewegte Rauch stieg sonnenbeschienen auf und gab ein Bild von Glück und Frieden. Und das war alles sein! Aber wie lange noch?" (224)
Das Haus scheint aus Erdgeschoß und Rauch zu bestehen. Das 'lastende Dach', das Fontane vielfach als Symbol eines zwar drückenden, doch sicheren Schutzes der dort Lebenden einsetzt, scheint an Hradschecks Hause zu fehlen. Seine Existenz ist nicht gesichert. Auch der Sturm in der Mordnacht, der "allerlei Schaden an Häusern und Dächern" anrichtet (249), scheint Hradschecks Dach zu verschonen. Bei der Nachbarin, der alten Jeschke, hingegen hat er am schlimmsten gewütet. "Klappernd kamen die Ziegel vom Dachfirst herunter und schlugen mit einem dumpfen Geklatsch in den aufgeweichten Boden." (249) Die Unruhe der Nacht hält sie wach, und so wird sie Zeuge des unheimlichen nächtlichen Lebens in Hradschecks Hause; flimmerndes Licht dringt "aus dem Kellerloch unten oder aus dem dicht darüber gelegenen Fenster der Weinstube." (250)

---

1) Fontane, Nymphenburger Ausgabe in 15 Bd., hg. von Kurt Schreinert, München 1969.
2) Fontane, a.a.O., Bd. 7

Erst als Hradscheck nach der ersten gerichtlichen Untersuchung entlastet heimkehrt, wird das Dach seiner "Villa" erwähnt: "Das niedrige grad gegenüber, das war seine, das sah er an dem Birnbaum, dessen schwarzes Gezweig über die mit Schnee bedeckte Dachfläche wegragte." (269) Der Birnbaum mit der Leiche des Franzosen ist Garant für die Sicherheit vor der Aufdeckung seiner Tat, dort liegt der "Beweis seiner Unschuld", der unter dem Dache seines Hauses nicht erbracht werden kann. Die räumliche Verschleierung in der Beschreibung von Hradschecks Hause hat also ihren inhaltlichen Sinn. Da "de Giebelstuw, de geele, de noah de Kegelboahn to ", (243) der Ort des Verbrechens ist, dessen Aufdeckung zu verhindern das Lebensinteresse des Hausherrn ist, wird jener Raum unter dem Dache, der Oberstock, dem Blick entzogen, und auch die Beobachterin Jeschke sieht nur das nächtliche hin- und herflackernde Licht unten.

Der Revolutionsbericht Szulskis, des Opfers, steht zu dieser Verschwommenheit in offenem Gegensatz (245 f.). Männer, Frauen und Kinder haben sich während der polnischen Revolution, mit Steinen bewaffnet, vor der Verfolgung durch russische Soldaten über vier Stockwerke eines Stadtmietshauses unter das abgedeckte Dach geflüchtet und verteidigen sich dort gegen die Verfolger. Diesen gelingt es nicht, den Dachboden unter dem Steinhagel der Geflüchteten zu erstürmen, bis sie vom Boden des Nachbarhauses her eindringen und die Aufständischen ermorden. Das Dachbodenmotiv in der historischen Konkretion dieses Augenzeugenberichtes taucht in negativer Form auf. Die errungene Freiheit der Verfolgten unter dem abgedeckten Dache ist Zuflucht, die zur Todesfalle wird. In dem Gericht, das über die Freiheitsdurstigen hereinbricht, wird die Rache der Unterdrücker und der Tod der Freiheit vollzogen. Das unveräußerliche Recht auf politische Freiheit von Unterdrückung könnte mithin nur in der Empörung der Zuhörer Szulskis wachgehalten werden, aber selbst das wird verhindert. Szulski verliert sich in dem Bericht von der schönen Dame, so daß die Zuhörer um den politischen Schock herumkommen:
"'Die Dame, die da heruntersprang, und ich schwör' Ihnen, meine Herren, es war eine Dame, war eine schöne Frau, keine sechsunddreißig, und so wahr ein Gott im Himmel lebt, ich hätt' ihr was Besseres gewünscht als diese naßkalte Weichsel.'
Kunicke schmunzelte, während der neben anderen Schwächen und Leiden auch an einer Liebesader leidende Mietzel nicht umhin konnte, seiner nervösen Erregtheit plötzlich eine ganz neue Richtung zu geben." (245 f.)

Die zunächst offene und kontrastreich erscheinende Aufnahme des Dachbodenmotivs im Bericht über eine politische Revolution in der der gesellschaftliche Anspruch auf Freiheit und Glück zu politischen Veränderungen im
realen Leben drängt, löst sich in der Zweideutigkeit des Stammtischge-
sprächs auf. Der wirkliche Appell wird verschleiert durch das lüsterne
Interesse an der ohnmächtigen Schönheit, während in der gleichen Nacht
Szulski das Opfer der herrschenden Brutalität wird. Das Zurückgenommene
bleibt im Werk präsent.

In der Giebelstube ist der Mord geschehen. Als sich der Verdacht, der auf
Hradscheck lastet, zerstreut hat, geht er daran, den Ort des Verbrechens,
den Oberstock seines Hauses, auszubauen. Mit fieberhaftem Eifer geht er
daran, ihn prächtig auszustatten. Frau Hradscheck jedoch, seine Komplizin,
deren eigentliche Domäne die vornehme Ausstattung ist, vermag für diesen
Ausbau keine Kraft mehr einzusetzen. Teilnahmslos siecht sie dahin. "Geal-
tert, die Augen tief eingesunken und die Haut wie Pergament, so war ihm
Ursel unter der Tür entgegengetreten" (274), als er entlastet heimgekehrt
war. Die prächtige Ausstattung des Oberstockes mit weißen Kachelöfen und
Tapeten steht im Gegensatz zu der echten Verödung des Oberstockes in den
Bürgerhäusern, die in den Dichtungen jener Zeit dargestellt werden. Die
Schuld, die Hradscheck im Kampf um seinen Besitz auf sich geladen hat,
zwingt ihn, dem Hause jenen Anschein von Leben zu geben, der ihm in Wahrheit nicht zukommt, denn die Leiche liegt im Keller.
"Und nicht allzulange, das Wetter hatte den Bau begünstigt, so war das
Haus, das nun einen aufgesetzten Stock hatte, wieder unter Dach. Aber es
war das alte Dach, die nämlichen alten Steine, denn Hradscheck wurde nicht
müde, Sparsamkeit zu fordern und immer wieder zu betonen, 'daß er nach wie
vor ein armer Mann sei.'
(...)
Anfangs, solange das Dachabdecken dauerte, hatte Hradscheck in augenschein-
licher Nervosität immer zur Eile angetrieben, und erst als die rechte nach
der Kegelbahn hin gelegene Giebelwand eingerissen und statt der Stuben
oben nur noch das Balken- und Sparrenwerk sichtbar war, hatte sich seine
Hast und Unruhe gelegt und Aufgeräumtheit und gute Laune waren an die
Stelle getreten. In dieser guten Laune war und blieb er auch, und nur
ein einziger Tag war gewesen, der ihm dieselbe gestört hatte.
'Was meinen Sie, Buggenhagen', hatte Hradscheck eines Tages gesagt, als
er eine aus dem Keller heraufgeholte Flasche mit Portwein aufzog. 'Was
meinen Sie, Buggenhagen , ließe sich nicht der Keller etwas höher wölben?
Nicht der ganze Keller natürlich. Um Gottes willen nicht, da bliebe am Ende
kein Stein auf dem andren, und Laden und Wein- und Wohnstube, kurzum alles
müßte verändert und auf einen anderen Leisten gebracht werden. Das geht
nicht. Aber es wäre schon viel gewonnen, wenn wir das Mittelstück, das

gerade unter dem Flur hinläuft, etwas höher legen könnten. Ob die Diele
dadurch um zwei Fuß niedriger wird, ist ziemlich gleichgültig, denn die
Fässer, die da liegen, haben immer noch Spielraum genug, auch nach oben
hin und stoßen nicht gleich an die Decke.'
Buggenhagen widersprach nie. (...) 'Versteht sich, Hradscheck. Es geht.
Warum soll es nicht gehn? Es geht alles. Und der Keller ist auch wirklich
nicht hoch genug, ich glaube, keine fünftehalb Fuß, und die Fenster sind
viel zu klein und zu niedrig; alles wird stockig und multrig. Muß also
gemacht werden. Aber warum gleich wölben? Warum nicht lieber ausschachten?
Wenn wir zehn Fuhren Erde rausnehmen, haben wir überall fünf Fuß im ganzen
Keller. Und kein Mensch stößt sich mehr die kahle Platte. Nach oben hin
wölben macht bloß Kosten und Umstände. Wir können ebensogut nach unten
gehn.'
Hradscheck, als Buggenhagen so sprach, hatte die Farbe gewechselt und
sich momentan gefragt, 'ob das alles vielleicht was zu bedeuten habe?'
Bald aber von des Sprechenden Unbefangenheit überzeugt, war ihm seine
Ruhe zurückgekehrt.
'Wenn ich mirs recht überlege, Buggenhagen, so lassen wir's. Wir müssen
auch an das Grundwasser denken. Und ist es so lange so gegangen, so kann's
auch noch weiter so gehn.' " (277 f.)

Hradschecks Baueifer im Oberstock des Hauses hat zwei Perspektiven, die
miteinander vermittelt sind. Zum einen reißt er den Ort des Verbrechens,
in dem er die Gefahr gerechten Gerichts noch lauern sieht, Stein für Stein
ab; zum anderen wird von ihm gerade der Ort des Hauses, der durch die
Industrialisierung und die Verarmung der am wirtschaftlichen Gewinn nicht
mehr beteiligten Schichten sich entleert und verödet, von Hradscheck mit
einer Pracht ausgestaltet, die den <u>gewaltsamen Aufruhr</u> des Kleinbürgers
gegen die Vernichtung seiner Existenz verrät. Nur der brutale Mord rettet
seine Existenz. Dieser Brudermörder hat in seinem Kampf gegen die Entdeckung der Tat, in dem er alle vertrauten Inhalte des Dachbodenmotivs
selbst in seinen Spuren zu verwischen versucht, mit seiner List scheinbar
sogar den Dichter auf seiner Seite, denn Fontane nennt diesen <u>Kain "Abel
Hradscheck"</u>.

Hradschecks Kampf gegen die Entdeckung seiner Tat zwingt ihn zur Besei-
tigung der Spuren im ganzen Hause, das zugleich von diesen Spuren von
oben bis unten gezeichnet ist. Die vom Raume unter dem Dache verdrängte
<u>Wahrheit wandert in die dunklen Tiefen des Kellers.</u> Die Leiche aber mit
einem schützenden Dache durch Anheben des Kellers für ewig zu überwölben,
will nicht gelingen. Die Angst zwingt ihn zur Umwälzung der Steine im
ganzen Hause, doch die Naturgesetze der Statik sind eine eherne Grenze.
Die Umwälzung des Erdbodens im Keller wäre gleichbedeutend mit der Entdeckung des Opfers. Der Baueifer Hradschecks führt nur dazu, daß das

Fundament keine Sicherheit mehr gewährt.

Ede, der Hausjunge, will nicht mehr in den Keller, ihn gruselt es, und der bohrende Zweifel der alten Jeschke, die mit den Naturgewalten im Bunde zu stehen scheint, beherrscht die Gemüter, denen alles zum Zeichen wird. Während für Hradscheck, der sich vom Ausbau des Oberstockes die endgültige Befreiung erhoffte, lichtvolle Tage anbrechen, vermag sich seine Frau Ursel der Wahrheit nicht zu entziehen. Es ist die Frau, die nicht die Nerven hat und die Wahrheit, auf der ihre Existenz beruht, nicht zu verdrängen vermag. Sie reagiert mit Angst, und gerade durch die Verschleierung wird ihr die Luft zum Atmen genommen. Hradschecks Plan, ihr in den neuen Räumen neue Lebenskraft zu erwecken, geht fehl an der nervenschwachen Frau. Der feierliche Treppenaufstieg und die stattliche Ausschmückung des Mordzimmers lösen in ihr Panik aus. (286)
"Hradscheck erwartete Dank und gute Worte zu hören. Aber die Kranke sagt nur: 'Hier? Hier, Abel?'
'Es sind neue Steine', stotterte Hradscheck.'"
Sie zieht sich in das andere, bläuliche Zimmer zurück und stirbt dort.

In ihrer letzten Stunde herrscht das Gerichtsmotiv unter dem Dache. Sie hat Angst, die letzte Ölung zu nehmen.
'Oder soll Eccelius kommen?'
'Nein', sagte sie, während sie sich mühevoll aufrichtete, 'es geht nicht. Wenn ich es nehme, so sag ich es.'
Er schüttelte verdrießlich den Kopf.
'Und sag ich es nicht, so ess' ich mir selber das Gericht.'
'Ach, laß doch das, Ursel, was soll das. Daran denkt ja keiner. Und ich am wenigsten. Er soll bloß kommen und mit dir sprechen. Er meint es gut mit dir und kann dir einen Spruch sagen.' Es war, als ob sie sich's überlege. Mit einem Male aber sagte sie: 'Selig sind die Friedfertigen, selig sind die reinen Herzens sind; selig sind die Sanftmütigen. All die kommen in Abrahams Schoß. Aber wohin kommen wir?'
(...)
'Ich denke, leben ist leben, und tot ist tot. Und wir sind Erde, und Erde wird wieder Erde. Das andere haben sich die Pfaffen ausgedacht. Spiegelfechterei sag ich, weiter nichts. Glaube mir, die Toten haben Ruhe.'
'Weißt du das so gewiß, Abel?'
Er nickte.
'Nun, ich sage dir, die Toten stehen wieder auf ....'
'Am jüngsten Tag.'
'Aber es gibt ihrer auch, die warten nicht so lange.'" (288 f.)
Der verzweifelte Versuch der Sterbenden, sich von der Schuld zu lösen, ist selbst Sühne, die mit dem eigenen Tod eingelöst scheint. Hradscheck erhält den Auftrag, für den Gemordeten eine Totenmesse lesen zu lassen. In der

Sühne seiner sterbenden Frau liegt aber für den Hausherrn zugleich die
Ankündigung des gerechten Gerichtes. Mit dieser Szene tritt das Dachboden-
motiv im Geschehen wieder offen in sein Recht ein. Hradscheck, der mit der
Wahrheit Schabernack treibt, läuft im Keller in die Todesfalle. (3o8 ff.)

Das Dachbodenmotiv wird in "Unterm Birnbaum" einer listigen Manipulation
durch den schuldigen Hausherrn unterworfen. Der Kleinbürger kann die zunehmende wirtschaftliche Not, die seine Schicht in der zweiten Hälfte des
19. Jahrhunderts mit ins Elend reißt, nicht mehr durch eigene Arbeit be-
wältigen. Die gesellschaftlichen Veränderungen, die seine Existenz als
unproduktiv erscheinen lassen, erzwingen seinen sicheren Abstieg in die
Ohnmacht des Proletariats. Seine Freiheit wird unter dem ökonomischen
Zwängen der freien Konkurrenz zur nackten Selbstbehauptung des Unter-
nehmers brutalisiert. Diese Perversion des Freiheitsbegriffs ist herrschende Inhumanität.

Hradschecks versatile Leugnung seiner tatsächlichen Schuld entspringt
dem Gefühl, nicht selbst der Produzent jener Brutalität zu sein, die ihn
zum Verbrechen zwingt, um sich zu retten. Er hat in dem Mord sein Recht
auf Freiheit verteidigt und gerät nun in den Zwang hinein, es auch gegen
die humanen Inhalte, die im Dachbodenmotiv gegen die schlechte Wirklichkeit aufrechterhalten werden, zu verteidigen. Dies aber vermag Frau
Hradscheck nicht zu leisten; sie ist der Versager im Kampf um die Erhaltung der privaten Unabhängigkeit. Sie hält im Ringen um die Verschleierung des Mordes nicht durch, weil die Frauen nie gesellschaftlichen Anteil
am bürgerlichen Freiheitsstreben erhalten haben, das die freie Konkurrenz
eröffnete. Hradschecks schuldbeladene Flucht in die chimärische Freiheit,
die Fontane durch den prächtigen Ausbau des sozial verödenden Oberstocks
im Bürgerhause symbolisiert, ruft als Rächer die dunklen Gealten auf den
Plan und führt zu einem Gericht, das nicht mehr menschlich ist.

Den Versuch der Bagatellisierung des Dachbodenmotivs hat Fontane in dieser
Novelle zum Handlungsinhalt gemacht. Er führt im Geschehen zur wirklichen
Dämonisierung der Bedeutung des Motivs, die am Ende der Novelle durch den
Tod der Verblendeten unverschleiert aufbricht. Die unmittelbare Auseinander-
setzung mit den Hoffnungen, für die das Dachbodenmotiv einsteht, setzt

Fontane in seinen Werken solange aus, bis das Geschehen zu der äußersten Grenze gerät, an der die Wahrheit selbst der Verschleierung Einhalt gebietet.

Auch in "Effi Briest" (1894/95) [3)] führt die Verschleierung des Motivs zur Dämonisierung der Konflikte. In dieser Ehe scheint er zwei in sich fragwürdige Haltungen zur Welt, Schabernack und Langeweile, einander in den Gatten gegenüberstellen. Effi findet Lebenslust nur in der gefährlichen Ekstase des Höhenflugs. Sie wünscht, "immer am Trapez, immer Tochter der Luft" (8) zu sein, doch das "oben in der Luft Hurra rufen", "am liebsten immer in der Furcht, daß es irgendwo reißen oder brechen und ich niederstürzen könnte" (34), ist von einer dunklen Angst erfüllt, daß die Wirklichkeit nur Langeweile aufbewahrt. Sie ist auf der Flucht ins Außerordentliche vor einer Realität, die keine Lust verheißt:

"Ich bin ... nun, ich bin für gleich und gleich und natürlich auch für Zärtlichkeit und Liebe. Und wenn es Zärtlichkeit und Liebe nicht sein können, weil Liebe, wie Papa sagt, doch nur ein Papperlapapp ist (was ich aber nicht glaube), nun dann bin ich für Reichtum und ein vornehmes Haus, ein <u>ganz</u> vornehmes, wo Prinz Friedrich Karl zur Jagd kommt. (...).'
'Sagst du das so bloß aus Übermut und Laune?'
'Nein, Mama, das ist mein völliger Ernst. Liebe kommt zuerst, aber gleich hinterher kommt Glanz und Ehre, und dann kommt die Zerstreuung – ja, Zerstreuung, immer was Neues, immer was, daß ich lachen oder weinen muß. Was ich nicht aushalten kann, ist Langeweile.'" (32 f.)

In den ekstatischen Luftspielen erprobt sie realitätsferne Rollen, die sie eines im Elternhaus <u>nicht erfahrenen Glückes</u> versichern sollen. Sie hält aber jener Sphäre, der sie entstammt und in der das Glücksverlangen zum "Papperlapapp" geworden war, nicht die volle Kraft ihres eigenen Glücksverlangens entgegen, sondern nur den dunklen Drang nach Ausbruch. In der Wahl des Gatten, jener Entscheidung um Freiheit und Glück, fügt sie sich widerspruchslos der Autorität der Eltern, (17 ff.) die für den Wildfang den Verwaltungsjuristen ausersehen, auch wenn sie eine dunkle Ahnung von der Katastrophe, die aus dieser Verbindung entstehen muß, beschleicht:

"'Ihr Ehrgeiz wird befriedigt werden, aber ob auch ihr Hang nach Spiel und Abenteuer? Ich bezweifle. Für die stündliche kleine Zerstreuung und Anregung, für alles, was die Langeweile bekämpft, diese Todfeindin einer geistreichen kleinen Person, dafür wird Innstetten sehr schlecht sorgen. (...) Das wird eine Weile so gehen, ohne viel Schaden anzurichten, aber zuletzt wird sie's merken, und dann wird sie es beleidigen. Und dann weiß ich nicht, was geschieht. Denn so weich und nachgiebig sie ist, sie hat <u>auch was Rabiates</u> und läßt es auf alles ankommen.'" (4o f.)

[3)] Fontane, a.a.O., Bd. 12, im folgenden Hinweise im Text.

Baron von Innstetten ist als Verwaltungsbeamter Mann der Ordnung. Er
treibt mit Effis Ängsten seinen Schabernack. Nirgends ist seine eigene
Haltung zu der unheimlichen Geschichte mit dem Chinesen in seinem Hause
für Effi so erkennbar, daß sie sich von ihrer Panik lösen könnte. Da er
die Kenntnisse über den Chinesen und den Oberstock seines Hauses <u>allein
in Gewahrsam</u> hat, ist sie ihm hilflos ausgeliefert. Der Mann der Ordnung,
in dem Gefühl, daß er keine Freude zu geben habe, setzt die Angst, die
vom verödeten Oberstock kommt, im Schabernack als Herrschaftsmittel ein.

In diesem Roman Fontanes liegt die Bedeutung des Dachbodenmotivs ganz in
das Unglück der Romanfiguren eingebettet, wodurch es der Zweideutigkeit
verfällt; es ist sowohl Objekt einer dämonischen Angst als auch belang-
loses Zeichen dafür, daß ein Mensch mit sich selbst nicht ins Reine kommen
will. Die Bedeutung des Motivs kann also <u>nur an den Reaktionen</u> der Romanfiguren abgelesen werden. Seine Wirklichkeit bleibt vom Dichter ins Dunkel
gehüllt bis ans Ende des Romans, der mit einer offenen Frage endet.

Instetten ist als Hausherr Verwalter des "Spuks". Er bereitet Effi auf
der Heimfahrt von der Hochzeitsreise einerseits auf ihre neue Heimat vor,
andererseits läßt er diese für sie "unheimlich" werden.
'Du sprichst immer von Nest, und nun finde ich, wenn du nicht übertrieben
hast, eine ganze neue Welt hier. Allerlei Exotisches. Nicht wahr, so was
ähnliches meintest du doch?' Er nickte.
'Eine ganz neue Welt, sag ich, vielleicht einen Neger oder einen Türken,
oder vielleicht sogar einen Chinesen.'
'Auch einen Chinesen. Wie gut du raten kannst. Es ist möglich, daß wir
wirklich noch einen haben, aber jedenfalls haben wir einen gehabt; jetzt
ist er tot und auf einem kleinen eingegitterten Stück Erde begraben, dicht
neben dem Kirchhof. Wenn du nicht furchtsam bist, will ich dir bei Gelegenheit mal sein Grab zeigen; es liegt zwischen den Dünen, bloß Strandhafer
drum rum und dann und wann ein paar Immortellen, und immer hört man das
Meer. Es ist sehr schön und sehr schauerlich.'
'Ja, schauerlich, und ich möchte wohl mehr davon wissen. Aber doch lieber
nicht, ich habe dann immer gleich Visionen und Träume und möchte doch
nicht, wenn ich diese Nacht hoffentlich gut schlafe, gleich einen Chinesen
an mein Bett treten sehen.'
'Das wird er auch nicht.'
'Höre, das klingt ja sonderbar, als ob es doch möglich wäre. Du willst mir
Kessin interessant machen, aber du gehst darin ein bißchen zu weit. Und
solche fremde Leute habt ihr viele in Kessin?'
'Sehr viele. Die ganze Stadt besteht aus solchen Fremden, aus Menschen,
deren Eltern oder Großeltern noch ganz woanders saßen.'
'Höchst merkwürdig. Bitte, sage mir mehr davon. Aber nicht wieder was
Gruseliges. Ein Chinese, find ich, hat immer was Gruseliges.'

'Ja, das hat er', lachte Geert. 'Aber der Rest ist, Gott sei Dank, von ganz anderer Art, lauter manierliche Leute, vielleicht ein bißchen zu sehr Kaufmann, ein bißchen zu sehr auf ihren Vorteil bedacht, und mit Wechseln von zweifelhaftem Wert immer bei der Hand. Ja, man muß sich vorsehen mit ihnen. Aber sonst ganz gemütlich." (46 f.)

Innstettens Darstellung der Welt, in der Effi sich als junge Frau zu bewegen habe, ist triste. Fremde umgeben sie, "man muß sich vorsehen mit ihnen". Es ist ihr unheimlich, ehe sie das Haus, in dem sie leben soll, erblickt. Die Bedrängnis, die von dem Dialog für Effi ausgeht, liegt in der Schwebehaltung begründet, es ist nicht mehr auszumachen, ob die neue Wirklichkeit selbst oder ihre unheimlichen "Visionen" Effi ängstigen. Innstetten verhindert die Klärung, und so verschwinden am Beginn der Ehe die Grenzen zwischen Realität und innerer Wahrnehmung in Effis Leben.

Der Flur des Innstettschen Hauses, den Effi zuerst sieht, ist mit Dachbodenrequisiten erfüllt: "Quer über den Flur fort liefen drei, die Flurdecke in ebenso viele Felder teilende Balken;" (5o). Dort hängen ein Schiff, ein Haifisch und ein Krokodil herab. Diese Requisiten des Meeres als Symbol der grenzenlosen Weite und hier der exotischen Ferne sind Hinweise auf Gefahren, die in der Freiheit lauern. Das Krokodil als Raubtier, das im unsichtbaren trüben Schlamm auf sein Opfer lauert, ist aggressives Triebsymbol wie das Schiff mit den Kanonen und der Haifisch. Als sie diesen Absonderlichkeiten den Rücken kehren darf, um ihr eigenes Zimmer zu betreten, spricht sie daher von "Verwöhnung, wohin ich sehe". (52) Als Effi wie eine Gerettete dem Gatten die Hand küssen will, wird sie abgewehrt:
"Nein, Effi, um Himmelswillen nicht, nicht so. Mir liegt nicht daran, die Respektperson zu sein, das bin ich für die Kessiner. Für dich bin ich ...'
'Nun was?'
'Ach laß, ich werde mich hüten, es zu sagen.'" (52)
Effis Befangenheit ihrer neuen Umwelt gegenüber hat ihre Korrelation in der Befangenheit des Gatten zu bestimmen, was er ihr bedeuten wolle. Der Versuch Innstettens, dies zu artikulieren, endet nach Effis Frage im Verstummen. Die inneren Vorstellungen beider treten nicht miteinander in Beziehung. Effis Gefühl, ausgesetzt zu sein, bringt in der ersten Nacht in diesem Hause Angstvorstellungen hervor, die sich auf den Oberstock beziehen. Das Dachbodenmotiv tritt im Roman die Herrschaft über die dort Lebenden an. Es wird Leitmotiv für die Ängste Effis, die sie sich nicht

einbekennen darf [4], während andererseits die geheimnisvolle Geschichte des Oberstocks den Mitbewohnern vertraut scheint, denn das Hausmädchen Johanna ist bei Effis Bericht, von dem sie sich Ermutigung und Befreiung erhofft, ganz in ihrem Element und lokalisiert die Angstvision <u>auf den oberen Saal</u>. Das Hausmädchen hört aber jetzt nichts mehr, weil sie sich "daran gewöhnt" habe. (55)

Im folgenden Gespräch Effis mit Innstetten beim Frühstück möchte sie wissen, "wie wir selber hier leben werden.' 'Nach dieser Seite gehst du großen Enttäuschungen entgegen", (57) ist Innstettens Antwort. Die Fremdheit der Umgebung ist in verschärftem Maße eine innere Kluft zwischen den Gatten. Der Gatte, der nicht zu benennen wagte, was er für sie sein könne, erscheint Effi nun im Bilde eines Sultans in seinen eigenen Räumen, umgeben mit Dolchen, Parderfellen, Schilden und langen Türkenflinten, und nicht durch Zufall wird ihr vor dem inneren Auge der Vater beschworen. Unmittelbar darauf versucht sie ihr Unbehagen abzuschütteln; sie berichtet Innstetten von ihren Ängsten, die sich auf den Oberstock beziehen und schlägt vor, die Gardinen abzuschneiden und die Fenster zu schließen. (59) Innstetten jedoch weicht "in einer kleinen Verlegenheit" aus und will es beim alten belassen. (60)

"Jedenfalls aber, ehe wir Änderungen vornehmen, mußt du dich in unserem Hauswesen erst umsehen, natürlich unter meiner Führung." (59 f.)
Effis Panik hatte schon zuvor verhindert, daß sie sich, einem spontanen Impuls folgend, nach oben begibt, um der realen Ursache ihrer Angst Herr zu werden; nun geschieht es unter der <u>Führung dessen, der die Ursache von Angst</u> und Fremdheit in ihren Phantasien ist: Es ist der Gang in den Bereich des Dachbodenmotivs:

"All dies hatte sich Effi mit vielem Interesse angesehen, aber dies Interesse sah sich doch weit überholt, als sie, nach ihrer Rückkehr vom Hof ins Vorderhaus, unter Innstettens Führung die nach oben führende Treppe hinaufgestiegen war. Diese war schief, baufällig, dunkel; der Flur dagegen, auf den sie mündete, wirkte beinah heiter, weil er viel Licht und einen guten

---

[4] "Es war über mir ein ganz sonderbarer Ton, nicht laut, aber doch sehr eindringlich. Erst klang es, wie wenn lange Schleppenkleider über die Diele hinschleiften, und in meiner Erregung war es mir ein paarmal, als ob ich kleine weiße Atlasschuhe sähe. Es war, als tanze man oben, aber ganz leise." (54)

landschaftlichen Ausblick hatte; nach der einen Seite hin, über die Dächer
des Stadtrandes und die 'Plantage' fort, auf eine hoch auf einer Düne stehende holländische Windmühle, nach der anderen Seite hin auf die Kessine,
die hier, unmittelbar vor ihrer Einmündung, ziemlich breit war und einen
stattlichen Eindruck machte. Diesem Eindruck konnte man sich unmöglich entziehen, und Effi hatte denn auch nicht gesäumt, ihrer Freude lebhaften Ausdruck zu geben. 'Ja, sehr schön, sehr malerisch', hatte Innstetten, ohne
weiter darauf einzugehen, geantwortet und dann eine mit ihren Flügeln etwas
schief hängende Doppeltür geöffnet, die nach rechts hin in den sogenannten
Saal führte. Dieser lief durch die ganze Etage, Vorder- und Hinterfenster
standen auf, und die mehr erwähnten langen Gardinen bewegten sich in dem
starken Luftzuge hin und her. In der Mitte der einen Längswand sprang ein
Kamin vor mit einer großen Steinplatte, während an der Wand gegenüber ein
paar blecherne Leuchter hingen, jeder mit zwei Lichtöffnungen, ganz so
wie unten im Flur, aber alles dumpf und ungepflegt. Effi war einigermaßen
enttäuscht, sprach es auch aus und erklärte, statt des öden und ärmlichen
Saals doch lieber die Zimmer an der gegenüberliegenden Flurseite sehen zu
wollen. 'Da ist nun eigentlich vollends nichts', hatte Innstetten geantwortet, aber doch die Türen geöffnet. Es befanden sich hier vier einfenstrige
Zimmer, alle gelb getüncht, gerade wie der Saal und ebenfalls ganz leer.
Nur in einem standen drei Binsenstühle, die durchgesessen waren, und an die
Lehne des einen war ein kleines, nur einen halben Finger langes Bildchen
geklebt, das einen Chinesen darstellte, blauer Rock mit gelben Pluderhosen
und einem flachen Hut auf dem Kopf. Effi sah es und sagte: 'Was soll der
Chinese?' Innstetten selbst schien von dem Bildchen überrascht und ver-
sicherte, daß er es nicht wisse. 'Das hat Christel angeklebt oder Johanna.
Spielerei. Du kannst sehen, es ist aus einer Fibel herausgeschnitten.'
Effi fand es auch und war nur verwundert, daß Innstetten alles so ernsthaft
nahm, als ob es doch etwas sei. Dann hatte sie noch einmal einen Blick in
den Saal getan und sich dabei dahin geäußert, wie es doch eigentlich schade
sei, daß das alles leerstehe. 'Wir haben unten ja nur drei Zimmer, und
wenn uns wer besucht, so wissen wir nicht aus noch ein. Meinst du nicht,
daß man aus dem Saal zwei hübsche Fremdenzimmer machen könnte? Das wäre
so was für die Mama, nach hinten heraus könnte sie schlafen und hätte den
Blick auf den Fluß und die beiden Molen, und vorn hätte sie die Stadt und
die holländische Windmühle. In Hohen-Cremmen haben wir noch immer bloß
eine Bockmühle. Nun sage, was meinst du dazu? Nächsten Mai wird doch die
Mama wohl kommen.'
Innstetten war mit allem einverstanden gewesen und hatte nur zum Schlusse
gesagt: 'Alles ganz gut. Aber es ist doch am Ende besser, wie logieren die
Mama drüben ein, auf dem Landratsamt; die ganze erste Etage steht da leer,
so wie hier, und sie ist da noch mehr für sich.'" (61 ff.)

Hier zeigt das Dachbodenmotiv des Romans die traditionelle Gestalt, seine
ursprüngliche Konkretion. Bei Fontane aber treten dinghafte und psychische
Gestalt des Motivs auseinander, denn das Konkrete selbst erklärt nicht
mehr den daran haftenden Schrecken. Effis fieberhaftes Interesse, den geheimnisvollen Ort des Chinesen, der über eine unsichere Treppe erklommen
wird, zu sehen, mündet in Enttäuschung über den "öden, ärmlichen Saal".
Und doch liegen in der dinglichen Ausstattung dieses Oberstockes alle
Requisiten des früheren Freiheitsmotivs beschlossen. Er ist hell, leer,

luftig, verkommen und eröffnet einen weiten Blick in die Welt. Seine Verlassenheit ist für den Freiheitsdurstigen, der nicht wie Effi von innerer Bedrängnis gelähmt ist, eine verheißungsvolle Aufforderung, sich dort Zuflucht zu verschaffen. In Effis Enttäuschung vergegenwärtigt sich jener Abscheu vor Langeweile und Trostlosigkeit, der sie als Kind schon peinigte und zum Höhenflug in die schöne Illusion veranlaßte. Die Enttäuschung ist daher nicht Zurückführung des Vorgestellten auf das Wirkliche, sondern die endgültige Abtrennung zwischen den beiden Bereichen. Sie will dort, wo der Chinese in ihrer psychischen Wahrnehmung sein Unwesen treibt, die Mama einquartieren, was Innstetten nach einigem Zögern verweigert, da seine Beziehung zur Schwiegermutter, um die er einmal erfolglos geworben hatte, nicht ohne Zweideutigkeit ist. Effis Wunsch, im Oberstock des Hauses Ordnung zu schaffen und Gäste zu haben, scheitert an der inneren Unordnung der im Hause Lebenden.

Fontane spielt hier in der scheinhaften Konkretion der Dachbodenszene mit allen Bedeutungen, die dem Motiv bisher zukamen, indem das Tatsächliche zur Banalität abgewertet wird. Die Angst lauert nur im Detail, und dort verwirren sich das Freiheits-, das Wahnsinns- und das Gerichtsmotiv zu einem unentwirrbaren Knäuel. Helligkeit und Weite verheißen Freiheit; die baufällige Treppe verweist auf die innere Gefährdung durch die vereitelte Rückkehr des unter das Dach Geflohenen, für den die Dinge, die sich bewegenden Gardinen, wahnhaftes Leben gewinnen; der wortkarge Führer, der Effi in den Raum des Dachbodenmotivs geleitet und die schief hängende Doppeltür öffnet, gehört der Gerichtsinstanz zu. Diese Zitate Fontanes aus dem Bedeutungsfeld des Motivs sind nur äußerlicher Schein; doch über die Realität im Roman beginnt das innere Drama zu herrschen, dort enthüllen die veräußerlichten Elemente des Dachbodenmotivs ihren Wahrheitsgehalt.

In diesem Oberstock ist alles gelb; der Chinese als Angehöriger der gelben Rasse, seine Pluderhosen auf dem Fibelbildchen, die getünchten Wände in Saal und Zimmern. Die Dämonie, die Fontane dieser Farbe zumißt, erinnert an Hradschecks Haus in "Unterm Birnbaum", an "de Giebelstuw, de geele" [5], in der der Mord geschah.

---

5) Fontane, a.a.O., Bd. 7, S. 243

Auf verschleierte Weise unterbindet Innstetten die Aneignung dieses Raumes, wie auch Blaubart das Zimmer vor seiner Frau verschloß, in dem seine wahre Barbarei enthüllt wurde. Während die Frau Blaubarts das patriarchalische Tabu der verschlossenen Tür, in dem die Angst gebannt wird, sie könne Zugang zur Identität des Mannes gewinnen, durchbricht und sich von ihren Brüdern ins Leben retten läßt, wird Effi von Ängsten übermannt. Als sie das erste Mal in Innstettens Hause allein ist, eine Blaubartsituation also, sucht sie sich ein Reisebuch zur Beruhigung, findet eine Gespenstergeschichte und verscheucht mit ihr das Verlangen nach der Lust der Mädchenspiele (71 ff.). Doch in der Nacht streicht es an ihrem Bett vorbei: "Ich glaube, der Chinese". (77) Das Entsetzen in der ersten Nacht des Alleinseins hat sie enger an den geketted, der sie davon nicht freiläßt. Sie bittet vergeblich um Mitleid: "Du darfst nicht wieder fort, du darfst mich nicht wieder allein lassen." (8o) Innstetten verweist auf seine öffentlichen Verpflichtungen und erteilt ihr den Verweis, daß ihre Unvernunft eine Gefahr für seine Karriere sein könne. (8o f.) Effis Antwort ist Empörung. Die Tatsache, daß ihre Unterwerfung nicht Hilfe für sie brachte gegen die Angst vom Oberstock, erscheint ihr nun als fragwürdige Vertrautheit des Gatten mit dem Schrecken [6]. Um die Interpretation des "Spuks", zu dem das Dachbodenmotiv sich nun entwickelt hat, entsteht ein sublimer Kampf zwischen den Gatten. Sie werfen sich gegenseitig vor, nicht "in Ordnung" oder nicht "gut" zu sein, doch Effi bleibt in der patriarchalischen Gestalt des Konflikts Objekt und das Haus der Aktionsraum. Das Dachbodenmotiv ist auch hier - wie z. B. in "Unterm Birnbaum" und in Storms "Im Nachbarhause links" - zum Spuk entmateriali-

---

[6] "Was soll ich antworten? Ich habe dir nachgegeben und mich willig gezeigt, aber ich finde doch, daß du deinerseits teilnahmsvoller sein könntest. Wenn du wüßtest, wie mir gerade danach verlangt. Ich habe sehr gelitten, wirklich sehr, und als ich dich sah, da dachte ich, nun würd' ich frei werden von meiner Angst. Aber du sagst mir bloß, daß du nicht Lust hättest, dich lächerlich zu machen, nicht vor dem Fürsten und auch nicht vor der Stadt. Das ist ein geringer Trost. Ich finde es wenig und umso weniger, als du dir schließlich auch noch widersprichst und nicht bloß persönlich an diese Dinge zu glauben scheinst, sondern auch noch einen adligen Spukstolz von mir forderst. Nun, denn hab' ich nicht. Und wenn du von Familien sprichst, denen ihr Spuk so vielwert sei wie ihr Wappen, so ist das Geschmackssache: mir gilt mein Wappen mehr. Gott sei Dank haben wir Briests keinen Spuk. Die Briests waren immer sehr gute Leute, und damit hängt es wohl zusammen." S. 82

siert. Dies bedeutet aber nicht Befreiung von seinem wirklichen Gehalt, sondern vielmehr seine <u>Herrschaft über das ganze Haus</u>. Körper- und Weltbezug der Personen im Roman werden von dem dorthin projizierten ungelösten Konflikt beherrscht. Die Entmaterialisierung zum Spuk schlägt um in die <u>materielle Gewalt des Triebkonflikts</u>.Dinglicher ist daher das Motiv, dessen Bedeutung Fontane so im Dunkel hält, bisher nicht zum Ausdruck gekommen: drei Stühle stehen im leeren Oberstock, auf dem einen klebt das Bild des Chinesen. In diesem Raum unter dem Dache ist die Ehe vors Gericht gerufen, und die Gatten erschöpfen sich im Kampf um die Frage, wer sich dem Ruf des Chinesen zu stellen habe. Sie fordern voneinander die Versicherung, daß es nichts sei. So wird der arme, friedfertige kleine Chinese, dessen Leidenschaft sein Schicksal war, zum Dämon, zum Zeichen für die Entfremdung der Gatten von ihren eigenen Wünschen an das Leben. Das fremde gelbe Blut ist die Gefahr des Hauses, weil die auferlegte Selbstkontrolle die Versuchung nicht bewältigt und ins Unterliegen zu münden droht. Das Haus des Verwaltungsjuristen ist in Wirklichkeit von Treibhausluft erfüllt.

Unter der patriarchalischen Konstellation sind die Rollen der Gatten ungleich verteilt. Innstetten kann sich auf höhere soziale Ziele, auf öffentliche Verpflichtungen, auf Arbeit berufen und durch Effis Subordination die veräußerlichte Herrschaft über das Problem selbst erzwingen. Effis sinnlose Existenz gewährt dagegen keine Entlastung gegenüber der Versuchung. Sie sucht daher Zuflucht in Gefügigkeit gegenüber moralischen Normen und verurteilt den Pastor, der Erbarmen mit dem Chinesen hatte, "weil es gewagt und unpassend ist". (88) Dieser Lösungsversuch, der durch reine Anpassung, die Unterwerfung ist, das Gefährliche zu tilgen sucht, wird durch die Enkelin dieses weitherzigen Pastors, die Tripelli, erschüttert. Von den Schauerballaden, die diese Sängerin mit "Seelenruhe" (94) vorträgt, ist Effi "wie benommen" und spricht ihre Bewunderung aus: "Ich bin so leicht Eindrücken hingegeben, und wenn ich die kleinste Gespenstergeschichte höre, so zittere ich und kann mich kaum zurechtfinden, und Sie tragen das so mächtig und erschütternd vor und sind selbst ganz heiter und guter Dinge." (95)
Effi spürt deutlich, daß die freie Künstlerin wirkliche Unbefangenheit ausstrahlt. Diese aber trennt den ästhetischen vom natürlichen Bereich des Lebens. Sie ist nicht bedrohte Esoterikerin wie Effi, der alles zum angstvollen Zeichen wird, und antwortet:

"Ein Gespenst, das durch die Ballade geht, da graule ich mich gar nicht,
aber ein Gespenst, das durch meine Stube geht, ist mir, geradeso wie
anderen, sehr unangenehm. Darin empfinden wir alle ganz gleich." (95)

Die Seelenruhe dieser Künstlerin beruht darauf, daß sie Furcht hat und
nicht Angst. Sie weiß die konkrete Verursachung ihrer Bedrängnis zu benennen:

"Wenn man so alt ist wie ich und viel rumgestoßen wurde und in Rußland
und sogar auch ein halbes Jahr in Rumänien, da hält man alles für möglich.
Es gibt so viele schlechte Menschen, und das andere findet sich dann auch,
das gehört dann sozusagen dazu." (96)

Effi aber, die hilflos versucht, die realen Ursachen ihrer Ängste ans
Licht zu holen, wird durch Innstettens Bagatellisierung des Problems immer
wieder in den irrationalen Bereich der Gefahr zurückgestoßen, aus dem
es keine Selbstbefreiung gibt. Daß Innstetten dieser Verdrängung des Problems bedarf, zeigt sich an seiner Haltung in einem Gespräch über Religion,
in der Ängste ja noch artikuliert werden können.

"Hauptthema sei das Verführerische gewesen, das beständige Gefährdetsein,
das in allem öffentlichen Auftreten liege." (98)

Er entscheidet sich als Lösungsmöglichkeit "für das Moralische" (97), weil
seine abstrakten Zwangsnormen nichts mehr ahnen lassen von dem, was dadurch beherrscht werden soll. Während die Künstlerin die reale Bedrängnis,
die aus dem "freien"Leben kommt, einbekennt, gibt Innstetten in Wahrheit
die Ängste, die er von seiner Wirksamkeit in der Öffentlichkeit davonträgt,
ins Private weiter. Dort soll die Herrschaft der Moral ihm die innere Versicherung gewähren, von dem frei zu sein, was er im Öffentlichen erleidet.
Effi und Innstetten stehen dadurch in einem Herrschaftsverhältnis. Daß sie
einander kein Glück und keine Freiheit gewähren können, bringt nur die
Misere zur Entfaltung, die sie in ihren Ängsten unterdrücken.

Effis Brief über ihr Leben im Hause an die Mutter trägt nun resignative
Züge:

"Aber daß ich so wenig Gastlichkeit zeige, das macht nicht, daß ich un-
gastlich wäre, so sehr bin ich nicht aus der Art geschlagen, das macht
einfach unser landrätliches Haus, das, so viel Hübsches und Apartes es
hat, doch eigentlich gar kein richtiges Haus ist, sondern nur eine Wohnung für zwei Menschen, und auch das kaum, denn wir haben nicht einmal
ein Eßzimmer, was doch genannt ist, wenn ein paar Personen zu Besuch
sich einstellen. Wir haben freilich noch Räumlichkeiten im ersten Stock,
einen großen Saal und vier kleine Zimmer, aber sie haben alle etwas wenig
Einladendes, und ich würde sie Rumpelkammer nennen, wenn sich etwas Gerümpel darin vorfände; sie sind aber ganz leer, ein paar Binsenstühle
abgerechnet, und machen, das mindeste zu sagen, einen sehr sonderbaren

Eindruck. Nun wirst Du wohl meinen, das alles sei ja leicht zu ändern.
Aber es ist nicht zu ändern, denn das Haus, das wir bewohnen, ist ...
ist ein Spukhaus, da ist es heraus. Ich beschwöre Dich übrigens, mir
auf diese Mitteilung nichts zu antworten, denn ich zeige Innstetten immer
Eure Briefe, und er wäre außer sich, wenn er erführe, daß ich Dir das
geschrieben. Ich hätte es auch nicht getan, und zwar um so weniger, als
ich seit vielen Wochen in Ruhe geblieben bin und aufgehört habe, mich zu
ängstigen; aber Johanna sagt mir, es käme immer mal wieder, namentlich,
wenn wer Neues im Hause erschiene. Und ich kann Dich doch einer solchen
Gefahr oder, wenn das zuviel gesagt ist, einer solchen eigentümlichen und
unbequemen Störung nicht aussetzen! Mit der Sache selber will ich Dich
heute nicht behelligen, jedenfalls nicht ausführlich. Es ist eine Geschichte
von einem alten Kapitän, einem sogenannten Chinafahrer und seiner Enkelin,
die mit einem hiesigen jungen Kapitän eine kurze Zeit verlobt war und an
ihrem Hochzeitstage plötzlich verschwand. Das möchte noch hingehen. Aber
was wichtiger ist, ein junger Chinese, den ihr Vater aus China mit zurück-
gebracht hatte und der erst der Diener und dann der Freund des Alten war,
der starb kurze Zeit danach und ist an einer einsamen Stelle neben dem
Kirchhof begraben worden. Ich bin neulich da vorübergefahren, wandte mich
aber rasch ab und sah nach der anderen Seite, weil ich glaube, ich hätte
ihn sonst auf dem Grabe sitzen sehen. Denn auch, meine liebe Mama, ich
habe ihn einmal wirklich gesehen, oder es ist mir wenigstens so vorge-
kommen, als ich fest schlief und Innstetten auf Besuch beim Fürsten war.
Es war schrecklich, ich möchte so was nicht wieder erleben. Und in ein
solches Haus, so hübsch es sonst ist (es ist sonderbarerweise gemütlich
und unheimlich zugleich), kann ich Dich doch nicht gut einlassen. Und
Innstetten, trotzdem ich ihm schließlich in vielen Stücken zustimmte, hat
sich dabei, soviel möcht ich sagen dürfen, auch nicht ganz richtig benommen. Er verlangte von mir, ich solle das alles als Alten-Weiber-Unsinn
ansehn und darüber lachen, aber mit einemmal schien er doch auch wieder
selber daran zu glauben und stellte mir zugleich die sonderbare Zumutung,
einen solchen Hausspuk als etwas Vornehmes und Altadliges anzusehen. Das
kann ich aber nicht und will es auch nicht. Er ist in diesem Punkte, so
gütig er sonst ist, nicht gütig und nachsichtig genug gegen mich." (1o1 ff.)
Die Körper- und Weltsymbolik dieses Hauses, die das Schicksal des Romans
beherrscht, verrät in Effis Brief ihre eigene innere Situation, den Verlust
des Weltbezugs und zugleich die qualvolle psychische Veröding; unten im
Hause herrscht die drangvolle "genante" Enge und oben im Raume des Dachbodenmotivs die gähnende Leere, die als "Rumpelkammer" erscheint und mit
Spuk erfüllt ist. Triebkonflikt und Realitätsverlust verschränken sich in
Effis Darstellung, und sie bittet die Mutter um Vertraulichkeit gegenüber
dem Gatten, ehe sie die Geschichte des Chinesen erzählt. Auf fatale Weise
scheinen sich in Effis Ehe die kindlichen Sehnsüchte nach dem Außerordent-
lichen, das die Langeweile verscheucht, zu erfüllen. Sie erfüllen sich jedoch in der Angst, denn das dunkle Schicksal der jungen Braut und der Tod
des Chinesen stehen für Effis sexuelle Versuchung, die in die Katastrophe
mündet. Die Müdigkeit im Umgang der Gatten hat so viel Quälendes, daß Effi
den Chinesen der Stille vorzuziehen beginnt (1o6), bis sie von außen Hilfe

erlangt und eine Interpretation des Spuks erhält, die Momente der glücklichen Befreiung trägt. Crampas kann zur Erhellung des Konflikts beitragen, weil er Innstetten aus seiner Jugend- und Militärzeit kennt. "Sein Ernst und seine Zugeknöpftheit" "im übermütigen Kreis der Kameraden" bewirkten, "daß er eigentlich immer mehr respektiert als geliebt worden sei." (133) Innstetten habe eine "mystische Richtung" und eine "Vorliebe, uns Spukgeschichten zu erzählen. Und wenn er uns dann in große Aufregung versetzt und manchen auch wohl geängstigt hatte, dann war es mit einem Male wieder als habe er sich über alle die Leichtgläubigen bloß mokieren wollen. Und kurz und gut, einmal kam es, daß ich ihm auf den Kopf zusagte: 'Ach was, Innstetten, das ist ja alles bloß Komödie. Mich täuschen Sie nicht. Sie treiben ihr Spiel mit uns. Eigentlich glauben Sie's grad so wenig wie wir, aber Sie wollen sich interessant machen und haben eine Vorstellung davon, daß Ungewöhnlichkeiten nach oben hin besser empfehlen. In höheren Karrieren will man keine Alltagsmenschen." (133 f.)
Crampas analysiert Effi den zwangshaften Charakter des Schabernacks, den Innstetten mit seinen Mitmenschen treibt. Als Effi nun von ihren eigenen, so ähnlichen Erfahrungen berichtet, schließt sie: "Er sagte nicht ja und nicht nein, und ich bin nicht klug aus ihm geworden", und Crampas antwortet: "Also ganz der alte". (134)

Crampas löst das "psychologische Rätsel" (135), indem er Innstettens Haltung im öffentlichen Bereich und im privaten Bereich analysiert:
"Er denkt sich dabei, daß ein Mann wie Landrat Baron Innstetten (...) nicht in einem gewöhnlichen Hause wohnen kann, nicht in einer solchen Kate, wie die landrätliche Wohnung (...) doch eigentlich ist. Da hilft er denn nach. Ein Spukhaus ist nie was Gewöhnliches..." (135)
"Er operiert nämlich immer erzieherisch, er ist der geborene Pädagog(...). Eine junge Frau ist eine junge Frau, und ein Landrat ist ein Landrat. Er kutschiert oft im Kreise umher, und dann ist das Haus allein und unbewohnt. Aber solcher Spuk ist wie ein Cherub mit dem Schwert." (136)
Effi hat diese Rüge, die die Menschlichkeit von Innstetten infrage stellt, durchaus verstanden. Ihr scheinen sich die Wolken zu teilen, denn sie bewegt die Worte von Crampas in ihrem Herzen und geht selbst darüber hinaus: Sie sieht sich nun unter "einer Art Angstapparat aus Kalkül" (136) stehen.

Um diese Erkenntnis, in deren Licht ihre eigene Existenz ein schändliches Gesicht erhält, abzuwehren, führt sie sich die fragwürdige soziale Stellung von Crampas vor Augen, der "Innstetten nicht das Wasser reicht". (137) Unversehens beginnt sich ihr Argwohn jedoch in ihre Äußerungen gegenüber dem Gatten einzuschleichen, ihre Gegenwehr wird mutiger, und sie

fängt an, nach Befreiung zu verlangen. Der Entlarvung des Gatten durch
Crampas stellt Innstetten die seines Gegners gegenüber, der in seiner Frau
ein Opfer geschaffen habe, schlimmer als das, das Effi selbst ist. (148 f.)
Crampas, von dem Effis Verlangen nach Rettung ausgeht, ist selbst "Hasardeur"
und "Spielernatur" (15o), ihn umgibt eine Gefahr, gegen die nur
Charakter und Festigkeit wappnen können. "Spieler" und "Pädagog" aber
sind die Alternativen, die die patriarchalische Gesellschaft der Frau
bietet, die auf Unterwerfung mit Angst reagiert und das ihr entfremdete
Verlangen nur noch in der mit panischem Schrecken umgebenen Gestalt eines
fahlen Exoten wiedererkennen kann.

Das Dachbodenmotiv bekommt damit im Roman zentrale Bedeutung. Fontane
verschlingt in dem Chaos, das die Ordnung dieses Hauses hervorbringt,
alle Momente des Motivs und läßt sie in einem unentwirrbarem Knäuel
nebeneinanderstehen. Das Freiheitsmotiv ist das des entfremdeten Sexualtriebs.
Es wird im Hause des Verwaltungsjuristen mit den gefährlichen
exotischen Meersymbolen verkettet, denn diese brachte der alte welterfahrene
Kapitän mit dem Chinesen ins Haus.

Die Warnungen vor der Freiheitssehnsucht, die von jenen ausgehen, zwingen
zum Verzicht, weil sie zugleich Todessymbole sind. Der Chinese des Oberstocks
ist ein imperialistisches Bild für die in den exotischen Bereich
der fremden Gefahr verbannte Libido, die Europa nicht mehr zu integrieren
vermag. Auch in diesem Roman zeigt sich also, daß das Dachbodenmotiv sich
im Bereich des freien Geistes nicht mehr fassen läßt, sondern die Dichter
zu immer rigoroseren Interpretationen des Glücksverlangens zwingt. Da die
gesellschaftlichen Barrieren gegenüber diesem Problem durch den zwingenden
Bezug zur Praxis des Lebens ungleich stärker sind als gegenüber den Ansprüchen
des freien Geistes und der Revision des Moralischen durch das
unbefangene Kind, wird der Oberstock dunkel, feucht, die Treppe baufällig,
der Raum leer und doch gefährlich. Es macht die Substanz des Romans "Effi
Briest" aus, daß es sich hierbei jedoch unmittelbar um die Projektionen
der Romanfiguren handelt und das objektive Moment der Hoffnung durch die
Subjektivität der Personen unangetastet bleibt. Das Glück, das im Dachbodenmotiv
im Hause als Hoffnung aufbewahrt bleibt, wird angesichts der
Dynamik, die das so konkretisierte Freiheitsmotiv erhält, nur noch als

Angst, als Todesangst erlebt, weil das Glücksverlangen des Individuums
in der Wirklichkeit nicht eingelöst werden kann. So verwirrt sich bei
Fontane wie auch bei Storm der Moment des Glücksverlangens im Dachbodenmotiv durch die Tabus, die ihm in der Realität entgegengesetzt werden,
mit dem Moment des Gerichts; und es bleibt offen, ob es die protestierende
Nautr selbst ist, die hier ihr Recht fordert, oder ob es die Instanzen
einer Gesellschaft sind, die sich über diese Natur zerstörerisch zum
Herrn macht.

Diese Alternative ist ohnehin scheinhaft. Das bürgerliche Haus wird in
der zweiten Hälfte des 19. Jahrhunderts zum getreuen Abbild und Fokus
des aussichtslosen Kampfes des Individuums mit dem Sozialen. Das Ich,
das sich lustvoll zur Umwelt in Beziehung zu setzen sucht, war im Erdgeschoß als dem Realitätsbereich des Hauses mehr und mehr _entkräftet_
worden. Die Flucht in den Oberbereich des Hauses als Bereich des _Über-Ich_
hatte sich dagegen als eine _Auseinandersetzung mit realen Konflikten_ ange-
zeigt, die auf Veränderung drängten und ins Leben zurückverwiesen. Diese
literarische Szene verwandelt sich mehr und mehr in der zweiten Hälfte
des 19. Jahrhunderts in eine Exekution, weil es keinen hoffnungsvollen
Bereich zu geben scheint, in dem das Individuum gestärkt entlassen werden
könnte. Die Familiensituation in der bürgerlichen Literatur erzwingt das
Wohlverhalten zu ihrem Fortbestand, und daher wird die Hoffnung unter dem
Dache auf das Glück im Leben zur Gefahr, die in der Zerstörung des Individuums endet. Die Dialektik von Es und Über-Ich erweist sich in der Interpretation, die ihr Fontane gibt, als Fetisch, weil das realste Prinzip des
Sozialbezugs, die Libido, keinen Gegner haben kann. Aus diesem Grunde wird
auch bei Fontane das Dachbodenmotiv immer mehr verinnerlicht; der Gegner
des Glücks ist _zwar übermächtig, aber irrational_. So kommt der Gang in den
Oberstock des Landratshauses einer _Profanierung gleich_ gegenüber dem, was
er für die _Personen bedeutet_. Das aufgeklebte Bildchen des Chinesen ist
inadäquater Ausdruck für das Gespenst, das in der Nacht ans Bett streicht.
Der Kampf, den Es und Über-Ich in der Innerlichkeit ausfechten, hat, da
er nicht wahr, sondern aufgezwungen ist, realiter den tödlichen Charakter,
den er in den Dichtungen nun erhält. Die Privatsphäre des Hauses ist somit
Ort der Verzweiflung, weil dort die Kräfte zu glücklicher Veränderung vernichtet werden.

Crampas, der in diesem Roman die konkrete Perspektive der Befreiung durch
das Leben eröffnet, ist "Spieler", er hält sich selbst ein Opfer im Hause.
Gegen seine "Verführung" erbittet Effi die "Gottesmauer"; das Einschneien
des Hauses (154), ein Todessymbol, zieht sie dem Kommenden vor. Gatte und
Verführer, die im Verblendungszusammenhang des Romans stehen, veranlassen
die gefährliche Fahrt über den "Schloon" (161), den "Sog", in dem der
Schlitten zu versinken droht, und es ist Effis Schlitten, der versinkt.
Die Introversion des Konflikts, für den das Dachbodenmotiv im Roman ein-
stand, wird nun Effi vollendet:
"Einmal trat sie spät abends vor den Spiegel in ihrer Schlafstube; die
Lichter und Schatten flogen hin und her, und Rollo schlug draußen an,
und im selben Augenblick war es ihr, als sähe ihr wer über die Schulter.
Aber sie besann sich rasch. 'Ich weiß schon, was es ist, es war nicht der',
und sie wies mit dem Finger nach dem Spukzimmer oben. 'Es war was anderes...
mein Gewissen ... Effi, du bist verloren." (172)
Zu dieser Tragödie läßt Fontane in der Sphäre des Hausgesindes das <u>Satyr-
spiel</u> folgen. Roswitha befragt die alte Kruse nach dem Chinesen. Daß auch
hier Angst im Spiel ist, läßt sich daran erkennen, daß Roswitha, die ja
Gewißheit will, die unglückliche Liebesgeschichte selbst erzählt und die
befragte Kruse nur nickt. Für Roswitha jedoch, das Mädchen aus dem Volke,
ist der Chinese kein Dämon: "Denn die Chinesen sind doch auch Menschen,
und es wird wohl alles ebenso mit ihnen sein wie mit uns." (178) Vor dem
Hintergrund ihrer eigenen leidvollen Liebeserfahrungen sind für Roswitha
<u>alle Menschen Geschwister</u>. Ehe die Kruse sich selbst zum Chinesen äußern
kann, tritt ihr Ehemann dazwischen:
"Unsinn is es, Roswitha, Und meine Frau, statt aufs Richtige zu sehen,
erzählt immer so was, nur wenn ich ein reines Hemd anziehen will, fehlt
ein Knopp.Un so is es nu schon, solange wir hier sind. Sie hat immer bloß
solche Geschichten in ihrem Kopp und dazu das schwarze Huhn. Un das
schwarze Huhn legt nich mal Eier. Un am Ende, wovon soll es auch Eier
legen? Es kommt ja nich raus und vons bloße Kikeriki kann doch so was
nich kommen. Das ist von keinem Huhn nich zu verlangen". (178)
Die Kritik Kruses an dem schwarzen Huhn, das keine Eier legt und ständig
auf dem Schoß seiner Frau sitzt, richtet sich gegen die Weigerung der
Frauen, sich im patriarchalischen Verwertungsprozeß zu integrieren. Da
diese Verweigerung Regression ist, wird sie mit Schwachsinn erkauft. Die
Geschichte vom Chinesen, der eine Ehe verhinderte, bezeichnet Kruse daher
auch grollend als "Unsinn", wodurch nur die Knöpfe an der Wäsche fehlten.
Seine Rolle in der Auseinandersetzung mit dem Dachbodenmotiv steht in Analogie zu der Innstettens; seine Abwehr ist konkreter: "Es sind bloß Mäuse",

(180) wie auch das Huhn, konkreter als Effis Ängste und ihre Kinderlosigkeit nach Annies Geburt, in der niederen Ebene des Volkes den physischen und psychischen Abbau benennt, der sich bei den Frauen in der Leugnung der weiblichen Rolle wirklich vollzieht. Effi meint daher: "Ich wette, daß alles da oben mit dem Huhn zusammenhängt." (179) Ihr erscheint das Leben unter dem Dache als die Wiederkehr des Verdrängten.

Auch in Roswithas Jugend spielt das Dachbodenmotiv eine schicksalhafte Rolle; sie hat danach alle Ansprüche auf eigenes Glück aufgegeben und sich verweigert. Als Roswithas Schwangerschaft nämlich im Vaterhause ruchbar wurde, wird sie auf den Dachboden getrieben, um sich vor der Verfolgung zu retten.

"Die Mutter, na, das ging noch, aber der Vater, der die Dorfschmiede hatte, der war streng und wütend, und als ers hörte, da kam er mit einer Stange auf mich los, die er eben aus dem Feuer genommen hatte und wollte mich umbringen. Und ich schrie laut auf und lief auf den Boden und versteckte mich, und da lag ich und zitterte und kam erst nach unten, als sie riefen, ich solle nur kommen. Und dann hatte ich noch eine jüngere Schwester, die wies immer auf mich hin und sagte: 'Pfui'. (...) 'Ach, gnäd'ge Frau, Gott und seine Heiligen führen uns wunderbar, und das Unglück, das uns trifft, hat doch auch sein Glück. Und wen es nicht bessert, dem is nich zu helfen... Ich kann eigentlich die Mannsleute gut leiden...' 'Siehst du, Roswitha, siehst du.'" (180 f.)

Diese Dachbodenszene im Roman hat wieder die Konkretion, die ihr im Bereich des Volkes eigen ist; unten in der Familie als Reaktion auf den "Fehltritt" das Pfui der Schwester und das glühende Eisen des Vaters, unter dem Dache die Rettung der nackten Existenz vor dem Angriff gegen das Leben. Doch über dem Konflikt des Mädchens steht der Satz, in dem das Problem der weiblichen Figuren des bürgerlichen Romans im Zusammenhang mit dem Dachbodenmotiv artikuliert wird: "Ich kann eigentlich die Mannsleute gut leiden."

Dieser Konflikt bleibt im Roman ungelöst wie in der Gesellschaft selbst. Der verzweifelte Aufschrei Effis: "Gott sei Dank" (185), daß sie das Spukhaus verlassen darf, um nach Berlin zu entkommen, kündigt keine Befreiung an. Innstetten meint, daß es das "Altmodische" und sein "Egoismus" waren (186), die Effis Ängste hervorriefen, daß dagegen das moderne Leben in Berlin ihr Befreiung bringen werde: "Das soll nun anders werden (...) Spukhäuser gibt es da nicht." (186) Doch die neue Perspektive gerät unversehens in die Nähe des unheimlichen Lebens im Spukhause, und die Verheißung verflüchtigt sich:

"Da sollst du's in Berlin besser haben, auch ein Saal, aber einen anderen
als hier und auf Flur und Treppe hohe bunte Glasfenster. Kaiser Wilhelm
mit Zepter und Krone oder auch was Kirchliches, heilige Elisabeth oder
Jungfrau Maria." (187)
Der nunmehr befreite Gang nach dem Oberstock wird jetzt durch die Requisiten von Thron und Altar verstellt.

Daß Innstetten "des Angstapparats aus Kalkül" wie der Luft zum Atmen bedarf, wird aus seiner Unterscheidung zwischen den künstlichen Geistererscheinungen im Belvedere in Berlin und dem natürlichen Spuk deutlich:
"Spuk aber wird nie gemacht, Spuk ist natürlich.'
'Also glaubst du doch dran?'
'Gewiß glaub ich dran. Es gibt so was. Nur an das, was wir in Kessin
davon hatten, glaub ich nicht recht. Hat dir denn Johanna schon ihren
Chinesen gezeigt?'
'Welchen?'
'Nun, unsern. Sie hat ihn ehe sie unser altes Haus verließ, oben von der
Stuhllehne abgelöst und ihn ins Portemonnaie gelegt. Als ich mir neulich
ein Markstück bei ihr wechselte, hab ich ihn gesehen. Und sie hat es mir
auch verlegen bestätigt.'
'Ach, Geert, das hättest du mir nicht sagen sollen. Nun ist doch wieder
so was in unserem Haus.'" (211)
Daß Effi keine Rettung und kein Erbarmen finden kann, ist entschieden.
Ihre Wohnung in Berlin, drei Treppen hoch, in der die Vereinsamte Obdach
findet, ist der negativen Gestalt des Dachbodenmotivs, in der Selbstverlust, Wahnsinn und Tod Einzug halten, zugehörig. Nur in der Vorstellung
mitleidiger Menschen, Roswithas und des Arztes Rummschüttel, will sich
das trostlose Asyl am Rande des Lebens mit dem Ausblick auf Geleise und
Friedhof noch zur Idylle verklären. Effi selbst wird psychisch ausgehungert, und die Zeit der Ängste vor dem Chinesen will ihr nun lebensvoller erscheinen als ihr jetziges Los:
"Weißt du noch, wie's damals war, als der Chinese noch spukte? Das waren
glückliche Zeiten. Ich habe damals gedacht, es wären unglückliche, weil
ich die Härte des Lebens noch nicht kannte. Seitdem habe ich es kennengelernt. Ach, Spuk ist lange nicht das Schlimmste! Komm, meine gute Roswitha, komm, setze dich hier zu mir und erzähle mir ... Ach, ich habe
solche Sehnsucht." (67)
Ihre kraftlose, verzweifelte Flucht in das Reich der Kunst, die zur
Idylle des Dachbodenmotivs in seiner negativen Gestalt gehört, hat nicht
einmal mehr den Glanz einer Illusion. Die hilfreiche Hand der Eltern,
denen das Leben "ein weites Feld" ist, wird zu spät gereicht. Sie geleiten
sie aus dieser Idylle unter dem Dache nur hilflos ins Grab.

In diesem Roman hat Fontane zwei psychische Abwehrformen auf die angstbesetzte Welt, Schabernack und Langeweile, Angriff und Verteidigung in der Ehe einander gegenübergestellt. Sie bedingen einander, weil sie beiden Abwehroperationen gegen den Aufforderungscharakter der Welt und die als Gefahr erlebte Lust, ihr zu antworten, sind. Beide Haltungen verraten das problematische, angstbesetzte Verhältnis der Personen zur Bewegtheit des konkreten Lebens und zur sozialen Praxis. Sie schwanken zwischen dem fragwürdigen Drang, Unterwerfung zu erzwingen oder sie zu erdulden, der jede Lebenslust verzehrt. Da im Dachbodenmotiv aber der Drang zur Selbstbestimmung gegen die Unterdrückung artikuliert wird, wird es Ausdruck des Verdrängungszusammenhangs, in dem die Personen stehen. Die Verschleierung und Bagatellisierung seiner Bedeutung führt zur wirklichen Dämonisierung, die sich vollzieht, weil in Innstettens Abwehr gegenüber dem Drang nach Selbstbestimmung die herrschende Ordnungsvorstellung transparent wird. Die psychische Relevanz des Dachbodenmotivs verselbständigt sich von der dinglichen und faßbaren, weil sie in den Dingen selbst nicht wahrgenommen werden darf. Der ohnmächtige und unfaßbar gewordene, von den Dingen abgezogene, innere Schauder, der sich in diesem Hause auf den Oberstock bezieht, trifft, wenn er hilfesuchend mitgeteilt wird, auf die Rüge des kühlen Ordnungshüters, der in Effi das sanktioniert, was in ihm selbst geheime Ausschweifung ist.

So bleibt in dieser Ehe die Angst vor dem Leben übermächtig, und im Kampf gegen sie werden die Rollen ungleich verteilt. Innstetten, der durch die Berufung auf seine sozial bedeutsamere Existenz das Andrängende unter Kuratel hält, vernichtet dabei Effi, die nicht lernen konnte, eine tragfähige Rolle in ihrem Leben zu finden. Die beiden Menschen hat Fontane als gefährdete vorgeführt, ehe sie sich verbinden und in den Kampf geraten. Innstettens zwanghafte Isolierung des Problems von seiner inneren Not und Effis verzweifelter Wunsch nach Ekstase sind dem Kampf mit der gleichen dunklen Gefahr abgerungen, der Sucht nach Selbstauflösung, die aus der Aufforderung zur Hingabe an den anderen für beide wieder auflebt. Innstetten, in der Selbstbeherrschung und der Beherrschung anderer als Subjekt der patriarchalischen Gesellschaft geübter, wird jener Gefahr Herr, in der Effi umkommt.

Diese beiden Beschadeten nun werden mit dem konfrontiert, was im Bürgerhause Zuflucht und Dauer unter dem Dache erhält, mit dem Verlangen nach Glück und Freiheit. Die Meeressymbole, die Fontane ihm zuordnet, sind für den Unbefangenen wundersame, überlebte Lebenszeichen eines schrulligen Weltenfahrers, der seine Erfahrung in die Enge des Hauses einbrachte und ihm die Weite verlieh, derer er selbst bedurfte. Dies findet seine Entsprechung in der schlichten Äußerung der vom Leben gerüttelten Roswitha: "Die Chinesen sind doch auch Menschen, und es wird wohl alles ebenso mit ihnen sein wie mit uns."(178) Der Lebenserfahrene erkennt sich selbst in den Zeugen der Fremde wieder und die Angst ist gebannt. Jener Kapitän, der das Meer wie das Leben liebte, den Chinesen heimbrachte, weil er in diesem Menschen einen Freund gefunden hatte, und das Mädchen aus dem Volke haben nicht teil an der dämonischen Aufblähung der Angst vor den unbeherrschbaren Kräften des Triebs.

In der finsteren "Kate" des Ordnungshüters Innstetten erst werden diese Symbole Ausdruck für anderes, dafür, daß die Enge, die in seinem Hause herrscht, das ganze Leben nicht fassen kann. Es kehrt wieder in feindlichem Anblick in allen Requisiten der Ferne: In Kanonenschiff, Haifisch und Krokodil werden Vagina dentata und Kastrationsangst beschworen,und sie sind gleichermaßen aggressive Phallussymbole. Was die Geschlechter im Hause des Juristen einander gewähren, ist in Wahrheit der Angriff. Die Triebangst, die Fontane an seinen beiden Hauptfiguren darstellt, erhält so ihre symbolische Entsprechung im Hause als Körper- und Weltsymbol. Es ist von Treibhausluft erfüllt; wo die Hingabe verweigert wird, lauert die Ausschweifung.

Fontane stellt dieser lebensfeindlichen Konstellation im Hause, in die er das Dachbodenmotiv eingreifen läßt, eine Alternative gegenüber, die an Fragwürdigkeit der Ehe gleichkommt. Crampas' Frau darf den Mund nicht auftun,und ihre Existenz umgibt die Verzeiflung. So stehen in den beiden Männern, die Effi mit dem Leben konfrontieren sollten, nur Verführer und Ehemann als Kreaturen einander gegenüber, bei denen ihre Selbstfindungsversuche in Selbstverlust umschlagen. Zwar läßt Fontane den Verführer die Wahrheit sagen, doch sie stammt aus dem Munde des "Hasardeurs"; zwar hat Innstetten das Recht auf seiner Seite, doch er genießt es nicht, sondern treibt damit Schabernack. Verführer und Gatte bedingen einander im patriarchaischen Kampf um die Herrschaft über die Frau als Naturgeschöpf.

In der Sphäre des Hausgesindes erstellt Fontane die gleiche Konstellation. "Die Mannsleute", die Roswitha so "gut leiden" kann, verlangen Ordnung gegen die Lebenslust, und die Frauen beantworten die Verdrießlichkeit mit Verweigerung, die in Schwachsinn mündet. Am Problem, für das der Chinese einsteht, aber, dem menschlichen Ereignis vereitelter Hoffnungen, halten die Frauen unnachgiebig fest und lassen den Mann in seinem Groll allein. Das Leben ohne Lust verlangt hier nach Aufhebung, nicht Verinnerlichung. Das Dachbodenmotiv, das zum Triebkonflikt der Personen sich materialisiert, trifft bei Fontane immer wieder auf die Irrelevanz der scheinbaren Verursachung, den Spuk im Hause. Doch die Bagatellisierung löst nicht den Schrecken selbst auf, er bleibt im Hause heimisch, das keine Vertrautheit birgt. Er heftet sich gerade für die im Konflikt in die Passivität gedrängte Effi an die Leere im Raum unter dem Dache. Nach der Ablösung der Angst von ihrer wirklichen Verursachung heftet sie sich an den Spuk als ihrem Signal, und dieser verhext das ganze Haus von oben her. Auch in "Effi Briest" steht das Dachbodenmotiv in der Subjektivität der Personen für die Wiederkehr des Verdrängten. Die fahle Farbe des Chinesen und des ganzen Oberstockes ist Farbe von Krankheit und Seuche, der leere Saal ist angefüllt von nächtlichen Geistern, aus deren Mitte die Braut einst vor der Ehe ins Nichts verschwand. Und der Chinese wird zum feindlichen Dämon des Triebs. Versuchung und Versagung liegen für Effi unauflösbar in Spuk und innerer Vorstellung nebeneinander. Die Allgegenwart der Gespenster wird endlich zum Ausdruck ihres Gewissens, vor dem sie als Verlorene steht. Das Dachbodenmotiv wird Zeichen des inneren Gerichts. Aus eigener Not fordern die Gatten voneinander die Versicherung, daß es oben nichts sei, doch keiner kann diese Befreiung gewähren.

Auch in Berlin wird daher der Chinese ins Haus geholt; er steckt im Portemmonaie des kecken Dienstmädchens Johanna, aus dem er beschworen wird. Die neue Drohung läßt Fontane zum einen aus der kargen Börse der Unterprivilegierten erstehen, zum anderen wird der freie Gang nach oben nun durch die Requisiten von Thron und Altar verstellt. Diese gesellschaftskritische Konkretion des Dachbodenmotivs sieht nach Entschleierung und Entdämonisierung der über den Köpfen der Personen im Roman gefangenen aufrührerischen Geister, sieht nach der Verfügungsgewalt des Dichters

über das im Geschehen sich verdichtende Problem von Selbstfindung und
sozialem Ziel aus; denn Fontane heftet es nach der Befreiung vom Geisterspuk unter dem Dach an die konkreten Agenten der Widersprüche in der
Wilhelminischen Gesellschaft. Der Spuk scheint ins Leben hinausgetrieben,
denn im Bildchen aus der Börse des Dienstmädchens und in der Büste Kaiser
Wilhelms scheint dem Problem jene Nüchternheit zugeteilt, die die innere
Angst als gesellschaftlich faßbare enthüllt, und nun wird der Blick frei
für die objektive Verursachung der vereitelten Selbstfindung dieser Gatten. Und doch wird Fontane wie Storm zur Distanzierung vor der Eindringlichkeit dieser Wahrheit gezwungen. Die Repräsentanten des Protests sind
im Werk durch Unschuld so wenig zum Aufbegehren legitimiert wie bei Storm.
Am Dienstmädchen Johanna haftet der Makel der Unverschämtheit, der Usurpation, und am Bilde des Kaisers hängt Effis geheime Sucht nach dem strahlenden Glanz der Mächtigen. So aber hat Fontane nur die Suche nach Ursache
und Wirkung der Katastrophe, die er schildert, aus dem individuellen Bereich vertrieben. Im Hause dieser Gatten erweist sich diese Verursachung
als wirklich nicht faßbar, und die Aufblähung ihres Unglücks zum Triebkonflikt ist durch die Aufnahme des Dachbodenmotivs mit dem Stigma der
Unerlöstheit versehen. So aber bleibt die Provokation in ihrer Eindringlichkeit über dem Geschehen bestehen. Sie sprengt den individuellen Schuldzusammenhang, in dem der böse Zauber sich nicht fassen ließ, und gibt am
Ende den Blick auf die Fratzen frei, die den Dichter im gesellschaftlichen
Leben anblicken. Nur so scheint nach Goethe die Entlassung der <u>Wünsche
ins Leben</u> noch zu gelingen, die Fontane mit dem Mut zur Verzweiflung zu
vollziehen scheint, und nur mit der offengelegten Konsequenz der individuellen Vereitelung im Leben scheint es auch hier wie bei Storm zusammenzuhängen, daß das fragwürdige Opfer, das zur Abdankung gezwungen wurde,
mit der Poesie des Todgeweihten umgeben, am Grabe beweint zu werden verdient wie der Überlebende.

Die Erkenntnis, daß es unbeschadete Menschen nicht gibt, die den Personen
im Roman Würde verleihen, tilgt die Schuldfrage nicht aus dem Werk. Es
soll dem Appell, das schöne Opfer zu beweinen und mit der Misere, der es
unterlag, den falschen Frieden zu schließen, hier nicht gefolgt werden.
Gerade der zwingende Nachweis der Notwendigkeit der Katastrophe, der Fontane gelungen ist, muß in den Wahrheitsgehalt aufgelöst werden. Dies soll

hier mit Hilfe der dichterischen Gestaltung des Dachbodenmotivs im Roman
geschehen, weil in ihm wie in den anderen Dichtungen der Verdrängungszusammenhang im Hause symbolisiert ist. Gerade in diesem Spuk versammeln
sich ja eh und je die Hoffnungen auf das Leben, um eingelöst zu werden.

In der Negation der ausschweifenden Phantasie, die diesen Oberstock mit
den tanzenden Geistern belebt, kehrt in Wahrheit die ungefesselte Kraft
des freischweifenden, das Leben suchenden Geistes ins Haus zurück, der
nur hier zu Ausschweifung verkommt und doch über die Öde triumphiert.
Die fahle Farbe des Chinesen und des Oberstocks ist in Wirklichkeit das
Gold der Sonne, in deren Wärme und wahrheitsstiftender Leuchtkraft die
Möglichkeit einer menschlichen Versöhnung zwischen dem Bedürfnis nach
Ordnung und Dauer und dem nach Bewegtheit und Veränderung aufgehoben ist.
Die flatternden Gardinen, die im Oberstock dieses Hauses wie Totenschleier
schleifen, halten die Sehnsucht nach Tanz und Sommerwind wach, die die
Lebenden beseelen. Hier wird die junge Braut nicht in die Knechtschaft,
sondern in die Freiheit entlassen, denn dort gab der kühne Eindringling
auch einst Dornröschen den Erweckungskuß. In allen diesen Bereichen, die
dem Dachbodenmotiv seit je zugehören, ist die Dialektik von Individuation und Sozialisation gelöst, das Dämonische schlägt in Verheißung um.
Was Innstetten und Effi so unversöhnlich und hoffnungslos in ihrem Wege
nach dem selbstbestimmten Ziel voneinander scheidet, das Bedürfnis Innstettens nach _Dauer_ und _Recht_ und das Effis nach _Spiel_ und _Lust_, erweist
sich im _entsymbolisierten_ Bedeutungszusammenhang des Dachbodenmotivs als
unmittelbar aufeinander angewiesen und versöhnt. Die drei durchgesessenen
Binsenstühle verlieren als Ausdruck des Gerichtsmotivs nun auch das Tödliche, das sie in der Immanenz des Verdrängungszusammenhangs im Roman festhalten. Wohl sind sie desolater Ausdruck der Verkommenheit jener Vergangenheit, die die patriarchalische Ehe bestimmt, doch der kleine Chinese,
von Roswitha zum Inbegriff aller Menschen, die nicht glücklich sein durften,
erhoben, ruft die unvertraut Gepaarten in jenen Ort der Freiheit unüber-
hörbar hinauf, in dem die _Rettung_ vor der Unmenschlichkeit ihrer Bedrängnis unten auf sie wartet. Die Gatten aber fordern voneinander gegen diese
Herausforderung nur die Beschwichtigung, daß oben nichts ist. So aber
bleibt das Geschehen im Werk auch hermetisch verriegelt gegen die glückliche Veränderung, für die das Dachbodenmotiv als Instanz der gegen die
Wirklichkeit aufrechterhaltenen Hoffnung in der bürgerlichen Literatur steht.

Fontane entscheidet sich nicht, wie Storm, für die allgemeine Konfiguration des Dachbodenmotivs an weiblichen Personen im Werk. In allen Werken, in denen er es aufnimmt, fällt auf, daß er beide Geschlechter dem unter dem Dach aufbewahrten Problem unterstellt. Die Frauen aber siechen unter seiner Herrschaft auch in Fontanes Dichtungen dahin, und ihrem Untergang teilt er in "Unwiederbringlich", in "Unterm Birnbaum" und in "Effi Briest" die Poesie mit, die schon bei Storm auffiel. Auffällig an Fontanes Umgang mit dem Motiv ist der Versuch der Entsymbolisierung, der sich aber nur noch in der Bagatellisierung seiner Bedeutung durch eine Person im Werk zu artikulieren vermag: so durch die Dobschütz in "Unwiederbringlich", durch Hradscheck in "Unterm Birnbaum" und durch Innstetten in "Effi Briest". Das Gesehen selbst aber gibt denen recht, die Angst haben.

Im Gegensatz zu Storm, der in der poetischen Verklärung noch die humane Gegenwart des Autors im Geschehen verbürgt, sieht sich Fontane zu einer Askese gezwungen, die sich in der Nüchternheit des konkreten Sachverhalts unter dem Dach ausdrückt. Diese Nüchternheit Fontanes ist in der zweiten Hälfte des 19. Jahrhunderts anders determiniert als einst Goethes Treue gegenüber der Greifbarkeit des Widerspruchs von Glück und Recht, von Selbstfindung und Vergesellschaftung. In Fontanes Optik ist für die im Hause unten aufsteigenden Wünsche die Tür ins Leben versperrt. Nur da er uns im Werk zwingend vor Augen führt, daß dort oben wirklich nichts ist, kann er auch den Prozeß wahrheitsgetreu darstellen, wie diese in der Hausgemeinschaft vereitelten Wünsche, privatisiert gegen die Lust zur Veräußerung in der Gesellschaft, ihre Greifbarkeit verlieren, sich nicht mehr fassen lassen, und alles dort oben, wo die Geister in abergläubischen Zeiten vermutet werden, verhexen. In allen drei genannten Werken beginnt nach dieser Erfahrung der aussichtslose Kampf gegen die Herausforderung von oben, gegen einen Gegner, der sich nun mächtiger als alles Wirkliche unten erweist. Nun aber erfahren die Personen ihre eigene Natur wirklich als dämonisch, als asozial, denn diese hat, durch die dichterische Verkettung mit dem Triebproblem innerhalb des Dachbodenmotivs verworfenen Umgang mit den ausschweifenden Geistern oben. Von hier aber läßt sich die rätselhafte dichterische Verwandtschaft im nüchternen Umgang mit dem Dachbodenmotiv in seiner Konkretion mit dem Klassiker erklären. Für Fontane stellt sich das Problem der individuellen Entwicklung in der Gesellschaft seiner Zeit, die er literarisch ja nicht flieht, ebenso eindeutig als verworren dar wie Goethe als transparent. Von dieser Hellsichtigkeit her kann er den Prozeß der Verzauberung der uneingelösten Wünsche seiner Helden mit der gleichen Nüchternheit darstellen, wie Goethe die Entzauberung des Spuks. Darum auch durfte am Ende der Analyse des Romans "Effi Briest" die das Werk transzendierende Entsymbolisierung des Dachbodenmotivs gewagt werden, um zu enthüllen, wie sehr sich nach einem Jahrhundert die Geister gleichen. Sie scheinen keine Geschichte zu haben.

Und doch gestaltet Fontane durch seinen nüchternen Umgang mit dem Dachbodenmotiv, das in seinem Gesamtwerk übrigens auch nicht die eminente Rolle spielt wie bei Storm und Raabe, nicht nur die Vereitelung der individuellen Selbstverwirklichung. Dies scheint nicht einmal das eindringlichste Problem zu sein, wo es auftaucht; denn es bleibt auch bei Fontane wie bei Storm nicht mehr frei von der inneren Fragwürdigkeit der daran zugrunde gehenden Personen. Der Tod der Frauen wird nicht für andere erlitten wie noch bei Keller; ihnen ist auch bei Fontane die Allgemeinverbindlichkeit genommen, denn er läßt das dienende Volk im Hause mit den Hoffnungen unter dem Dache einen vertrauten Umgang treiben und mit ihnen überleben. Die Vornehmen aber, die an der vitalen Herausforderung scheitern, erleiden ihr Schicksal als Abdankung wie bei Storm; die adelige Christin war zu fromm, um Liebe zu finden, Frau Hradscheck mochte im Dorf keiner leiden, weil sie die "vornehme Ader" hatte, und Effi trog nur die Hoffnung auf ein glanzvolleres Leben. Daß Fontane diesen weiblichen Figuren in seinem Werk nicht die Eindringlichkeit des Endes der Mutter Heinrich Lees mitteilt, sie auch nicht zu Teilhaberinnen am gesellschaftlichen Schicksal des Volkes macht, verweist auf Fontanes politischen Scharfsinn. Er unterliegt nicht der Verzerrung der Weiblichkeit unter der Perspektive gesellschaftlicher Ohnmacht. Fontane nämlich sieht auch das Entwicklungsproblem der Frauen als ein gesellschaftlich vermitteltes in seinen Werken an und ist daher frei vom Zwang zur Symbolisierung des Sachverhalts. Er ist in seinen Werken durchschaubar.

Durch diesen in der Dichtung nicht verratenen Scharfsinn scheint nun eine andere Widersprüchlichkeit in Fontanes Umgang mit dem Dachbodenmotiv erklärlich, der nämlich, daß Fontane das Dachbodenmotiv als Teil der Symbolik des Hauses bagatellisiert. Für ihn, der den gesellschaftlichen Schauplatz nicht meidet, ist das Haus in Wirklichkeit nicht mehr die Bühne der Welt. So sehr die Wünsche durch die Ausbreitung des Spuks im Werk legitimiert werden und so sehr dadurch das Haus als Körpersymbol von Fontane gestaltet ist, so wenig verleiht er ihm die Würde, am Ende des 19. Jahrhunderts durch die Familiengemeinschaft die bestehende Gesellschaft zu verkörpern. Aus der Perspektive der wirklichen Vergesellschaftung nämlich ist für Fontane der panische Schrecken, der im leeren Oberstock des Einzelhauses lauert, eine wirkliche Bagatelle; von dort her ist er in der Tat nur _leerer Wahn_ gegenüber dem _wirklichen Kampf_ aller gegen alle. Die herrschende gesellschaftliche Brutalität des Imperialismus, die mörderischen Gesetze der Wirklichkeit machen die Angst vor dem Spuk unter dem Dache wahrhaft zum Unverstand. Sie ist das wirkliche Symptom für die Nervenschwäche der Untätigen und stigmatisiert die Geängsteten mit gesellschaftlicher _Belanglosigkeit_; sie _sind_ krank und verstehen nichts mehr. Von dieser gesellschaftlichen Einsicht her wird auch das Wohlwollen Fontanes mit den Personen in seinem Werk legitimiert, die für die Bagatellisierung der Geister unter dem Dache, für die _Abwertung_ der Frage nach der individuellen Selbstbestimmung des Menschen eintreten, denn auch sie sind Scheiternde, deren Schicksal der literarischen Benennung bedarf. Fontane hält durch seinen widersprüchlichen Umgang mit dem Dachbodenmotiv an der Wahrheit fest, daß die _private_ Einlösung auf das Leben verweisender Wünsche die gesellschaftliche Wunde nicht heilt, dem Elend der Massen seiner Zeit nicht mehr die Perspektive glücklicher Veränderung verleiht, sondern _nur einen Kranken_ genesen läßt, eine Lösung, der er sich als Dichter verweigert.

Raabe und die Herablassung des Kauzes

Bei Wilhelm Raabe findet sich weder Verödung wie bei Theodor Storm, noch Bagatellisierung wie bei Theodor Fontane in der Gestaltung des Dachbodenmotivs. Er selbst identifiziert sich unmittelbar mit dem armen beseelten Volk der Ausgestoßenen auf dem Dachboden. Damit fällt die dichterische Distanz fort, der Dichter schreibt aus der Perspektive unter dem Dache und tritt für die große Schar der Bedrängten mit dem guten Herzen ein. Er wird ihr <u>Fürsprecher</u>. Da Raabe für eine soziale Gruppe eintritt, rückt das Problem der individuellen Isolation weitgehend in den Hintergrund; kollektive Perspektiven bestimmen seinen Umgang mit dem Dachbodenmotiv.

Es entsteht Gewimmel unter dem Dache. Der beste Kaffee und Tabak werden dort genossen. Genie und Philister, Original und Spießer hausen gemeinsam unter dem Giebel, sind vielfach vereint in einer Person oder herzliche Freunde, da sie einander gleichen. Von diesem Ausgangspunkt her wird es verständlich, daß Raabe vor allem zur idyllischen Ausgestaltung des Motivs beiträgt, daß in seinen frühen Dichtungen atmosphärische Wärme gegen die Kälte, die den Vereinsamten umgibt, überwiegt. Aus dem <u>Reich der Illusion wird das der Gemütlichkeit</u>. Auch bei ihm ist das obere Stockwerk nicht mehr vom Dachboden geschieden. Es ist die Sphäre des Olymp, des von der Realität geschiedenen Geistes, der nun desto freier zu sein glaubt. Die Innerlichkeit feiert dort ihre Siege über die Fremdheit in der Gesellschaftssphäre. Die Viertel der "Reichen" in der Stadt scheinen in einem fernen Lande zu liegen. Die Viertel der "Armen" aber werden nicht in der grausamen Perspektive der zweiten Hälfte des 19. Jahrhunderts gesehen; es ist vielmehr die <u>Vogelperspektive</u>, die die reale soziale Misere verkleinert, aus der der Dichter das Leben betrachtet.

Wilhelm Raabe nimmt das Motiv in relevanter Form in 30 Werken auf [1]. Dem

---

[1] Vgl. Chronik der Sperlingsgasse 1857: Ein Frühling 1857: Die Kinder von Finkenrode 1858: Wer kann es wenden? 1859; Der Heilige Born 1860; Die schwarze Galeere 1860; Unseres Hergotts Kanzlei 1861; Die Leute aus dem Walde 1862; Das letzte Recht 1862; Der Hungerpastor 1864; Drei Federn 1865; Abu Telfan 1867; Im Siegeskranze 1870; Des Reiches Krone 1870; Der Dräumling 1871; Christoph Pechlin 1872; Frau Salome 1874; Der gute Tag 1875; Deutscher Adel 1877; Alte Nester 1879; Das Horn von Wanza 1880; Fabian Sebastian 1881; Prinzessin Fisch 1882; Villa Schönow 1883; Unruhige Gäste 1884; Im alten Eisen 1886; Das Odfeld 1887; Der Lar 1888; Die Akten des Vogelsangs 1895; Hastenbeck 1898; im folgenden zit. nach: Wilhelm Raabe, Sämtliche Werke, Braunschweiger Ausgabe in 21 Bd., hg. Karl Hoppe, Göttingen 1965

kann hier nicht im einzelnen nachgegangen werden. Charakteristisch für
seinen Umgang mit dem Dachbodenmotiv ist die Tatsache, daß es gegenüber
dem realen Leiden und der gesellschaftlichen Wirklichkeit der 2. Hälfte
des 19. Jahrhunderts kompensatorischen Charakter erhält. Unter dem Dache
rettet Raabe dem Kleinbürger die Verfügungsgewalt über sich selbst. Raabes
Eintreten für den verarmten, doch innerlich reichen und freien Dachbodenbewohner steht im Dienste einer kompensatorischen Haltung zur herrschenden
ökonomischen Unterdrückung des Kleinbürgertums. Er wertet den inneren
Reichtum des Philantropen unter dem Dache auf gegenüber dem äußeren Reichtum des gesellschaftlich Mächtigen. Darum klammert er die inhumane Sozialisation als Vanitas aus und setzt Haus und Welt ineins [2]. Diese poetische Entscheidung für eine verengte literarische Optik ist durch Raabes
Beharren auf der verinnerlichten Subjektivität in einer Zeit des Kalküls
bestimmt. Sie bedeutet nicht den Gewinn von konkreterem kritischem Terrain,
sondern hat, durch Raabes Identifikation mit dem Dachbodenbewohner, selbst
Anteil am gesellschaftlichen Ressentiment des in die Ohnmacht Verwiesenen.
Die Aufwertung des Ohnmächtigen unter dem Dache gelingt Raabe dadurch,
daß er das Weltsymbol des Hauses einer Wertehierarchie unterstellt. Das
Unten ist dunkel und unfrei, mit dem Stigma des Selbstverlusts in der
Vanitas des Lebens [3] behaftet. Das Oben - der Raum unter dem Dache -
wird identisch mit Freiheit, Geist und Selbstbestimmung. Der Philosoph,
auf den die Welt nicht mehr hört, der Künstler, dem die Welt den Beifall
verweigert, der kleine Bürokrat, dessen Diensteifer mißachtet wird,
sie alle erweisen sich auf Raabes Dachboden noch als ganze Menschen.
Die objektive Verzerrung der dichterischen Perspektive aber löst Raabe
im erzählerischen Humor auf, in der Karikatur.

---

[2] Chronik der Sperlingsgasse, Bd. 1, S. 92: "Was kann ein Chronikenschrei-
ber bei so bewandten Umständen besseres tun, als sein Haus einzig und
allein zum Gegenstand seiner Aufzeichnungen zu machen und die große
Welt draußen, die allgemeine Gassengeschichte gehen zu lassen, wie sie
will?(...) Die Geschichte eines Hauses ist die Geschichte seiner Bewohner,
die Geschichte seiner Bewohner ist die Geschichte der Zeit, in welcher
sie lebten und leben, die Geschichte der Zeiten ist die Geschichte -
Gottes!"
[3] Vgl. Sperlingsgasse, a.a.O., S. 15 f.: Drei Federn; Des Reichen Krone;
Prinzessin Fisch; Der Lar; Das Odfeld; Akten des Vogelsangs.

Von daher wird Raabes Umgang mit dem Motiv doppeldeutig. Einerseits tritt
er für den echten, d.h. den sozial nicht unterworfenen Unschuldigen ein
und wird gezwungen, ihn in jenem Ort außerhalb der Gesellschaft anzusiedeln, in dem der Objektverlust zur Desintegration führt [4]. Die Konversation des Raabeschen Dachbodenbewohners wird daher zum Geschwätz. Die
Selbstbehauptung zur leeren Pose eines belächelten Kauzes [5]. Andererseits schlägt Raabe sich nicht nur auf die Seite des unschuldig Leidenden.
Er plädiert auch für den Zukurzgekommenen, dessen Neidverhalten unter dem
Asyl des Daches eine aggressive Aufladung erfährt.

Nicht nur der gescheiterte, menschenfreundliche Kauz wird unter dem Dache
vor dem Unterliegen gerettet. Die dort Wohnenden werden selbstherrlicher.
Sie verwalten in verstaubten Folianten das in der Zeit verschmähte Bildungsgut der Menschheit, und da sie selbst in unbeugsamer Heiterkeit gestählt und gegen jede Verführung durch das Leben gefeit nun den höheren
moralischen Anspruch vertreten, bevölkert Raabe den Dachboden nun mit Erziehern, die, selbst verzichtgewohnt, das Kind in spartanischer Umgebung
dort oben in strenge Zucht nehmen [6].

Damit hat Raabe aber die emanzipatorischen und glückverheißenden Momente
der kindlichen Verborgenheit unter dem Dache als Teil des Dachbodenmotivs
dem Zwang zur Integration in die soziale Misere geopfert. Gerade unter dem
Dache hausen nun diejenigen, die im Leben Bescheid wissen. Die Dürftigkeit unter dem Dache, die ehemals die Selbstfindung des Kindes ermöglichte,
erhält nun erzieherischen Wert. Sie soll auf ein hartes Leben in Armut
vorbereiten und mit Unbeugsamkeit stählen. Diese Erzieher sind durch Herablassung denjenigen gegenüber charakterisiert, die sich selbst verlieren,
denn sie haben die Welt durchschaut, ohne ihr zu erliegen. Diesen Erziehern
gesellt sich in Raabes Werk zudem der ewige Besserwisser zu, der den anderen seine mangelnde Überzeugungskraft nachträgt. Xanthippen, Polizeispitzel und Quälgeister [7] stehen für die andere Seite des Umgangs mit

---

4) Im Siegeskranze; Kinder von Finkenrode; Der heilige Born; Unseres Herrgotts Kanzlei; Wer kann es wenden? Akten des Vogelsangs (Wahnsinnsmotiv).
5) Vgl. Alte Nester; Der Lar; Das Odfeld.
6) Vgl. Wer kann es wenden?; Drei Federn; Alte Nester; Unruhige Gäste;
   Hastenbeck; Prinzessin Fisch; Fabian Sebastian; Villa Schönow.
7) Vgl. Das letzte Recht; Unruhige Gäste, Villa Schönow; Im alten Eisen;
   Abu Telfan; Fabian Sebastian; Deutscher Adel; im Siegeskranze.

dem Dachbodenmotiv bei Raabe ein. Es stählt sich dort auch der ohnmächtige
Übeltäter, der nur auf die <u>Stunde der Rache</u> wartet.
Einer eingehenden Analyse sollen nun die zwei Erziehungsromane Raabes
"Die Leute aus dem Walde", "Der Hungerpastor" und die Novelle "Das letzte
Recht" unterzogen werden, weil sie am offensten Auskunft geben über die
Gestaltung der Kollision und Individuation und Sozialisation im Dachboden-
motiv bei Raabe.

Die Novelle "Das letzte Recht" (1862) ist eine historische Erzählung aus
dem Beginn des 18. Jahrhunderts; die Ereignisse stehen am Rande des großen
Weltgeschehens, doch die Konflikte an diesem Schauplatz sind als Spiegel
der allgemeinen Menschheitskonflikte gedacht [8], die aus "Eigennutz, Haß,
Streit und Neid" [9] entstehen. Jener prototypische Ort des Weltgeschehens
liegt eingebettet zwischen zwei Bergen; sie beide tragen auf der äußersten
Spitze Gebäude, die dem Dachbodenmotiv zugehören; zur Linken der Wartturm,
den der kindische, übervorteilte Kindler bewohnt und nie verläßt, zur
Rechten "gegenüber" die Scharfrichterei des spionierenden "Angstmannes"
(9) Wolf Scheffer. Kindischer Kauz und verachteter Scherge des Gerichts
sind die Beobachter des Geschehens vom Bereich des Dachbodenmotivs aus;
er läßt sie hoch über die Stadt hinausragend einander gegenüber leben.
Nur in der Negativität des mit Schwachsinn geschlagenen Kindlers und des
mit dem Gericht in schlimmem Bunde stehenden Scharfrichters, zwischen denen
die Stadt liegt, nimmt Raabe die Kollision von Individuation und Sozialisation auf.

Die verfallene Silberburg in der Stadt ist der Ort, an dem die Kollision
ausgetragen wird. Sie erinnert mit dem von den Dämonen der Angst geplagten
reichen und geizigen Bewohner, dem "einstigen Zinsmeister der Stadt" Hey-

---

[8] Bd. 9, 1. Teil, S. 8 f.: "Zwischen zwei Bergen, die ziemlich schroff
gegen die Ebene hin abfielen, lag, wie gesagt, die kaiserliche freie
Reichsstadt Rothenburg. Auf der äußersten Bergspitze zur Linken, auf
der Römerhöhe, stand ein alter Wartturm, der 'Lug ins Land', höchst
wahrscheinlich auf römischem Fundament; gegenüber auf dem Vorsprung
des Herrenberges lag die Scharfrichterei, und zwischen dieser und dem
Wartturm liegt im Tal unten die Stadt, gegen das Römertor zu, aus. Dicht
neben dem Römertor an einem kleinen freien Platz stand ein altes, dunkles, einst jedenfalls sehr stattliches Gebäude, welches sich jetzt aber
im höchsten Verfall befand. 'Zur Silberburg' wurde es genannt, und um
die Silberburg, die Scharfrichterei und den Luginsland streift auf Eulen-
flügeln unsere Geschichte."

liger (9) an Storms Novelle "Im Nachbarhause links". Schuld lastet auf diesem Besitz und der spionierende Scharfrichter, der im roten Mantel durch die Stadt geht, hat ein Auge auf den Reichtum geworfen (15). Heyliger war es, der Kindler, den Bewohner des Wartturmes, durch Reichskammergerichtsbeschluß aus seinem Hab und Gut, der Silberburg, vertrieben hat, doch wird er seither von dem Stadtvolk ebenso gemieden wie der Scharfrichter, so daß er selbst sich im verfallenden Hause einschließt und nachts mit der Angst vor Mördern und Dieben (3o) kämpft. Wahnsinn ergreift den vereinsamten Reichen auch hier wie bei Storm in seinem verödeten Hause über der Bewachung des Geldes.

Heyligers Tochter Laurentia blüht in dieser Finsternis wie eine "Wunderblume" (17) hervor. Ihre Sehnsucht richtet sich auf den Wartturm, der für sie Glückssymbol ist, den Wohnort Kindlers und seines Sohnes Georg, die seit dem "Lebensbankrott" (2o) von der Stadt ernährt werden. Dort ist die helle Gegensphäre zur finsteren Silberburg. Auf dem Turme herrscht Raabe'sche Behaglichkeit:"Ein Dichter und Philosoph hätte ihn um diesen Winkel beneiden können." (19) Die halsbrechende Leiter, die von dort hinunter ins Leben führt, wird nur von dem Sohne Georg zum heimlichen Gang in den verwilderten Garten der Silberburg benutzt. (21) Der alte Kindler ist auf seinem Turme mit einem Strickzeug beschäftigt, (2o) als Anzeichen für seine Teilnahmslosigkeit gegenüber dem Gange der Zeiten und müht sich mit einer "Prudentia Oeconomica" (19), aus der er die wirtschaftlichen Gesetze zu studieren sucht, denen er unterlag. Er wird davon jedoch nur wirrer im Kopf und peinigt als liebenswerter "Quälgeist" (22) seinen auf Veränderung drängenden Sohn mit den verwirrten Berichten über das Gelesene, bis ihn ein sanfter Schlaf erlöst. Die <u>Schläfrigkeit des Alten</u> ist Zeichen für die Wirkungslosigkeit des Erkenntnisversuchs, der nicht wie beim Kinde auf das Leben gerichtet ist, sie ist die Schwester des Todes, der das <u>Leiden endet.</u> Doch Kindler hat selbst inneren Anteil an seinem Schicksal: Er hat schon seit frühester Jugend sein Glück verschlafen [1o]. Er war - wie Storms "Hinzelmeier" - nie auf Lebensbewährung

---

9) a.a.O., S. 8; Texthinweise im folgenden im Text.
1o) a.a.O., S. 22: "Aus dem Nachdenken über die Schwierigkeiten seines Buches erlöste den guten Greis bald ein tiefer Schlaf, und dieser Schlaf war der eigentliche Verderber Friedrich Kindlers, denn seit frühesten Kindesjahren kam er jedesmal, wenn irgendeine Theorie in die Praxis zu übersetzen war. So verschlief der arme Friedrich jede günstige Gelegenheit, jede Gunst, welche ihm das Glück und Geschick unter die Nase hielt."

bedacht. Die Liebenswürdigkeit, die Raabe diesem verwirrten Alten auf dem
Turm mitteilte, ist um den Preis der Gegenwehr gegen erlittenes Unrecht
errungen. Die Bewahrung seiner Unschuld hat ihn aus dem Leben in den Bereich des Dachbodens verdrängt. Sie wird mit <u>Schwachsinn erkauft</u> für den
inneren Frieden. Der Versöhnlichkeit Kindlers steht Heyligers Angst in
der Silberburg gegenüber, den die rächende Nemesis verfolgt, vor der es
keine Rettung gibt. Sein Rückzug aus dem Leben zugunsten des materiellen
Reichtums endet in der Verzweiflung, sie mündet in innere Selbstvernichtung. Das Haus ist öde und verfällt, dort herrscht für den Gepeinigten
Grabesstille, die sich für ihn selbst mit Entsetzen füllt. Der einsame
schuldbeladene Reiche ist dem verarmten unschuldigen Narren gegenüber der
Unterlegene, weil die Verweigerung des Konflikts um das Recht bei Raabe
die Unschuld in der Innerlichkeit zum Sieger werden läßt.

Da Heyliger und Kindler nur noch dem Tode entgegensehen, stellt Raabe
ihnen die Liebe zwischen ihren Kindern Georg und Laurentia als Perspektive
der Versöhnung gegenüber. So taucht denn auch in diesem Zusammenhang das
Rapunzelmotiv wieder auf: In einer Mondnacht singt Laurentia, aus dem
obersten Stockwerk der Silberburg blickend, ein Lied, das die Sehnsucht
nach Befreiung aus ihrer Gefangenschaft ausdrückt [11]. Der Freiheitswunsch
dieses Mädchens aber, der dem Dachbodenmotiv zugehört, ist nicht auf die
Lebenden gerichtet. Er ist Aufruf zur inneren Entsagung, in dem Raabes
Vanitas-Motiv mitschwingt. Ihr Freiheitsbegehren ist Todeswunsch, denn
sie sehnt sich nach Befreiung aus diesem dunklen Hause, wie ihre Seele
von der Gefangenschaft im Körper in die ewige <u>Harmonie der außermensch-
lichen Natur</u> einzugehen wünscht. Die lebensfeindliche Umdeutung des Ra-
punzelmotivs bei Raabe zur Weltflucht wird noch verstärkt durch den einzigen, heimlich spionierenden Zeugen des nächtlichen Liedes, den Scharfrichter Wolf Scheffer. Während das liebende Paar aus der schleichenden

---

[11] a.a.O., S. 35 f.: (...) "Weil nicht im dunkeln Walde,/Zwischen den Tannen nicht;/Über die Blumenhalde/Trag deinen Schmerz ins Licht.
Wenn hiner dir versunken/Was Ohr und Auge bannt,/Dann hält die Seele
trunken/Das Firmament umspannt. (...)"

Schuld der Väter eine hoffnungsvolle Perspektive gewinnen soll, die selbst am Rande des Todes steht, kündet die Dreistigkeit des Scharfrichters im Zusammenhang mit der Silberburg noch größeres Unrecht an.

Raabe läßt in diesen schwelenden Konflikt um die Silberburg zwischen der Sphäre der Liebe im Wartturm und der Sphäre des Rachegeistes in der Scharfrichterei das blinde Schicksal eingreifen, um die Frage aufzuwerfen, wem "das letzte Recht" zugehöre. Ein nächtlicher Frühjahrssturm bringt die Entscheidung herbei, die Natur selbst hält Gericht [12]. Der Wartturm Kindlers bleibt zum Erstaunen aller vom Orkan verschont. Am Hause des Scharfrichters wird das Dach vernichtet. (38) Die Dokumente der Stadt fliegen in alle Winde hinaus. In dieser Nacht verlassen Ratten und Mäuse die Silberburg (39). Heyliger rafft eine schwere Kiste auf und trägt sie die Bodentreppe hinauf. Seine Laterne und Laurentias Lampe, mit der sie die Flucht des Vaters auf den Dachboden schaudernd beobachtet, werden vom Sturm, der durch das verwahrloste Haus ungehindert hindurchfährt, ausgelöscht. Die Flucht mit der Kiste unter das Dach erfolgt in der Finsternis, die bei Raabe mit dem Bösen einhergeht. Laurentia aber, die Unschuldige, die sich nach dem Wartturm sehnt, versinkt in einen tiefen Schlaf und das Gericht, das der Sturm bedeutet, wird für sie zum bösen Traum, aus dem sie erleichtert am hellen, sonnenbeglänzten Morgen erwacht: "Eine reine, kalte, herzerfrischende Luft erfüllte das Haus". (41) Mit heiterer Seele betrachtet sie die glückliche Veränderung des Hauses.
Ein von der Großmutter hinterlassenes Bild, Amor mit dem Köcher, das nun vom Staube gereinigt ist, zieht ihre Aufmerksamkeit auf sich. Das Glücksmotiv des Wartturms scheint in die Silberburg, ins Leben zurückgekehrt. Doch zugleich dringt der Scharfrichter ins Haus ein, ihm nach strömen Bürgermeister und viel Volk, um die Schäden des Sturmes zu untersuchen. Das einst verschlossene, finstere Haus steht allen offen, um über die Frage nach Glück und Recht, die zwischen kindischem Kauz und Rachegeist bei Raabe ausgetragen wird, zu entscheiden.

---

[12] a.a.O., S. 39:"Manche zagende Seele glaubte in dieser grauenvollen Nacht, nun komme der Jüngste Tag, und der Engel des Gerichtes setzte schon die Posaune an den Mund, um den Toten den Weckruf zu blasen und allen Staub aus den Gräbern vor den Thron des höchsten Richters zu rufen."

Doch das verbriefte Recht ist auf des Scharfrichters Seite; er entfaltet
ein Pergament, das ihn von diesem Tage an zum Besitzer der Silberburg
macht, denn er ist der Sohn des Gerichtssekretarius Scheffer am Reichs-
kammergericht, dem Heyliger sich verkauft hat. Die Identität des Scharfrichters klärt sich somit durch die Zugehörigkeit zur Gerichtssphäre auf.
Seinen Erzeuger vergleicht Raabe mit einer <u>saugenden Spinne</u>, einem Tier,
das dem Dachbodenmotiv in seiner negativen Ausprägung zugehört:

"Im Hause war der Sekretarius Scheffer der erbarmungswürdigste Knecht
und Sündenbock, den man sich vorstellen kann; aber er gehörte leider zu
den Naturen, welche das Gift, das sie gegen die eigene Umgebung nicht
verspritzen dürfen, nach außen tragen - vielleicht die gefährlichsten
Menschen! Für das Unglück des eigenen Herdes rächte sich Traugott Scheffer
an der Außenwelt, und seine Stellung in der Maschinerie der Gerechtig-
keitspflege des Heiligen Römischen Reiches Deutscher Nation gab ihm Gelegenheit dazu in Hülle und Fülle.

Zwischen den berghohen Aktenhaufen zu Regensburg, durch den Staub und
Schmutz aller jener ewigen, sprichwörtlich gewordenen Rechtshändel kroch
der kleine Mann in der ungeheuren Perücke mit den langen hageren Armen
und den dünnen Beinchen wie eine heimtückische Spinne und betrachtete es
als den Inhalt seines armseligen Lebens, so viel Menschen als möglich
mit Leib und Seele von sich abhängig zu machen. Hier auf diesem Felde
wurde der Sklave zum Tyrannen; dreimal Wehe allen, die sich in das Netz
dieser Spinne verwickelten, ihre ganze übrige Lebenszeit hindurch mochten
sie sich abzappeln darin, denn es gehörte zu des Mannes grausamer Lust
am Schaden, daß er nicht jedes unglückliche Opfer auf der Stelle aussog
und als leere Hülle hängen ließ. Solches tat er nur den armen einfältigen
Teufeln, die ihm in keiner Weise gewachsen waren; mit ihnen gab er sich
nur des Gewinnes wegen ab. Anders aber gestaltete sich die Sache, wenn
ihm ein an List und Schlauheit ebenbürtiger Geist entgegentrat. In solchem Falle zeigte sich der Reichskammergerichtssekretarius in seiner ganzen giftigen Glorie, und unübertrefflich war die Kunst, mit welcher er
leise, leise dem Gegner die ersten feinen Fäden, die zu unlöslichen Ketten
werden sollten, um Hände und Füße legte. Fast unmöglich war es, der Sub-
tilität, mit welcher diese Fäden verstärkt und vermehrt wurden, sich zu
erwehren. Hülflos bis zum äußersten hing zuletzt das Opfer im Netz, und
Satan konnte vor Rührung über den trefflichen Schüler die Augen mit dem
Schwanz wischen." (48 f.)

Heyliger, der Besitzer der Silberburg, ist betrogener Betrüger und der
Sohn des Gerichtssekretärs verlangt sein Recht. Er steht im Bunde mit
einer <u>bürokratischen Staatsmaschinerie</u>, dessen eigentliches Signum nicht
mehr Ordnung und sozialer Frieden, sondern die Undurchdringlichkeit und
die Gewalttätigkeit ist. Das Individuum gerät vor dieser höheren Instanz
unausweichlich in die Fänge des blutsaugenden Knechts, der über jede
menschliche List triumphiert. Die bürokratische Anwendung der dieses
System regelnden Gesetze durch den jämmerlichen Diener, der Schüler des

Teufels ist, bedeutet unausweichlich die Vernichtung der privaten Existenz.
In dieser Interpretation des Gerichtsmotivs durch Raabe ist das Problem
der Sozialisation nur noch im mythischen Bilde der netzeziehenden giftigen
Spinne faßbar, die ihr räuberiches Leben vom Morde zehrt. Die von Goethe
eingeführte Bedeutung des Gerichtsmotivs als Versöhnung von Glücksanspruch
und sozialer Hingabe ist bei Raabe umgewendet zum Recht des Schergen in
einem System des Unrechts, sich des Blutes der Ohnmächtigen zu bemächtigen.
Es ist daher nur konsequent, daß angesichts der Rettungslosigkeit des
Unterliegens vor diesem Herrschaftsapparat der Sohn des Gerichtssekretärs
Scharfrichter ist. Raabe läßt die Entdeckung des Bestechungsskandals, dessen Opfer nicht nur Kindler, sondern endlich auch Heyliger wurden, in der
Öffentlichkeit aller Herbeigeströmten im Sozialraum der Silberburg erfolgen, und ein kluger Advokat wird mit dem Hinweis, daß durch die Ände-
rung des Kalenders das Besitzrecht auf die Silberburg für den Scharfrichter verfallen sei, des verbrieften Unrechts noch Herr. (51) Die Öffentlichkeit der Stadtbürger erweist sich an dieser Stelle des Hauses noch
stärker als die Gefahr ungerechten Gerichts. Doch der Scharfrichter ruft
die Anwesenden fort zum Gang auf den Dachboden. Allen voran stürmt er die
Bodentreppe hinauf, wo er nicht das Recht des Erben, sondern das Recht
des Scharfrichters erlangt, die Hinterlassenschaft der Leiche:

"Durch das verwahrloste Haus schien überall ungehindert die Sonne, der
Fußboden war immer noch überschwemmt von dem in der Sturmnacht einge-
drungenen Regenwasser. Kisten und Kasten, alter Hausrat, Bretter und
Plunder versperrten überall den Weg; in einem Winkel stand Wolf Scheffer
und um ihn das erstarrte Volk. Von einem Balken herab hing die Leiche
Christian Jakob Heyligers, und um sie standen Truhen voll von Geldsäcken
und Pergament, goldenen und silbernen Kostbarkeiten aller Art - ein ge-
waltiger Reichtum.
Und zu dem Leichnam sprang der Scharfrichter, umfaßte ihn mit dem linken
Arm und rief: 'Raum für des Henkers Recht!" (52)

Die Verteidigung des schuldbeladenen Besitzes durch den Scharfsinn des
Stadtadvokaten schützt nicht den von innerer Angst verfolgten Heyliger,
den in der Sturmnacht ein anderes Gericht auf dem Dachboden vor die
Schranken rief, das Raabe in der Stimme des Gewissens ansiedelt. Sein Tod
ist der Sieg des alten Rechts, das dem einfältigen Kindler auf dem Wartturm zugehörte. Doch seine Selbstvernichtung unter dem Dach des geraubten
Hauses ist nicht mehr die endliche Tilgung der alten Schuld. Sie wird zur
Tölpelei, denn sie setzt nur den gewalttätigen Sohn des Justizsekretärs
in sein Herrschaftsrecht ein, für den damit die Stunde des Triumphes,

nicht nur über Heyliger, sondern auch über das ehrliche Stadtvolk gekommen ist. Raabe hätte mit dieser Lösung des Konflikts von Glück und Gewalt, die über den zwei Bergen der Stadt hausen, in einem Geschehen, das prototypisch für das Weltgeschehen sein soll, eine radikale kritische Neuinterpretation des Dachbodenmotivs geben können. Die von den früheren bürgerlichen Schriftstellern und seinen Zeitgenossen gestaltete Dialektik von Individuation und Sozialisation wäre von Raabe durch den Triumph des Gerichtsschergen, der alle Ehrlichen verhöhnt, als Scheinproblem entlarvt. Die Individualproblematik des Dachbodenmotivs wäre dann als Attrappe denunziert vor dem größeren gesellschaftlichen Problem, das die Individualproblematik suspendiert: der Allmacht eines Herrschaftssystems, dessen Inhumanität jede individuelle Lebensäußerung innerhalb des Bedeutungskreises von Glück und Recht in den Bannkreis eines machtgeschützten, erpresserischen Privatinteresses, in das Netz einer räuberischen Spinne zieht.

Diese qualitative Veränderung des Dachbodenmotivs bleibt beim Dichter jedoch in der Latenz. Der historische Rückbezug auf den Beginn des 18. Jahrhunderts nimmt den Angriff zurück; die angeborene Schläfrigkeit des Übervorteilten nimmt seinem Schicksal das Provozierende, und der Ausgang der Novelle rettet das Liebesglück einer Frau, deren Seele sich nach der Ruhe des Firmaments sehnt. Auch hier zeigt sich Raabes emotionale Identifikation mit dem unter das Dach geflohenen, mit Schwachsinn geschlagenen Menschenfreund. Sie verstellt ihm den Blick für den eigenen kritischen Entwurf.

Laurentia flieht vor dem Triumph des Scharfrichters und wird auf dem Wartturm freundlich willkommen geheißen:
"Wie ein Kind trug Georg die Braut durch den wilden Garten, die Römerhöhe hinan zu dem alten Turm, wo der nichtsahnende Vater in glücklichem Frieden saß, in die blaue blitzende Ebene hinausblickte und das belehrende Haushaltungsbuch auf seinen Kissen fast vergessen hatte. Es kostete viel Mühe, ihm das Geschehene klarzumachen, und im nächsten Augenblick hatte er es doch wieder vergessen und umschlich verwundert, zärtlich die weinende schöne Jungfrau, die so plötzlich sich in seinem Turmgemach eingefunden hatte." (53 f.)

In der folgenden Nacht, die still und lau ist, stehen Georg und Laurentia
auf der obersten Plattform des Wartturms und blicken in die weite Welt,
mit ihrer Liebe tausendfach reicher als der neue Besitzer der Silberburg.
(55) Da die Idylle der Gemeinsamkeit des Paares im Wartturm Kindlers,
der für die Ebene des Glückes über der Stadt steht, aber einhergeht mit
ihrer Weltflucht aus der Stadt auf den Berg hinauf, und die Rückkehr in
den Bereich des Dachbodens auch zugleich die Perspektive der Verzweiflung
eröffnet, läßt Raabe endlich die Naturgewalten in das schreiende Unrecht
eingreifen:

"Da ging ein dumpfer Ton durch die Nacht, ein donnerndes Schallen und
Schmettern, ein Brechen und Krachen. Ein Schreien erhub sich im Tal und
schwoll immer mehr an und pflanzte sich fort über die ganze Stadt. Das
Krachen und Schmettern weckte nur einmal das Echo zwischen den Bergen;
aber das Geschrei rief es immer von neuem hervor. Lichter und Fackeln
irrten in der Tiefe, und immer wilder ward das Rufen des Volkes." (56)

Der durch die Nacht donnernde Einsturz der vom Frühlingssturm vernichteten
Silberburg über dem Scharfrichter setzt in der Novelle die wieder in ihr
unveräußerliches materielles Recht ein, die nur die Ohnmacht, die Unschuld
und die Liebe auf ihrer Seite haben und darum aus der Stadt fort auf den
Wartturm flohen. Kindler, der den Sieg des Scharfrichters nicht recht verstand und wieder vergaß, (54) wacht nun aus dem Schlafe auf und schickt
den Sohn, das Erbe anzutreten. (56) Die Versöhnung mit dem Leben ist durch
das Eingreifen der Natur gelungen [13], der Alte stirbt einen sanften Tod,
und seine Kinder ziehen fort in ein geachtetes Leben. (57)

Raabe hätte somit durch das Eingreifen äußerer Mächte die Kollision von
Glück und Gewalt, für die bei ihm das Dachbodenmotiv in dieser Novelle
steht, zugunsten des individuellen Glückes der Ohnmächtigen entschieden.
Der Angriff des Gewalttätigen auf die Versöhnung von Glück und Recht ist
revidiert. Die gesellschaftliche Kollision zwischen Macht und Recht aber,
die er in der Neuinterpretation des Dachbodenmotivs aufdeckte, bleibt un-

---

13) a.a.O., S. 56, Kindler zu Laurentia: "Gesegnet sei dein Eingang hier
unter meinem Dach, du Kind meines Feindes. Der Segen eines ungerecht
Gekränkten hat groß Gewicht; viel Glück sollst du haben in deinem
Leben, eine gute Frau sollst du werden, wie eine arme Mutter, wie -
mein armes Weib." Übrigens verheißt Kindler Laurentia damit nicht ein
glückliches Leben, denn die Frauen von Kindler und Heyliger haben sich
durch einen frühen Tod entzogen.

aufgelöst. "Das Rufen des Volkes" begleitet das Gericht und tönt mächtiger durch die Nacht über die Berge hin als das Krachen und Bersten des Hauses. Es bleibt offen, ob das um "den blutroten Schein" der Fackeln und Laternen sich drängende Volk (56) einig ist mit dem Vollzug natürlichen Rechts, das die Natur für die Ohnmächtigen spricht - wie dies bei Gottfried Keller der Fall ist - oder ob es "zum Tode erschrocken" über das "Gottesurteil" (56) zurückweicht und das Ereignis als Disziplinierung erfährt. Raabe gibt nur durch das in die Gegenwart fortreichende Schicksal des berüchtigten Ortes der Silberburg mit den letzten Zeilen der Novelle einen Hinweis, daß Gerichtssekretarius und Scharfrichter im Fabrikbesitzer einen ebenbürtigen Nachfolger gefunden haben, der das Gericht der Natur in Vergessenheit geraten läßt:

"so wuchsen Gras und Brennesseln auf der Stelle der Silberburg, und bis in die neueste Zeit hieß die Stelle: das letzte Recht. Heute hat ein Spekulant eine Strumpffabrik daselbst gebaut, und der Name ist verschwunden. Zu merken ist, daß alle Menschen und alle Sachen in dieser Welt einen Augenblick haben, in welchem ihnen das letzte Recht gegeben wird. Exeunt omnes." (58)

In Raabes Erziehungsroman "Die Leute aus dem Walde" (1862) [14] erhält das Dachbodenmotiv zentrale Funktion. Es steht für die Erziehungsaufgabe am Helden des Romans, dem Waldkind. Dies entspricht zwar dem Prozeß der Ichfindung, die im bürgerlichen Roman Erziehung darstellt, doch diese Perspektive ist bei Raabe erheblich reduziert. Die Erzieher, der Polizeischreiber Fiebiger und der Sternseher Ulex, sind Dachbodenbewohner; sie kommen, wie auch die adelige Erzieherin Juliane von Poppen, die dritte im Bunde, aus jenem Dorfe am Winzelwalde, aus dem auch der Zögling stammt. Sie haben, nicht nur um sich vor innerem Selbstverlust in der kalten Stadt zu retten, sondern auch vor materieller Armut fliehend, unter dem Dache ihre Heimat gefunden. Fiebiger und Ulex sind selbst Armenkinder, Angehörige des Landproletariats wie ihr Zögling [15] und begreifen sich als Triumphierende gegenüber dem sozialen Schicksal, das ihre Herkunft ihnen öffnete, als Entronnene. Der Preis, den sie zahlten, ist für Raabe gegenüber dem Gewinn an innerer Festigkeit nicht hoch anzuschlagen; die drei

---

14) Raabe, a.a.O., Bd. 5 (Raabe unterbrach die Arbeit an diesem Roman, um die Novelle "Das letzte Recht" zu schreiben). Im folgenden werden Hinweise im Text gegeben.

15) Wolf ist Kind eines Waldarbeiters, seine Familie durch Armut und Krankheit vernichtet worden, der einzige überlebende Bruder verschollen. (14)

Erzieher sind Hagestolze und alte Jungfer, sie belächeln am anderen die
eigenen Verkrüppelungen. Raabe geht es in diesem Roman um den Nachweis,
daß die aus dem <u>sozialen Lebensbezug Geflohenen am Ende die Stärkeren</u>
bleiben.

Der Roman beginnt im "Zentralpolizeihaus" an einem bedrückenden regnerischen Novembertage in der Dämmerstunde, in "langen, trostlosen Gängen,
Türen, die in dunkle Zimmer voll geheimnisvoller Akten und dumpfen unheimlichen Gesumms führen." (12) Hier wird der junge, ungebärdige, verzweifelte
Robert Wolf wegen eines Angriffs gegen die untreue einstige Mitschülerin
und Gespielin Eva Dornbluth ins Polizeiverhör genommen; der Polizeischreiber führt Protokoll. Der Name des heimatlichen Dorfes "Poppenhagen" führt
ihn aus dem Leben zwischen verstaubten Akten fort in eine besonnte Vergangenheit [16]. Er beobachtet den Knaben mit gespannter Aufmerksamkeit
und beschließt den jungen Wolf davor zu retten, "ein brutaler, stumpfsinniger Trunkenbold" zu werden. (26) Fiebiger ist Menschenfreund im naturgeschichtlichen Sinne; ihm öffnen sich über die Polizeiakten die Augen für
die soziale Wirklichkeit im Sinne einer ewigen Leidensgeschichte der
Menschheit, die Irrfahrt in den Straßen der Welt ist. Seine eigene Erscheinung ist verzweiflungsvoll genug, sie erinnert durchaus an den
Justizsekretarius aus der Novelle "Das letzte Recht", doch ist Fiebiger
nicht räuberische Spinne, sondern 'alter erfahrener Rabe, der sich auf
einem Dachfirst niedergelassen hat' [17], ein "dem Einfall nahes, hohes

---

[16] "Wäre auf dem langen unheimlich Korridor plötzlich der Klang eines
Waldhorns erschollen, so hätte dem alten Dintenmenschen das Herz sich
nicht mehr darob geregt. Mit diesem Namen drang Sonnenschein, Waldluft, Lust der Jugend und des Lebens in das Büro Nummer dreizehn.
Durch die Papiere rauschte es wie durch die Zweige der Buchen und Tannen, der Aktenstaub verwandelte sich in das Gestäube des Waldbachs." (18)

[17] "Der Schreiber hatte die magern, in schäbiges Schwarz gekleideten Beine
so hoch wie möglich zur Brust hinaufgezogen, die schäbig schwarzen
Frackzipfel hingen so tief wie möglich zur Erde hernieder; von überraschender Schönheit war er sicher nicht, wohl aber glich er in überraschender Weise einem alten erfahrenen Raben, der sich auf einem Dachfirst niedergelassen hat, einem Raben mit edlen Gefühlen, mit Wehmut
in den humoristisch zwinkernden Augen, einem melancholisch-satirischen
Mitgliede des höchst achtbaren vortrefflichen und deshalb auch nicht
wenig verleumdeten Geschlechts der 'krähenartigen Vögel'." (2o)

altes, schmales Haus in der Altstadt" [18], in dem nur noch unter dem
Dache eigentliches Leben ist, das eines Gescheiterten. Dieser philantropische Kauz holt das in der Stadt bedrohte Naturkind in seine eigene
verkümmerte, innerlich beseelte Existenz in der Dachstube, um ihn in
Obhut zu nehmen; (34) doch die hilfreiche Hand des Alten wird nicht
freiwillig genommen, sie <u>greift den Widerstrebenden mit festem Griff</u>.
Robert Wolfs Aufstieg in die Dachkammer Fiebigers kommt eher dem Gerichtsbereich des Dachbodenmotivs zu: "Dunkel, feucht und eng war der
Hausflur (...). Die steile Treppe hinauf mußte Robert Wolf mehr geschleift und getragen als geführt werden." (52 f.) Das dabei entstehende
Gepolter ruft die Hausbewohner als lästige Gaffer auf den Plan. (53)
Dieses Haus in der "Musikantengasse", dessen oberstes Stockwerk Robert
Wolfs neue Heimat wird, liegt am Rande der Welt, seine Bewohner gehören
dem verarmten Kleinbürgertum an, das nur noch in der Verzerrung die
Erinnerung an die vorindustrielle Gesellschaft wachhält. Sie haben nicht
mehr die Liebenswürdigkeit der Menschen aus Raabes Roman "Chronik der
Sperlingsgasse" auf ihrer Seite, sondern stehen als "erwachsene Kinder"
(52) unter Realitätsverlust. Ihre Neugier, Aufdringlichkeit und Geschwätzigkeit macht die Beziehungen zu ihnen zu einer nicht abschüttelbaren
Quälerei. Über diesem feuchten Dunkel aber ist Fiebigers Wohnung "die
Welt", "die aus dem Chaos steigt" (54). Dies bedeutet zugleich, daß dieses Refugium vor äußeren Eindringlingen wie vor den inneren Halluzina-

---

[18] "Da stand der Schreiber Friedrich Fiebiger aus Poppenhagen im Winzelwalde, hager und, wie es schien, hungrig, sehr ältlich, gelblich und blutleer, gekleidet in abgetragenes Schwarz. Da stand er und ließ die kleinen glänzenden Augen von einem der beiden anwesenden Herren zum anderen gleiten. Ich suche nach einem Gleichnis, welches die Erscheinung des Mannes klarer vor die Einbildungskraft führe, und nichts fällt mir ein als ein auch dem Einfall nahes, hohes, altes schmales Haus in der Altstadt, ein Haus, zur Seite geneigt, geschwärzt und vernachlässigt; ein Haus, in dessen zweifenstrigem Erker, den Wolken so nahe als möglich, ein Freund von mir wohnte, ein Narr, der seine Gedichte nicht niederschreiben konnte, weil er niemals einen Reim finden konnte, ein armer Teufel, der mit der Welt spielte wie Zeus, der Vater der Götter, und am Nervenfieber starb. Wie oft bin ich in spätester Nachtstunde durch das Schleichgäßchen geschlichen, aufblickend zu diesen beiden hellen Fenstern!" (33)

tionen (34), durch die das Chaos von unten andrängt, herzhaft verteidigt
werden muß. Hier soll das Waldkind Robert Wolf zum Helfer werden.

Um diesem bedrohten Erzieher in der Freiheit unter dem Dache die Überzeugungskraft zu leihen, die ja von Raabe sonst dem philantropischen
Kauz in seinem Werk nicht mitgeteilt ist, gesellt sich den beiden beim
Treppenaufstieg der aufdringliche Nachbar in der Höhe, das verkommene
Genie zu, Julius Schminkert, der Schauspieler und "Deklamator" (54).
Nicht durch eine verletzliche Seele, sondern aus Mangel an Übereinstimmung zwischen Selbsteinschätzung und Beifall ist dieser Bruder Leichtfuß unter das Dach geraten, und nur mit Gewalt kann Fiebiger sich seiner
entledigen. (55) Er ist in diesem Roman der Quälgeist unter dem Dache
und leiht dem Polizeischreiber durch seine Nichtigkeit Ernst und Würde.
Er ist die resignativste Figur im Dachbodenbereich dieses Romans, weil
in ihr die enthusiastischen, dionysischen Momente des Schönheitsdurstes
in die Isolation geraten. Das Gelächter, das Raabe über seine leere Pose
in der Welt des Romans sich verbreiten läßt, ist auch das Gelächter über
die, die auf Schönheit und Lebenslust außerhalb der privatisierten kleinbürgerlichen Ordnungsprinzipien hoffen. Der Luftikus unter dem Dache muß
aber dem Ernst der Lebenserfahrungen weichen, die Fiebiger aus den Polizeiakten bezieht.

Um diesen fragwürdigen Akzent von dem Verdacht zu befreien, der Autor
halte es mit den Herrschenden, vor denen Raabes Musen fliehen, wird dem
Reiche Fiebigers die andere Gegenwelt gegenübergestellt; die prunkvolle
Villa des Bankiers Wienand, in deren Kälte die Tochter Helene leidet.
(62 ff.) Doch auch ihr wird die mildtätige Hand gereicht wie dem Naturkind. Fräulein Juliane von Poppen, die zweite Lehrperson im Roman, bewegt
sich im Hause des Mächtigen sieghaft als guter Geist. (86 ff.) Diese
"lebensmutige" vornehme Greisin vertritt die mildtätige Menschlichkeit.
Sie ist im Gegensatz zu Ulex und Fiebiger durch ihren hilfsbereiten Eingriff in das herrschende Unglück das harmonisierende Element in der Trias.
Ihre Tatkraft im sozialen Bereich soll die Hoffnung auch in der schlechten Wirklichkeit aufrechterhalten, denn die Humanität in der Gestalt der
Frau erhält damit noch den Anschein des Siegers der Ohnmächtigen über
das herrschende Unrecht. Mit dieser Verpflichtung der Frau in der Trias,

deren mildtätiger Gang zum Dachboden vom Schicksal einst unsanfte Zurückweisung erfuhr [19], auf den Sozialbereich folgt Raabe den früheren Dichtern, die in der Flucht der weiblichen Figuren unter das Dach den Verlust des Lebens darstellten. Der "Humorist" Fiebiger, die "nüchterne" Juliane von Poppen und der "Idealist" Ulex bilden die Trias der Erziehung.

Der Sternseher, der über einer Klosterruine sein Observatorium errichtet hat, erhält als Weiser die wichtigste Erziehungsaufgabe. Doch seine Gelehrsamkeit unter dem Dache ist Selbstgenuß. Ihre Inhalte drängen nicht auf konkrete Bewährung, denn die vom gesellschaftlichen Bereich ewig abgelösten Ordnungsgesetze des gestirnten Himmels sind der einzige Prüfstein, das Leben aber mit seiner Bewegtheit steht zu ihnen in unversöhnlichem Gegensatz, es ist "Verwirrung". (91) Schon die irdische Wolke, die die reine Anschauung des Himmels beeinträchtigt, wird zur Qual. Sie ist für diesen Gelehrten nicht unterscheidbar von den Mauern, die die Menschen im Leben voneinander scheiden. "Immer höher muß man steigen, je mehr das Irdische andringt." (89 f.) Dies Refugium erschließt sich daher auch nur dem Eingeweihten; die Pforte ist dreifach verriegelt und öffnet sich mit Gekreisch [20]. Hier wie in Fiebigers Reich ist das Dach-

---

[19] a.a.O., S. 65: "Sie hatte das Unglück, an einem dunkeln Winterabend den Fuß auf einer Leiter, die in eine elende Dachkammer führte, zu brechen; aber ihr Lebensmut konnte durch nichts gebrochen werden. Sie hinkte durch die Gassen, eine allbekannte und doch geheimnisvolle Persönlichkeit; von allen Einwohnern (...) vielleicht am meisten gegrüßt."

[20] a.a.O., S. 88 f.: Die Pforte in sein Refugium ist "doppelt und dreifach verriegelt und öffnete sich auch nicht so leicht wie die Tür zum Polizeibüro Nummer dreizehn oder irgendeine andere vielgebrauchte Tür. Sie öffnete sich mit Gekreisch und schloß sich mit Geknarr. Der Mann, welcher den Riegel weggeschoben hatte, sah aus wie der Zauberer im Märchen – ein echter Gelehrter im langen grauen Schlafrock, graubärtig und grauhaarig. Er nickte dem Eintretenden freundlich, aber kurz zu und schritt schnell zu einem Teleskop zurück, welches gegen den Nachthimmel, der allmählich ziemlich klar geworden war und an dem nur noch dann und wann eine schnelle Wolke hinjagte, gerichtet war. (...) Ein Fremder würde sich jedenfalls verwundert in dem Gemache umgesehen haben. Mit Büchern und Instrumenten war es vollgestopft wie das Studierzimmer des Faust. Merkwürdigkeiten aus allen Naturreichen, Globen, astronomische Gerätschaften waren überall hingestopft, wo Raum war und auch nicht war und schienen es darauf abgesehen zu haben, den Unvorsichtigen schnell zum Stolpern zu bringen."

bodenmotiv als <u>unauflösliche Einheit von Freiheitsstreben, Realitätsentzug und Gericht</u> aufgenommen. Das bedeutet aber, daß Raabe die Entwicklung im Roman kassiert hat. Ulex hält es mit den Sternen <u>gegen die Menschen</u>. Als Fiebiger ihm berichtet, daß er Robert Wolf aufnehmen wolle, ist Ulex erst besänftigt, als er hört, daß Robert aus dem heimischen Dorf Poppenhagen stammt, doch fragt er dann sofort, ob Fiebiger auch nach den Sternen gesehen habe. (90) Der Mensch ist in Wahrheit für ihn ein Mißtrauen erregendes Geschöpf, weil er veränderlicher Natur ist und nicht berechenbar wie die Sterne. Die Bewältigung des Liebeskonflikts, in dem sich der neue Zögling befindet, wehrt er daher energisch ab [21], er fühlt sich zuständig nur für das vom Leben abgezogene Wissen, das auf <u>Weltflucht</u>, mithin auf Triebverzicht wie auf der Verweigerung des sozialen Handelns beruht. Raabe läßt in diesem strittigen Moment denn auch die lebenstüchtige Juliane von Poppen in das Observatorium eintreten. Doch die Momente der Versöhnung mit der Wirklichkeit, die sie in die Erziehung einbringt, gründen auch bei ihr auf Askese; die drei Erzieher sind alle miteinander <u>Unverführbare</u>. Raabe läßt die Frau im Observatorium eintreten, als die beiden Hagestolze vor der Frage stehen, wie mit der ungebärdigen Leidenschaft fertigzuwerden sei. Er zeigt, daß weibliche Nüchternheit unverzichtbar ist zur Lösung des sexuellen Problems im Sinne der Triebunterdrückung; bei ihm sind die weiblichen Figuren vorherrschend für den Anstand zuständig. Das Naturkind, das "zu viel Weichheit um den Mund" (149) hat, zeigt gerade jene Hingabebereitschaft an das Leben, die für die drei Erziehungspersonen jene Schwäche ist, der sich ihre Zucht anzunehmen hat.

Die praktische Sozialerfahrung des Polizeischreibers, die theoretische Weltweisheit des Sternsehers und die Menschenkenntnis der hilfreichen Greisin adeliger Herkunft stehen freundschaftlich miteinander in Beziehung. Die Personen scheinen eine "Gesellschaft im Turm" wie in Goethes

---

[21] a.a.O., S. 92: "Kann ich das schöne Mädchen ihm aus Sinn und Seele jagen? Latein und Griechisch will ich ihm beibringen; aber die Leidenschaft aus ihm zu treiben, ist eure Sache, ihr Kinder dieser Welt. Mit den Leidenschaften habe ich nichts mehr zu tun, seit ich mich den Sternen ergeben habe."

"Wilhelm Meister" zu bilden. Die ironische Distanz aber, die Goethe dazu
einnimmt, ist Raabe nur scheinbar eigen; er belächelt an seinen Erziehungspersonen nicht die soziale Überheblichkeit des sektiererischen Anspruchs,
um sie aufzulösen, sondern karikiert ganz im Gegenteil die individuellen
Verkrüppelungen und Schrullen dieser Personen, ohne ihnen damit die soziale
Glaubwürdigkeit als Erzieher rauben zu wollen. Das Erziehungsprinzip, das
den Weltflüchtigen von Raabe zugeordnet ist: "Sieh nach den Sternen! Gib
acht auf die Gassen!" (160) und bis zum Überdruß den Roman leitmotivisch
durchzieht, erfährt keine Entthronung im Leben, sondern triumphiert auch
über die Welterfahrung des Helden. Die Frage, warum Raabe auch in diesem
Werk den widersprüchlichen Bedürfnissen nach individueller Selbstentfaltung und sozialer Wirksamkeit die Relevanz nimmt und sich für eine von
Askese zehrende Erziehungsnorm der inneren Festigkeit entscheidet, hinter
der das Idol eines "ordentlichen, wahrhaften, männlichen Lebens" (174)[22]
steht, löst sich nur im Hintergrunde des Romans. Die Erzieher, die ja bei
Raabe die Welt durchschaut haben und sich ihr mit Selbstsicherheit entziehen, sind stärker als die in der Gesellschaft Lebenden. Das Prinzip, nach
dem sie das menschliche Zusammenleben geregelt sehen, ist in Wahrheit
das der blindwütigen Konkurrenz, wie auch das Motto des Romans aussagt:
"Ein Messer wetzet das andere und ein Mann den anderen." (10) Da sie
wissen, daß in der Gesellschaft das Privatinteresse, das sie selbst ver-
zerrt unter dem Dache vertreten, der Mensch des Menschen Feind ist, erziehen sie auch nicht zum edlen Wettstreit, in dem die Niederlage noch
verklärt ist, sondern zu Unverführbarkeit und Durchsetzungsvermögen.
(262 f.) Das "Sieh auf zu den Sternen!" ist daher freiwillige Unterwerfung
unter das unveränderliche Fatum und zugleich Aufruf, sich günstig zu
arrangieren. Das "Gib acht auf die Gassen!" soll gegen den sozialen Bezug

---

22) a.a.O., S. 174: "Sperre die Augen auf, Junge; wer am Tage stolpert,
wird am meisten ausgelacht, und das mit Recht. Ich bitte dich instän-
digst, stellenweise nicht so lächerlich dumm auszusehen. Streife die
Ärmel in die Höhe und greif zu mit derben Fäusten; - wer will mit
genießen, der muß auch mit schießen und büßen. Kinderstubengedanken,
Krankenstubengedanken haben zwar auch dann und wann ihre Berechtigung;
aber sie dürfen uns nicht durch das ganze Leben begleiten, wenn es ein
ordentliches, wahrhaftes männliches Leben werden soll."

zu denen, die nicht herrschen, gefeit machen. Die weibliche Erziehungsfigur ist durch das Fehlen eines eigenen Erziehungsprinzips an dieser Erziehungsnorm der Konkurrenzfähigkeit nur scheinbar beteiligt; denn in Wirklichkeit verwahrt sie den Lohn für den Lebenskampf des jungen Mannes, das Glück, hinter Schloß und Riegel, die Bankierstochter Helene Wienand (262 f.), die sich nur als Preis für die Bewährung des Mannes in der freien Konkurrenz verstehen darf. Die Frau ist sich einig mit Polizeischreiber und Sternseher, daß das Glück nur dem Reüssierten winken soll.

Die drei Erzieher, die Raabe als Menschenfreunde charakterisiert, haben die Hoffnung auf sozialen Frieden als dumpfe Illusion aufgegeben; damit ist aber auch die Kategorie der Veränderung im Roman kassiert, und das Dachbodenmotiv steht nicht mehr für die Dialektik von Glück und Recht in der Gesellschaft ein; es gerät vielmehr in ein dunkles Zwischenreich, in dem Selbstentfaltung, Realitätsentzug und Gericht auswechselbar werden. Roberts Entwicklung ist daher von schweren Angstträumen begleitet. (151 f., 156 ff.) In ihnen äußert sich das echte menschliche Lebensgefühl gegenüber der gesellschaftlichen Perspektive dieser Erzieher: "Ein Messer wetzet das andere und ein Mann den anderen. Wir leben in einem großen Gedränge; es fehlt weder an Messern noch an Männern; wer aber vom besten Stahl ist, der kommt auch am besten weg." (16o) In der asozialen Perspektive dieser Dachbodenbewohner entstellt sich daher das bunte Leben in der Stadt auch zur fremdartigen Tierwelt des Meeres [23].

---

[23] a.a.O., S. 155 f.: "Je mehr das Menschenkind von den beglückenden Schleiern Fortunas umhüllt schien, desto dunklere Hände griffen von allen Seiten nach den schützenden Hüllen, um sie herabzureißen und die arme Seele nackt, frierend und zitternd in das allgemeine Menschenlos zu ziehen. Wie die Volkswogen durch die Musikantengasse rollten, löste der Lehrer sie auf in ihre einzelnen Tropfen und zeigte, wie die Welt sich in jedem auf eine andere Art spiegelt. Aber nicht im pedantischen Lehrerton gab er seine Weisheit kund. Dazu war er allzusehr Humorist und sah mit zwinkernden Augen in das Durcheinander, den Gestaltungsprozeß der Gesellschaft. Er warf sein Netz aus wie Petrus der Fischer und zog es hervor voll von Geschöpfen aller Art; er freute sich über das Gekrabbel und Gekribbel und ließ der Molluske, dem Dintenfisch und Krebs wie dem Hecht, dem Karpfen und der Forelle ihr Recht."

Ihre Menschenliebe erweist sich in Wahrheit als Überheblichkeit, sie ist
Selbstzufriedenheit gegenüber dem Elenderen. Um diese <u>selbstgerechten Erzieher auf dem Dachboden</u>, die es nicht mit dem Volke halten und den Zögling aus dem Walde für ein erfolgreiches Leben in der freien Konkurrenz erziehen, von dem sich aufdrängenden Verdacht zu befreien, ihre Maximen stünden in Harmonie mit den Mächtigen, läßt Raabe auch in diesem Roman die Naturgewalten als richtende Instanz eingreifen. Eine Feuersbrunst verschlingt das Haus des Bankiers Wienand, jenes Mannes, in dessen kaltem Herzen im Gegensatz zu den Dachbodenbewohnern des Romans nur Zahlen Platz haben. (188, 19o) Den <u>klaren Kopf,</u> in der sich durch <u>das Feuer</u> ausbreitenden Verzweiflung behalten nun <u>gerade die unter dem Dache</u> [24]. Ihr kaltes Blut aber angesichts der Katastrophe, die nicht nur den finstern Bankier richtet und mit Wahnsinn schlägt, sondern auch "die bis dahin so glückliche Hofwohnung von Nummer zwölf der Musikantengasse mit namenlosem Entsetzen und hellem Jammer" (198) erfüllt und den armen Tischler trifft, offenbart sich hier als Unmenschlichkeit [25]. Auch dieses <u>Unglück</u> einer nicht mehr das Recht der Ohnmächtigen machtvoll verteidigenden blind zer-

---

[24] a.a.O., S. 195: "Verwirrung, Not und Ratlosigkeit hatten ebensosehr von dem Parterre Besitz ergriffen wie von den übrigen Stockwerken des Hauses, das höchste ausgenommen, welches alle Seelen- und Körperkräfte ruhig beieinanderbehielt; und wir schieben die Bemerkung ein, daß an dem letzten Faktum durchaus nichts zu verwundern ist, da die klarsten Köpfe ungemein häufig dem Dache sehr nahe wohnen. Das Gehirn hält sich ja auch in dem höchsten Teile des menschlichen Körpers auf."

[25] a.a.O., S. 198 f.: "Von seinem Giebel aus hatte der greise Sternseher bewegt und doch ruhig in das wogende Flammenmeer, welches immer gewaltiger und dräuender gegen seine Höhe heranraste, herabgeschaut; er wich weder der Hitze noch dem Qualm; (...) 'Stein wälzen sie auf Stein', sagte der Alte, 'den Pelion auf den Ossa. Bis an die Sterne glauben sie ihre Burgen, ihr Glück auftürmen zu können. Was für Elend und Sorgen, für Blut und Schweiß sie mit vermauern! Wie sie sich quälen und ängsten! Sie bauen im Wachen, sie bauen im Traum, tausendarmiges Gigantengeschlecht! Immer höher, immer höher. Gut wissen sie Richtmaß und Zirkel zu gebrauchen, darin liegt ihre Sicherheit, darauf sind sie stolz - arme Toren. Den Flügelschlag der unsichtbaren Verderber fürchten sie nicht, den Flügelschlag, der im Vorbeistreifen die Paläste der Könige, die Häuser der Vornehmen, die höchsten Türme und Schornsteine niederwirft. O meine Sterne, mit ihrem Mauerwerk werden sie euch nicht erreichen, die Gestirne, welche zwischen Himmel und Erde wandeln, dulden es nicht!' Bis zum grauen Morgen stand der Greis an seinem Fenster; eine weite schwarze, rauchende Brandstätte fand der neue Tag."

störerischen Natur ist in die Weltordnung unter dem Dache integriert.
In der Ruhe des Sternsehers angesichts der Katastrophe liegt im Grunde
das hämische Vertrauen, daß alles menschliche Bauen, für das ihm die Bereitschaft zu gesellschaftlich notwendiger Arbeit mangelt, sinnlos, daß
mithin alle Mühe um geschichtlichen Fortschritt fruchtlos, ja Hybris sei,
über die eine blindwütige Naturgewalt Herr bleibt. Ulex ist hier mit der
barbarischen Natur, nicht nur gegen das Individuum, sondern gegen alles
Menschliche im Bunde. Seine Zivilisationsfeindlichkeit ist ohne Trauer;
sie ist nicht Protest gegen die Versagungen, die dem Volke für einen
Fortschritt auferlegt werden, den es nicht genießen darf, sondern Anzeichen dafür, daß die Neubestimmung der menschlichen Arbeitskraft durch
den technischen Fortschritt einen Dachbodengelehrten zum Tölpel macht.
Das Vernichtungswerk des Feuers zu betrachten, das den Bankier ebenso
trifft wie die Fabrik und den armen Handwerker, ist arge Wunscherfüllung;
in ihr wird die Lust der Dachbodenbewohner dieses Romans zum Angriff gegen
die Veränderung und den Fortschritt frei.

Der Versuch des Dichters, diese Feuersbrunst wie den Frühlingssturm in
"Das letzte Recht" als richtende Instanz der Natur zu inthronisieren,
durch deren Eingriff in das Unglück den Erziehern unter dem Dache die
höhere Legitimation ihrer Zielsetzung verliehen würde, mißlingt; denn
ihre Maximen erweisen sich letzlich als einig mit der blinden Gewalt
des durch die freie Konkurrenz bestimmten Kampfes ums Dasein. Das Dachbodenmotiv ist mithin in diesem Roman nicht mehr als Asyl der Freiheit
und des natürlichen Rechtes aufgenommen, um menschliche Ansprüche aufzubewahren, die in der Gesellschaft mit Füßen getreten werden, sondern
es ist zum Hort der Sicherheit geworden. Die Hoffnung, die sich in diesem
Orte jetzt einnistet, ist nichts anderes als die auf Entschädigung. So
wird bei Raabe das Dachbodenmotiv zum Unterschlupf, von dem aus der Zukurzgekommene auf die Stunde der Abrechnung warten kann. Die leidvolle
soziale Verursachung der Flucht unter das Dach, die Unmöglichkeit, sich
sinnvoll mit Menschen in Beziehung zu setzen, schlägt um in eine Aufwertung der Askese als Gewinn von Unbeugsamkeit. Das Naturkind wird von daher

für die Isolierten zum Vehikel des wirklichen Sieges in der Gesellschaft.
Der von den Erziehern unter dem Dache in der Theorie der positiven Askese
Gerüstete zieht darum nicht, wie Wilhelm Meister nach der Auflösung der
Gesellschaft vom Turm, mit einem humaneren, hoffnungsvolleren Gegenmodell
in die Welt: Der Blick nach den Sternen, der ihn aufrechterhalten soll,
muß über die Menschen hinweggehen. Robert Wolf muß den Sieg über das An-
sehen des adeligen Rivalen, Leon von Poppen, und den wiedergenesenen
Bankier Wienand auf seiner Weltfahrt erringen, der den Armenkindern aus
dem Winzelwalde bisher versagt blieb. Sein Auftrag aus dem Dachboden ist
Machtergreifung.

Daß Robert Wolf in der Neuen Welt, dem Reiche der "Selbstbefreiung der
Menschheit" (376), von dem Sinnspruch: "Vorwärts in Ketten!" (361) geleitet, die Selbstbehauptung unter der Perspektive der Einsamkeit erlernt, (378) die ihn wieder zu seinen Lehrern unter dem Dache als zu
denen, die Recht behalten haben, zurückführt, und daß er im weiten Ame-
rika das Kapital erwirbt, das den Unterprivilegierten entschädigt und
seiner inneren Vereinsamung die Weihe verleiht, zieht sich der Lebens-
kreis um den Sternseher Ulex über dem Kloster immer enger zusammen. (4o6)
Der Bankier Wienand sitzt, zum zweiten Male vom Schicksal getroffen, als
Irrsinniger in einer dunklen Ecke des Observatoriums, und der adelige
Rivale Roberts wird während eines Duells gerichtet. Juliane von Poppen
bleibt nun die letzte ihres Geschlechts; auf dem Observatorium werden
die Siege über die Gegner durch Ausharren erfochten. Der Armenarzt Robert
Wolf kehrt als Welterfahrener heim (414),erwirbt mit seinem selbstgegra-
benen Golde den Adelssitz derer von Poppen und nimmt die Tochter des
Bankiers zur Frau. Der unter dem Dache Herangereifte wird als Mann Sieger
über die realen gesellschaftlichen Gewalten seiner Zeit, den Grundbesitz
und das Kapital. Raabes soziale Perspektive bleibt bis ans Ende dieses
Erziehungsromans die Revision, die private Vereinnahmung des gesellschaftlichen Aufstiegs, der für die Herkunft entschädigt, und die mildtätige
Aufmerksamkeit gegenüber den Ohnmächtigen. Das Dachbodenmotiv steht daher
ganz im Dienste einer revidierenden Kompensation gesellschaftlichen Unrechts
und rückt den glücklichen Ausgang angesichts der aggressiven Aufladung
des Motivs unweigerlich in die Nähe der Trivialität, denn das Ende ist
falsche Versöhnung.

Die Entwicklung des Helden in Raabes zweitem Entwicklungsroman "Der
Hungerpastor" (1864) ist nicht, wie die Robert Wolfs, von der Autorität
dreier Erzieher so überbürdet, daß der Zögling zum ausführenden Instrument verblaßt. Der Reifeprozeß dieses populärsten Helden Raabes rückt
der Norm des bürgerlichen Entwicklungsprozesses wieder näher; er ist
Selbstfindung durch inneres Streben nach einem höheren Ideal. Doch auch
dieses heranreifende Individuum ist für Raabe nicht mehr durch sich selbst
verständlich; es bedarf zur tieferen Einsicht in die Kämpfe dieses Lebens
eines Gefährten, der die schlechte Alternative vertritt, um dem Dasein
des Helden die menschliche Würde zu verleihen. Sie teilen miteinander
nur ein gemeinsames Schicksal, die niedrige Herkunft.

Am Tage der Geburt des Helden rettet sich der Vater mit seinem Schwager
in eine "Rumpelkammer" [26] (11), um dort über den Namen seines Sohnes
zu beschließen. Hans Unwirrsch erhält seine Identität in der drangvollen
Enge eines "Dachstübchens", einer "Polterkammer" (86), "daß er damit
aufsteige von der Erde zum blauen Himmel und sein Teil Licht nehme." (11)
Während er im dunklen Raume der Schuhmacherei des Vaters unten zum Bewußtsein erwacht, lernt er die <u>Tiefe als das Los der Armen</u> kennen; ein
<u>Drang in die Höhe</u> ist ihm eingepflanzt, die für Hans Unwirrsch identisch
ist mit dem Licht und dem Ideal. Erst als er sich seine intelektuelle
Ausbildung im Protest gegen den Vormund erkämpft hat, wird das ehemalige
Refugium des Vaters, die Dachkammer, sein Studierzimmer. Dort kämpft er
"mit den Wächtern, die vor den Pforten jeder Wissenschaft liegen und überwältigte mit Schweiß und unsäglicher Mühe das, über was der semitische
Grammatiker Moses spielend hinwegschritt. Letzterer hatte den Vorteil,
daß die Phantasie sich ihm nicht hindernd in den Weg stellte." (86)
Die Phantasie, die sich der Lebensbewährung des Gymnasiasten erschwerend
in den Weg stellt, ist für Raabe zugleich das Anzeichen, daß eine innerlich reiche Seele heranreift, die alles ernst meint. Dem scharfsinnigen
Gegenspieler Hans Unwirrschs, dem Judenknaben Moses Freudenstein, ist
dagegen die innere Armut eigen. Er wohnt in der dunklen Tiefe des Trödelkellers seines Vaters. Ihn kennzeichnen im Gegensatz zu Hans, dem sonnenhungrigen Phantasten mit der Glaskugel des Vaters in seiner Dachkammer,

---

[26] Raabe, a.a.O., Bd. 6

"unbarmherzige Logik" und schneidender Verstand:

"Je mehr Wissen er aufhäufte, desto kälter wurde sein Herz, mit höhnischem Spott erdrosselte er den letzten Rest warmer Phantasie, der ihm geblieben war. Nicht Werkzeug zum Nutzen und Genuß für sich und die Welt schuf er; Waffen, nur Waffen gegen die Welt schmiedete er und keinen Augenblick der Ruhe, des Atemholens gönnte er sich bei der Arbeit." (88)

In Keller- und Dachstubenknaben stehen sich <u>feindseliger Aufstiegswille</u> und <u>Sehnsucht nach innerem Reichtum</u> gegenüber. Verstand und Herz geraten in unversöhnlichen Gegensatz, Realitätstüchtigkeit wird Gemeinheit. Hans gehört als Gymnasiast in seinem Reich unter dem Dache "zu den Glücklichen der Erde" (9o), und doch nimmt er schon als Heranwachsender unversehens die Posen des Raabeschen Dachbodenkauzes an. Er ist nicht der Unbeschadete, Naive, der unter dem Dache den Gegenentwurf zur traurigen Wirklichkeit, der er entstammt, herstellt, sondern baut "Luftschlösser" (95) und macht sich selbst dort Faxen, als er das Abitur geschafft hat. (1o2) Die Tatsache, daß er seinen Erfolg nicht aufs konkrete Leben wendet wie Moses bedeutet, daß er der Gefahr der <u>inneren Überhebung</u> wie Moses der <u>äußeren</u> ausgesetzt ist. Moses nämlich verschafft sich am Tage des Abiturs auf gewalttätige Weise das ganze Vermögen des Vaters, von dem dieser einen Teil für den Sohn verwahrte, damit er als Erfolgreicher sein Volk einst ehren solle. Für den kalten Rechner Moses aber, der die räuberische Durchsetzung in diesem Roman vertritt, ist dies ebenso wenig Verpflichtung wie jeder menschliche Bezug. Diese dichterische Setzung der satanischen Kälte in der Tiefe verbürgt dem sonnenhungrigen Helden die Gottseligkeit. Daß dieser krasse Gegensatz der Gefährten gleicher Herkunft von Raabe selbst nicht auf seine Verursachung hin befragt wird, sondern als Naturkategorie des ewigen Kampfes zwischen Licht und Finsternis kommensurabel ist, läßt sich daran ablesen, daß er dem deutschen Hans den Semiten Moses gegenüberstellt. Eine dialektische Vermittlung zwischen Realitätstüchtigkeit und träumerischer Phantasie durch die Dynamik der Veränderung ist damit auch in diesem Entwicklungsroman Raabes ausgeschlossen; beide Bereiche geraten aus der dynamischen Beziehung zueinander heraus und damit wieder in die freie Verfügungsgewalt des Dichters, wie in den beiden anderen Werken Raabes, in denen die Naturgewalten eingreifen.

Auch der Abschied der Jünglinge aus dem Elternhause steht in unversöhnlichem Gegensatz. Während Moses das Geld des Vaters, den er damit vernichtet (113), raubt (1o9 ff.) und die Klage der zurückgebliebenen "vier Schicksalsschwestern" (119) seines Volkes hinter ihm erschallt, besteigt Hans den Dachboden seines Vaterhauses und sieht von dort aus <u>die Welt in dichte Nebelschleier</u> gehüllt. Diese erfüllen den Scheidenden mit solcher "Verzauberung", daß er unter Lebensgefahr ins Haus als sicheren Ort zurückkehrt. (116 f.) Diese dritte Erwähnung des Dachbodenmotivs im Roman nach Namensgebung und Studierzeit zeigt Hans Unwirrsch schon <u>mehr von inneren Bildern bedrängt</u> als von den Verlockungen des Blickes in die Welt.

Die Kammer des Hauslehrers unter dem Dache führt daher aus der Wirklichkeit fort in das Chaos der inneren Konflikte"; sie wird zum <u>Gefängnis</u>.
"Er fühlte sich unbefriedigter als je, und sagen mußte er sich, daß er ein Verständnis für diese Welt noch nicht gewonnen habe. Er gehörte nun einmal zu jenen glücklich-unglücklichen Naturen, die jeden Widerspruch, der ihnen entgegentritt, auflösen müssen, sie nicht mit einem Apage! beiseite schieben können. Er hatte eben jenen Hunger nach dem Maß und Gleichmaß aller Dinge, den so wenige Menschen begreifen und welcher so schwer zu befriedigen ist und vollständig nur durch den Tod befriedigt wird. So saß er denn in seinem hochgelegenen Stübchen , dachte mit Seufzen seiner fernern, stillen Jugend und horchte den Disharmonien der Gegenwart. Mit Seufzen dachte er, wie er nun mitten in dem Nebel wandelte, den er einst sah von seines Vaters Hause." (248 f.)
Diese Wiederaufnahme des Dachbodenmotivs in der Rückerinnerung des Helden an die Verschleierung der Welt vor dem angehenden Studenten betrifft nun die <u>reale Lebenserfahrung</u>. Nicht nur von der Dachluke des Phantasten aus erweist sich das Leben in Nebel gehüllt; es ist selbst Nebel, dumpf wogendes Getriebe, in dem der Selbstverlust droht. Die jugendliche Hoffnung, im Fortgang des Lebens den Aufschwung in die lichte Höhe der Individuation zu finden, die schon in der Dachkammer des Knaben nicht den konkreten Gegenentwurf zur Misere herbeiführte, sondern nur die verwirrende Illusion nach dem Höhenflug, weicht bei dieser vierten Erwähnung des Dachbodenmotivs dem lebensverneinenden Hunger nach "Maß und Gleichmaß" am Rande des Todes. Die Disharmonien im Sozialbereich, in dem Hans Unwirrsch nur die Rolle des Objekts zugewiesen wird, bedeutet für den "Unbefriedigten" solche Qual, daß die gesamte Wirklichkeit ein Bezug zur Trauer ist, welche die Menschen mit Fremdheit umgibt und den Blick von oben auf das Treiben in der Straße mit dem Schleier der Trostlosigkeit überzieht. (249) Die Lichtsehnsucht des Helden verwandelt sich angesichts der <u>in die Höhe und</u>

in das Leben verstellten Blickrichtung Unwirrschs in Todessehnsucht. Wieder siedelt Raabe seinen Helden in dem grauen Zwischenreich der Angst an. Das Wahnsinnsmotiv des Dachbodens klingt an, doch fehlt diesem Helden die Lust zum unmittelbaren Angriff auch im Ausbruch, denn die Sonnensehnsucht ist so weit entmaterialisiertes, affektfreies innerliches Sehnen, daß der Umschlag in die Aggression der Feuersbrunst nicht droht, so wie ja Raabe überhaupt den Erzähler für seine wehrlos leidenden Personen eingreifen läßt.

Jener Innenseite der gescheiterten Selbstverwirklichung, die Konstituens für diese vierte Erwähnung des Dachbodenmotivs ist, geht die soziale Verursachung, die vereitelte gesellschaftliche Anerkennung, voraus. Unwirrsch wird als Objekt des Handelns an den Rand des Geschehens gedrängt, als armseliger Hauslehrer gemaßregelt und übersehen, wo der Weltmann Moses, der nun seinen Namen gewechselt und seine verachtete Herkunft verleugnet hat, sich als geachteter Gast einfindet, um die stolze leidenschaftliche Tochter des Hauses zu gewinnen. Der erfolgreiche Übeltäter Moses Freudenstein hat die Überzeugungskraft und den Charme auf seiner Seite gegen den ohnmächtigen Ingrimm in Hans Unwirrschs ehrlichen Herzen. Alle Versuche, dem Unglück zu wehren, wandeln sich für den Hauslehrer in Demütigungen. Moses steht nun für die Herrschaft der Mächte der Finsternis in der Welt, deren gleißnerischem Zauber die schwachen Menschen erliegen, weil in der Welt das Gefühl für das Echte verloren gegangen ist. Der einfältige Gegenspieler, der seine niedere Herkunft nicht ableugnet und von reinerem Streben beseelt ist, wird unter das Dach getrieben, in den Bereich von Weltflucht und Triebverzicht. Erst dieses reale Unterliegen gegenüber der Skrupellosigkeit des Rivalen führten jene Todessehnsucht herbei; sie mündet in eine "gefährliche Krankheit" (279). Die Fieberphantasien während der Gehirnhautentzündung in dem "hochgelegenen Stübchen" (248) bringen die Knabenträume nach Licht nur noch gebrochen hervor. Dagegen erwächst Unwirrsch aus diesem Zusammenbruch die Kraft zur unversöhnlichen Feindschaft gegen den Rivalen.(282) Diese Wendung im Leben des Helden führt seine Selbstbefreiung herbei. Er zieht nun in eine "Dachkammer", nicht ohne "über die Köpfe unzähliger Kinder hinweg" (321) die Treppe erklommen zu haben. Diese Selbstfindung unter dem Dache ist jedoch von Raabe wieder zweideutig motiviert, denn es geht ihr die Kündigung einer tyrannischen Hausherrin voraus. (284) Wohl genießt

der Entronnene nun die Ungebundenheit in der spartanischen Dachkammer
(324), doch ist er auch zugleich <u>Hinausgeworfener</u> und zieht mit dem beschädigten Selbstvertrauen, dem <u>Geltungsdrang des Mißachteten</u> unter das
Dach ein. Hier will er sich durch das "Buch vom Hunger" jenes Gehör verschaffen, das die Welt ihm bisher vorenthalten hat. (333 f.) Sein Streben
geht auf innere Wiederherstellung auf auf Stärkung der Widerstandskraft
für das Leben.

Es scheint sich also auch hier im "Hungerpastor" in der Gestaltung des
Dachbodenmotivs die kompensatorische Funktion gegen die Ohnmacht gegenüber
sozialer Ungleichheit und Ungerechtigkeit durchzusetzen, die für Raabe
charakteristisch ist. Doch reduziert der Autor den aggressiven Rückzug
des Helden aus der Realität in der Karikatur der subjektiven Überhebung;
die einfältige taube Wirtin hat recht, die ihren Mieter "für übergeschnappt"
(333) hält [27].

Hans Unwirrsch flüchtet sich als "sein eigener Herr" unter dem Dache in
Illusionen, hinter verriegelter Tür, mit seiner ihm unerschöpflich erscheinenden Barschaft auf dem Tische, baut er sich "Luftschlösser" (332),
seine Illusionen betreffen mithin auch die Überschätzung seiner ökonomischen Unabhängigkeit. Sie verschärfen nur den Realitätsverlust. Die Rettung Rapunzels aus dem finstern Schloß, das für Unwirrsch die ganze Welt
ist, gelingt nur in der Phantasie. (334) Die Villa aber, in der Franziska
wohnt und die er verlassen mußte, bleibt ihm verschlossen. (335) Auch der

---

27) a.a.O., S. 333: "Die Jugend mit ihren bunten Träumen lag jetzt freilich hinter ihm; es war manche Blüte in seiner Seele geknickt worden,
es war manch heller Schein der Welt verblaßt, und manches Ding, nach
dem Hans Unwirrsch großen Hunger empfunden hatte, widerte ihn nunmehr sehr an; aber wenn auch die weißen und roten Blütenblätter verweht waren, so reifte langsam manche gute Frucht. Nicht alles in
der armen, irrenden Welt war falsches Schimmern und Flimmern; das größte,
tiefste Sehnen war immer noch nicht gestillt, und das war das allerbeste. Am dritten Tage seines Sinnens hatte dieses Sehnen den nackten,
kahlen Raum des Zimmers vollständig verändert; Hans Unwirrsch bewirtete
in seiner Dachstube das Ideal."

Plan, dort oben vom Hunger zu schreiben, in dem er der Fürsprecher jener
geistig Hungernden werden will, die aus der irregeleiteten Welt gedrängt
werden und deren Leiden nicht gezählt sind, mißlingt. (337) Die Wirrnis
im Kopfe des Helden klärt sich nicht, und endlich setzt den Illusionen
die Armut harte Grenzen. Er muß aus der Dachkammer in die Welt hinaus,
um nicht wirklich zu verhungern.

Die Kollision von Glück und Recht löst Raabe auch in diesem Roman nicht
durch die Einführung des Gerichts innerhalb des Dachbodenmotivs; er versetzt den Helden an den Rand der Welt, wo er in einer Hungerpfarre am
brausenden Meer (43o) der Gute Hirte der Gescheiterten wird. Die Hoffnung,
im Leben die Wahrheit zu finden, das "Echte vom Nichtigen", den "Schein
vom Wirklichen" zu scheiden, erweist sich als eingelöst (431 f.).
"Vater, ich bin meinen Weg in Unruhe gegangen; aber ich habe die Wahrheit gefunden; ich habe gelernt, das Nichtige von dem Echten, den Schein
von der Wirklichkeit zu unterscheiden. Ich fürchte mich nicht mehr vor
den Dingen, denn die Liebe steht mir zur Seite; - Vater, segne deinen
Sohn für seinen künftigen Weg und bitte für ihn, daß der Hunger, der ihn
bis hierher geleitet hat, ihn nicht verlasse, solange er lebt."
Das Motiv des Gerichts auf dem Dachboden, das sonst in den Entwicklungsroman das bürgerliche Individuum vor der Überhebung schützen und die
Bereitschaft zur sozialen Hingabe provozieren sollte, wird von Raabe
nicht in den Roman "Der Hungerpastor" aufgenommen; denn das Handwerker-
kind, vom Hunger nach der Wahrheit beseelt, erfährt schon sein Leben in
der bürgerlichen Gesellschaft als <u>schwere Prüfung.</u> Die niedrige Herkunft
setzt ihm, der sich nicht verleugnet, unerbittliche soziale Schranken
beim Auszug in die Welt, die jede individuelle Überhebung vereiteln.
Nach der Wahrheit innerhalb dieser Gesellschaft zu hungern, erweist sich
als Verirrung, die verführerischen Schleier des Glanzes sozialer Anerkennung sind für das Kind der Armut nur Nichtigkeit und Schein. Sie bedrohen ihn mit Selbstverlust. Raabe läßt seinen Helden aus dem niederen
Volke an diesem Konflikt nicht scheitern wie Gottfried Keller seinen
"Grünen Heinrich", für den auf dem Dachboden das natürliche Recht des
Volkes beschworen wird, um den Überheblichen wie die schuldige Gesellschaft, in der er heranreifte, vor die Schranken zu rufen. Raabes Hans
Unwirrsch bedarf dieser kritischen Instanz nicht, denn er hält <u>mit sich
selbst Gericht vor der inneren Gewissensinstanz des Vaters und spricht
sich selbst frei.</u> Gerade der Held aus dem Volke ist für Raabe gegen die

Verführung durch die bürgerliche Welt des Scheins gefeit, weil seine eingeborene Sehnsucht nach dem Echten und Wirklichen die gesellschaftliche Geltung endlich als hohle Maske erkennt. Darum steigen immer wieder, wie der Held dieses Romans, "aus der Tiefe" des Volkes "die Befreier der Menschheit" von der Sklaverei des Selbstbetruges auf und halten im engsten Kreise die Herrschaft über "das unendliche Gebiet" in der Hand, die Herrschaft über sich selbst.

Über diesen Reifeprozeß zu Gericht zu sitzen, hat für Raabe keine wünschbare humane Instanz die höhere Legitimation, sondern nur der höchste Richter.

Der Hungerpastor schart am Ende des Romans wie ein neuer Heiland jene um sich, die der gesellschaftlichen Verführung glücklich entronnen sind. Diese Heimat des Gereiften außerhalb der verlockenden Welt aber rückt in die Nähe des Todes, das Treiben des Lebens dringt nur noch als gewaltiges, bedrängendes Brausen des Meeres an die Ohren dessen, der den Frieden geschlossen hat. (43o) Die Gestrauchelten dagegen werden an den Strand der armen Fischergemeinde geworfen, in der der Hungerpastor seine Gläubigen mit dem inneren Licht erfüllt; Kleophea, die dem lügnerischen Freiheitszauber der Welt erlegenen Frau Moses Freudensteins, findet dort als Gestrandete einen sanften Tod. Auch in diesem Roman sind die Naturgewalten mit dem Friedfertigen am Gestade zwischen Leben und Tod im Bunde.

Das Dachbodenmotiv scheint von diesem versöhnten Ende des Romans her die Auflösung im Geschehen zu erfahren, die die Dialektik von Individuation und Sozialisation im Leben des Helden erheischt: Die Kinderträume unter dem Dache lösen sich in der Erfahrung des Tätigen auf. Die innere Krise, die dadurch ausgelöst wird und den mittellosen Helden in den Realitätsentzug der Überhebung unter dem Dache treibt, wird durch den Zwang zu arbeiten beendet und mündet in die soziale Tätigkeit des Erfahrenen.

In Wirklichkeit aber triumphiert das Dachbodenideal als gefährliche soziale Illusion über das Geschehen im Roman. Der Wahrheitstraum des alten Handwerkers Anton Unwirrsch geht im Sohne nicht in Erfüllung, erhält nicht die volle Kraft zur Negation der sozialen Verdüsterung des Kleinbürgertums. Der Sohn des Volkes, dessen Waffen am Ende des Romans geschärft sind, hält die unter dem Dache gewonnene Illusion der privaten Lösung seines sozialen Schicksals bis zum Ende aufrecht und erscheint in ihr gewappnet. Diesem Triumph im Leiden aber gesellt sich geheime Verachtung für die Unterliegenden zu, die dem verinnerlichten Drang in die Höhe des Ideals nicht Folge zu leisten vermögen, das Herz nicht auf dem rechten Fleck haben. In diesem Zusammenhang ist die innere Logik für den das Dachbodenmotiv in seiner Gerichtsinstanz ersetzenden Sachverhalt zu sehen, daß der Sohn triumphierend sich vor dem Gewissen des nur hoffenden, nicht aber im Kampfe gewappneten Vaters selbst den Freispruch im Roman geben darf.

Der gesellschaftliche Widerspruch zwischen Herrschenden und Beherrschten, der das armselige Leben von Moses Freudenstein und Hans Unwirrsch aneinanderkettete, wird von Raabe mit dem Vehikel des Dachbodenmotivs als innerpsychischer Konflikt umschrieben. Nur unter der Leugnung der sozialen Verursachung für den manischen Freiheitsdrang der beiden Gefährten kann im Roman sich die Überzeugung festigen, daß es hier einen Triumph des Helden gibt. Das psychologisierte Leitmotiv der Feindschaft der beiden Gefährten aus dem Kleinbürgertum, der Kampf zwischen Licht und Finsternis um die Herrschaft über das Leben, ist dichterische Symbolisierung und verschleiert kaum die geheime Identität der Verhaltensweisen. Sie bleiben in ihren Zielsetzungen daher auf verhängnisvolle Weise aneinandergekettet, so sehr sie in unversöhnliche Feindschaft geraten. Sie kleben aneinander wie das Pech. Die Gestaltung der charakterlichen Festigkeit des mittellosen Helden Hans Unwirrsch, der seinem Herkommen die Treue hält wie seinem Dachbodenideal und sich gegen die Sirenenklänge gesellschaftlicher Anerkennung gewappnet zeigt, verweist nur auf das Scheinproblem der inneren Selbstkontrolle des Unterprivilegierten gegenüber der Verlockung des Lebens und dem inneren Appell zu räuberischer Aneignung. Das Handeln des Juden Moses ist nur die andere, der Selbstkontrolle entwichene Seite in Hans Unwirrsch selbst. Die Lust zum Angriff und zum Machtgewinn beseelt auch den deutschen Hans in den Knabenphantasien wie in der seelsorgerischen Tätigkeit. Der Neid gegenüber dem erfolgreichen skrupellosen Feind wird im Geschehen kaum beschwichtigt, denn nur die verführte, ohnehin den Ohnmächtigen zugehörende Frau Freudensteins findet den Tod in den Wogen der

Gesellschaft; Moses aber gewinnt, vom Dichter bürgerlich für tot erklärt, den Titel Geheimer Hofrat für die Spitzeldienste, die er seiner Regierung unter den deutschen Landsleuten in Paris leistet. (461) Der nicht unter dem Dache zum Phantasten Herangereifte, sondern im dunklen Keller Geborene sieht im "Schein" der Gesellschaft die realen bürgerlichen Machtverhältnisse gespiegelt, im verinnerlichten Streben nach dem "Echten" die eigentliche Tölpelei. Moses verhält sich offensiv zur Herrschaft des Privatinteresses, die das soziale Leben im Roman steuert, als jemand, der die private Befreiung von der gesellschaftlichen Ohnmacht ersehnt. Da die Feinde einander mithin nicht so fremd sind, wie ihre Rassen es glauben machen sollen, ist auch der private Lösungsweg des Hans Unwirrsch von der inneren Dynamik her zu sehen, die Moses offen ausagiert. Die Humanität wird dem Helden des Romans von seinem menschenfeindlichen Gegenspieler in Wahrheit nicht verbürgt, denn sie haben mehr als die niedrige Herkunft miteinander gemein: die Flucht vor dem sozialen Schicksal ihrer Klasse. Hans Unwirrsch verhüllt im Gegensatz zum Kellergeborenen die ererbte Armut mit dem Schleier der Phantasterei und erfährt als armer Tropf im Leben die schroffsten Zurückweisungen, nicht nur wegen seiner verachteten Herkunft, sondern auch, weil ihm der Charme des weltoffenen Rivalen über der Beschäftigung mit sich selbst verloren gegangen ist. Seine Entscheidung für die soziale Tätigkeit ist in Wirklichkeit aufgezwungen, andere Wege stehen ihm nicht offen. Die als Selbstfindung gefeierte Treue gegenüber dem Dachbodenideal imponiert nicht als innerer Frieden, denn sie ist gesellschaftliche Niederlage, und das wogende, gefährliche Treiben in der Stadt wird von Hans Unwirrsch durch das Meeresrauschen noch als Alptraum erlebt. Nicht nur die soziale Versöhnung mit der Welt also, sondern auch der innere Friede des Hungerpastors, die Garanten des Triumphes seiner Menschlichkeit über den feindlichen Gegenspieler, müssen mit Hilfe der Naturgewalten geschenkt werden. Hans Unwirrsch wohnt am sicheren Gestade am Rande der unheilvollen Gesellschaft, mit der Macht des Gotteswortes über die Menschen seiner Gemeinde ausgestattet, und er erfährt dort am Hochzeitstage die dunkle Genugtuung, daß Kleophea, die den unbeholfenen Hauslehrer Unwirrsch mit ihrer Keckheit einst in Bedrängnis brachte, sich zur Auflehnung gegen die bürgerliche Unterdrückung entschloß und Moses folgte, als Vernichtete angespült wird; er erfährt,

daß unweigerlich verschlungen wird, wer sich als Ohnmächtiger über seine
Schranken erhebt. Der soziale Wahn der öffentlichen Wirksamkeit durch die
Autorität der Trostgebärde macht zu seiner Aufwertung als Humanität das
gesellschaftliche Unrecht notwendig, um dem Lebensweg des Hungerpastors
die Genugtuung des letzten Triumphes zu verleihen.

Daher blitzt es im Dachbodenmotiv dieses Romans wie in seinem letzten
Satze: "Gib deine Waffen weiter, Hans Unwirrsch!" (462) gefährlich auf.
Von der fragwürdigen Genugtuung des übervorteilten Seelsorgers, der Herrscher über sich selbst wurde, ist es nur ein Schritt, und die Zukurzgekommenen machen sich über das Leben von Moses her, um als richtende Instanz in dem Bewußtsein Rache zu nehmen, für eine bessere Welt zu kämpfen.

Raabe hat dem Dachbodenmotiv eine bedeutsame Wendung insofern gegeben,
als der Dachboden nun zur besseren Heimat für den Gescheiterten wird als
die Welt. Entscheidend ist, daß die Bedrohlichkeit des Realitätsverlustes
bei ihm nur noch selten in Selbstzerstörung einmündet. Das Gewimmel, das
unter dem Dache in seinem Werk steht, verhindert die gefährliche Vereinsamung, aber auch die lustvolle Selbstäußerung des Individuums, die dort
noch ermöglicht wurde. Raabe kassiert mit der Bevölkerung des Raumes unter
dem Dache jenes Moment des Dachbodenmotivs, das für die Individuation
einstand, er kassiert die schöpferische Privatheit überhaupt. Aufdringlichkeit und Indiskretion treten unter den Geflüchteten auf. Sie erhalten im
früheren Raume des Vergessenen das Asyl und beginnen im Trotz gegen die
schlechte Gesellschaft ihr Selbstbewußtsein zu heilen, um der Stunde zu
harren, die sie Recht behalten läßt.

Wichtig ist daher an Raabes Gestaltung des Motivs die aggressive Wendung,
die die selbstzerstörerischen Erscheinungen der Flucht aus der Welt nehmen.
Der moralische Protest macht die unter dem Dache stark, sie sind endlich
denen überlegen, die ihre Kräfte im Lebensgewühl verschleißen. Mehr und
mehr wird bei Raabe der Dachbodenbewohner der Gewinner. Waren die Naturgewalten, das Feuer und der Sturm, bisher noch Ausdruck der Selbstvernichtung des Gescheiterten, so sind sie nun gerade die gerechte Strafe

für die schlechte Welt. Scharfrichter, Pastor, Weltreisender, Luftikus und Poet, Polizeischreiber, Sternseher und das Naturkind unter dem Dache erhalten mächtige Hilfe gegen die sinnentleerte Welt, die nichts als den Selbstverlust mehr aufbewahrt. Mit der Weltverachtung aber wird der Dachbodenbewohner in der Isolation auch nicht mehr aus dem Leben fortgenommen. Er bleibt Wächter. Daher fallen die drei Ausprägungen des Motivs, die Kindheitsphantasie, die knabenhafte Überhebung und das Gericht, in der Wachsamkeit des Subjekts auf fragwürdige Weise zusammen. Der Vereinzelte wird unter dem Dache als dem sichersten Orte in der Welt nämlich nun mächtig als Richter und Rächer. Urteil und Strafe provoziert nicht mehr die geheime Instanz über dem unter das Dach Geführten. Der Dachbodenbewohner vereinnahmt nun selbst alle Inhalte des Motivs. Er sitzt dort oben über die Welt zu Gericht, und die Strafe führt er selbst aus, weil er, vom Dichter mit der kindlichen Seele ausgestattet, in der Überhebung als der Freigesprochene qualifiziert ist. Auch die Flucht in die Welt der Theorie und des Geistes, die Raabe mit dem Dachbodenmotiv wieder aufnimmt, erhält eine aggressive Wendung, denn sie leitet nicht mehr das libidinöse Vorspiel eines erhofften Glückes ein, sondern Affirmation. Der vor der Mißachtung Entronnene rettet sein Selbstbewußtsein mit Hilfe seines Starrsinns, für den die Gesellschaft nicht mehr würdiges Medium der Reflexion ist.

Die bessere Weltordnung, die sein Dachbodenkauz gegen jeden vernünftigen Einspruch aufrechterhält, ist nur noch die Fratze der Hoffnung auf versöhnte Sozialisation: sie ist gegenüber dem Ernst der sozialen Frage in der zweiten Hälfte des 19. Jahrhunderts angriffslustiger Starrsinn, zu dem der naive Trotz des kindlichen Protestes unter dem Dache pervertiert. Da zur Legitimation der Gegenwehr schon das trübe Ressentiment hinreicht, wird der Schwachsinn des Tölpels ebenso aufgewertet wie der Rachedurst des neidischen Besserwissers unter dem Dache. Damit aber hat Raabe als erster dem Dachbodenmotiv jene Feindseligkeit zugeordnet, die den Dachboden als Bereich der tödlichen Gefahr erscheinen läßt, nicht für den dort im Hinterhalt, sondern für die Lebenden.

Bei Raabe scheint, eindringlicher als bei Storm und Fontane, die Analyse in die Rüge einzumünden, daß er beim Kampf um die dichterische Darstellung des glaubwürdigen Individuums versagt habe. Das hieße jedoch nichts weiter, als zu dem planen Ergebnis Zuflucht zu nehmen, daß hier dichterische Willkür zu denunzieren sei. Damit würde die Veränderung des historischen Ortes geleugnet und das Neue bliebe ungeklärt, das Raabe im Dachbodenmotiv wie keiner vor ihm symbolisiert. Dieses Neue zu analysieren, ist bei ihm komplizierter als bei den anderen Autoren, weil er sich ja im manifesten Entwicklungsgang seiner Hauptfiguren zugleich am entschiedensten auf das klassische Modell des "Wilhelm Meister" verpflichtet. Raabe will der Selbstfindung und der Vergesellschaftung seiner Helden den klassischen Ernst der Allgemeinverbindlichkeit mitteilen, indem er sich für die Kinder aus bedrängten Verhältnissen entscheidet wie einst der junge Goethe. Im Geschick des verwaisten Waldarbeiterkindes Robert Wolf, des armen Schusterkindes Hans Unwirrsch und im Unglück Kindlers, des übervorteilten und verarmten ehemaligen Hausbesitzers in der Kleinstadt, sieht er für alle einen verbindlichen gesellschaftlichen Sachverhalt ausgedrückt, der der dichterischen Benennung bedarf.

Und doch bleibt der Lebensgang des Helden bei Raabe von Abendrot umgeben; er will sich mit Morgenrot nicht beglänzen lassen, denn die Selbstbestimmung des Kleinbürgers, den Raabe meint, ist in der zweiten Hälfte des 19. Jahrhunderts vom Schicksal der Abdankung bedroht. Sein gesellschaftlicher Horizont ist politisch nicht so offen wie für das Bürgertum an der Wende zum 19. Jahrhundert und für Wilhelm Meister. Diesem wirklichen Sachverhalt erweist der Dichter bei der Durchführung seines Anspruchs, den vom Absinken in die gesellschaftliche Ohnmacht Bedrohten Glück und Recht im Werk zu sichern, doch in Wahrheit die Treue: Durch den rettenden Eingriff der Naturgewalten in "Das letzte Recht" wird ja der Bauplatz frei für die Strumpffabrik des Spekulanten; Robert Wolf als Armenarzt und Hans Unwirrsch als Seelsorger beheimaten sich am Rande der Welt außerhalb des historischen Prozesses, und ihr Leben steht im Dienst der Heilung von Wunden, die eine Gesellschaft geschlagen hat, aus der Raabe in seinem Werk den Veränderungswunsch des Helden an den Rand des Todes forteilen läßt.

In der Gestaltung des individuellen Geschicks also kann nicht das Neue verborgen liegen, das Raabe dem Dachbodenmotiv mitteilt. Es muß in jenen Gehilfen gesucht werden, die er seinem Helden unter dem Dache zugesellt, und in dem Trotz gegenüber der gesellschaftlichen Praxis, die sie durchschauen. Sie sind es, die die traditionellen Inhalte des Dachbodenmotivs, die kindliche Hoffnung, den jugendlichen Protest und das gerechte Gericht vereinnahmen und <u>enteignen</u>. Dies aber nicht, um den Zauber dort oben zu brechen, sondern um ihn zu entfesseln. Die Verweigerung der Dachbodenbewohner gegenüber der durchschauten gesellschaftlichen Praxis führt zur <u>Verriegelung</u> des Refugiums gegen die Wirklichkeit. Hatte dies bisher nicht immer Realitätsverlust und Wahnsinn im Gefolge? Was hat es damit auf sich, daß Raabe diese <u>Verweigerung</u> bei seinen Bewohnern unter dem Dache so mächtig werden läßt, daß er auch die Natur in ihren Dienst stellt? Ist sie nicht gegen das Leben und gegen die Einlösung aller menschlichen Hoffnungen gerichtet, die dort oben in der Dichtung geschützt wurden, und ist sie nicht eine Verweigerung <u>für nichts?</u>

Diese Frage nach dem Gewinn des totalen Protests erinnert an Petrarcas Bergbesteigung [28] und das Aufbegehren des Wanderers gegen die Verlockung der Natur, das selbstbestimmte Lebensziel ihrer Übermacht preiszugeben. Auch dieser Trotz war Starrsinn gegen die Wirklichkeit, war eine Entscheidung für etwas, das sich dem Trotzigen selbst nicht bewußt erschloß. Diese Abgrenzung des individuellen Lebens aus der saumseligen Naturverfallenheit als archaischer Beginn des Dachbodenmotivs in der Renaissance konnte sich auf nichts als den mächtig aufsteigenden Selbstbestimmungswunsch berufen und war nur dadurch legitimiert, daß plötzlich dessen Gegnerin bewußt wurde: die Willkürherrschaft der Natur über das menschliche Lebensziel. Gegen sie trat die innere Verweigerung beim Bergwanderer ein, nur um eine <u>Zukunftshoffnung</u> zu gewinnen, die gesellschaftlich, und das hieß, <u>human</u> bestimmt ist.

Von dieser Gemeinsamkeit im Starrsinn her läßt sich sicherer bestimmen, was Raabe im Dachbodenmotiv verschlüsselt. Es scheint nämlich, als berührten sich nun Anfang und Ende einer Tradition. Der Gegner, der den Rettungswunsch so mächtig werden läßt, ist bei Raabe nicht die Willkür der Natur, sondern die der herrschenden Gesellschaftsordnung der zweiten Hälfte des 19. Jahrhunderts. Die zunehmende Konzentration des Kapitals wird in der dichterischen Optik Raabes als Willkürherrschaft im Bilde der saugenden Spinne symbolisiert gefaßt und macht die trotzige Aufkündigung des Vertrauens auf die Praxis des tätigen Lebens zur inneren Not-

---

28) vgl. Einleitung dieser Arbeit, S. 23 ff.

wendigkeit. Selbstvergessenheit und Vertrauensseligkeit erweisen sich
in dieser Herrschaftsordnung als Verblendung wie die Lust zur Hingabe
an die weite Natur in der Renaissance. Das Bündnis der Starrsinnigen,
das Raabe unter dem Dache schützt, ist als die dichterische Resonanz
auf jenen Konzentrationsprozeß in der Gesellschaft zu sehen, der zum
Imperialismus führt. Die Kauzigkeit seiner Gestalten unter dem Dache
reicht daher auch nicht hin, um den Symbolisierungsprozeß zu verharm-
losen, der sich in Wahrheit in seinem Umgang mit dem Dachbodenmotiv
vollzieht. Stand beim frühen Beginn des Dachbodenmotivs in der Renaissance die Rettung aus der Naturverfallenheit als Hoffnung über dem
Geschehen, so bezieht Raabe nun den Dachboden zwingend auf die Rettung
vor der Verfallenheit in einer Gesellschaft, deren Agenten schlimmeren
Selbstverlust erzwingen als die Saumseligkeit der Tagträumerei: die entfremdete Arbeit. Von diesem Sachverhalt her erschließt sich nun die Ehr-
furcht der Dachbodenbewohner vor den Naturgesetzen als solchen des
letzten Rechts. Es scheint sich im Dachbodenmotiv in der bürgerlichen
Literatur endlich ein Kreislauf zu schließen, der mit der individuellen
Selbstbestimmung gegen die Naturgesetzlichkeit des Lebens begann und nun
wieder in das Vertrauen auf den Triumph der Natur über das gesellschaftliche Unrecht einmündet. Von hier aus erklärt sich die so anders als bei
Fontane und Storm akzentuierte Abivalenz des Geschehens unter dem Dache,
erklärt sich seine Hinterhältigkeit. Auch bei Raabe ist für die Wünsche
unter dem Dach die Tür in die Gesellschaft verriegelt. An dieser Verrie-
gelung hat er als Dichter aber bewußter Anteil als alle anderen bürgerlichen Autoren, und in ihr wird die Kraft zur Negation deutlich, die zur
modernen Gestaltung des Dachbodenmotivs führt.

Der Trotz des Bergwanderers bei Petrarca und der Dachbodenbewohner bei
Raabe sind nämlich nicht nur als Anfang und Ende im Kreislauf der dichterischen Symbolisierung der individuellen Entwicklung kommensurabel.
Hier ist nicht nur Verwandtschaft aufzuspüren, denn die Aufkündigung
des Mißtrauens gegen die Natur als dichterische Rückkehr an den Ursprungsort der bürgerlichen Selbstbestimmung ist vielmehr die Aufhebung dieser
Tradition zugunsten eines Neuen. Im Vertrauen der Verweigerer unter dem
Dache auf die Hilfe der Naturgewalten geht der private Befreiungswunsch
unter. Hier wird ja eine Hilfe zurückgerufen, deren Umklammerung der Bergwanderer der Renaissance einst glücklich in die Gesellschaft als dem Felde

der individuellen Bewährung zu entrinnen hoffte. In Raabes Darstellung
dagegen wird nicht der Freispruch von der Natur erhofft durch ein Gericht
unter dem Dache, sondern die Natur richtet die Herrschenden. Dieses Gericht fordert bei Raabe mithin nicht mehr das Individuum vor die Schranken,
es steht vielmehr als mächtiger Helfer den Trotzigen unter dem Dache zur
Seite und folgt ihrem Appell zum Eingriff in das herrschende Unrecht williger als irgendeine gesellschaftliche Instanz. Die Naturgewalten sind bei
Raabe die symbolische Verschlüsselung der gesellschaftlichen Empörung
von unten. Aus diesem Grunde läßt er die Verweigerer dort oben auch nicht
im Objektverlust und Wahnsinn untergehen; sie ertrotzen Natur-Recht wie
Streikende. Die Verweigerung unter dem Dach wird so als menschliches Aufbegehren gegen die Unterwerfung legitimiert, und den Gewinn der Hoffnung
auf die Zukunft sichert Raabe in seinem Werk so wenig wie Petrarca in
der Bergbesteigung.

Die Provokation, die Raabe aus dem Dachbodenmotiv neu erstehen läßt, ist
zunächst die Tilgung der Widersprüchlichkeit zwischen dem privat und dem
gesellschaftlich Erhofften, ja ist die Tilgung des Individualproblems
aus dem Dachbodenmotiv zugunsten der Unmittelbarkeit der Verweises auf
die Widersprüche in der Gesellschaft. Es ist bei ihm darum auch nicht
mehr eine verborgene Instanz des natürlichen Rechts des Volkes unter dem
Dache zu finden wie bei Gottfried Keller und nicht mehr das ungezähmte
freischweifende Naturgeschöpf, dessen Gegenwart Mörike im Bilde auf dem
Dachboden verwahrte. Es ist auch nicht mehr die Projektion der Lebenslust
auf einen Chinesen wie bei Fontane. Raabe tilgt aus dem Dachbodenmotiv
jede Verinnerlichung und läßt für die unters Dach geflohenen Wünsche die
wirkliche Feuersbrunst in "Die Leute aus dem Walde", den wirklichen Schiffbruch im sturmgepeitschten Meer in "Der Hungerpastor" und den wirklichen
Frühlingssturm in "Das letzte Recht" als richtende Instanzen der Natur
eingreifen, um die Entrechteten mit dem Leben zu versöhnen. Darin liegt
aber auch das Zukunftsweisende in der Bedeutung des Dachbodenmotivs; denn
nun ist der Bereich des Bürgerhauses als prototypischer Schauplatz für
Sozialisationskrisen und seine Virulenz als Welt- und Leibsymbol mutig
aufgegeben und die Privatheit des Dachbodenmotivs vernichtet. Seine literarische Bedeutung ist endgültig aus der bürgerlichen Enge befreit, in
der es sich beim jungen Goethe einst realistisch und dynamisch konstituieren konnte, weil es dort nun seine Allgemeinverbindlichkeit verloren hat.

Raabe mußte in seinen Werken, in denen er das Dachbodenmotiv aufnahm, den Anspruch aufgeben, an der Individualgenese die Gesellschaft und in den Entwicklungskrisen des einzelen die Veränderlichkeit des historischen Prozesses vor Augen zu führen, weil dies scheiterte. Nicht das Selbstbestimmungsrecht des bürgerlichen Individuums setzt sich nämlich auf seinem Dachboden gegen das herrschende Unrecht zur Wehr, sondern das Selbstbestimmungsrecht des Volkes.

War schon im Märchen vom Dornröschen wie bei Goethe, Keller, Mörike und auch bei Storm und Fontane die Natur nur das symbolische Gewand für die Wahrheit, die das namenlose Kollektiv der Ohnmächtigen oder die Weiblichkeit in sich tragen, und war die Natur die richtende Instanz, die dem Herangereiften die Freiheit in der Gesellschaft nur für die Verpflichtung auf Gleichheit und Brüderlichkeit gewährte, so verzichtet Raabe nun auf jede Geheimnistuerei dort oben um die Legitimität der Ansprüche aller an Herrschaft nicht Beteiligten. Er inthronisiert das Dachbodenmotiv als erster eindeutig als die Instanz, in der nicht mehr die in der Familie, sondern die in der ganzen Gesellschaft unterdrückten Veränderungswünsche aufbewahrt werden. Ihre Dämonie, die des kollektiven Aufruhrs von unten, wird dort oben mächtig mit der Gewalt des kollektiven Triebs, der sich <u>mit den Naturgesetzen wieder eins weiß.</u> Der Frühlingssturm und das 'wilde Rufen des Volkes' durch die Nacht sind bei ihm in der Novelle "Das letzte Recht" nicht mehr unterschieden. Raabe hat sie zwingend aufeinander bezogen durch die Veröffentlichung der Befreiungswünsche aus dem Dachbodenrefugium ins Leben. Sie sind aus den gesellschaftlichen Widersprüchen unmittelbar erwachsen, werden unter dem Dache mächtig und halten Gericht mit der materiellen Gewalt der Natur. Hier wird in der symbolischen Verdichtung neues literarisches Terrain betreten, und es scheint, als sammle Raabe unter dem Dache als erster den Zündstoff an, der das böse Geheimnis auffliegen läßt, um es zu veröffentlichen.

Zusammenfassung

Das Haus ist in der zweiten Hälfte des 19. Jahrhunderts nicht mehr der literarische Repräsentant der menschlichen Gesellschaft, sondern selbst auf das Eigentümliche reduziert, das in ihm geschieht. Das frühere Menschheitsgebäude rückt mit an den Rand der Geschichte und nimmt außerhalb des gesellschaftlichen Lebens die Züge eines Greisengesichtes an. Seine Poesie liegt im Verfall, und es verkündet offen, daß die künftigen Geschlechter es verlassen werden. Das dichterische Haus erscheint verwahrlost, mit angstvollen Dingen bis oben hin erfüllt, steht einsam und verschlossen da, wie bei Storm und Fontane, oder ist dem Einsturz nahes, verkommenes Mietshaus, in dem die Nachbarlichkeit zur Tortur wird wie bei Raabe. Ein solches Haus zu renovieren, verweist nur auf ein verborgenes Verbrechen wie in Fontanes "Unterm Birnbaum". Der Verlust der Gastlichkeit des Hauses als Zeichen des vereitelten Sozialbezugs der Bewohner führt aber auch in den körperlichen Verfall. Im verschlossenen Hause herrscht nämlich die Lebenslust, die alle Schlösser zu sprengen droht, nur noch in den Dämonen der Angst, die unter dem Dache wohnen. Welt- und Körpersymbolik des Hauses behalten in dieser verzerrten Perspektive ihren unauflöslichen Bezug zueinander, ja hier wird die Verzerrung erst virulent: auf die soziale Desintegration folgt die psychische Depersonalisation der literarischen Figur. Im Wahn aber rettet sich das Gefürchtete, das erhoffte Glück, das mit panischer Angst in der einsamen Sturmnacht gesucht wird, in jenen Raum des Hauses, in den alle Hoffnungen sich retten, auf den Dachboden. Von dort wird der innere Appell so feindlich wahrgenommen, daß er in Verfolgungswahn umschlägt wie in Storms " Im Nachbarhause links ", in Fontanes "Effi Briest" und in Raabes "Das letzte Recht". Nun aber tritt bei den Dichtern anderes ein als bei ihren Vorgängern. Alle drei Autoren nämlich rauben den Gequälten die Unschuld und lassen den Appell des Opfers verklingen. Die Provokation der aufrührerischen Geister unter dem Dache wird von den Dichtern beschwichtigt, ihr fehlt der eindringliche Verweis auf die Allgemeinverbindlichkeit des absonderlichen Geschehens. Das Schicksal der von den Dachbodengeistern Gerichteten ist Abdankung. Wer Angst hat, ist nicht mehr unschuldig, nicht Storms Geizdrache, nicht Fontanes Unband Effi und nicht Raabes betrogener Betrüger Heyliger. Durch den Verlust der Allgemein-

verbindlichkeit der individuellen Entwicklung für die Gesamtheit geraten
die drei Gestalten des Dachbodenmotivs vollends in Verwirrung. Das Verhängnis der Angst vor dem unheimlichen Leben unter dem Dache kann zugleich
gerechtes Gericht sein, das die Hybris trifft und den Triumph derer ermöglicht, die nicht mehr <u>von der individuellen Selbstverwirklichung</u>
träumen.

Schon bei Mörike, Stifter und Keller konnte die dynamische individuelle
Entwicklung von der Kindheit über die Jugend zur Reife nicht mehr in der
Aufeinanderfolge eingehalten werden, weil die frühere Stufe ihre Bedeutung für das Leben des Helden nicht an die nächste abtrat. Die Intensität der Krise aber, die unter das Dach führte, war von den Dichtern mit
Eindeutigkeit versehen worden; es ging für die literarische Person um
Freiheit, Glück oder Recht. Der Ernst des Appells an das Leben wurde
von den Dichtern, auch über das Kunstwerk hinaus, nicht infrage gestellt.
Selbst im "Maler Nolten" Mörikes, der den verschlüsseltsten Umgang mit
dem Dachbodenmotiv aufwies, war der Schauspieler Larkens, der den Schabernack mit der Beschwörung des Gerichts trieb, der eigentlich Verblendete.
Auch wenn der innere und der äußere Entwicklungsprozeß auseinandergerissen wurden, so artikulierte sich im Auftauchen des Dachbodenmotivs
noch der volle Ernst der persönlichen Lebenskrise.

Bei Storm, Fontane und Raabe aber sieht es so aus, als würde das Dachbodenmotiv den Prozeß der individuellen Reifung nicht mehr eindeutig
als Widerspruch begleiten, als verfielen seine früheren Inhalte der Belanglosigkeit. Das <u>Kindheitsmotiv</u> fehlt fast völlig, das heißt aber zugleich, daß die Dichter den Sinn des individuellen Protests gegen die
bestehende Ordnung leugnen. Und doch kehrt es wieder, aber um seine
Legitimität, die Unschuld, beraubt. Storms "Hinzelmeier" ist Schlafmütze, Raabes Kindler mit Schwachsinn geschlagen, und beide sind vergeßlich, wenn die Stunde kommt. Nur das <u>Kindische,</u> dessen leere Pose die
verlorene Unschuld unter dem Dache nicht wieder beschwört und ohne Verheißung für die Zukunft bleibt, ist unterm Dach noch anwesend. Es ist
nicht mehr die Initialphase der individuellen Bewährung, sondern deren
klägliches Ende als Versagen. Das Kindische hat das Kindliche verbraucht
und gehört daher in der Optik der Dichter zum Plunder unters Dach, um es
zu vergessen.

Auch das Wahnsinnsmotiv, das Mentekel der Hybris, gerät in Verfall, denn
die frühere Hoffnung, daß das Leben die Versöhnung mit den aufrührerischen
Wünschen einlösen müsse, ist der dichterischen Überzeugung gewichen, daß
der gesellschaftliche Zusammenhang die schlimmere Provokation darstellt
als der illusionäre Knabentrotz unter dem Dache. So geht auch diesem Bereich des Dachbodenmotivs der kritische Verweis auf die Wirklichkeit verloren. Der Wahnsinn kommt zur Marotte herab. Der Wahnsinnige, der sich in
der Literatur vordem vernichtete, weil die Verheißung des Lebens für ihn
zum tödlichen Schauder umgeschlagen war, wird bei Raabe zum liebenswerten
Spinner, der das Lachen auf seiner Seite hat. Auch hier also treten die
Dichter für die Bagatellisierung der einst eindringlichen Warnung vor
der individuellen Überhebung unter dem Dache ein. Der kindische Kauz,
den die Gesellschaft ausgepien hat, ist dort oben so zuhause, daß wir
ihn wirklich vergessen dürfen, er ist außer Gefahr.

Auch das Gerichtsmotiv, das den Herangereiften in der Literatur auf die
soziale Bewährung verpflichtete oder ihn verurteilte, verfällt der Geringfügigkeit und verliert das Provozierende. In ihm artikuliert sich als
individueller Sachverhalt nur noch das Problem der Selbstdisziplin.
Der Ernst der früheren Auseinandersetzung um die gerechte Weltordnung,
die alle gleichermaßen einschließt, wird in die literarische Figur hineinverlegt als innerer Kampf, und Raabes "Hungerpastor" spricht sich vor
dem Geist des Vaters in einem inneren Monolog endlich eigenmächtig frei.
Die Suche nach sozialer Gerechtigkeit kann dann kindisch und Unverstand,
kann Wahnsinn oder innere Fragwürdigkeit offenlegen. Am eindringlichsten
hat Fontane dieses Chaos in den Ängsten Effi Briests vor dem Dachbodenchinesen gestaltet. Die Provokation des Dämons aus der Ferne kann Freiheits-, Glücks- und Rechtsbedürfnis, kann Streben nach der gesellschaftlich vorenthaltenen Versöhnung von Individuation und Sozialisation in
der weiblichen Rolle, kann zugleich aber auch die Hybris der verwöhnten
Kindischen sein, die im Unverstand ein einfältiges Recht gegen die Gesetze
des Lebens ersehnt. Unter der Selbstkontrolle des Gatten geht Effis Wünschen die Legitimität verloren; sie fallen wie ein Kartenhaus aus dumpfen
Illusionen zusammen. Die persönlichen Wünsche der literarischen Figur
haben nicht mehr die Würde des Allgemeinen, und die Dichter richten das
individuelle Unglück als Abdankung. Das private Schicksal verliert die

Herausforderung für alle; es ist epigonal verblaßt und in die Belanglosigkeit verwiesen, denn ihm mangelt der zwingende Verweis auf die gesellschaftliche Praxis als Wahrheitsinstanz. Die Dichter legen den kindlichen Protest, das jugendliche Aufbegehren und die soziale Qualifikation des Herangereiften als Schwachsinn, als Marotte und als krankhafte Spinnerei dort oben zu den Akten. Sie dürfen vergessen werden wie all der ausgediente Plunder auf dem Dachboden, sie haben ihren Zauber verloren. Alle drei Autoren erweisen bei ihrem Umgang mit dem Dachbodenmotiv dem Zauberspruch Goethes über die Dämonie der herrischen Wünsche des Individuums die letzte Reverenz: "Nur alle Menschen machen die Menschheit aus und nur alle Kräfte zusammen die Welt". Das Individualproblem ist Schall und Rauch geworden.

Dies Ende aber ist nicht glücklich, es ist erzwungen und betrifft auch nur den manifesten individuellen Befund des Dachbodenmotivs. Die Leere, die auf dem Dachboden durch die Erledigung des individuellen Sachverhalts entsteht, zieht mächtigere Geister an, die sich nicht mehr auf den Einspruch gegen individuelles Unglück verpflichten lassen. Sie entthronen das Problem des selbstbestimmten Lebensziels, weil es sich in der spätbürgerlichen Gesellschaft als humane Forderung nicht vertreten läßt. Dort oben wird nun der Fluch gegen die gesellschaftliche Entfremdung der Arbeit und der Lebenslust aller Ohnmächtigen laut, und dieses kollektive Unglück ist bei den drei Autoren im Symbol der Natur gefaßt wie bei den Vorgängern bis zum Märchen vom Dornröschen. Diese Natur aber, mit der die Geister unter dem Dache jetzt im Bunde stehen, ist als Dämonie des Triebs und als Frühlingssturm von jeder Verkettung mit einer persönlichen Verursachung frei, und das symbolische Kleid macht den gesellschaftlichen Sachverhalt transparenter als zuvor. Im <u>latenten Geschehen</u> erweisen sich diese Geister als unausrottbar, sie sind die wirkliche Negation der gesellschaftlichen Unterdrückung und längst <u>keine Hausgeister mehr.</u> Fontanes Chinese, Storms räuberische Geister im Hause der Reichen, Raabes Rufen des Volkes im Frühlingssturm als Antwort auf das himmelschreiende Unrecht, das die unter dem Dache durchschauen, verweisen zwingend auf einen gesellschaftlichen Frevel auf dem Boden der Tatsachen, der den bösen Fluch aller an die goldenen Tische nicht Geladenen herbeiführt und unter das Dach verbannt.

Die Schwierigkeit, im literarischen Symbolisierungsprozeß den Umschlag
des Dachbodenmotivs vom individuellen zum gesellschaftlichen Sachverhalt
sicher zu fassen, geht aus der verschärften Widersprüchlichkeit des manifesten und latenten Geschehens in den Dichtungen hervor. Der ererbte Anspruch, die Dachbodengeister literarisch ins Leben zu entlassen, um sie
zu versöhnen, erweist sich von der gesellschaftlichen Wirklichkeit um
1860 her, die nur die konkrete Perspektive auf die Kapitalkonzentration
im Imperialismus eröffnete, als weniger einlösbar denn je. Mit der Gewalt
von Verdrängungsenergie nimmt daher auch der Widerspruch von Wunsch und
Wirklichkeit in den Dichtungen gesamtgesellschaftliches Ausmaß an, so
daß in Raabes Novelle "Das letzte Recht" endlich sogar die politische
Revolution im Ausbruch der Naturgewalten transparent wird. Das neue
kritische Terrain, in das die Dichter das Dachbodenmotiv einbeziehen,
erweist sich als vom gesellschaftlichen Widerspruch beherrscht und nicht
als das wegsame Gelände, das Goethe an der Schwelle zum 19. Jahrhundert
mit der nüchternen Beschreibung des bedrängten bürgerlichen Familienzusammenhanges vorfand, um die individuelle Entwicklung zum Zeichen für die
gesellschaftliche zu machen. Das Vertrauen auf die Benennbarkeit des alle
betreffenden Sachverhalts in der Dichtung war am Beginn des 19. Jahrhunderts wohl politisch begründet und legitim, angesichts des preußischen
Polizeiapparates um 1860 aber aufgekündigt. Für die beiden antagonisti-
schen Kräfte, die in der Literatur das Dachbodenmotiv auftauchen lassen
und in dem seit Raabe und Fontane bereits der Klassenwiderspruch transparent zu werden beginnt, für die Unversöhnlichkeit zwischen bestehender
Herrschaftsordnung und der Macht des kollektiven Veränderungswunsches wird
in der zweiten Hälfte des 19. Jahrhunderts daher eine symbolische Benennung
gesucht. Sie nimmt ein archaisches Ausmaß an wie einst im Märchen vom
Dornröschen die feindlichen Welten von König und Schicksalsspinnerin [29].

Die Unbefangenheit gegenüber der Praxis und das Vertrauen auf die Offen-
heit des Realitätsprinzips für die Lust zur Veränderung des Bestehenden,
die in Goethes Dichtung den Dachbodenspuk aus dem Zwang zur Symbolisierung

---

29) vgl. Einleitung dieser Arbeit, S. 27 ff.

entließen, können auch in der Kraft zur Negation, zu der Fontane und
Raabe befähigt sind, nicht mehr wirken, um die Entsymbolisierung des bösen
Zaubers herbeizuführen. Im Gegenteil, die Veröffentlichung des im Dachbodenmotiv aufgedeckten gesellschaftlichen Unglücks bedeutet wohl den Gewinn von kritischem literarischem Terrain, dieses aber ist in der bürgerlichen Literatur die ausweglose Landschaft eines Angsttraumes, und als
Symbolisierung der Klassenwidersprüche erfährt das Dachbodenmotiv daher
seitdem auch eine zunehmende Verdichtung als <u>latenter Traumgedanke</u> bis
zu Kafkas "Prozeß". Nun werden Geister unter das Dach gerufen, derer die
Autoren nicht mehr Herr werden wie einst der Hexenmeister der Klassik.

4. Kapitel

FALSCHE VERSÖHNUNG

Seit der Zeit des Sturms und Drangs steht in Deutschland der normensetzende literarische Kritiker auf der Seite einer kleinen Schicht der Gesellschaft, die literarische Öffentlichkeit genannt wird. Es beginnt der aussichtslose Kampf für die Dichtung, die im ästhetischen Bereich die Wahrheit einzufangen sucht, gegen das ungebildete Publikum, das sich nicht für den autonomen Künstler entscheidet, sondern auf dem Genuß der schönen Illusion beharrt [1]. Da sich in der Literatur des Trivialbereichs ablesen läßt, wieweit sich Menschen mit ihren Hoffnungen gegen das Realitätsprinzip identifizieren und gegen die Gesetze der Wahrscheinlichkeit den glücklichen Zufall mit Beifall honorieren, soll Marlitt danach befragt werden, welche Glücksvorstellungen in der weiblichen Rolle zur Herrschaft gelangen.

Marlitt und die bessere Welt

Marlitts Roman "Das Geheimnis der alten Mamsell" (1867) ist ein Entwicklungsroman. Die Heldin Felicitas, deren Name ein Glücksversprechen ist, kommt als "Spielerskind" und vierjährige Waise in die Hellwigsche Villa. Von der Herrin des Hauses jedoch wird die menschenfreundliche Tat des Hausherrn mit Empörung über das gottlose Kind verworfener Menschen beantwortet. Felicitas muß im Hause einer kaltherzigen, puritanischen und bigotten Frau aufwachsen [2]. Die Wohnsphäre des Hauses ist damit zu Beginn des Romans als Bereich der Hartherzigkeit charakterisiert. Der Hausherr Hellwig, ein liebenswürdiger, aufrichtiger Mann, kann sich nur mit energischem Befehl unter Hinweis auf sein alleiniges Verfügungsrecht über das Haus und mit wenig Glück für die Heldin des Romans durchsetzen, obwohl seine Frau selbst einst als arme Waise in diesem Hause aufgenommen wurde. (2o) Den peinlichen Auseinandersetzungen zwischen den Gatten um die Aufnahme des Kindes folgt die energische Weigerung des siebenjährigen

---

[1] Vgl. Marion Beaujean, Der Trivialroman in der 2. Hälfte des 18. Jhts.; Abh. z. Kunst-, Musik und Literaturwissenschaft, Bd. 22, Bonn 1964, S. 9f.
[2] Marlitt, Ges. Romane und Novellen, Leipzig o.J.^{2}, Bd. 1, S. 16

Sohnes Nathanael, die Waise als seine Schwester zu begrüßen. (24) Auch
die Köchin Friederike steht im Bunde mit der bösen Hausherrin und weigert
sich zunächst, das "Spielerskind" in ihrer Kammer aufzunehmen. Die Behandlung, die das Kind bei ihr erfährt, läßt es in tiefer Angst einschlafen. (26) Der Hausherr ist vermögender Fabrikant, hat sich aber aus dem
Unternehmen wegen Kränklichkeit zurückgezogen und bekleidet nur noch einige
ehrenvolle Ämter in der kleinen Stadt als Rentier. Sein Haus ist seit geraumer Zeit in den Händen der Familie. Die zwei oberen Stockwerke stehen
leer und werden nur dreimal im Jahr hergerichtet. Auch diese Festräume
des Bürgerhauses also sind verödet und zeigen nur noch die leere Pracht
des Familienreichtums. (27 f.) Der Schutz, den Hellwig der kleinen Felicitas gewährt, ist von kurzer Dauer, er stirbt, und das Waisenkind ist
in dem feindseligen Hause allein. Der älteste Sohn Johannes, der nun ins
Vaterhaus zurückkehrt und Hausherr wird, ist der Verbündete der Hausherrin. Felicitas beginnt mehr und mehr in Ecken zu kauern und hinter
Vorhängen die Vorgänge im Hause zu beobachten. (43) Sie wird nun zum
Hausgesinde verwiesen, und hier wird der alte Heinrich ihr Vertrauter.
(47 f.) Der soziale Ausschluß aus der Familiengemeinschaft, der Felicitas
nun in die Rolle der Dienstmagd zwingt, erscheint dem neuen Hausherrn
nicht hinreichend, um die Unterwerfung zu erwirken; ihr muß auch die
innere Entwicklung versagt werden. Felicitas darf daher nun nicht mehr
am Unterricht mit Nathanael teilnehmen. Die "freisinnige Erziehung" (60)
des alten Hellwig findet ein jähes Ende. "Ungebärdigkeit", "Zügellosigkeit", "Leichtsinn", "Liederlichkeit" und "diese maßlose Heftigkeit"
sollen nun durch Erziehung mit eiserner Hand gebrochen werden mit dem
Ziel der Botmäßigkeit einer billigen Arbeitskraft.

Nachdem im Hause der böse Geist gesiegt hat und Felicitas hilflos ausgeliefert ist, mithin der Prozeß der Selbstfindung für sie abgeschnitten ist, führt die Marlitt das Dachbodenmotiv als rettende Instanz ein.
Als Felicitas eines Tages im Garten Robinson Crusoe liest, den Heinrich
ihr "auf eigene Gefahr" (63) beschafft hat, schweifen ihre Gedanken ab:
"Der Einsame hatte es gut auf seiner Insel, da gab es doch keine bösen
Menschen, die seine Mutter leichtsinnig und liederlich schalten; da lag
der funkelnde Sonnenschein auf den Palmenkronen, auf den grünen Wogen
des fetten Wiesengrases-" (63)
Die Phantasie der glücklichen Insel bringt den Impuls hervor, sich unter

das Dach des Hauses zu retten, um den Blick in die Freiheit zu genießen:
"Die Kleine sprang plötzlich auf. Droben auf dem Dachboden, da konnte
man weit hinaus in die Gegend sehen, da war sonnige Luft - wie ein Schatten glitt sie die gewundene steinerne Haupttreppe hinauf." (63)
Jetzt erst gibt Marlitt dies strenge Bürgerhaus als phantastisches adeliges
Labyrinth mit tausend Erkern und Treppen, geheimnisvollen Türen und Gängen
zu erkennen, das zur Entdeckung aufruft. Es erinnert nun unversehens an
die Baumeisterlaunen des Schlosses Lotharios im "Wilhelm Meister":
"Die vordere, nach dem Marktplatz gewendete Front des Hauses hatte sich
allmählich in etwas modernisiert, die Hintergebäude dagegen, drei gewaltige Flügel, standen noch in keuscher Unberührtheit, wie sie aus der Hand
ihres Schöpfers hervorgegangen waren. Da gab es noch jene langen, hallenden Gänge mit schiefen Wänden und tief ausgetretenem Estrich, in denen
selbst bei strahlendem Mittagsonnenschein eine traumähnliche Dämmerung
webt, und die es einer sagenhaften Ahnfrau so leicht machen, in grauer
Schleppe, mit verblichenem Antlitz und schattenhaft gekreuzten Händen
umherzuspuken. Da waren noch jene unvorhergesehenen, unter dem leisesten
Tritte kreischenden Hintertreppen, die plötzlich am Ende eines Korridors
auftauchten, um drunten vor irgend einer unheimlichen, siebenfach verriegelten Tür zu münden - jene abgelegenen, scheinbar zwecklosen Ecken
mit einem einsamen Fenster, durch dessen runde, bleigefaßte Scheiben fahle
Lichtsäulen auf den zerbröckelten Backsteinfußboden fallen. Der Staub,
der hier auf die Köpfe der Vorüberwandelnden herabrieselte, war historisch; er hatte als jugendliche Holzfaser irgend eines Balkens oder als
neuer Mörtel die hochgehenden Wogen des blauen Blutes mit angesehen." (64)
Dieses Haus verbirgt der freiheitsdurstigen heranwachsenden Heldin - ähnlich wie Dornröschen - nun nicht mehr sein Geheimnis; aus der Enge des Vorderhauses flieht sie in seine geächtete Welt, die ein Glücksversprechen
gegen die im Hause unten aufbewahrt. Marlitt motiviert den unvermittelten
Zugang zu den ehemals verschlossenen Räumen innerhalb des Dachbodenmotivs:
Die Witwe Hellwigs räumte nach dessen Tode das Bild seiner Mutter, eines
freundlichen Geistes im Hause, heimlich auf den Dachboden fort und vergaß,
als Fluch der bösen Tat, die Tür wieder zu verschließen. In diesem Vergessen setzt sich bereits die aus dem Leben im Vorderhause verdrängte
höhere Gerechtigkeit durch, die der Heldin den Zugang zu Freiheit, Glück
und Selbstbestimmung eröffnet und ihren Triumph über den bösen Geist des
Hauses vorbereitet.

Bei ihrem Gang unter das Dach dringt Felicitas nun in eine Rumpelkammer
ein, wo sie das fortgeräumte Bild und den "Seehundskoffer" findet, in dem
sich ihre letzten Habseligkeiten befinden. Eine Petschaft aus Achat trägt
das adelige Wappen der Hellwigschen Villa als flüchtige Ahnung geheimnis-

voller Zusammenhänge. (65) Die Begegnung mit dem fortgeräumten Besitz
des Kindes ist Selbstfindung; sie erinnert sich an die liebevolle Zuwendung der Eltern, und das Gefühl der Verlassenheit im Hause weicht. "Höher
und höher wuchs die Flut der Erinnerungen,und auf manche fiel ein Strahl
des gereiften Verständnisses." (65) Mit der Erinnerung an ihre glückliche
Kindheit bei den Eltern, die an den Gegenständen unter dem Dache beschworen wird, beginnt die glückliche Entwicklung der Heldin. Plötzlich dringt
der Duft von Reseda zu ihr, und sie hört Musik, "die Ouvertüre zum Don Juan
wurde meisterhaft auf dem Klavier gespielt". (66) Vom Fenster aus, das
sie nun erklimmt, blickt sie nicht in die freie Welt, sondern in eine
blumenübersäte Märchenwelt unter dem gegenüberliegenden Dache, in die
Wohnung der alten Mamsell. (67) In halsbrecherischem Gang über Dächer
und Regenrinnen erreicht sie das kleine Paradies, dessen Existenz das
Vorderhaus nicht ahnen läßt.

Das Gespräch, das sich zwischen den beiden Geächteten anspinnt, hat die
Liebe zum Thema. Die alte Mamsell liest dem herumgestoßenen Waisenkind
aus "einer großen, vielgebrauchten Bibel" (71) vor, um es der liebenden
Allgegenwart Gottes zu versichern. "Die milde Trösterin" versichert
Felicitas, daß auch die verachtete Mutter in seinem Himmel daheim sei
und "neben einem solchen Himmel gibt es keine Hölle!" (72) Der erste
Trost kommt für das unter das Dach entronnene Mädchen also von der Zuversicht der alten Mamsell in die Allmacht der Liebe. Die Gegensphäre
im Roman ist mithin nicht irreale Szene, sondern Befreiung im optimistischen Sinne der unverbrüchlichen Hoffnung auf die libidinöse Bindung der
Menschen aneinander, eine Wahrheit, die der Schöpfer der Welt selbst
gegen die feindselige Wirklichkeit aufrechterhält. Diese Zuversicht rettet
Felicitas in dem feindlichen Hause. Das Kindheitsmotiv des Dachbodens
ist hier von der Marlitt mit seinem hoffnungsvollen Inhalt aufgenommen.
Es erinnert an den Kampf zwischen Gut und Böse, zwischen David und Goliath,
den der kleine Wilhelm Meister auf dem Dachboden mit dem Triumph des Guten
ausficht, um sich die Zuversicht in die gerechte Weltordnung zu retten.
Daß die Marlitt ihre Heldin nun zur geheimen Schülerin der alten Mamsell
werden läßt, weist darauf hin, daß der kommende Lebenskampf der Heldin
den ersten kindlichen Triumph nicht suspendieren, sondern einlösen wird.
Der Feind, der böse Geist im Bürgerhause, bleibt der gleiche. Der Kampf

gilt der Gegensphäre zum Reich der alten Mamsell, die nur vom alten Heinrich aufgesucht wird und jeden Kontakt mit den Hellwigs aufgekündigt hat, er gilt der bürgerlichen Geldgier, Verlogenheit und Ausbeutung [3]. Um für diese Aufgabe gerüstet zu sein, arbeitet sie neun Jahre bei ihrer Lebensmeisterin unter dem Dache:

"Sie führte sonach ein Doppelleben. Es war nicht nur äußerlich, daß sie dabei Höhe und Tiefe berührte, zwischen trüber Dämmerung und klarem Sonnenlicht wechselte – ihre Seele machte dieselbe Wandelung durch, und allmählich war sie so erstarkt, daß zuletzt alle Schatten, alles Trübe der unteren Region hinter ihr blieben, sobald sie die schmale, dunkle Treppe hinaufstieg... Unten handhabte sie Bügeleisen und Kochlöffel, ihre sogenannte Erholungszeit mußte sie ausfüllen mit Stickereien, deren Ertrag zu wohlthätigen Zwecken bestimmt war, wie wir bereits gesehen haben, und außer der Bibel und einem Gebetbuche wurde ihr jede Lektüre streng verweigert. In der Mansarde dagegen erschlossen sich ihr die Wunder des menschlichen Geistes. Sie lernte mit wahrer Begierde, und das Wissen der rätselhaften Einsamen da droben war wie ein unerschöpflicher Quell, wie ein geschliffener Diamant, dem nach jeder Richtung hin Funken entsprühen." (84)

Der Raum unter dem Dache ist hier Refugium der Menschenliebe und tätigen Hilfe; der Handwerker erhält die erbetene Hilfe anonym von der alten Mamsell. Wissenschaft und Theorie, die unter dem Dache den Entronnenen zu beschäftigen pflegen, sind hier von der <u>aufklärerischen Begeisterung</u> für die Leistungskraft des menschlichen Geistes erfüllt, die die gesamte Menschheit als eine tätige im Sinne des Allgemeinwohls, des sozialen Friedens erfaßt. Daß die Forderung nach Naturbeherrschung, die in der Kraft des Geistes liegt, lebensvollen Zwecken verpflichtet sein soll, spiegelt Marlitt in der Freundlichkeit der von der alten Mamsell hereingeholten Natur wider. Ihr Reich ist von Blumen und singenden Vögeln umgeben.

Neun Jahre vergehen. Felicitas' Lehrjahre gehen dem Ende entgegen. Als

---

[3] Vgl. S. 78 den Dialog zwischen Frau Hellwig und einem in Not geratenen Handwerker um 25 Taler Kredit aus der Armenkasse, die diese verwaltet: "Aber die Krankheit hat mich ins Elend gebracht... Du lieber Gott, wie noch bessere Zeiten für mich waren, da hab' ich über Feierabend Kleinigkeiten gearbeitet und hab' sie in Ihre Lotterien gegeben, weil ich dachte, sie kämen unseren Armen zugute, und nun geht das Geld hinaus in die weite Welt, und bei uns gibt's doch auch viele, die keinen Schuh an den Füßen und im Winter kein Scheit Holz auf dem Boden haben." 'Ich verbitte mir alle Anzüglichkeiten! ... Wir thun übrigens hier auch Gutes, aber mit Auswahl. (...) Solche Männer, die im Handwerkervereine Vorträge voller Irrlehren mit anhören, bekommen natürlich nichts."

Johannes, nun Professor der Medizin geworden, zurückerwartet wird, bekennt sie der Vertrauten unter dem Dache ihre Unversöhnlichkeit gegenüber dem Hausherrn. Nun droht der Heldin der Rückzug aus dem Leben ins Reich der Greisin, droht der Realitätsentzug als Flucht vor dem Kampfe mit dem Unterdrücker. Felicitas beschließt mit der alten Mamsell, daß sie, wenn in zwei Monaten die Vormundschaft der Hellwigs erlischt, bei der Greisin unter dem Dache eine neue Heimstatt finden solle. (91 ff.) Der resignierte Plan ist Anzeichen eines Kampfes, den Felicitas offen mit dem Feind zu führen fürchtet:
"Ich liebe die Menschen und habe eine sehr hohe Meinung von ihnen, und wenn ich mich so energisch gegen geistigen Tod gewehrt habe, so hat mich zum Teil auch der Gedanke angetrieben, in ihrem Kreise mehr zu sein als ein gewöhnliches Lasttier ... Werde ich auch durch einzelne mißhandelt, so bin ich doch weit entfernt, meine Anklage über die gesamte Menschheit auszudehnen - ich habe nicht einmal Mißtrauen gegen sie ... Dagegen bin ich nicht im Stande, meine Feinde zu lieben und die zu segnen, die mir fluchen. Ist das ein dunkler Punkt in meinem Charakter, so kann ich's nicht ändern, und, meine Tante - ich will auch nicht, denn hier ist die haarscharfe Grenze zwischen Milde und Charakterlosigkeit!" (92 f.)
Die Heldin des Romans steht auf dem schmalen Grat zwischen feindseligem Trotz, der aus dem Leben fort in den Selbstverlust führt, und der Bereitschaft zum offenen Konflikt mit den Unterdrückern in der Wohnsphäre des Hauses. In den Unterredungen mit Johannes hält sie unbeugsam an der Unversöhnlichkeit zwischen Herr und Knecht fest und entscheidet sich für den "Kampf auf Leben und Tod." (1o4)

Nun aber beginnt sich der Professor in seinem Hause unbehaglich zu fühlen, er zeigt sich als "unliebenswürdiger, schroffer Gesellschafter" (1o5) unter den vornehmen Damen des Hauses; im zweiten Stockwerk dagegen, das nun wieder durch ihn Leben gewinnt, gehen in seiner Praxis "sehr dürftige, armselige Gestalten" ein und aus und finden Hilfe bei ihm. (1o5) Felicitas' Nähe und ihre Gelassenheit lösen mehr und mehr Verwirrung in ihm aus (1o7 ff.), denn die unter dem Dache in der Menschenliebe Gestärkte findet die Neigung der Männer (12o ff.), die sonst gewohnt waren, über "das Gemisch von Gedankenlosigkeit und Charakterschwäche beim schönen Geschlechte" (113) zu klagen. Die Verachtung der Damen im Hause für das junge Mädchen nimmt daher mehr und mehr die Züge des Neides an (121 ff., 2o1 ff.). Das unter dem Dache unbeschadet herangereifte Mädchen scheint durch die Faszination der Freiheit einen gewaltlosen Sieg über die Unterdrücker im Hause davonzutragen, denn für das Selbstgefühl des Professors ist ihre Unbeugsamkeit eine Provokation, vor der er sich unversehens zu rechtfertigen sucht.(134 ff.) Die Unabweisbarkeit ihres sozialen Protests macht ihn mehr und mehr zum Kritiker der Ordnungsvorstellungen im Hause (138 ff., 162 ff., 2o1, 2o8, 27o). Felicitas wird für den Professor zur "Sphinx" (139), ein fremdes, beunruhigendes Wesen, dessen Anspruch nicht beiseite zu drängen ist. Er beginnt, in ihren gedanklichen Vorstellungen mit den Damen des Hauses zu streiten.(142 ff.) Als Johannes und Felicitas den Kampf um ein todkrankes Kind gemeinsam bestehen (145 ff.), tritt die Wende ein: Sie beginnt, den Todfeind mit anderen Augen zu sehen, der im Kampfe auf "Leben und Tod" dem Kinde das Leben zu gewinnen weiß. (146) Bei dem Versuch des Professors, nach dem gemeinsam bestandenen Kampfe die <u>sozialen Gegensätze,</u> die beide trennen, zu überspielen, <u>verweigert sie die Versöhnung.</u> Die Caritas ist für Felicitas nicht Auftakt des falschen Friedens:

"Bei den Krankheiten des menschlichen Körpers forschen Sie zuerst nach der Ursache, ehe Sie sich ein Urtheil bilden - (...) Aus was aber die sogenannte Ungebärdigkeit der Menschenseele hervorging, die Sie bessern wollten, das hielten Sie nicht der Mühe wert zu untersuchen... Sie urtheilen blindlings auf Einflüsterungen hin und haben sich damit einer ebenso großen Sünde schuldig gemacht, als wenn Sie durch ärztliche Nachlässigkeit einen Leidenden zu Grunde gehen lassen ... (...) Ist Ihnen je eingefallen, daß das Geschöpf, welches Sie lediglich in das Arbeitsjoch einspannen wollten, doch vielleicht auch Gedanken haben könne? Haben Sie seine Seele nicht tausendfach gemartert, indem Sie jede nach außen dringende höhere Regung, jeden Ausdruck einer sittlichen Selbständigkeit, jeden Trieb zu eigener Veredelung wie wilde Schößlinge erstickten? .. Glauben Sie ja nicht, daß ich mit Ihnen rechte, weil Sie mich zur Arbeit erzogen haben - Arbeit, und sei es die strengste und härteste, schändet nie - ich arbeite gerne und freudig; aber daß Sie mich zur willenlosen, dienenden Maschine machen und das geistige Element in mir völlig vernichten wollten, welches doch einzig und allein ein arbeitsvolles Leben zu veredeln vermag - das ist's, was ich Ihnen nie vergessen werde!" (153 f.)

Seine Entgegnung ist hilflos, er weist sie darauf hin, daß seine Erziehung sie auf die Möglichkeiten hin ausgebildet habe, die ihrem sozialen Stande entsprechen:

"Sie sind völlig mittellos und von - verfemter Herkunft. Sie sind darauf angewiesen, Ihr Brot selbst zu verdienen. Wenn ich Ihrer Erziehung eine höhere Richtung gab, dann erst wäre es grausam gewesen, Sie in die niedere Dienstbarkeit zurückzustoßen, und doch hätte ich nichts anderes gekonnt; oder glauben Sie, daß eine Familie sich dazu verstehen wird, Ihren Kindern die Tochter eines Taschenspielers als Erzieherin zu geben? ... Wissen Sie nicht, daß ein Mann (...) aus den höheren Kreisen, der sein Leben vielleicht mit dem Ihrigen verknüpfen würde, große innere und äußere

Opfer bringen müßte? - Welch unausgesetzte Demütigung für Ihr stolzes
Herz! ... Das sind die sozialen Gesetze, die Sie mißachten, welche aber
die Mehrzahl der Menschen oft mit unsäglich innerer Anstrengung und Aufopferung aufrecht erhält, aus Pietät vor dem Vergangenen, und weil sie
politisch unbedingt notwendig sind ... Auch ich muß mich ihnen unterwerfen - es steht ja nicht jedem auf der Stirne geschrieben, was er innerlich durchmacht - auch von mir verlangen jene Gesetze Entsagung und -
einen einsamen Lebensweg." (154 f.)

Mit diesen bereits der Leidenschaft entsprungenen Äußerungen bekennt sich
der Professor als Gefangener einer Herrschaftsordnung, die ihn selbst
zum Glücksverzicht und zur Einsamkeit verurteilt. Die melancholische Regung aber ist noch nicht die Bereitschaft zum Verzicht auf seine privilegierte Stellung, der Preis des Glückes erscheint dem Trauernden entschieden geringer, und er zwingt sich daher zur Askese. Der Kampf von
Felicitas, für den sie sich die Kraft unter dem Dache holt, erhält mit
diesem Dialog sozialpolitischen Charakter. Er ist gegen die Herrschaft
von Menschen über Menschen gerichtet. Die Heldin des Romans ist die Re-
volutionärin, die nichts zu verlieren hat als den Beistand der greisen
Dachbodenbewohnerin und kämpft im Bürgerhause für die Abschaffung der
Privilegien des bürgerlichen Besitzes. Diesen Kampf läßt Marlitt ihre
Heldin zugleich zwischen den Geschlechtern, also im libidinösen Bereich
ausfechten; er ist also zugleich ein Kampf um ein herrschaftsfreies Glück.
Der trivialen Konstruktion der sozialemanzipatorischen Komponente dieses
Erziehungsromans entspricht es, daß Felicitas' geschulter, scharfer Verstand es ist, der sie die Wortgefechte bestehen läßt, daß es hier ihre
aristokratische Gestalt ist, die ihrer Haltung Überzeugungskraft verleiht,
und daß es eine schöne Altstimme ist (162 ff.), die der gesellschaftlichen
Bedeutung ihres Anliegens die weibliche Faszination verbürgen. Die Kämpferin ist dem Bürger mit ihrer Bildung im Konflikt ebenbürtig, kann sich daher nur in seinen Vorstellungen, der Frage der individuellen Selbstbestimmung, behaupten und bewährt sich als leistungsfähige Arbeitskraft, als
Einzelkämpferin. Die entschädigungslose Enteignung des Gegners aber, die
allein die materiellen Voraussetzungen für einen echten Sinneswandel im
Hause Hellwig herbeiführen kann, läßt die Marlitt vom Dachbodenmotiv ausgehen. Das revolutionäre Drama nimmt von hier aus seinen Verlauf.

Die alte Mamsell ereilt zur Unzeit nach einem Schlaganfall ein jäher Tod. Das Glücks- und Freiheitsrefugium verfällt der gewaltsamen Usurpation durch den bösen Geist des Hauses, Frau Hellwig. Damit ist nicht nur der resignierte Rückzug der Heldin des Romans in den Raum unter dem Dache vereitelt. Die räuberische Usurpation verlangt Sühne, denn der röchelnde Ruf der Sterbenden: "Gericht holen!" (176) wurde von Frau Hellwig geflissentlich überhört. Die alte Mamsell stirbt, ohne ihren letzten Willen vor den juristischen Instanzen zu äußern, das bedeutet aber zugleich innerhalb des Dachbodenmotivs, daß dieser vor den legalen Instanzen nicht artikulierte Wille als Gericht über die im Hause herrschende Ordnung des Unrechts hereinbricht.

Die Mansarde wird vom Gericht versiegelt; dies verhindert zwar den räuberischen Zugriff der Hausherrin, doch auch die Rettung eines geheimnisvollen grauen Kästchens durch Felicitas, das die alte Mamsell vor ihrem Tode vernichtet wissen wollte. (88 f.) Für den Professor dagegen wird die Raffgier seiner Mutter bei der Testamentseröffnung, bei der sich herausstellt, daß die Hellwigsche Familie nicht begünstigt ist, so offenkundig, daß seine endgültige innere Ablösung möglich wird. (2o8) Das Testament ruft die Erben derer von Hirschsprung auf, die Erben des Jugendgeliebten der alten Mamsell (212 f.). Die Schuld aber, die sie mit diesem Willen zu tilgen sucht, bleibt Geheimnis. Felicitas überdenkt nun unter dem Dache, vor der für sie nun verschlossenen Mansarde, noch einmal die glückliche Zeit, deren jähes Ende ihren Rückzug aus dem Leben in das Refugium der Greisin unter dem Dache vereitelt. Sie befindet sich nun wieder in jener Rumpelkammer, in der sie als Kind das Bild und den Seehundskoffer entdeckte und sich durch die zärtlichen Erinnerungen an die Verstorbenen das Vertrauen in das Leben rettete. Aus jenem kindischen Wunsch, vom Dache aus in die freie Welt zu blicken, war ja das Entrinnen vor dem inneren Verderben hervorgegangen. Ihre jetzige Rückbesinnung auf die vergangenen Lehrjahre in der Mansarde ist Erinnerung an die glückliche Rettung ihrer persönlichen und sozialen Identität; sie ist Triumph.

"Nach neun Jahren zum erstenmale wieder stand Felicitas am Fenster der Dachkammer und sah hinüber nach dem blumenbedeckten Dach ... Was alles lag zwischen jenem unglückseligen Tage, wo ihre gemißhandelte Kinderseele sich gegen Gott und die Menschen empörte, und heute! Dort drüben war ihr Heim - dort hatte die Einsame das geächtete Spielerskind beruhigend an ihr großes, edles Frauenherz genommen und mit allen Waffen ihres Geistes

den Mordversuch auf seine Seele abgewehrt. Dort hatte das Kind unermüdlich gelernt und infolge dieses Lernens erst wahrhaft gelebt ... Er, der in diesem Augenblick in schöner Damengesellschaft genießend die prächtigen Thüringer Wälder durchstreifte - er ahnte nicht, daß sein einstiger, auf Vorurteil und feinster zelotischer Anschauungsweise basierter Erziehungsplan einzig an einigen wagehalsigen Schritten über die zwei schlanken Rinnen da unten gescheitert war." (189)
Die Mansarde unter dem Dache bleibt mithin die seelische Heimat der Heldin, dort hat sie ihre Lehrjahre verbracht und unbeschadet heranreifen dürfen. Den geheimnisvollen grauen Kasten aber, der das Geheimnis der im Hause geächteten Verstorbenen zu bergen scheint, das Rätsel ihrer Schuld zu lösen vermöchte, kann sie nicht retten, denn die Mansarde ist verriegelt. Der Professor hat nach seinem ersten Gang durch die anheimelnden Räume diese sofort zu seiner eigenen Heimstatt gemacht. (215) Die Behutsamkeit des Hausherrn gegenüber dem Reiche der alten Mamsell charakterisiert ihn nicht nur als einen liebevollen Menschen; sie ist auch das Zeichen dafür, daß die ungleichen Feinde im Hause Hellwig, Johannes und Felicitas, einander menschlich vertrauter sind, als die sozialen Schranken es zulassen. Vor dieser Erkenntnis sucht Felicitas zu fliehen wie vor der freiwilligen Unterwerfung. (277 ff.) Ihre Flucht aus dem Hause wird aber durch die Verpflichtung, den grauen Kasten vor dem Zugriff der Hellwigs zu retten, vereitelt. (229)

Das Gericht über den bösen Geist des Hauses, Frau Hellwig, findet im Salon, am Orte ihrer Herrschaft, nicht unter dem Dache statt. Felicitas stellt das Recht der Dachbodenbewohnerin am Orte des Unrechts durch einen schonungslosen Bericht über die wahren Zusammenhänge und das Wesen der alten Mamsell her, die Verachtung nicht verdient habe, sondern Liebe. (233 ff.) Zwei Männer stehen ihr zur Seite, als sie Auskunft über den Inhalt der von Frau Hellwig als gotteslästerliches Zeug verbrannten, wertvollen musikalischen Autographensammlung gibt. Frau Hellwig wird zur vollen Rückerstattung des verursachten Schadens verpflichtet, Felicitas bleibt Siegerin: "Verhöhnt habe ich Sie hinter Ihrem Rücken nicht, aber Ihre Absichten habe ich vereitelt - ich bin die Schülerin der alten Mamsell gewesen!" (241) Als der Rechtsanwalt nach diesem unerhörten Eklat ihr den Arm bietet und sagt: "Wollen Sie mir erlauben, Sie in das Haus meiner Mutter zu führen?" (241), tritt der Professor entsetzt dazwischen.

Felicitas nutzt die allgemeine Verwirrung, und in einem unbeobachteten
Moment flieht sie in die Mansarde unter das Dach. (243) Sturm begleitet
sie (244), denn sie rettet das Unterpfand gerechten Gerichtes vom Dachboden. Unter Todesgefahr schwingt sie sich ein zweites Mal über Dächer
und Regenrinnen und erschließt das Geheimfach des Glasschranks. (245)
In dem grauen Kasten findet Felicitas ein handgeschriebenes Buch des
Geliebten der alten Mamsell, Joseph von Hirschsprung, (245) der als Student in Leipzig starb. Das Geheimnis nicht nur der alten Mamsell, sondern
der räuberischen Vergangenheit der bürgerlichen Familie Hellwig löst
sich auf.

Das Buch enthält die schriftliche Rechtfertigung der alten einsamen Frau
unter dem Dache vor dem Geliebten, der sich von ihr verraten glaubte.
Es gibt Auskunft über geheime Dachbodenspiele in der gemeinsamen Kinderzeit (248), über treu verteidigte Liebe und über verlorengegangenes und
wiedergefundenes Gold, das Kordula - die alte Mamsell - im Vaterhause
fand und den Eigentümern, den verarmten Hirschsprungs, zurückgeben wollte,
die ihr Haus an die zur Wohlstand gekommenen bürgerlichen Hellwigs verkaufen mußten. Die Brüder Hellwig aber, die neuen Besitzer des Adelssitzes, übergehen die Entscheidung des jungen Mädchens und teilen den
Goldschatz heimlich untereinander. (254) Kordula aber verwahrte aus dem
Fund die Handschriftensammlung und das Testament des alten Adrian von
Hirschsprung. Sie hält es dem räuberischen Vater, als sie um ihre Liebe
fürchtet, drohend als Beweis seines Rechtsbruchs vor, verursacht damit
aber einen schweren Herzanfall des Vaters und wirft das Testament in
panischer Angst ins Feuer. Im Zwiespalt zwischen dem Geliebten und dem
Vater hat sie sich für den Vater entschieden und den Geliebten beraubt;
(254 ff.) dies ist das schuldbeladene Ende ihres Glückes. Die alte Mamsell zieht sich aus der Gemeinschaft der Familie zurück in die Mansarde
und wird Dachbodenbewohnerin. Die Schuldige unter dem Dache, deren letzter
Wille nicht von den legalen Instanzen verwaltet werden konnte, ist die
moralische Siegerin im Hause, denn Wohlstand und Selbstherrlichkeit
ihrer Verächter im Vorderhaus beruhen auf einer Unterschlagung. (257)

Nach der Lektüre entschließt sich Felicitas, dem Willen der alten Mamsell
folgend, das Kästchen zu vernichten, nun schon aus Neigung für den Professor, an dem sie die Rache nicht üben will, die die alte Mamsell sich
versagte. (259 ff.) Doch sie wird ertappt und als Silberdiebin verleumdet.
(268) Das hinterlassene Buch der alten Mamsell wird nun <u>gefährliche Beute
der Erben</u>, denn der Goldraub wird öffentlich. Der Professor aber gewinnt
aus der Lektüre des Buches die Kraft zur Entscheidung (278), denn die
Schranke der Herkunft, die das Spielerskind Felicitas von ihm trennte, ist
gefallen. Er verlangt, daß das geraubte Geld an die von Hirschsprungs zurückerstattet werde. Die Herrin des Hauses jedoch weist den Entschluß energisch zurück als "Erdichtung der hirnverbrannten Person unter dem Dache",
(282) und Felicitas wird als gemeine Intrigantin beschuldigt. Den offenen
Kampf zwischen Mutter und Sohn im Hause Hellwig entscheidet der Sohn nun
zu seinen Gunsten mit der Erklärung, daß er Felicitas zur Frau zu nehmen
gedenke. (284 ff.) Zwischen den beiden Gegnern hat nach der <u>Beseitigung
der materiellen Schranke des Besitzes die Liebe</u> gesiegt, und Felicitas'
Schroffheit weicht der Zärtlichkeit.

Als sich der Erbe derer von Hirschsprung im Hause Hellwig einfindet; es
ist der Bruder ihrer Mutter, erfährt Felicitas, daß sie selbst enterbt
und geächtet ist wegen unstandesgemäßer Liebeswahl der Mutter. (294 ff.)
Hellwig tilgt die restliche Schuld seiner Vorfahren, er vollzieht selbst
seine entschädigungslose Enteignung und gewinnt die menschliche Ebenbürtigkeit gegenüber Felicitas. Beide beginnen arm, doch glücklich ein
neues Leben. (3o1 ff.) Der Segen des Freundes für die Scheidenden klingt
wie eine Würdigung des Dachbodenmotivs in diesem Roman:
"Da stehen die einen und sehen hochmütig auf die anderen herab, und die
blinde Welt ahnt nicht, daß es faul ist unter ihren gerühmten Institutionen,
und daß der frische Lufthauch der Freiheit nötig ist, um sie wegzufegen,
die den Hochmut, die Herzlosigkeit und mit ihnen eine ganze Reihe der
schlimmsten Verbrechen begünstigen." (3o2)

Die Heldin des Trivialromans ist als Glücksbringerin mit ihrem Namen
symbolisiert. Der realen Unterdrückung im Hause vermag sie im Bunde mit
der Dachbodenbewohnerin zu entfliehen, und doch fehlen in dieser trivialen,
unbefangenen optimistischen Ausgestaltung des Dachbodenmotivs alle Momente

der subjektiven Überhebung und des Selbstverlusts. Bei Marlitt steht
das Dachbodenmotiv für nichts anderes als den Sieg der besseren Welt
über die bestehende. Für Felicitas ist der Dachboden die Instanz der
Liebesfähigkeit und des Weltvertrauens gegen die unten, die Menschen
in Herren und Knechte scheiden. Der Dachboden beherbergt bei Marlitt
ein Paradies, in der die Feindschaft zwischen Ich und Welt der Versöhnung gewichen ist. Dort oben wird der Zauberstab verliehen, der
Macht über Einsamkeit, Unglück und Unterdrückung schenkt. Dort ist das
Reich des sozialen Friedens, dem die herrschenden Gewalten der Vereinzelung und der Überhebung weichen müssen, denn das triviale Konzept fordert,
daß – anders als in den Dichtungen der Zeitgenossen – dieses ohnmächtige
Paradies der mißachteten Frauen ein Paradies auf Erden werde. Marlitt
hält an der Luzidität der aufklärerischen, idealistischen Dreiergestalt
des Motivs unverbrüchlich fest und entzieht sich damit der Dämonisierung
des Dachbodens, weil sie die dort aufbewahrten Hoffnungen unmittelbar
einlöst. Die Kindheitshoffnung unter dem Dache auf die Wiedergewinnung
eines glücklichen Lebens unter liebevollen Menschen, die Schulung des
Geistes gegen die herrschende Unvernunft als wichtiges Kampfinstrument
mit der schleichenden Gefahr des Rückzugs aus dem Leben und der Richtspruch aus der Hinterlassenschaft der Verstorbenen unter dem Dache, vor
dem der Herrschaftsanspruch zerrinnt, halten an der bürgerlichen Konzeption eines geschichtsmächtigen Individuums fest, an der Möglichkeit
einer zu glücklicher Veränderung befähigten Gesellschaft. Mit der optimistischen Versöhnung von Individuum und Gesellschaft zugunsten des ohnmächtigen Individuums löst Marlitt zugleich auch jenes andere Problem,
welches das Dachbodenmotiv mehr und mehr in seinen Sog zog: das der
Dämonie des Triebs, des namenlosen Kollektivs und der Feindschaft der
Natur und der Geschlechter. Marlitt gestaltet die Genese der weiblichen
Rolle im Bürgerhaus im Vertrauen auf die Plastizität der Wirklichkeit
gegenüber dem auf dem Dachboden gehüteten Wunsch nach sozialem Frieden
nicht in anderem Stufengang als die Dichter die Genese der männlichen
Rolle. Felicitas ist das sieghafte Prinzip der freien, libidinösen Vergesellschaftung, das die sozialen Schranken zwischen den Menschen niederreißt und dabei die Neigung aller guten Menschen gewinnt. Das Märchenmotiv der sieghaften Unschuld, der die finsteren Gewalten weichen müssen,
verknüpft Marlitt mit dem Freiheitsraum unter dem Dache, von dem die

gewaltlose Revolution ausgeht. Handelt es sich bei dem glücklichen Verlauf dieses weiblichen Entwicklungsgangs nicht wirklich um eine bürgerliche Variante des utopischen Modells im Märchen vom Dornröschen, und verstellt uns nicht die allein die Sicherheit des Gelingens den Blick für das Prototypische, das die Marlitt im Dachbodenmotiv ausdrückt, nämlich die Instanz der glücklichen Veränderung durch den Triumph über die Unterdrücker im Hause als Weltsymbol? Die symbolische Verschleierung jener ökonomischen und politischen Implikationen im Roman, die eine befreite Vergesellschaftung für die Ohnmächtigen erst in den Bereich der Wahrscheinlichkeit rücken könnten, so daß die Abschaffung der sozialen Schranken auch im Bürgerhause als Erfüllung eines Menschheitsanspruchs ins Blickfeld rückte, ist ein Zwang, der auch die Dichter unterstehen. Die Illusion der gelungenen "pars-pro-toto"-Revolution von Marlitts Heldin Felicitas wird in den bürgerlichen Dichtungen der Zeit als unmöglich dargestellt, ohne daß die politischen Gewalten, die diese Hoffnungen zu Illusionen verkommen lassen, entsymbolisiert werden könnten. Die Marlitt spendet auf einer Ebene Trost, wo die Dichter die Verzweiflung spiegeln. Gegenüber der resignierten dichterischen Gestaltung des individuellen Leidens in der Industriegesellschaft um 1860 ist Marlitts Roman "Das Geheimnis der alten Mamsell" allerdings "ein grausiger Hirschsprung über die Abgründe" (64) einer in Klassen zerrissenen Gesellschaft.

Und hier ist nun genau zu prüfen, ob der weibliche Triumph, den die Autorin in ihrem Werk feiert, dem Ernst der Utopie im Märchen vom Dornröschen ebenbürtig bleibt, denn in der alten Mamsell kehrt die Schicksalsspinnerin ja wirklich zurück. Wer sind die Gegner, und wie wird die Versöhnung herbeigeführt?

Felicitas ist als geächteter Findling nicht unbewehrt, nicht ohnmächtig; ihre Mutter ist aus adeligem Geschlecht. Ihre Habseligkeiten unter dem Dache, die auf ihre Identität hinweisen, zeugen von vornehmer, glanzvoller Herkunft und sind deshalb fortgeräumt worden, weil die bürgerliche Hausherrin meinte, dieses Herrenkind werde nicht arbeiten wollen. Sie sind Herrschaftszeichen und stehen zur bürgerlichen Sparsamkeit der Hausherrin in feindseligem Kontrast. Der Hausherr Hellwig ist zwar ökonomisch der Mächtige in der Familie; er ist der Besitzer des Wohlstandes, doch er ist gut. Seine Gattin aber, die das böse Regiment führt, das vom Dachboden her zur Abdankung gezwungen wird, ist als Mittellose einst ins Haus gekommen. Sie ist wirklich ohnmächtig, doch böse. Sie ist die Repräsentantin bürgerlicher Raffgier und Verlegenheit, doch nur als bornierte Haufrau. Der Aufstiegswille, der ihr Leben beherrscht, macht sie im Leben der Familie nicht wirklich mächtig, sondern raubt ihr Wohlwollen und Überzeugungskraft; sie hat nur Phrasen zur Verfügung. Das heißt zugleich, die Marlitt läßt den Frevel der bürgerlichen Unterdrückung aller Lebenslust im Hause niemals durch den Arbeitszusammenhang wirklich legitimiert erscheinen. Auch Johannes, der junge Hausherr, ist daher nur unglückliches Erziehungsopfer, nicht ebenbürtiger Gegner der Wünsche nach Freiheit, Glück und Recht im Sinne eines legitimen Ordnungsprinzips, das das bestehende Leben regelt. Er vertritt nur die Normen einer verlogenen, hartherzigen Mutter, ist nur gefügiger Sohn, nicht Herr des Hauses.

Was ist die Schuld dieses Hauses, die als Zeichen der glücklichen Veränderung vom Dachboden aus gesühnt werden muß, um den sozialen Frieden wieder herzustellen? Die Hellwigs haben der verarmten Adelsfamilie von Hirschsprung einst als aufstrebende Bürger das Anwesen abgekauft und dort einen Schatz gefunden, den sie für sich selbst arbeiten lassen, anstatt ihn zurückzuerstatten, denn sie haben eine Fabrik aufgebaut. Die Schuld des Hauses ist in Wahrheit die Herrschaft des Bürgertums über die alten Feudalgewalten und die Enteignung des Landkapitals. Der Unwille des Fabrikanten, den auf dem einst adeligen Grund und Boden ans Licht gehobenen Reichtum der Leidenschaft seiner Tochter zu dem Erben der Abgedankten zu opfern, ist die historische Schuld dieses Hauses, die die Tochter in die Verweigerung unter das Dach führt, um den Fluch dieses Hauses aufzubewahren, bis die Stunde kommt.

In den Dienst dieser Rächerin gerät die Heldin des Romans als Glücksbringerin und Kind einer Adeligen, den den historisch Abgedankten selbst entstammt. Von diesem Zusammenhang her ist dort oben auf dem Dachboden der böse aufrührerische Geist aber nicht mehr zum Aufbegehren gegen natürliches Recht legitimiert. Es geht in Wirklichkeit im Roman nicht um die zukunftsweisende Vernichtung der Schranken, die Menschen in Herren und Knechte scheiden, sondern das Bürgertum wird als Usurpator alter

feudaler _Rechte_ gerichtet. Felicitas verteidigt nicht Menschenrecht,
sondern das ihrer _abgedankten Klasse._ Zu diesem Triumph macht die alte
Mamsell die Unterdrückte im Hause stark. In der freundlichen Dachboden-
bewohnerin der Marlitt liegt nicht der böse Zauber des zukunftsgerichte-
ten Protests, der in Glück für alle umschlägt, wenn er sich verwirklicht.
Sie ist wirklich nichts anderes als böse Hexe, nur _Nachtgeburt,_ und der
Kampf der bürgerlichen Familie gegen ihren finsteren Appell hätte mehr
Legitimität als der des Königs in Dornröschens Märchenschloß, der das
sichere, entwicklungslose Glück erhoffte und darum alle Spindeln im
Lande verbrennen ließ.

Der Triumph des weiblichen Prinzips, den die Marlitt als glückliches
Ende feiert, als Sieg der Menschenliebe über die gesellschaftlichen
Schranken, ist der wirkliche Triumph des Adels über das Bürgertum. Um
das aufrührerische Geschöpf zu gewinnen, erstattet nämlich der Arzt
Hellwig das Kapital seiner Familie an die Hirschsprungs zurück. Seine
Sühne ist Abdankung vor den alten Gewalten, ist die Vernichtung der
liberalen Hoffnungen, die die deutsche Geschichte um die Jahrhundert-
mitte beherrschen. Der Triumph des weiblichen Prinzips, für den das
Dachbodenmotiv bei der Marlitt zum Vehikel wird, ist in Wahrheit die
Kastration. Diese Eheleute verlassen denn auch am Ende des Romans den
Ort des Kampfes, und der Arzt zieht mit Felicitas als guter Mensch an
den Rand der Geschichte.

Der Dachbodengeist der Marlitt verhilft, im Gegensatz zur Utopie im
Volksmärchen, den Ohnmächtigen nicht zu menschlicherem Recht und zu
Selbstbestimmung in der Gesellschaft. Er erzwingt die totale Negation
der Freiheitsansprüche, die je unter dem Dache Heimat gefunden haben.
Das aufklärerische Erziehungsmodell der weiblichen Entwicklung ist
daher auch nicht als die unbefangene Einlösung einer eindringlichen
Hoffnung zu würdigen, sondern als deren Vernichtung durch _falsche Ver-_
söhnung.

Gabriele R e u t e r und der Selbstverlust

Gabriele Reuters Roman "Aus guter Familie", Leidensgeschichte eines Mädchens (1895) [1] soll hier als literarisches Beispiel des Identitätsverlustes analysiert werden. Da der Dachboden nur dreimal und immer sehr unvermittelt, gleichsam aus einer tieferen Schicht des Geschehens im Roman auftaucht, muß auf die psychische Entwicklung der Heldin näher eingegangen werden, um den Kontext, in dem das Dachbodenmotiv in diesem Roman steht, zu erschließen.

Der Roman beginnt mit der Konfirmation der Heldin Agathe Heidling in einer Dorfkirche; er beginnt mithin mit dem Eintreten der sexuellen Reife. Im Gottesdienst mischt sich in die religiöse Inbrunst des Mädchens heftiges Begehren, das sie als Angst erfährt. (3 ff.) Erst durch die Verheißung des himmlischen Bräutigams weicht ihre Angst und wird zur "frohen Zuversicht". (7) Das Leben, für das sie nun erwachsen gesprochen ist, erfüllt sie mit Bedrängnis, denn die Erzieher, die mit ihr diesen Tag begehen, hüllen ihre Zukunft in undurchdringliche Schleier. Sie darf sich nicht selbst vertrauen. Das Ungestüm, das in der Familie aus ihr hervorbricht, richtet sich gegen die bedrückenden Normen, die sie in ihrer Rolle als Frau zu erfüllen habe. Sie fordern von ihr den <u>Glücksverzicht</u>. (15 f.)

Besitz des Lebens ohne den Genuß, der Freudentanz in den Grenzen des Anstandes, das Vergnügen am Schönen in den Schranken der Frömmigkeit, die Bildung unter dem Denkverbot, die Phantasie ohne Freiheitswunsch, die Liebe ohne Begehren, das Glücksverlangen mit dem Blick auf den Gekreuzigten, so führt der Pastor Agathe ihre persönliche Zukunft vor Augen - es ist der Kreuzweg des Lammes, das zum Schlachtopfer bestimmt ist. Wenn Agathes Mutter, die in der sprachmächtigen Gesellschaft der Erzieher Agathes verstummt, bei dieser Rede zum Taschenbuch greift, so ist das

---

[1] Gabriele Reuter, Aus guter Familie, Leidensgeschichte eines Mädchens, Berlin 1899^9.
Im folgenden werden Hinweise im Text selbst mit Seitenzahlen in Klammern angegeben.

nicht nur Rührung; in ihrem Gesicht hat sich Verzweiflung eingezeichnet.
(15) Auch Agathe erscheint die schwere Bürde, mit der sie aus der Kindheit entlassen wird, zu drücken.

"Agathe mußte wieder sehr weinen. Aufs neue erfaßte sie das ängstigende Bewußtsein, welches sie durch alle Konfirmandenstunden begleitete, ohne daß sie es ihrem Seelsorger zu gestehen wagte: Sie begriff durchaus nicht, wie sie es anzustellen habe, um zu genießen, als genösse sie nicht. Oft schon hatte sie sich Mühe gegeben, dem Worte zu folgen. Wenn sie sich mit den Pastorsjungen im Garten schneeballte, versuchte sie, dabei an Jesus zu denken. Aber bedrängten die Jungen sie ordentlich, und sie mußte sich nach allen Seiten wehren, und die Lust wurde so recht toll - dann vergaß sie den Heiland ganz und gar! -" (16 f.)

Angesichts einer so gegen das innere Begehren verstellten Lebensperspektive ist der wilde Ausbruch Agathes beim Öffnen der Konfirmationsgeschenke eine lustvolle Raserei, (lo f.) der sie unerschüttert die Aussicht auf den guten Mann opfert. Der Ausbruch ist Selbstäußerung des Mädchens aus guter Familie, deren Erzieher den unbefangenen Zugriff zum Begehrenswerten tabuieren.

Die Rede des Pastors opferte das Glück der 17-jährigen Heldin den entsagungsvollen Pflichten der "Himmelsbürgerin" (17). Der Vater indes, Regierungsrat Heidling, äußert sich zum Rechtsprinzip der Familie.

"Hatte der Pastor dem Kinde seine Verantwortung als Himmelsbürgerin klar zu machen gesucht, so begann der Vater Agathe nun die Pflichten der Staatsbürgerin vorzuhalten.
Denn das Weib, die Mutter künftiger Geschlechter, die Gründerin der Familie, ist ein wichtiges Glied der Gesellschaft, wenn sie sich ihrer Stellung als unscheinbarer, verborgener Wurzel recht bewußt bleibt. Der Regierungsrat Heidling stellte gern allgemeine, große Gesichtspunkte auf. Sein Gleichnis gefiel ihm.
'Die Wurzel, die stumme, geduldige, unbewegliche, welche kein eigenes Leben zu haben scheint und doch den Baum der Menschheit trägt ...'
In diesem Augenblick wurde noch ein Geschenk abgegeben." (17)

In dieser Herrschaftsordnung darf die Heldin des Romans mit Anerkennung nur unter der Voraussetzung rechnen, daß sie sich als biologisches Werkzeug für die Erzeugung der künftigen Geschlechter begreift, daß sie auf Teilnahme und auf glückliche Veränderung im gesellschaftlichen Bereich verzichtet, daß sie sich die Empörung verweigert und in den geschichtslosen Bereich der Großen Mutter zurückbegibt. Die Gefahr, die aus der Regression der Frauen auf den Naturbereich erwächst, glaubt der Regierungsrat unter der erdrückenden Last des kommenden Geschlechts gebannt, die alles begräbt, was "kein eigenes Leben zu haben scheint." (17)

Mit dieser Bestimmung des Lebenswegs der Heldin des Romans durch ihre
Erzieher ist die Entwicklung suspendiert. Sie ist mit dem Verlassen der
Kindheit und mit dem Beginn der sexuellen Reife aus der Selbstbestimmung
ausgeschieden. Es wäre nach der traditionellen Konstellation des Dachbodenmotivs hier die Flucht des Zöglings unter das Dach zu erwarten. Die
Reuter aber nimmt das Motiv zur Rettung genausowenig auf wie Fontane bei
der Darstellung der Jugend Effi Briests. Die Entwicklung dieser beiden
Figuren ist insofern in Analogie zu setzen, als das Bedürfnis nach Selbstfindung überhaupt aus der äußeren Handlung entschwindet und in einer
tiefern Schicht fortwirkt.

Die Vorhaltungen des Vaters werden durch einen Retter jählings unter-
brochen. Vetter Martin hat Agathes Herzenswunsch, Herweghs Gedichte zu
besitzen, erfüllt; glückliche Erinnerungen lassen sie die Gegenwart vergessen:
" - der sonnenbeschienene Rasen, auf dem sie gelegen und für die glühen-
den Verse geschwärmt hatte, die Martin so prachtvoll deklamieren konnte ...
Wie sie sich mit ihm begeisterte für Freiheit und Barrikadenkämpfe und
rote Mützen - für Danton und Robert Blum ... Agathe schwärmte dazwischen
auch für Barbarossa und sein endliches Erwachen ... Sie hatte Martin seitdem noch nicht wiedergesehen. Er diente jetzt sein Jahr. Ach, der gute,
liebe Junge. Agathe war zu beschäftigt, das Buch aufzuschlagen und ihre
Lieblingsstellen nachzulesen, um zu bemerken, daß eine peinliche Stille
am Tische entstanden war." (18)
Beide Erzieher sind sich nun einig, die Gefahr des Aufruhrs unverzüglich
zu tilgen. Der Pastor nimmt ihr das revolutionäre Buch fort mit der be-
schwichtigenden Aussicht, es gegen ein geeigneteres, das ihr besser ge-
falle, umzutauschen. (19 f.) Dies ist für Agathe die Exemplifikation
dessen, was die Vorbilder unter dem Leitspruch "Alles ist Euer" verstehen.
Daß dieser Eingriff in die Rettung die Hoffnung aus dem Roman tilgt, zeigt,
daß die Reuter wie Fontane den individuellen Protest gegen das Wohlverhalten nicht als realistisch ins Blickfeld der weiblichen Genese rückt.
Es fällt hier im ersten Kapitel des Romans schon ein Schlaglicht auf den
psychischen Untergang Agathe Heidlings. Denn ein zweiter Retter, der die
Rechte des ersten in der Gesellschaft der Unterdrücker am Tische unter-
stützt, bleibt ungehört. Onkel Gustav, dem Agathe sehr zugetan ist, ein
"Familienschatten", der keine Grundsätze hatte und es deshalb "zu nichts
gebracht hat", (21) flüstert der Beraubten wie ein geheimer Dachbodenbote

am Tische zu: "Dummes Ding - Geschenke von netten Vettern packt man doch
nicht vor versammelter Tischgesellschaft aus!" (21) Seine Äußerung aber
fällt bei ihr "freilich nicht ins Gewicht" (21), so daß ihr keine Kraft
zum Aufbegehren zuwächst. "Sie hatte ja Gehorsam und demütige Unterwerfung gelobt für das ganze Leben." (21)

Wie Effi Briest schlägt Agathe das Herz nicht in der selbstgewählten
Vereinzelung unter dem Dache höher, sondern im sonnenbeglänzten Garten
(22 ff.), denn in der Natur findet sie die Spontaneität am Werk, der
sie selbst nicht folgen kann. Während sie sich dem Gebot unterwirft,
'dem, was ihr gefällt, zu mißtrauen' (23), sieht sie am Naturbereich
Selbstentfaltung und Lebensrecht versöhnt.
"Der Flieder - die Hainbuche - jedes besaß seine eigene Form, seine besondere Farbe. Und das entfaltete sich hier still und fröhlich im Sonnenschein und Regen zu dem, was es werden sollte und wollte. Die Pflanzen
hatten es doch viel, viel besser als die Menschen, dachte Agathe seufzend.
Niemand schalt sie - niemand war mit ihnen unzufrieden und gab ihnen
gute Ratschläge." (23 f.)
Sie kann ihr eigenes Leben nur im Naturbilde fassen, wäre lieber Vogel
oder Blume geworden (24; 28). Einen alten Kahn sieht sie in Gedanken
über wildwogendes Meer jagen und an Felsenklippen scheitern. Das Gelächter der Spielkameraden, denen sie ihre Meerfahrtphantasien gesteht, vergällt ihr die Äußerung ihrer "unbestimmten Wünsche" (25). Ihre Entwicklung ist damit in jenen <u>vorsprachlichen</u> Bereich abgesunken, in dem die
Kollision nur noch als <u>unbeherrschbarer Triebkonflikt</u> faßbar wird. Gabriele Reuter schließt das erste Kapitel des Romans, die Entlassung Agathes
aus der Kindheit in die Hoffnungslosigkeit , nach dem Gang in die Natur,
die sie zur Ausschweifung in der Phantasie hinreißt. Mit jähem Erschrecken
bricht die reale Kollision im Sumpftraum auf:
"Plötzlich fiel Agathe die Beichte wieder ein, die sie hatte niederschreiben und ihrem Seelsorger übergeben müssen. Ihre Halbheit und Unaufrichtigkeit ... und nun wurde es ihr zur Gewißheit, die Schuld des Unfriedens,
der diesen heiligen Tag störte, lag in ihr selber. Schamvoll bekümmert
starrte sie in das Wasser, das auf der Oberfläche so klar und mit fröhlichen, kleinen goldenen Sonnenblitzen geschmückt erschien und tief unten
angefüllt war mit den faulenden Überresten der Vegetation vergangener
Jahre." (26)
Als Agathe die Pensionatszeit beendet hat, richtet sie sich im Vaterhause
ein. (62) Der Prozeß des Realitätsverlusts, der sich in Agathe unter dem

Imperativ der Selbstkontrolle vollzieht, hat ein gefährliches Ausmaß erreicht, sich ihr jedoch als inneren Frieden mit den versagenden Eltern darstellt. Der Annäherungen des revolutionären Vetters Martin weiß sie sich daher nun mit Anstand zu erwehren. (56 ff.; 6o f.)

"Der jetzige Zustand war ein Noviziat, das der Einweihung in die heiligen Geheimnisse des Lebens voranging. Die einfachsten häuslichen Pflichten führten Agathe ein in den gottgewollten und zugleich so süßen, entzückenden Beruf einer deutschen Hausfrau. Durfte sie am Sonntag ein Tischtuch aus dem schönen Wäscheschrank der Mutter holen und die Bettbezüge und Laken für den Haushalt verteilen, tat sie es mit froher Andacht, wie man eine symbolische Handlung verrichtet.

In der Bodenkammer unter dem Dach wanderte ein feiner Sonnenstrahl durch die kleine Fensterluke über Spinnweben und Staubwust. Keck und lustig vergoldete er da ein Eckchen und dort ein Zipfelchen von dem alten überflüssigen Plunder, der hier pietätvoll aufbewahrt wurde! Bilder aus dem Haushalt der Großeltern und verblaßte Rückenkissen, Walters Schaukelpferd und Ballschuhe, in denen die Regierungsrätin als Braut getanzt hatte. Sie konnte sich nie entschließen, sich von einem Dinge, das ihr einmal lieb gewesen war, zu trennen, und so wanderte der Inhalt der Bodenkammer auch bei jedem Wohnungswechsel der Familie Heidling getreulich mit. Zu den köstlichen Andenken vergangener Zeiten begrub Agathe nun ihr Spielzeug, da sie in eine Kiste sorgsam mit Kamphorsäckchen verpackte. Die ganze Miniaturausgabe einer Kinderstube ging so noch einmal durch ihre Finger, bis zu den Wickeln und Windeln, der Badewanne und den Wärmfläschchen, - den vielen zierlichen Gegenständen, die zur Pflege der Allerkleinsten nötig sind und durch deren Handhabung bei phantasievollem Spiel die geheimsten Empfindungsnerven des werdenden Weibes in erwartungsvoll zitternde Schwingungen versetzt werden. Träumerisch erinnerte sich Agathe, in dem sie ihre Lieblingspuppe zum Abschied leise auf die Stirn küßte, des atemlosen Entzückens, mit dem sie oft ihr Kleid geöffnet hatte, um das harte kalte Wachsköpfchen an die winzigen Knospen ihrer Kinderbrust zu drücken und es trinken zu lassen. Verlegen lächelnd tastete sie nun über die weiche Rundung ihres Busens. Nie konnte ihr die Schneiderin die Taille eng genug machen, sie schämte sich der ungewohnten Fülle ihrer Formen. Auf dem Grunde der Kiste, unter einer verblichenen rosenroten Decke lagen die kleinen Sachen, die sie selbst und die gestorbenen Geschwisterchen einmal getragen hatten. Das alles wurde aufbewahrt bis zu dem Tage, wo es Agathe einmal herausnehmen durfte zum Gebrauch für ihre eigenen lebendigen kleinen Kinder. Neugierig hob sie die rosenrote Decke ein wenig und zog ein feines, winziges, spitzenbesetztes Hemdchen hervor. Nein - wie süß! Wie lachte es sie an. - War das alles rätselhaft, seltsam - ein tiefes Wunder ... Und was sie hörte, was sie träumte, machte alles noch unbegreiflicher ... Ach, die schweigsam selige Erwartung in ihr - Tag und Nacht - Tag und Nacht ---------------------------------------
----

Im Gegensatz zu der Mattigkeit und Schlafsucht, gegen die Agathe während ihrer Pensionszeit beständig zu kämpfen gehabt hatte, erfüllte sie jetzt ein immerwährendes Verlangen nach Bewegung und Thätigkeit." (62 ff.)

Dieser von Gabriele Reuter unvermittelt zwischen zwei Reihen von Gedankenstrichen aufgenommene Aufstieg unter das Dach des Vaterhauses ist nicht Ausdruck eines Wunsches nach Selbstbefreiung. Agathe wird sich dort nicht der Widersprüchlichkeit von Sollen und Wollen inne, um diese in der Phantasie des eigenen Lebensplanes aufzulösen. Sie denkt sich unter dem Dache des Vaterhauses <u>nicht als Subjekt ihres Schicksals</u>, auch nicht mehr in der Kühnheit aufsteigender Wünsche. Agathe vollzieht den endgültigen Abschied vom Glück der Kindheit in Wahrheit als <u>Begräbnis des Glücksverlangens</u> überhaupt. Der Anspruch ihres heranreifenden Körpers gerät in die Verleugnung, denn sie hat sich nur als willenloses Objekt in der langen Geschlechterkette zu sehen gelernt und bleibt sich selbst ein Rätsel, dessen Lösung sie sich dann erhofft, wenn die Zeit des Wartens auf "den geliebten, herrlichen, zukünftigen Unbekannten" (65) ihr glückliches Ende gefunden hat. War schon das Kinderspiel reine Antizipation des Familienlebens, so ist auch die Phantasie des Mädchens unter dem Dache, das ihrem Retter und seiner Verheißung am Konfirmationstage schon nicht die Treue hielt, von nichts anderem angefüllt als der Selbstauflösung in der auferlegten Pflicht. Das Begräbnis des Spielzeugs in der Kiste gibt ihr nur den Blick auf spitzenbesäte Kinderhemdchen frei, die sie mit den <u>längst verstorbenen Geschwistern</u> trug. Die Grenze zwischen Geburt und Tod ist unter diesem Dache so schwankend, daß beide verfließen, denn auch für die Mutter, die sich von den Zeugen ihres Lebens nicht zu lösen vermag, verwahrt dort nur uneingelöste Hoffnungen. Die Zeilen der Gedankenstriche, die das Dachbodenmotiv von der übrigen Darstellung im Roman abtrennen, verschärfen den Einbruch <u>latenter</u>, unbewußter Zusammenhänge, in denen diese Szene steht, weil sie in der manifesten Motivation der Heldin nicht zu fassen sind. Auf der vorsprachlichen Ebene des Gedankenstrichs stellt die Autorin das Motiv in den Schuldzusammenhang des Romans, als äußere sich hier bereits das Leben nur noch in einer tief unter der Erdoberfläche verborgenen Wurzel.

Agathes Leben wird ein demütigender, zwischen Ekel und Selbstaufgabe
ausgefochtener Kampf um einen Mann, eine schleichend in ihrer Seele
kriechende Niederlage, gegen die ihr Widerstand langsam und von hoffnungslosen Ausbrüchen aufgezehrt erlahmt. Ihre Liebesphantasien, die
noch die des Kindes sind, verstellen ihr die Begegnung mit den Männern,
die sie faszinieren, durch ihre wahnhaften Vorstellungen von jenem fremden Wesen Mann, das nur Enttäuschungen für sie bereit hat. (vgl. 89, 92 ff.,
122 ff.; 158 ff.; 170 ff.) Von Lutz ist Bruder Leichtfuß, Martin wird
Sozialist und des Landes verwiesen; sie wagt kaum, dem Flüchtigen die
Bücher zu verbergen. Die einzige ernsthafte Werbung um ihre Hand endet
im Arbeitszimmer des Vaters, denn die Spielschulden des Bruders haben
Agathes Mitgift aufgezehrt. (254 ff.)

Nach einem schweren Zusammenbruch rettet sich die Vierundzwanzigjährige
in religiöse Schwärmereien (214 ff.; 223 ff.); doch da nur die krankhaften Impulse einer Gebrochenen sie in die religiöse Gemeinschaft treiben, um sich selbst zu vergessen, flieht sie angewidert vor dem zutraulichen Willkomm, welcher der Vornehmen in der armseligen Gemeinde entgegengebracht wird. (218) Die verzweiflungsvolle Gesellschaft enttäuschter Frauen, (233 ff.) in die sie danach gerät, läßt ihr endlich die
Flucht nach innen lindernder erscheinen [2], auch wenn dies eine schlimmere Preisgabe ist, als die Vorhaltungen ihrer Erzieher es damals vor
Augen führten. Der fortschreitende Prozeß der <u>Lockerung aller Lebensbezüge</u>
läßt nun auch die Jungmädchenphantasien der Heldin von den unbändigen
Naturgewalten, in denen Scheitern einst Lust bedeutete, gefährlicher
schillern. Am Grunde des Wassers, des Symbols alles Lebens, sieht sie

---

[2] S. 263: "Zwei Winter hatte Agathe mit erlahmenden Kräften gekämpft -
nicht gerade um Dürnheim allein - um jede neue Männererscheinung -
um einen Blick - um ein Lächeln. Und die heimlichen Niederlagen, von
denen nur sie selbst wußte! Die Reue - die Scham- die Langeweile -
zuletzt mehr und mehr ein Gefühl, als habe sie sich selbst verloren
und schwanke - eine welkende Form ohne Inhalt, ohne Seele - durch der
Erscheinungen Flucht."

sich selbst nun in jenes dunkle Geschling, das ihr schon am Konfirmationstage jäh als Angst vor Augen trat, als Leiche versunken [3].

Agathe nimmt nun Zuflucht zur wahnhaften Überhöhung ihres sexuellen Elends. Wie Narziß, der, von allen angewidert, in den Spiegel seiner Seele einzutauchen sucht und den Tod erleidet, beginnt sie sich in das innere Drama zu versenken, weil nur in ihr das <u>Verbot des Genusses aufgehoben</u> ist. Da wird sie von der in Not geratenen, wegen Schwangerschaft aus dem Hause Heidling entlassenen Köchin um Hilfe gerufen, deren Kind gestorben ist. Eine alte Frau bringt über die "Hintertreppe" des Hauses "ein fleckiges, nur flüchtig zusammengefaltetes Papier. Ein Bettelbrief." (27o) Agathe wird in die trostlosen Gegenden des <u>Vorstadtproletariats unter das Dach</u> gerufen:

"Agathe fand nach einigem Suchen das Haus, wo die Krämern wohnen sollte. Auf der Schwelle hockte ein blasses Kind mit einem Säugling auf dem Arm, es starrte Agathe neugierig an. Im Flur führte rechts eine Glasthür mit ein paar Stufen zu einer Destille. Der Hausflur war wie ein finsterer, übelriechender Schlund. Agathe tappte sich zu der steilen Treppe und begann hinaufzusteigen. Sie las mühsam in der spärlichen Beleuchtung die Schilder an den Thüren. Steiler und gefährlicher, schlüpfrig von feuchtem Schmutz war die Treppe. In traurigen Gedanken hatte Agathe nicht darauf geachtet, wie hoch sie gestiegen, und wußte nun nicht, an welcher der vielen Thüren sie klingeln oder klopfen sollte, denn hier gab es keine Schilder mehr. Da sah sie, daß das Kind von der Thürschwelle ihr nachgekommen war.

---

[3] S. 268 f.: "Aus Agathes Tagebuch.
-- Nur einmal in sich selbst hineinschauen ... Da stürzen gleich die Wasser der Trübsal, die an den schwachen Stellen meines Herzens lecken und wühlen, über alle vom Verstand aufgeschütteten Dämme, hilfloses Ringen – die Angst eines Ertrinkenden. Und dabei Gardinenkanten häkeln und Deckchen sticken. Wieviel Deckchen habe ich eigentlich schon in meinem Leben gestickt? -- kein großes Leiden, das erhebt und läutert ... Ich weiß schon – fleischlich. Qualvoll, qualvoll – aber gemein, niedrig. – Langsames Verhungern einer Königin, die nicht zu betteln gelernt hat! Ja – das klingt schön ... Aber -- Warum stehlt ihr nicht, wenn ihr hungert, armes Pack? Man besingt die Sieger, nicht die Besiegten! ... Man besingt Messalinen ...
Eine dunkelblaue See ... hoch, hoch in den Alpen. Ganz einsam. Kahles Gestein – und Schneegipfel. Und Abend müßte es sein – Rosen auf das tiefe Blau gestreut – Rosen der niedergehenden Sonne. Leise – langsam – allmählich ... Wie das Wasser von den Lichtstrahlen des Tages durchwärmt, an den Gliedern emporquillt – bis zum Herzen – und die Augen schließen... Der Boden schwindet ... Wenn die Fische leicht und stumm ihre Flossen über meine Stirn streifen werden ... Wenn lange, schleimige Wasserpflanzen aus meinen Augenhöhlen wachsen ... wenn das Feuchte dort unten tief im Dunklen mein Fleisch durchsickert und zerstört – ob ich dann immer noch Schmerz fühlen werde?"

Es hinkte und schleppte doch den schweren Säugling. 'Kannst Du mir sagen, ob hier Frau Krämern wohnt?' Es antwortete nicht. Agathe klopfte endlich auf Geratewohl. Ein Mann in einem wollenen Hemd öffnete. 'Frau Krämern?' fragte Agathe schüchtern, 'oder Luise Groterjahn?' 'Die? Zu der wollen Sie?' Eine höhnische Verachtung drückte sich in seinem Ton aus. 'Da drüben.' Er starrte ihr nach, bis sie hinter der bezeichneten Thür verschwunden war. Das hinkende Kind drängte sich mit Agathe hinein. 'De Krämer is nich da,' sagte das Kind nun. 'Aber ich möchte Luise Groterjahn sprechen.' Das kleine Mädchen wies schweigend auf eine innere Thür. Agathe trat in eine schräge Dachkammer. Sie enthielt weiter nichts als ein Bett und einen Holzschemel. Das Licht fiel aus einer Luke in der Decke gerade über die Kranke auf dem Strohsack. Sie lag regungslos, Agathe glaubte, sie schlafe, weil sie den Kopf nicht wendete, als sie eintrat. Doch ihre Augen standen offen und blickten auf die graue Wand am Fußboden des Bettes - wenn man dieses gleichgültige Starren einen Blick nennen konnte. Erst als Agathe dicht neben dem Bett stand und ihre Hand leise und weich auf die des kranken Mädchens legte, als sie herzlich sagte: 'Wiesing, armes Wiesing', wandten sich die glanzlosen Augen zu ihr. Agathe hatte sich eingebildet, Wiesing würde sich freuen, sie zu sehen. Aber die Kranke lächelte nicht. Sie weinte auch nicht. Ihre Züge blieben ganz unbewegt. Agathe dachte an ihr rundes Kindergesicht, das gesund und fröhlich in die Welt geblickt hatte ... Die Gesundheit war davongewischt - es trug eine leichenhafte Farbe mit grüngelben Schatten um den Mund und um die Augen, und es war sehr abgemagert. Aber das war es nicht, wodurch Agathe so tief erschüttert wurde. Es war die unermeßliche tote Gleichgültigkeit, die darauf ruhte. Sie verwunderte sich, daß dieses Wesen überhaupt noch um Hilfe gerufen hatte. Die Tränen stürzten Agathe vor Weh aus den Augen. Sie beugte sich und küßte das Mädchen auf die Stirn. Dann setzte sie sich zu ihr auf den Bettrand, nahm ihre Hand und liebkoste sie leise. Wiesing ließ alles schweigend mit sich geschehen. 'Dank auch, daß Sie gekommen sind', murmelte sie nach einer langen Weile. 'Wiesing - warum hast Du nicht eher geschickt?' 'Die Frau Rätin waren so böse.' 'Ach, das ist ja lange her - das ist ja längst vergessen.' Agathe wußte, daß sie log. Ihre Mutter war immer noch böse. 'Wiesing, warum bist Du denn nicht wieder in Dienst gegangen?' 'Ich war immer schwächlich - das Kleine kam so schwer. Und dann war es immer krank. -- Wir wollten auch heiraten - wenn er mit zwei Jahren loskäme.' Wiesing schwieg und starrte wieder auf die graue, verschabte Wand. 'Ist er nicht losgekommen?' Ein leises Schütteln des Kopfes. Agathe versuchte noch einmal die Geschichte dieses Lebens zu erforschen. Dann ließ sie davon ab. Es war nutzlose Grausamkeit. Die blassen, von einer trockenen Borke bedeckten Lippen der Kranken blieben fest geschlossen, wie über einem schweren Geheimnis." (273 ff.)

In der Elendskammer des an Auszehrung sterbenden Mädchens unter dem Dache ist Agathe vors Gericht gerufen. Die soziale Provokation ist bei der Reuter ganz in die dingliche Kargheit der naturalistischen Darstellung eingegangen: Suchen und Finden des Ortes durch den Gerufenen, der Treppenaufstieg, der gedankenverloren unter das Dach führt, der Hausflur als übelriechender, schlüpfriger Schlund, der zu jenem Orte in der Höhe führt, an dem es keine Namensschilder mehr gibt, ein aufdringliches hinkendes Kind, das schweigt und doch alles weiß, die Feindseligkeit der Nachbarn, dies alles verweist auf die Beschwörung einer richtenden Instanz hin, die für das Volk, das namenlose Kollektiv und die Weiblichkeit ein unveräußerliches Recht spricht, um die Überhebliche in den größeren Zusammenhang zu stellen, in dem ihr privates Schicksal sich erfüllt und in dem es zu handeln gilt. Die Reuter beschwört die Rechtsfrage der Industriegesellschaft des 19. Jahrhunderts wirklich am authentischen Schauplatz des Problems. Sie kommt daher ohne die Dämonisierungen aus, die in den anderen Werken unausweichlich auf die Flucht vor der gesellschaftlichen Konkretion in der Dichtung folgte. Dieser Gang unters Dach erinnert an die Schlichtheit und Eindringlichkeit des Gerichtsmotivs in Kellers Roman "Der grüne Heinrich", in dem der Prozeß der Selbstbestimmung unter das Recht des Volkes gestellt wurde.

In der Dachkammer der Sterbenden bemächtigt sich Hilflosigkeit der Heldin des Romans. Der Unglaube, daß diese Erstarrte sie gerufen habe, und die Lügen, zu denen schon die kargen Worte der Kranken sie zwingen, die geschlossenen Lippen, welche die Forschung nach der privaten Verursachung des unter dem Dache herrschenden Elends vereiteln und das "schwere Geheimnis" der vor die Schranken Gerufenen hinterlassen, verweisen auf den Ernst des beschworenen Appells. Hier wird das "Mädchen aus guter Familie", die ihr Elend genießt, vors Angesicht der Schwester gerufen, die harte Not das Leben kostet. Die stumpfe Duldung, die Agathe an der Todkranken bestürzt, ist eine Anklage gegen die Leidenspose der Satten. Agathe steht vor schlimmerem Elend ihres Geschlechts, das sich nicht in schwülen Sumpfträumen beschwichtigen läßt.

Am nächsten Tage besucht Agathe, wie versprochen, wieder die Kranke, um ihr einen Kranz für das tote Kind zu bringen. Der Würde des Schicksals aber, als dessen Zeuge in der Gesellschaft sie gerufen wurde, bricht sie die Treue. Ihre Besuche geschehen verstohlen, heimlich stiehlt sie sich zu der fort, die Opfer ihrer Familie ist wie sie selbst. Sie hat zwar "ein schweres, gemartertes Gewissen" (277), doch der Aufruf zum Protest, der von dieser Dachkammer ausgeht und ihre eigene Rettung vorbereiten könnte, löst bei ihr nur Angst aus:

"Am Nachmittag des folgenden Tages, als sie eben gehen wollte, kam Besuch. Sie wurde bis um fünf Uhr aufgehalten und mußte eine Menge Vorwände suchen, um nur fortzukommen. Eilig schritt sie durch die von einem harten scharfen Ostwind durchblasenen Straßen. Wie früh es schon dunkel wurde. Als sie an der Kneipe im Erdgeschoß des Hauses vorüber wollte, erschienen ein paar Männerköpfe in der Thür. 'Fräulein, kommen Sie rein!' schrie man ihr zu. Atemlos lief sie die Treppen hinauf. Oben nahm sie den Kranz aus der Tasche und legte ihn vor Wiesing aufs Bett. Die Kranke sagte nichts, leise tasteten ihre Finger über die bunten Blumen. In den starren blassen Augen sammelte sich ein feuchter Glanz, langsam liefen zwei Tropfen über die grauen Wangen. Die Krämern kam, sobald sie Agathe hörte. Und gleich nachher polterte auch das hinkende Kind herein. Mit einem alten, neidischen Lachen stellte es sich vor Agathe hin und sagte: 'En schenen Gruß von die Herren unten, und das Freilein sollte mal runter kommen und Gänsebraten essen.' Agathe verstand das Mädchen zuerst gar nicht. Die Krämern mußte das Anerbieten erklären. 'Ne Freilein, sag' ich's nich! Jede gute That bringt doch gleich ihren Lohn! Dafür, daß Sie die Luise besuchen, schenkt der liebe Gott Ihnen nu ooch gleich den Gänsebraten!' Agathe stand erstarrt vor dieser naiven Gemeinheit. Hier hatte Wiesing gelebt - diese vier Jahre hindurch. - Wie sollte sie unten an der schauerlichen Thür vorübergelangen? Ihr Vater hatte doch recht, ihr die Armenbesuche auf eigene Hand zu verbieten. Furcht und Hoffnungslosigkeit senkte sich wie ein Nebel über ihr Denken. 'Soll ich nicht an Deine Mutter schreiben, daß sie Dich nach Haus holt?' fragte sie unschlüssig. Wiesing schüttelte ganz wenig den Kopf. Sie begann zu husten, versuchte vergebens, sich aufzurichten, um Luft zu bekommen. Agathe faßte sie und hielt sie - so hatte sie selbst einmal geröchelt und gerungen ... was war alles für sie geschehen! 'Wiesing - ich will Dir einen Doktor schicken..' 'O- der entsetzliche Geruch in der Kammer! Und die Eiskälte ... Wie schmutzig das Bett war. 'Kein Doktor!' stammelte die Kranke, und ihre Hände schlugen fiebrig unruhig durch die Luft. Agathe wollte doch ihren Hausarzt bitten, nach dem Mädchen zu sehen. Die Krämern versuchte dienstbeflissig, sie hinunterzubegleiten, aber Agathe wies sie steif und hochmütig ab. Auf der Treppe fiel ihr der Mann mit dem Gänsebraten wieder ein. Er stand wartend an der Glasthür und lachte laut, als er sie sah. Agathe wurde schwindelig vor Schrecken. 'Nicht so eilig!' brüllte er und faßte nach ihrem Arm. Sie riß sich los und stürzte auf die Straße. Ein dröhnendes Gelächter scholl ihr nach. Sie lief mehr als sie ging - nur fort - fort aus dieser Gegend. Mit betäubenden Kopfschmerzen kam sie nach Haus. Mehrere Tage lang konnte sie sich nicht entschließen, Wiesing wieder zu besuchen. Sie war krank und elend. Sie konnte ihr ja auch nicht helfen. Mit einer schauerlichen Klarheit zeigte ihr die Gänsebraten-Geschichte plötzlich die Bilder aus dem Leben der schmutzigen Tiefe, in die das unglückliche Mädchen gestürzt war. Sie wagte nicht mehr, ihrem Hausarzt Mitteilung zu machen - als habe sie nur allein Kenntnis von der grausigen Welt dort erhalten und dürfe niemand - niemand davon sagen." (277 ff.)

Bei diesem zweiten Gang vors Gericht wird der Appell drohender. Sie
bringt den Totenkranz für das Kind Wiesings als Antwort auf die erfahrene
Herausforderung. Dieses Zeichen ist in Wahrheit Todessymbol für beide
Mädchen, für die aus gutem Hause und das Armenkind. Der dröhnende Ruf
der Männer aus der Kneipe läßt sie außer Atem geraten. Die Krämern und
das hinkende kleine Mädchen stehen nun mit ihnen im Bunde und tragen
die obszöne Provokation für ihr Geschlecht unter das Dach. Vor ihrer
aufsteigenden Angst nimmt Agathe Zuflucht zu Vater und Mutter. Erst
nachdem Agathe also als Zeugin des herrschenden Unrechts am Orte ihrer
eigenen Vernichtung, im Bürgerhause Heidling, versagt hat, tritt der
Triebkonflikt in das Gerichtsmotiv bei der Reuter ein. Vor der Herausforderung des Triebs sucht sie wieder Zuflucht bei dem Mächtigen, der
ihr zu leben verweigerte. Dem Vater gibt sie recht, der ihr die Armenbesuche aus eigenem Antrieb einst untersagte. Auch der elenden Schwester
auf dem Sterbebett empfiehlt sie die Rückkehr zur Mutter. Doch ihre Worte
verhallen. Mit aus ihrer eigenen Untiefe aufsteigenden Schwindel, in
rasender Flucht vor dem festen Zugriff des Mannes an der Tür zur Kneipe
und mit betäubenden Kopfschmerzen erreicht sie den sicheren Ort ihres
eigenen Verderbens, das Vaterhaus, wo sie "krank und elend" mehrere Tage
gepeinigt verharrt. Sobald ihr das wahre Schicksal Wiesings aufdämmert,
schließen sich ihre eigenen Lippen über dem "schweren Geheimnis" "von
der grauen Welt". Sie hat es doch besser.

Als der geheime Appell wieder in ihr übermächtig wird und sie den letzten
Gang in die Elendskammer antritt, ist es für Wiesing, aber auch für die
Heldin des Romans zu spät. Ihr Urteil ist gesprochen.
"Aber es ließ ihr keine Ruhe. Sie mußte das Mädchen aus der Umgebung
retten – sie mußte wenigstens dafür sorgen, daß es zu essen bekam. Ging
sie des Morgens früh, so saßen wohl auch keine Männer in der Kneipe, von
denen sie belästigt werden konnte. Diesmal trat ihr aus der Thür, die der
Wohnung der Krämern gegenüberlag, eine Frau entgegen. Sie sah sauber aus,
wie eine ordentliche Arbeiterfrau, deshalb blieb Agathe höflich stehen,
als sie sie anredete. 'Fräulein – wollen Sie denn wieder zu der da?'
fragte sie. 'Ja. Kennen Sie Luise? Sie scheint mir sehr krank.' 'Gestern
haben sie sie fortgeschafft.' 'Fort–? Wohin?' fragte Agathe. 'Na –
ins Leichenhaus.' Agathe schwieg bestürzt. 'Mein Mann sagt, das Fräulein
weiß gewiß nicht, was das für eine war.' Agathe seufzte. 'Ach, liebe Frau,
sie hat doch so viel Kummer gehabt.' 'Das will ich ja nich gesagt haben –
nur wenn die Krämern so'n Mädel in die Hände kriegt...' 'Meinen Sie, daß
die Krämern nicht gut zu ihr war?' 'Die –? Das alte Vieh? Fräulein ...
die löffelte Ihnen die Suppe hier draußen – na – und den Wein, den soff
sie gleich unten in der Destille. Na – davon hat das Mädchen nich'n Droppen

geschluckt. Ja - wenn die reichen Leute man wüßten, wem sie ihr Geld zuwenden. (...)' Agathe wandte sich um und ging die Treppe wieder hinunter. Vielleicht trieb nur der Neid die Frau an, so zu reden. Wer doch je die Wahrheit erfahren könnte!" (28o f.)

Die Pforten des Gerichts sind für Agathe Heidling geschlossen, und der Dialog unter dem Dache des Proletariats gibt eine <u>höhnische Antwort auf das Versagen</u> der Weltfremden. Ihre Mildtätigkeit hat die Schuldige gesättigt. Die Krämern, die Luise zur Prostitution anhielt, hat sie gerufen, um durch die Sterbende keine Scherereien zu haben. Die Beschwörung des Gerichts aber, das Agathes Identität herausfordert, verhallt unter dem Dache, damit aber auch die <u>letzte Rettung,</u> die die Heldin des Romans ins Leben führen könnte. Die Arbeiterin hat, der Bedeutung des Dachbodenmotivs als Gericht entsprechend, die verächtlichen Worte in Wahrheit nicht über die Verstorbene, sondern über Agathes Geschick gesprochen, dessen Unglück wie das Wiesings im Bürgerhause verursacht ist. Agathe selbst ist es, die an der Ausbeutung durch die zugrunde geht, die ihr die elende, schmutzbeschmierte Heimstatt in der Eiseskälte gewähren. Sie selbst ist es, die zur dauernden Prostitution ihres Freiheits- und Glücksverlangens gezwungen wird und den physischen Tod nicht sterben darf (196), weil sie als weibliches Geschöpf (65) und als Arbeitskraft (11o f.; 2o3; 219 ff.; 287 f.; 297 f.; 3o4; 311) der einzige Lebensquell in diesem Hause ist.

Hatte Agathe noch kurz zuvor im Tagebuch die Frage gestellt, warum hungerndes Pack nicht stehle, da nur die Sieger besungen würden (269), so scheidet sie nun als Gescheiterte aus diesem letzten Rettungsversuche in ihrem Leben. Das "schwere Geheimnis" und ihre eigene Wahrheitsfrage bleiben ungelöst. Angesichts der unausweichlichen Provokation, die ihr Leben unter dem Dache der Armen erfahren hat, erscheint ihr nun die Nähe des Vaters als ein sichererer Schutz gegen die Selbstvernichtung als die Treue gegenüber dem Geschick der armseligen Schwester in der Dachkammer. Agathe flieht vor dem Gericht mit der Erkenntnis, daß ihre <u>Befreiung</u> ihre <u>Selbstauflösung</u> bedeuten würde. Die Rettung aber, die sie im Elternhause vor sich selbst findet, führt ihre Vernichtung herbei, denn der Totenkranz, den sie unter das Dach vors Gericht trug, war in Wahrheit <u>für sie selbst</u>, die Tote am dunklen Grunde des Wassers. (248 f.)

Da das Gerichtsmotiv im Leben der Hauptfigur des Erziehungsromans über
Tod oder Leben entscheidet, über die Selbstvernichtung oder die Übernahme
sozialer Verpflichtung des Herangereiften, bleibt der Heldin dieses Romans nun nur noch die Verzweiflung und die melancholische Aufgabe, die
älteren Familienmitglieder ins Grab zu geleiten.

Gabriele Reuter nimmt das Gerichtsmotiv als dreimaligen Anruf auf, als
Prozeß. Sie beschwört dort zunächst das natürliche Recht des Volkes in
seiner Negativität und dann das Freiheits- und Glücksverlangen in der
Negativität des Triebkonflikts und der sexuellen Provokation. Die Reuter
läßt den Prozeß mit dem Urteil über den Reifungsprozeß der Angeklagten
enden: Sie ist Prostituierte. Die Heldin, die die Schuldfrage nicht im
gesellschaftlichen Zusammenhange lösen wollte, scheidet mit dem lastenden
Gefühl der eigenen Schuld, das sie vernichten wird. Selbst die Erinnerungen an Vetter Martins zornige Bemerkungen über die Käuflichkeit der
Frauen in der Bourgeoisie, die nun unvermittelt auftauchen, führen nur
zum Protest gegen die Wahrheit: "Er durfte nicht Recht behalten! Er
durfte nicht!" (283)

Ihr letzter Aufstieg unter das Dach, diesmal wieder im Vaterhause, ist
denn auch nur Abschied von einem Leben, in dem sie keine Heimat und keine
Zukunft gefunden hat. Alles, was über ihre eigene gescheiterte Existenz
hinausweist, ist in anderen Händen besser aufgehoben, in den Händen der
umworbenen und frivolen Verfolgerin, Schwägerin Eugenie. Die Szene ist
endgültiger Verzicht, Agathe selbst überfälliges Inventar. Was dem Leben
gehört, ist fortzugeben.

"Indem Agathe die letzte steile Treppe erklomm, fühlte sie plötzlich dasselbe Leiden, von dem ihre Mutter lange Jahre hindurch heimgesucht war;
thalergroße Stellen an ihrem Körper, in denen ein Schmerz tobte, als habe
ein wütendes Tier sich dort mit seinen Zähnen festgebissen. Ihre Mutter
wußte, warum sie diese Qualen litt. Sie - die zarte Frau - hatte sechs
Kinder geboren(...) Warme, dumpfe Luft erfüllte die Bodenkammer. Agathe
stieß eine Dachluke auf. Ein Strom von Sonnenlicht schoß herein und verbreitete sich unter dem Balkengewirr, zwischen all den verstaubten Gegenständen, die im Laufe der Jahre hier heraufgewandert waren. Sie blickte
durch das kleine Fensterchen. Die Schieferdächer der Stadt umgab ein
leichter, bläulichgoldener Duft - von Ferne leuchtete die grüne Ebene
des freien Landes mit ihren gelben Rapsfeldern und den Blütenbäumen an
den Chausseen freundlich herüber. Agathe begann vor sich hinzusummen:

> Es blüht das fernste, tiefste Thal –
> Nun, armes Herz, vergiß die Qual,
> Es muß sich alles, alles wenden ...

Dabei zog sie eine Kiste hervor, schloß auf und kniete davor nieder. Obenauf lagen ihre Puppen. Als sie die verblichenen, zerzausten Wachsköpfchen wiedersah, wurde sie mit einer gewaltsamen Deutlichkeit an jenen Tag zurückversetzt, an dem sie sie eingepackt hatte. War es auch eine andere Bodenkammer, der Sonnenstrahl tanzte ebenso lustig in dem grauen Staubwust umher, und niemand hatte seitdem die Kiste geöffnet. Unter der rosenroten Decke fand sie, zerknittert und verdrückt, wie sie es in der glückseligen Aufregung ihrer siebzehn Jahre eilig hineingesteckt hatte, das feine, spitzenbesetzte Hemdchen. Sie wollte tapfer sein – sie wollte keine Tränen weinen ... Und erbleichend in der Anstrengung, die es sie kostete, packte sie hastig alle die hübschen kleinen Dinge in ihre Schürze, um sie Eugenie zu bringen, während sie ganz sinnlos noch immer vor sich hinsummte:

> Es blüht das fernste, tiefste Thal –
> Nun, armes Herz, vergiß die Qual,
> Es muß sich alles, alles wenden ...

Als sie sich aufrichtete, stieß sie an eine andere kleine Kiste, es klirrte darin wie Glasscherben. Sie war angefüllt mit leeren Fläschchen, alle von der gleichen Größe. Dazwischen lagen Bündel bestaubter Etiketten. Agathe nahm eine Handvoll heraus – sie trugen alle die gleiche Inschrift: – Heidlings Jugendborn –.

Das war alles, was von Onkel Gustav auf Erden geblieben war. Agathe biß die Zähne in die Lippe. Nur nicht die leeren Hülsen gescheiterter Hoffnungen so hinter sich zurücklassen! Nur tapfer sein, zu rechter Zeit einen Abschluß machen! Im Eßzimmer wartet Eugenie." (3o5 ff.)

Agathe spürt bei diesem Aufstieg unter das Dach bereits die Anzeichen eines Leidens, an dem die Mutter gestorben ist. So hat sich ihre Lebensaufgabe, das Glied in der Geschlechterkette zu sein, im Bürgerhause des Romans verwirklicht: nur in der Selbstzerstörung folgt sie der Mutter nach, die wie sie selbst ein wütendes Tier im Inneren verbarg, mit Zähnen, die ins eigene Fleisch geschlagen sind. Die sonnenbeglänzte weite Welt, die sich vor dem freien Blick aus dem Dachboden ausbreitet, erfüllt nur das freiheitsdurstige Kind mit Hoffnung und Mut. Freiheits- und Glücksverlangen vermögen die "sinnlosen" Verse daher nur noch als leeren Wahn zu beschwören. Erwiesen sich die Hoffnungen der Siebzehnjährigen beim ersten Gang unter das Dach schon als Gefügigkeit gegenüber der Herrschaftsordnung des Hauses, die das eigene Begehren opferte, so äffen diese Mädchenphantasien nun die Betrogene am Rande der Lächerlichkeit. Es narren die Dinge die Versagerin, denn sie halten das ungelebte Leben unauflöslich unter dem Dache an sich fest. Die Heldin des Romans selbst erweist sich als leere Hülse angesichts der Hinterlassenschaft jenes Onkels, der sie am Konfirmationstische heimlich zur Unbotmäßigkeit im Hause aufforderte

und in ihr "mehr Blüte als Wurzel" sah. (21) Agathe nimmt von diesem
letzten Gang unter das Dach den Impuls mit sich fort, keine Spuren, keine
dinglichen Zeugen ihrer Verzweiflung zu hinterlassen. Wo aber kein Schrei
des Gepeinigten gehört werden darf, tritt der Wahnsinn die Herrschaft an.
Die Heldin des Romans, die nach diesem Gang unter das Dach dem psychischen Verfall unrettbar anheimgegeben ist, greift in einem Nervensana-
torium die begünstigte Schwägerin mit <u>mörderischer Raserei</u> an, aus der
Agathe Heidling selbst nur in die geistige Verfinsterung entlassen wird.
(365 ff.)

Gabriele Reuter nimmt die klassische Dreierkonstellation des Dachbodenmotivs in ihren Entwicklungsroman auf, der die langsame Vernichtung der
Heldin zwischen den herrschenden Erziehungszielen von <u>Himmelsbürgerin</u>
und <u>Staatsbürgerin</u> mit grausamer Kargheit gestaltet. Diese Heldin, die
der Welt nicht vertrauen darf und allem mißtrauen muß, was ihr gefällt,
steht in einer so hermetisch gegen Freiheit und Glück abgeriegelten Welt,
daß nicht nur diese Lebensbereiche, sondern auch deren Kollision aus
dem Manifesten herausfallen und in die <u>Latenz</u> geraten. In den Bereichen
aber, die sich ihr eröffnen, herrscht kein Leben, und jede Selbstäußerung
ist Aufruhr. Diese Konstellation bringt es mit sich, daß das Dachbodenmotiv im Roman mit in die subjektive Vereitelung hineingerissen wird.
Die Reuter läßt die Vernichtungsstufen der Heldin durch das Schlaglicht
des Dachbodenmotivs im Geschehen blitzartig aufleuchten. Und doch weist
das karge Motiv der Reuter durch den gesellschaftlichen Rigorismus der
Naturalistin weit über den dargestellten Irrweg der Heldin zwischen Wollen
und Sollen jenseits von Glück und Recht hinaus. Die Reuter beschwört das
Problem der weiblichen Identität in der bürgerlichen Gesellschaft jenseits
hysterischer Emanzipationsvorstellungen. Diese verraten ohnehin das Glücksverlangen an die Lust zur Konkurrenz, und der Kastrationswunsch, der aus
dem phallischen Primat erwächst, bleibt herrschend. Die Reuter provoziert
das Sozialisationsproblem für die Herrschaftsordnung im Roman als Einbruch
des Naturrechts aller ohnmächtigen Verlassenen, ähnlich wie der liberale
Gottfried Keller mit der Hinterlassenschaft der Mutter des grünen Heinrich.
Die Reuter gerät an der Schwelle des 20. Jahrhunderts gegenüber dem Impe-

rativ des Klassikers genausowenig in die Abtrünnigkeit wie der Schweizer Dichter. Das subjektive Versagen ihrer Hauptfigur hat seinen Schlüssel nicht im Chaos der inneren Fragwürdigkeit. Der Mut der Reuter zur Anklage gegen die historische Differenz zum geschichtsphilosophischen Ort des Klassikers zwingt die Dichterin zur Transposition des Problems der glücklichen Weltordnung in den Dachboden des Vorstadtproletariats. So gerät nicht der humane Anspruch in die Ambiguität wie bei den deutschen Realisten, sondern dessen Vereitelung. Das Zauberwort, mit dem Goethe den gleißnerischen Zauber des Dachbodenmotivs in Nichts versinken ließ und mit dem er seinen freigelassenen Helden Wilhelm Meister aus der Gesellschaft vom Turm in die Wanderschaft durch die Welt entläßt, erscheint nach einem Jahrhundert über dem Untergang des Mädchens aus guter Familie als Menetekel: "Nur alle Menschen machen die Menschen aus, und nur alle Kräfte zusammen die Welt."

Die Reuter aber läßt die Herausforderung des herrschenden Rechts durch das Naturrecht unter dem Dache nicht als Abschluß der individuellen Entwicklung wie in der Darstellung der männlichen Genese bei den Dichtern gelten. Sie bettet das Gerichtsmotiv in die Lebenspole Geburt und Tod ein, innerhalb derer sich das menschliche Leben zu individuieren und zu vergesellschaften hätte. Die Reuter hält mithin in allen drei Bereichen des Dachbodenmotivs an der überindividuellen Bedeutung der darin beschworenen Lebensphasen fest. Die Suche des Kindes nach dem eigenen Lebensplan verknüpft sich mit dem Ereignis der Geburt, die Ablösung von der unerträglichen Wirklichkeit mit dem Ereignis des Todes. So wenig aber, wie die Autorin der Metaphysik des Triebes die Herrschaft über das Sozialisationsproblem im Gerichtsmotiv einräumt, so wenig umklammert sie es durch die Metaphysik von Geburt und Tod. Beide Bereiche des Lebens erscheinen vielmehr als offene Pforten, als Ereignisse, in denen das menschliche Davor und Danach, Herkunft und Zukunft vor Augen gerückt werden. Aus diesem Grunde vermag die Reuter die überindividuellen Agenten der Vereitelung, die ihre Heldin vernichten, so klar zu offenbaren, ohne den Mystifizierungen zu erliegen, die bei den drei Realisten eintraten. In der Negativität der in diesem Roman stattfindenden Handlungen unter dem Dache wird bei der Reuter wie bei Keller nicht die Dämonie der Natur beschworen, sondern die Schuldfrage. Für deren konkrete Lösung macht die Reuter den Blick auf die Erziehungsinstanzen so frei wie der Schweizer. Erst dadurch aber läßt sich das Versagen der Heldin des Romans mit der zwingenden Kargheit fassen wie das des grünen Heinrichs.

An keiner Stelle des Romans läßt die Dichterin den leisesten Verdacht aufkommen, daß ihre asketische Erzählhaltung in einer Schwebehaltung zwischen dem kalten Hohn der Umwelt für die Sitzengelassene und den lächerlichen Sehnsüchten der Nervenkranken ihre tiefere Ursache habe. Sie entscheidet sich für den Ausbruch der Katastrophe, ohne als Erzählerin in den Gestus der Ratlosigkeit zu verfallen, und so behält das Opfer auf widersprüchliche Weise Recht. Die törichte Illusion der höheren Tochter von der ewigen Liebe zwischen Wachspuppen und Kleidern verstorbener Kinder, die schmutzige Vergeudung des eigenen Lebens angesichts der räuberischen Forderungen der Erzieher und die verzweifelte Räumung der Kiste unter dem Dache zugunsten der Nachgeborenen, deren Liebe die Heldin nicht hat, dies alles sind nur die verzerrten Masken vor den menschlichen Gestaltungen des Dachbodenmotivs, hinter denen schlichte Wünsche stehen, die dem Roman die Würde geben. Hinter der törichten Illusion von der ewigen Liebe, der Inthronisation ohne die Leidenschaft, leuchtet die Erwartung, die Zukunft zu gewinnen und sich selbst in anderer Dauer zu verleihen. Hinter der schmutzigen Selbstvergeudung ist die Hoffnung auf gesellschaftliche Verwirklichung der eigenen Lebenskraft anwesend, und in der verzweifelten Räumung des Dachbodens vom ungelebten Leben im Vaterhause, in der Abdankung, ohne geherrscht zu haben, liegt die Zuversicht auf den unbefangenen Gebrauch des Tradierten durch die Nachlebenden verborgen.

Zusammenfassung

Die Ausbeute bei der Suche nach der qualitativen Differenz zwischen männlicher und weiblicher Individualgenese scheint in den beiden Entwicklungsromanen der bürgerlichen Autorinnen zunächst gering. Die Genese weiblichen Triumphes und weiblichen Untergangs weist bei ihnen auch die schon aufgefundene Dreierkonstellation des Dachbodenmotivs auf, in der die Entwicklungskrisen der Heldinnen markiert werden. Freiheitsbegehren und eigener Lebensplan der Mädchen, die Kollision von Wunsch und Wirklichkeit angesichts der Notwendigkeit zur Selbstbehauptung mit der Gefahr des Selbstverlusts und die Provokation des Prinzips der Gerechtigkeit bestimmen auch die weibliche Genese in der heiteren Trivialität des Triumphes bei der Marlitt und im tödlichen Ernst des Untergangs bei der Reuter. Auffällig ist, daß die Verrätselung der gesellschaftlichen Bereiche jenseits von Herrschaft, die Mystifikation des Volkes als Urprinzip des Weiblichen, der Triebgefahr und des Kollektivs der Namenlosen fortfällt, die bei den Realisten ins Gewicht fiel. Die weibliche Genese entdämonisiert sich bei den beiden Autorinnen zum konkreten Problem des sozialen und psychischen Mitvollzugs der körperlichen Reife. Daher taucht der Dachboden auch erst mit der Pubertät und nicht mit dem Schulbeginn wie bei den Knaben auf. Zwischen der bürgerlichen Rollendefinition der Weiblichkeit in der Literatur im Sinne der Hingabefähigkeit an das geschichtsmächtig und gesellschaftlich definierte männliche Individuum und zwischen dem eigenen Bedürfnis der Mädchenfiguren nach Spontaneität klafft jene Lücke, in die das Dachbodenmotiv eintritt. Es steht für den im Bürgerhause vorenthaltenen Bereich der sozialen Erfahrung.

Was sich bei den Mädchenfiguren in der Literatur als enthusiastisches Spiel im Garten, als Lust zu Spontaneität und Gefahr, als Mut zum Risiko äußert, ist jene Dynamik, die in die Latenz geraten muß, um die Rollenverteilung in der bürgerlichen Familie zu erhalten, auf der sie historisch beruht. Über die Versagungen und verzweifelten Proteste während eines Erziehungsprozesses, der vor allem in der Vereitelung besteht, teilen die Autorinnen kein anderes Schicksal der Weiblichkeit in ihren Werken mit als die Autoren. Und doch, so scheint es, haben sie für die Frage der Verursachung den kaltblütigeren Blick, weil ihnen in der Zertrümmerung des Patriarchalischen wohl selbst nicht die Gefahr der Abdankung droht. Das Prinzip der faktischen Delegation der Bereiche Produktion und Reproduktion, Erfahrung und Bewahrung auf Mann und Frau haben sie unbefangener denunziert als die Dichter. Sowohl Professor Hellwig in Marlitts Roman wie auch der Regierungsrat Heidling sind markanter, als Fontane dies mit der Figur des Innstetten wagte, als leere Hüllen ihres Anspruchs gestaltet. Sie gewähren den ihrer Obhut Anvertrauten nicht Schutz gegen eine Selbstverwirklichung, die den Angreifer zum Sieger macht, sondern sind selbst die Angreifer. Die Marlitt verwandelt den Haustyrannen mit Hilfe der Liebe in den Menschenfreund; die Reuter erfüllt die räuberische Erwartung des Hausvaters, die schöne Tochter zu behalten, mit der Strafe, das Leben mit einer ausgemergelten Umnachteten zu teilen. Nur im Rigorismus, der sich in der Darstellung der Erzieher äußert, unterscheiden sich die Romane der Autorinnen von denen der Autoren.

Wenn also die qualitative Differenz zwischen männlicher und weiblicher Genese genauer erschlossen werden soll, so ist der Zusammenhang aller weiblichen literarischen Figuren miteinander zu erschließen. In der Urform des Dachbodenmotivs, im Märchen "Dornröschen", wird der patriarchalische Widerstand gegen die weibliche Selbstentdeckung durch den Zauber auf dem Turm am unbefangensten gebrochen. Was aber haben in dieser Hinsicht die Fides in Kellers "Hadlaub", die Jenny in "Von jenseits des Meeres" und die alte Greisin in "Im Nachbarhause links" von Storm, die Christine in "Unwiederbringlich", Frau Hradscheck in "Unterm Birnbaum" und die Effi Fontanes mit Marlitts Felicitas und Reuters Agathe gemeinsam? Sie scheinen sich in diejenigen zu teilen, die das Glück erlangen und in diejenigen, die Einsame bleiben im Leben und daran zugrunde gehen. Anna Lene, die geizige Greisin, Christine, Frau Hradscheck, Effi Briest und Agathe Heidling sind die Gescheiterten, deren Hoffnungen innerhalb der patriarchalischen Ordnung sich als trügerisch erweisen, ohne daß diejenigen, die über sie Herr werden, von den Dichtern mit dem Pathos des Triumphes gestaltet würden. Der Anspruch, der gegen diese Gescheiterten Recht behält, ist nicht der, mit dem die Gegenwart in die Zukunft überführt werden kann, denn dem Verzicht dieser weiblichen Figuren auf das Leben folgt die Verzweiflung der Überlebenden. Die Unschuld haftet dagegen am Unterliegen. Sie liegt im trotzigen Beharren auf der Einlösung jenes Vorzüglichkeitsversprechens des Mannes begründet, das die weibliche Selbstfindung vereitelte. Das Schicksal dieser literarischen Figuren ist ohne Hoffnung und eröffnet nicht den Blick auf die Freiheit; es ist vielmehr der aussichtslose Kampf um die Versöhnung von Glück und Unrecht, der Kampf um die Einlösung des väterlichen Versprechens. Das Verhängnis liegt in dem Starrsinn begründet, mit dem sie auf der aufgezwungenen Erwartung beharren, daß der Zorn über den Verzicht auf die eigene Suche nach Glück und Recht in der legalisierten sexuellen Beziehung beschwichtigt werde. In ihrem Unglück wird die Logik der patriarchalischen Erziehung, der diese Figuren die Treue halten, offenbar.

Was haben nun Fides, Jenny und Felicitas, die Glücklichen, gemeinsam außer dem Zeichen des Triumphes? Diese drei literarischen Figuren teilen miteinander den Makel der Geburt; sie verdanken ihr Leben einer die gesellschaftlichen Schranken sprengenden Liebesverbindung. Kellers Fides ist das Kind eines freien landadeligen Mädchens, das eine Wasserburg besaß und auf die Lust nicht verzichten wollte, den Kanzler des Kaisers, der übers Wasser wandeln konnte, dort heimlich zu empfangen. Keller stellt diesem liebenswerten Mädchen zudem die raffgierige ältere Schwester gegenüber, die der jüngeren ihr Gut entreißen möchte und endlich nur einen alten Griesgram zum Ehegemahl gewinnt. Die Mutter von Fides läßt sich, als Zeichen ihres Friedens mit dem Volke, von den wackeren Männern ihres Lehens schützen und bleibt ihrer Liebe treu. Ihr Kind Fides gibt sie fort zur Erziehung, als es sieben Jahre alt ist [1].
Storms Jenny ist das Kind einer "schönen Paria" von den westindischen Inseln, die in einem Hause mit Säulen ihren Geliebten, einen deutschen Kaufmann und Plantagenbesitzer, empfing. Zu der Frage, warum sie nicht mehr bei ihrer Mutter sei, weiß Jenny nur die Antwort: "Ich glaube, ich sollte was lernen." Dieses Kind kommt ins Bürgerhaus, um dort mit dem Knaben aufzuwachsen und zu lernen [2].

---

1) Keller, a.a.O., Bd. 3, S. 2o f.
2) Storm, a.a.O., Bd. 2, S. 168

Marlitts Felicitas ist das Kind eines schönen landadeligen Mädchens,
das sich in einen Zirkuskünstler verliebte, diesem durch die Welt
folgte und von ihrer Familie verstoßen wurde. Felicitas kommt vierjährig als Waise ins Bürgerhaus, um dort mit dem Sohn des Hauses aufzuwachsen und zu <u>lernen</u>.
Im Ursprung dieser Mädchengestalten leigt ein anstößiges Geheimnis:
das des Protests gegen die unglückliche Herrschaftsordnung für die Verheißung der lustbetonten Liebeswahl. Ihre Mütter haben <u>sich selbst</u> aus
den Forderungen der Standestrennung <u>entlassen</u>. So fungieren auch ihre
Väter nicht als Vertreter des herrschenden Ordnungsprinzips in ihrem
Leben, sondern als Vertraute. Fides, Jenny und Felicitas haben ihren
Ursprung in einer <u>eingelösten Liebeshoffnung</u>.

Und doch ist es in den Werken nicht nur der natürliche Ursprung ihres
Lebens, das ihnen als Signum ihres gemeinsamen Triumphes über den Zwang
zum Selbstverlust mitgegeben ist. Sie sind nicht nur <u>"natürliche Töchter"</u>,
die seit Goethe als Freiheitshoffnung gelten. Sie haben in Genesis <u>und</u>
Geltung etwas miteinander gemein. In der Gestaltung der Autoren sind sie
ja auch diejenigen, die sich über ihren libidinösen Ursprung hinaus <u>individuieren</u>, die "etwas lernen" dürfen. Das natürliche Recht des Triebs
gerät aus der Reifung nicht heraus und wird nicht in dunkle Untiefen verwiesen, und sie fallen daher als Herangewachsene auch nicht in der Stunde
der Bewährung in seine Dämonie zurück als drohendem Abgrund. Gerade
in der Stunde der Herausforderung ihrer Identität wachsen ihnen die Kräfte
zur Gegenwehr. So wird der Zwang zur Selbstaufgabe, der die patriarchalische Erziehung der Mädchen in der Literatur des 19. Jahrhunderts bestimmt, auch nicht gebrochen mit einem Angriff auf das phallische Primat,
der den chimärischen Sieg über einen Geschlagenen zum Ziel hätte. Ihr
Triumph ist Befreiung in ein gesellschaftliches Leben, in dem die Hoffnung
auf die verheißungsvolle Veränderung eingelöst ist. Daß alle drei Autoren,
die beiden Realisten und auch die Trivialautorin, zur Rettung der Verheißung, die im Ursprung dieser Triumphierenden liegt, des Dachbodens als
Vehikel bedürfen, um den Anspruch auf Befreiung im künftigen Leben zu
bewahren, beweist den <u>utopischen Charakter des dichterischen Versuchs,
aus den natürlichen Töchtern auch soziale zu machen.</u>

Nachwort

AUSBLICK INS 20. JAHRHUNDERT

Das Dachbodenmotiv hat sich in der bürgerlichen Literatur des 19. Jahrhunderts als die Negation der individuellen Entwicklung erwiesen. Es bezieht seine Phantasmagorie aus historischem Material, aus der Mystifikation von jenen Herrschaftsverhältnissen in Deutschland, die seit dem Aufbau des Polizeiapparates durch Metternich bis zur Verschärfung der Klassenkämpfe im Imperialismus gegen politische Veränderungswünsche zementiert werden. Die Dialektik des individuellen Anpassungspostulats im bürgerlichen Entwicklungsroman führt unter diesen Widersprüchen die Verhexung der nicht realisierbaren gesellschaftlichen Wünsche unter dem Dache herbei. Da diese Hoffnungen nicht historisch realisiert werden, bleiben sie auch in der literarischen Figur unbeherrschbarer Naturtrieb und manifestieren sich in der Poesie als psychisches Drama, das unter dem Dache spielt.

Nur wenn dem Autor selbst die bestehenden Machtverhältnisse bewußt vor Augen stehen, erscheint die Symbolisierung des Dachbodens transparent für den verdrängten Wunsch: Glück und Recht erweisen sich als die beweglichen Ziele des individuellen Lebenswillens, zu kategorialer Starre vereisen sie nur in der Entfremdung. Unter dem Dache der Dichter des 19. Jahrhunderts blitzt das Menetekel gegen die Blasphemie der kapitalistischen Funktionalisierung des Volkes in der Lohnabhängigkeit auf und zwar so realistisch, wie das Bewußtsein der Autoren diesen ökonomischen Sachverhalt ins Augen faßt.

Goethes Perspektive des Klassenkompromisses zwischen Bürgertum und Landadel als interessengesteuerte Abschnürung des Volonté Général erweist sich an den esoterischen Fortschrittstheorien in der Gesellschaft vom Turm im "Wilhelm Meister" als Knabentraum, der der Legitimation durch die gesellschaftliche Praxis in den "Wanderjahren" bedarf. Diese aber beläßt Goethe in der Abstraktion, die Praxis seines Arztes ist gesellschaftlich definiert durch den Adelsbrief, und die werteschaffenden Schichten bleiben als Wahrheitsinstanz für die Bündnisbereitschaft des Bürgers ausgeklammert.

Kellers kämpferischer antiabsolutistischer Mut verleiht ihm die poetische
Kraft zur realistischen Darstellung des luxurierenden bürgerlichen Künstlers;
er läßt den privaten Lösungsversuch gesellschaftlicher Widersprüche scheitern. Der Republikaner legt im "grünen Heinrich" das Gericht in die Hände
des Volkes unter dem Dache. Doch auch Keller sieht sich zur Abstraktion
gezwungen: Das natürliche Recht des Volkes bleibt bei ihm als Mysterium
unter dem Dache verwahrt; Gestalt gewinnt es nur in der Passivität einer
wehrlosen, vergeblich auf glückliche Veränderung wartenden greisen Mutter.
Hier steht der Dachboden, wie bei Goethe, für einen Verlust an literarischer Konkretion ein, der zur Symbolisierung führt. Bei Keller aber wird
dadurch der politische Wunsch transparent. Er ist poetische Kampfansage
gegen Herrschaftsmechanismen, in denen der Einzelne seine Lebenslust nur
noch in der Wahnphantasie erfährt. Wohl ist bei Goethe, Keller und bei
der Reuter dieses Selbstverwirklichungsproblem als das Problem der konkreten gesellschaftlichen Arbeit gesehen. Doch geraten die fortschritt-
lichen bürgerlichen Dichter an eine Grenze; sie stehen selbst nicht im
Zentrum der Klassenkonflikte. Ihre literarische Optik bleibt an Neben-
widersprüchen orientiert, die ihre Anschauung verengt. Selbst Kellers
parteiliche Forderung nach Gleichheit wird im historischen Prozeß zur
wohlgemeinten Illusion, die vom Privateigentum in die Rumpelkammer fortgeschafft wird.

Stifter und Mörike, Storm, Fontane und Raabe aber sind von so klaren
Zielsetzungen nicht beseelt. Ihre Opfer sind nicht unschuldig, und doch
wird deren Abdankung betrauert. Bei ihnen tobt sich der gesellschaftliche
Widerspruch als psychisches Drama aus; dessen Kulisse bleibt unverrückt
die bürgerliche Moral. Diese Enthaltsamkeit gegenüber der lohnabhängig
Gewordenen entfaltet ihre Dialektik aber im literarischen Gestaltungsprozeß. Nach der ehernen Logik der literarischen Wahrscheinlichkeit folgen
dem Flüchtenden die Angstgespenster und brechen als panischer Schrecken
über den Dachstuhl ein. Tatsächlich erwies sich ja die poetische Mystifikation des Dachbodens immer als Konsequenz des Realitätsverlusts. Bei
jenen Autoren ist die Dachbodenphantasmagorie nicht symbolisches Transparent für die Forderung nach glücklicher Veränderung. Da dieser Wunsch
von den Herrschenden, vor allem seit der Reichsgründung, usurpiert wurde,
findet bei dem unparteiischen Autor seine literarische Artikulation unter
der Dynamik der Verdrängung statt, das heißt aber auf einer archaischen

Stufe des Wahrnehmens und Benennens, als Angstgespenst.

Der Dachbodenspuk erwies sich im Werk immer als der Angriff gegen falsche Versöhnung in der Handlung. Bei Goethe, Keller und vor allem bei der aufrührerischen Reuter sind diese Szenen nicht rätselhafte Alpträume. Sie werden literarisch direkt auf das Unrecht in der Wirklichkeit des Werkes bezogen und dessen Widerpart. In ihnen wird gerechtes Gericht beschworen, u. z. in der Doppelgesichtigkeit, die die Innen- und Außenseite des Hauses als Weltsymbol bestimmt. Erst unter dem Dache wird die Sühne als Beginn der sozialen Versöhnung der literarischen Figur gefordert. Wo der politische Horizont den Autoren selbst sich nicht scharf abzeichnet, wo Naturkategorien und gesellschaftliche Agenten des Unglücks unter dem Begriff der Moral noch subsumiert werden, kommt es zu jener Phantasmagorie der Angst, die als Nachtseite des Wunsches nach glücklicher Veränderung den leeren Raum unter dem Dache bevölkert. Hier fällt aber das Problem der Selbstverwirklichung in Natur zurück. Es scheint, als ob das Volk, die werteschaffenden Schichten vor denen sich die bürgerliche Identität zu bewähren hätte, diesen Autoren in so archaischen Vorstellungen vor Augen stehen, wie im alten Volksglauben einst die Nachtgespenster aus Odins Scharen.

Die Dachbodengespenster erweisen sich damit inhaltlich als mystifizierter literarischer Ausdruck des Klassenwiderspruchs, dessen Ubiquität das literarische Werk nicht widerspiegelt. Jene Autoren nämlich, die ihm Geltung verschaffen, beheimaten unter dem Dache die Instanz der sozialen Veränderung. Gabriele Reuter, die das soziale Elend der Werktätigen optisch verengt auf die simultan verlaufende Vernichtung des Proletarier- und des Bürgermädchens, verlegt, um der Eindringlichkeit der Handlung willen, die Dachkammer in das Vorstadtproletariat. Hier gibt es keine Rätselfrage, kein Gespenst, dessen Name zur Entzauberung erst aufgespürt werden müßte. In der elenden Dachkammer ist Leben, weil dort die Miete am billigsten ist. Das ist allen bekannt. Wer dort in eine angstbesetzte, fremde Welt geführt wird, hat Privilegien und kennt das Leben nicht. Daher wird zum Überleben von der bürgerlichen Heldin Solidarität mit der proletarischen Schwester unter dem Dache gefordert. Ihre Weigerung bedeutet

die Besiegelung des Realitätsverlusts, und der Untergang im Wahnsinn
ist die rigorose dichterische Konsequenz des sozialen Schwachsinns der
höheren Tochter. Die Symbolisierung ist politisch transparent.

Ein kurzer Ausblick ins 2o. Jahrhundert, auf Musils "Törless" (19o6),
Kafkas "Prozeß" (1914 ff.) und Neukrantz' "Barrikaden am Wedding" (193o)
soll die Charakteristik des Dachbodenmotivs im 2o. Jahrhundert klären.
In der Tat ist es seit 189o nicht verschwunden, sondern seit Ibsens
"Wildente" und Wedekinds "Lulu-Dramen" auch in andere literarische Formen eingegangen. Es wird vielmehr gängige Münze für die Identitätsproblematik in der bürgerlichen Kunst und gerät in Inflation, vor allem
auf dem Felde der Bohême als Antipode des Spießertums. Die Eindringlichkeit des dort sich artikulierenden Konflikts ist epigonal verblaßt
gegenüber den Vorläufern. Der zwingende Verweis auf die Agenten des
Unglücks scheint ans Ende gekommen.

M u s i l   und der Triumph des Eros

Bei Musil und Kafka tritt der Dachboden als Ort des eigentlichen Geschehens im beruhigten, institutionalisierten Leben der Helden, als
dämonische Gegenwelt auf. In prekärer Zeit werden beide aus trügerischer
Sicherheit in den Sog einer sie von außen und innen bedrohenden Gefahr
für ihre Identität gerissen.

In Musils "Die Verwirrungen des Zöglings Törless" [1] ist es die Puber-
tät, die den "gefährlichen weichen seelischen Boden" (15) und die "Leere"
(12) nach der Loslösung vom Elternhause schafft. Es ist das "Alter des
Übergangs" (15), ist Identitätskrise. Für Törless aber hat die Welt kein
Anrecht auf Neugier. Er ist von "tiefinnerlicher Langeweile" erfüllt (43).
Die Selbstbespiegelung des Knaben, die sich in der reflexiven dichterischen Darstellung seines Lebens niederschlägt, ist aber nicht einfach
Wartezeit, zu der die Lebenskrise zwingt. Sie ist narzißtischer Rückzug
und belebt ein kindliches Trauma, das die Wahrnehmung des Heranwachsenden
stigmatisiert. Er ist im Stich Gelassener, Verlassenheit seine Lust (38).

---

1) Musil, Sämtliche Erzählungen, Hamburg 1968

Das Gefühl der Ungeborgenheit aber ist nicht in sich identisch, an seinem Grunde liegt die Angst vor mütterlicher Umklammerung. Die Welt ist schwarzes mütterliches Haus, in dessen Nacht alle Pforten ins Licht der Selbstbestimmung zuschlagen (29 f.). Törless' Bedürfnis nach Verlassenheit ist traumatischer Lösungsweg; seine Intellektualität und Affektblässe ist Lichtsehnsucht (63 f.) des in "weiblicher Unmenschlichkeit" (27) Gefangenen. Die Pubertät ist daher innere Gefahr des Rückfalls in die frühkindliche Ohnmacht. So sucht er sich die "kernigen gesunden lebensgerechten Knaben" (14) zu Gehilfen seiner Männlichkeit, sie bedarf der Gewalttat gegen die Lust zur libidinösen Selbstpreisgabe. Das Opfer des Knabengerichts auf dem Dachboden ist der schöne, weibliche Knabe, das Mutterkind.

Der Dachboden des Internatsgebäudes ist ein Labyrinth das, an Lotharios Schloß im "Wilhelm Meister" mit seinen "Baumeisterlaunen" erinnert: "wie alte Gebäude oft unlogisch, mit einer Verschwendung von Winkeln und unmotivierten Stufen gebaut sind." (39) Die Treppe ist schmal und führt zu einer "schweren, eisernen, versperrten Türe" (39), zu der die beiden Knaben sich den Schlüssel beschafften, die Törless in ihr Geheimnis nun einweihen. Der "mehrere Meter hohe verlorene Raum, der bis zum Gebälke hinaufreichte" ist mit "alten Kulissen" gefüllt (69), und in seinem Dunkel ist nichts als deren "regelloses Durcheinander" zu erkennen. Die Knaben haben sich also verlorenen Raum als Gegenwelt erobert, der sich mit den Requisiten des Scheins und der Illusion angefüllt hat. Der Freiheitsraum ist falscher Widerspruch zum schablonierten Leben im Internat unten. Daher wird auch bei Musil der Atem unter dem Dache nicht leichter (39). Von dort aber führt der Weg über Fallstricke zu einem "finsteren Winkel", der zu "einem Versteck vermauert" scheint (40). Dies ist das Reich des Knabentriumvirats, doch ist es Hinterhalt, in dem ein Feme-Gericht abgehalten werden soll. Die Wände sind mit "blutrotem Fahnenstoffe ausgekleidet", neben der Tür hängt "ein geladener Revolver", "Alarmschnüre" sichern vor Entdeckung (40). Hier spielt die böse Räuberposse, die den "Triumph des Geistes" (61) der "Härte" der "Weltseele" (57) gegenüber dem andrängenden Trieb feiern und ihre Tyrannei in der Schulklasse (42) im "garstigen Exzess" krönen soll. Sie fordern in dem verachteten

Weichling Basini in Wirklichkeit aber den Menschen als unbewehrtes,
unbeherrschtes Geschöpf heraus. In der Folter hoffen sie das Rätsel
zu entschleiern.

Sie suchen es bei dem unbeherrschten kleinen Dieb, der sich durch das
Eigentumsdelikt außerhalb der Ordnung begeben, "seine Existenz verwirkt"
(51) hat. Im grausamen Spiel beschwören sie auf dem Dachboden den
Kampf zwischen Gut und Böse, den Kampf zwischen David und Goliath,
wie einst Wilhelm Meister. Doch sind sie nicht auf der Seite Davids.
Sie übernehmen die Rolle Goliaths, um die verletzte Weltordnung des
Privateigentums zu sühnen, weil ihnen nur dieser gewalttätige Riese
die Selbstverfügung zu verbürgen scheint.

Die Ordnungsvorstellungen, die die Knaben aus der Sozialsphäre des
Internats auf den Dachboden bringen, sind dort oben aber außer Kraft
gesetzt. So geraten sie nun auch bei den Knaben ins Wanken, sie erliegen
während des Strafgerichts, das sie über das Mutterkind verhängen, der
Verführung des willfährigen Opfers (47; 56 f.; 96 f; 108). Die moralische
Demütigung perlt an der Körperlichkeit des Opfers ab, denn seine Gefügigkeit ist ohne Fragwürdigkeit. Sie ist äußerlicher Zwang, und das Opfer
zwingt die Knaben "auf die Knie" (71). "Unwiderrufliches" ist auf dem
Dachboden geschehen (54). Der Gerichtete ist in seiner Entblößung unversehens der Sieger. Den Folterern wird nun die Welt fremd (78 ff.), der
Gefolterte zum Zauberer. Damit ist das Gericht den Knaben unter dem
Dache aus den Händen genommen, das Opfer dort oben entsühnt, die Richter
gefangen. Sie selbst stehen nun vor den Schranken, und nun ist Basini
der Dachbodenbote, der Törless "wie ein geschulter Lakai" (99) folgt.
Auf dem Dachboden steht Törless aber unversehens Eros als Sieger gegenüber:

"Als er sich umdrehte, stand Basini nackt vor ihm. Unwillkürlich trat er
einen Schritt zurück. Der plötzliche Anblick dieses nackten, schneeweißen
Körpers, hinter dem das Rot der Wände zu Blut wurde, blendete und bestürzte
ihn. Basini war schön gebaut; an seinem Leibe fehlte fast jede Spur männlicher Formen, er war von einer keuschen, schlanken Magerkeit, wie der
eines jungen Mädchens. Törless fühlte das Bild dieser Nacktheit wie heiße,
weiße Flammen in seinen Nerven auflodern. Er konnte sich der Macht dieser
Schönheit nicht entziehen. Er hatte vorher nicht gewußt, was Schönheit
sei. Denn was war ihm, in seinem Alter Kunst, was kannte er schließlich
davon? Ist sie doch bis zu einem gewissen Alter jedem in freier Luft auf-
gewachsenen Menschen unverständlich und langweilig!

Hier aber war sie auf den Wegen der Sinnlichkeit zu ihm gekommen. Heimlich, überfallend. Ein betörender warmer Atem strömte aus der entblößten Haut, eine weiche, lüsterne Schmeichelei. Und doch war etwas daran, das zum Händefalten feierlich und bezwingend war." (99)
Basinis Bericht über seine Behandlung durch die beiden anderen Knaben enthüllt unter dem Dache nun nur noch deren eigene geheime Schmach (lol ff.). Der schöne Knabe ist nicht Narziß wie Törless, sondern unverletzliches Opfer, das den Angreifer richtet. Basini ist frei von Selbstbespiegelung (lo4), er ist identisch mit dem Zauber, der von ihm ausgeht und der ihn zum Herrn über seine Richter wie über die Verworfenheit im Hause unten macht.

Törless, der in der Novelle unter dem Dache der glücklichen Veränderung in der Gestalt des Eros begegnet, wird danach von Apathie befallen (lo6). Als der Dachbodenbote ihn nachts in die Arme nimmt, "klammert er sich verzweifelt an den einen Gedanken: Das bin nicht ich! ..." (lo8) Das Glücksversprechen unter dem Dache führt nicht zu Gefolgschaft und Neubeginn des Einsamen. Die Knaben beginnen vielmehr als den letzten Akt ihrer "Selbstfindung" nun den Angriff auf die Schwerkraft, die in Basinis Körper liegt. Nur der tödliche Angriff kann sie wieder befreien. Törless nimmt bei dieser Szene Platz "wie in einem Theater" (12o). Eros aber verwandelt sich nun in Tanatos, es ist die Lebenslust der drei Knaben, die hier mortifiziert ist: Zwischen einem Gedanken und dem anderen lauert der Tode, das Leben ist nur noch "Hüpfen über tausend Sterbesekunden." (121)
"Das Dunkel, die abgestandene Luft, der faule, süßliche Geruch, der den Wasserbottichen entströmte, schufen ein Gefühl des Einschlafens, Nichtmehraufwachenkönnens, eine müde, lässige Trägheit.
Beineberg hieß Basini sich zu entkleiden. Die Nacktheit hatte jetzt in dem Dunkel einen bläulichen, fauligen Schimmer und wirkte durchaus nicht erregend.
Plötzlich zog Beineberg den Revolver aus der Tasche und hielt ihn gegen Basini." (12o)
Törless, der unter das Dach vors Gericht kam, um die Lebenskrise zu bestehen, ist gerichtet, seine Zukunft ist verhandelt (112 f.). Er erinnert, als die Pforten sich geschlossen haben, nur noch, daß er etwas noch Undeutlichem auf dem Wege gefolgt war, das tief in sein Inneres führte, und er war dabei ermüdet." (114) Am Grunde seiner Seele liegt aber der geschändete Eros: "Die bläulich überhauchte Haut mit den wunden Malen sah (im Mondlicht) aus wie die eines Aussätzigen. Unwillkürlich suchte sich Törless

für diesen Anblick zu entschuldigen." (125)

Musil setzt in der Novelle den Dachboden zunächst im traditionellen Sinne als geheimen Freiheitsraum ein, doch ist dieser nach den verzerrten Wünschen der Knaben nicht wirkliche Gegenwelt zu ihrem manifesten Leiden, sondern Kulissenzauber und verlorener leerer Raum, in dem ein Prozeß erst die Wahrheit enthüllt. Den Erziehungszielen im Internat unten, die dort oben auf ihre Verläßlichkeit hin überprüft werden sollen, nimmt Musil auf dem Dachboden die Maske ab und entlarvt die versteckte Mordlust. In der Folterkammer bekommen die wohlangepaßten Knaben es, die als Signum ihrer Männlichkeit Subjekt von Unterdrückung zu werden hoffen, mit dem unverzerrten Trieb zu tun, der die Lösung aus der pubertären Krise verheißt. Eros wird als Sieger beschworen, der ihre Selbstbeherrschung richtet. Die richtende Instanz über das Lebensziel beschwört auch Musil aus dem "Volke", aus dem verachtetsten Schüler des Internats, der ungeschützt ist, das Eigentum nicht achtet und sich von den reichen Knaben Geld leiht, keine Ehre hat und sich selbst gedankenlos preisgibt. In diesem Unbeherrschten sind alle Kategorien von Herrschaft außer Kraft gesetzt, er enthüllt den wahrheitsdurstigen Knaben nach Musil allein das Prinzip der glücklichen Veränderung, der sozialen Versöhnung. Die Flucht des Helden Törless ist Mortifikation seiner Zukunft.

Interessant an Musils Aufnahme des Dachbodens in sein Werk ist die rigorose Fortführung der Entwicklung des Motivs, daß die Sozialsphäre des Hauses mehr und mehr bürokratisiert als mystifizierter Herrschaftsmechanismus erscheint, der das individuelle Leben von allen Widersprüchen und Bewährungsproben säubert. Als glückliche Gegenwelt wird daher die extremste physiologische Kraft der Unruhe im Gewande der Sexualität veranschaulicht. Nur an der unabweisbaren Aura des entblößten Körpers und der nackten Haut als Zeichen der Versöhnung wird die Sehnsucht nach Glück und Recht im Leben noch evoziert.

Kafka und die tödliche Verleugnung

"Der Prozeß" (begonnen 1914) [1)] hat die Logik und Geschlossenheit einer Traumvision. Kafka stellt das Geschehen auf dem Dachboden durch die Ubiquität des Gerichts bewußt in Gegensatz zum manifesten Erleben des erfolgreichen Bankbeamten Josef K. Was ist an jenem undurchsichtigen Gericht, das auf allen Dachböden eingezogen ist und die geachteten Männer der höheren Klassen zur Legitimation ihres Werdegangs zwingt, was ist an jenem Alptraum vom Unterliegen gegenüber dem bürokratischen Terror das Erträumte?

Die psychische Dynamik des Romans ist generell in der ödipalen Problematik gesehen worden, in der Angst des Knabenhaften vor der strafenden unbegreiflichen Vater-Autorität, die den Weg ins Leben verstellt. Wäre dies richtig, müßte sich am Beispiel des Dachbodenmotivs in diesem Roman die Hypothese als richtig erweisen, daß der knabenhafte Protest gegen die falsche Weltordnung sich im Kampf um Gut und Böse des Helden K. literarisch manifestiert und der Dichter in diesem visionären Zeitbild die Übermacht des Goliath, des Unterdrückers, gestaltet. Eine genauere Analyse, die hier nur knapp wiedergegeben werden soll, zeigt jedoch, daß dies nur die Oberfläche der Dichtung ist, daß das mächtige Gericht nicht im Dienste der Unterwerfung steht, sondern - wie das Dachbodenmotiv, seit wir es kennen - im Dienste der Vergesellschaftung, die am 3o-jährigen namen- und geschichtslosen K. eingeklagt wird, um ihn freizulassen ins Leben wie einst Wilhelm Meister. Daß es dabei um eine herrschaftsfreie Herausforderung geht, zeigt die Verhaftung zwischen Traum und Tag. Beide Instanzen der Person, Wunsch und Wirklichkeit, werden vor die Schranken gerufen, "um das Geständnis zu machen" (81).

"Der Prozeß" ist in der Tat Entwicklungsroman, jedoch ohne den belanglosen manifesten Werdegang mitzuteilen. Am 3o. Geburtstag des Helden beginnt die Krise, die die Freilassung herbeiführen soll. Kafka beginnt mit der Verhaftung und enthüllt die verzweifelte innere Geschichte des Kleinbürgers, indem er die Angstseite dieses Lebens offenbart. Diese selbst soll auf ihre Dynamik hin untersucht werden, um den entstellten Wunsch, den das Gericht ans Licht holt, zu erkennen. Die Methode der

---
1) Kafka, Der Prozeß, Frankfurt 196o

Wahrheitsfindung ist die Verführung, der nur der Unschuldige ohne Fragwürdigkeit begegnet.

Die Verführer aber sind alle Dachbodenboten, sind Menschen des "gemeinen" Volkes, Unterdrückte für den Privilegierten und nur für ihn Usurpatoren. Aus der angstverzerrten Optik des Angeklagten K., in der die Verführung zum gefährlichen Angriff wird, muß die Analyse jedoch heraustreten und den einfachen Sachverhalt des Romans würdigen, daß jene Kreaturen des Gerichts auch jene sind, für die das Dachbodenmotiv in der bürgerlichen Literatur eintritt, die nicht herrschen und doch leben. Sie sind in Wirklichkeit die treuen Gehilfen K.'s auf dem Wege zur Freilassung. Der hungrige Wächter beruhigt K. schon in seinem Zimmer: "Denken Sie weniger an uns und an das, was mit Ihnen geschehen könnte, denken Sie lieber an sich." (14) K. jedoch vermag nicht zu verstehen und empört sich gegen "die Unordnung" (18), die die Gerichtsboten in seinem Leben verbreiten. Verständnislos, doch nicht ohne Mitleid stehen sie seiner Panik gegenüber (14; 18 f.). Auch Frau Grubach, die ärmliche Zimmerwirtin, vermag im "Prozeß" nur eine Glücksprobe zu sehen: "Es handelt sich ja um Ihr Glück, und das liegt mir wirklich am Herzen." (2o) K. aber bleibt blind und hält das Ereignis "überhaupt für nichts" (2o), ohne Überrumpelung "wäre alles, was werden wollte, erstickt worden." (2o) Frau Grubach, die seiner Verleugnung keine Hilfe leistet, wird heimliche Feindin wie auch Fräulein Bürstner, die sich für "Gerichtssachen ungemein interessiert" (24), doch nur für den Konflikt, der dort verhandelt wird. Als K. seine Streitsache nicht benennen kann, erlischt ihr Interesse. Da alle begreifen und K. sich verleugnet, werden seine Helfer zu Gegnern. Sie bleiben aber Verführer, weil sein eigener Wunsch, sich zu stellen, mit ihnen im Bunde ist, "das Gericht wird von der Schuld angezogen" (3o).

Diese führt ihn, wie Gabriele Reuters Heldin Agathe, in die graue Vorstadt der Armen, als sei nur hier das Recht als Instanz der sozialen Versöhnung lebendig. Dem Selbstbewußten aber gibt auch diese Sehnsucht kein sicheres Geleit, K. verabscheut "fremde Hilfe", will niemanden "einweihen", sich nicht "erniedrigen" (29) und "verabschiedet einen freundlichen jungen Arbeiter, der ihn weiter hinaufführen wollte." (32) Er findet sich als Isolierter im Gericht unterm Dach ein, und seine Deklamationen vor den Richtern über die Geltung seiner Person bleiben nar-

zißtische Selbstdarstellung (34 ff.). Die Heroik seines individuellen
Protests wird an diesem Orte der Armen zur Narretei, und daß er für andere
damit einsteht, findet keinen Glauben (35). Lustbarkeit bleibt das mächtigste Interesse der Richter (38)und führt auch bei K. den Verlust der Selbstkontrolle herbei (39 f.). Niemand ist für seine Sache, die Verteidigung
seiner bürgerlichen Rolle, zur Revolte bereit, denn sie ist die Streitsache des Gerichts geworden.

Am nächsten Sonntag verschafft er sich Einblick in die Gerichtsbücher:
Das steife nackte Paar auf dem Kanapee in falscher Perspektive und "die
Plagen, welche Grete von ihrem Manne Hans zu erleiden hatte", gehören zum
Inhalt der "Gesetzbücher, die hier studiert werden ".(42) Dieser einfache
Sachverhalt der libidinösen Weltzuwendung gehört dem Dachbodenmotiv zu
und erscheint nur dem Unverführbaren als Schweinerei. Der Saubere, der
in der Mülltonnenwelt sich mächtig fühlt, wird als hündische Kreatur in
den Dreck gezogen, denn hier hat ihn seine Sehnsucht hingeführt. Korruption und Promiskuität sind nur die bürgerlichen Namen K.'s für die
schrankenlose Aufhebung des Privaten unter dem Dach der Mietskaserne wie
in Wohnungen und Treppenhaus. Der Unbestechliche aber weiß sehr wohl,
was gegenüber der Armut sein eigen ist: "In welcher Stellung befand sich
doch K. gegenüber dem Richter, der auf dem Dachboden saß, während er
selbst in der Bank ein großes Zimmer mit einem Vorzimmer hatte und durch
eine riesige Fensterscheibe auf den belebten Stadtplan hintersehen
konnte." (48) Diese autoritäre Selbsttröstung des Angeklagten ist in
Wirklichkeit Belastung im Fortgang des Prozesses, denn sie ist das Zeichen seiner sozialen Blindheit. Die Richter unter dem Dache aber schauen
"geradezu trostlos auf die Gasse hinaus" (88). Ihre Herausforderung
trifft jene, "die den höheren Klassen angehören" (5o), auf dem Dachboden
nun aussehen "wie Straßenbettler" und keine Worte mehr finden (51).

Durch die Selbstverteidigung, die Verleugnung des Prozesses ist, gerät K.
mehr und mehr in Konflikt mit sich selbst. Die unwillkürliche Seite seiner Person befolgt zwingend die Herausforderung und läßt ihn blind in die
Gerichtskanzleien auf dem Dachboden eilen (49).Unerklärliche "Neugierde"
treibt ihn, das Innere der Instanzen auszuforschen, seine Prozeßtermine
zu erfahren (52). Dort oben übermannt ihn aber Schwindel, eine geheime

Lust, sich an dem "widerlichen Orte" fallen zu lassen (54 f.), "als ob
in der nächsten Minute irgendeine große Verwandlung mit ihm geschehen
müsse." (53) Versuchung hat sich auf dem Dachboden K.'s bemächtigt, und
er flüchtet vor ihrem Appell ins Freie: "Solche Überraschungen hatte
ihm sein sonst ganz gefestigter Gesundheitszustand noch nie bereitet.
Wollte etwa sein Körper revolutionieren und ihm einen neuen Prozeß bereiten, da er den alten so mühelos ertrug?' Er lehnte den Gedanken
nicht ganz ab, bei nächster Gelegenheit zu einem Arzt zu gehen." (57)
Da jetzt neben der sozialen Hoffnung des Helden auch die persönliche
erwacht, vermag K. den Ausgang nicht zu finden, den er sucht (57). Auch
Kafka hat neben der Rechtsfrage die nach dem persönlichen Glück im Dachbodenmotiv aufgeworfen. Die Flucht des Angerufenen führte seit dem Entstehen des Motivs in Krankheit und Tod.

Den Schwankenden sucht die beunruhigte Familie vom mächtiger werdenden
Befreiungswunsch abzutrennen, denn für sie heißt ja, "einen solchen Prozeß haben, ihn schon verloren haben." (73) Das Hilfeversprechen der Autoritäten ist daher auch trostlos. Huld selbst glaubt den Abwehrkampf
mit seinem Herzen nicht mehr zu bestehen (77). Er rät endlich zur Anpassung, um die alte Ordnung gegen das Dachbodengericht zu retten:
"Nur keine Aufmerksamkeit erregen", die Dinge "in der Schwebe" halten,
ist seine Lösung (89). Auch hier aber taucht die Helferin Leni auf und
sagt die Wahrheit, die neue Hoffnung gegen die trotzige Leugnung sein
könnte: "Seien Sie nicht so unnachgiebig, gegen dieses Gericht kann man
sich ja nicht wehren, man muß das Geständnis machen." (81) Das Eingeständnis seiner Lust zu überleben und den Freispruch zu erlangen, geht
in K.'s Abwehrkampf unter. Lenis Worte: "Jetzt gehörst Du mir" klingen
für ihn nicht wie eine Aufforderung zur Liebesprobe, sondern zur Gefangenschaft (82). So wird nur auf vernichtende Weise wahr, daß es aus diesem
Prozeß kein Entrinnen gibt.   Der Trotz, daß es "keine Schuld gäbe"
und das Verfahren sich wie ein Geschäft nach dem Recht des Stärkeren werde
handhaben lassen, (93) wird nicht im bürgerlichen Sinne wahr. Seine Sehnsucht bleibt Sieger, denn er wird "verträumt" in den Geschäften (95).

Die dritte und letzte Mahnung gibt der "beliebte" Maler Titorelli, der auf dem Dachboden wohnt und arbeitet, "im freundlichen Einvernehmen" (1o5) mit den Kindern im Hause, die auch zum Gericht gehören (111). Die Dachbodenrichter auf dem Bilde mit der triumphierenden Gerechtigkeit und dem roten Schatten im Hintergrunde sind für K. nur Anzeichen eines "schwankenden, unausgewogenen Urteils". (1o8) Dieser Siegerin fehlt allerdings seine gesellschaftliche Blindheit, denn wichtig ist ihr, "was außerhalb des Gerichts passiert." (111) Auf die Frage: "Sie sind unschuldig?" antwortet K. eilfertig: "Ich bin vollständig unschuldig." (1o9) Die Antwort, daß es dann einfach sei, beunruhigt K., er glaubt einen Ignoranten vor sich zu haben und endet verwirrt mit dem Eingeständnis, daß die Verteidigung zwecklos sei (11o). Der letzte Appell, daß K. sich "auf seine Unschuld verlassen" und keine Hilfe holen solle, geht ins Leere (112 f.). Die Angeklagten dieses Gerichts haben darauf nie Vertrauen gesetzt, das ganze Gericht über die Vornehmen könnte ein Henker ersetzen (113). Die literarische Hoffnung des Dachbodenmotivs, daß die gesellschaftliche Schuld der Einflußreichen einklagbar sei, ist bei Kafka der Verzweiflung gewichen.

Auch die "Art der Befreiung" (112) bestimmt K. selbst. Auf die wirkliche der Unschuld hat niemand Einfluß, weil der Unschuldige keine Hilfe sucht (114). K. ist fassungslos und sieht selbst "von der wirklichen Freisprechung ab" (114). Als ihm nun nur noch scheinbarer Freispruch und Verschleppung als Perspektive seines zukünftigen Lebens, die ja unter dem Dach verhandelt wurde, offenstehen, will seine Widerstandskraft versagen. Nun aber schlägt über dem Flüchtigen die Falle zu: "Alles gehört zum Gericht" (11o f.), der Fluchtversuch führt ihn in neue Gerichtskanzleien, sie "sind auf fast jedem Dachboden, warum sollten sie gerade hier fehlen?" (12o). Die Worte des letzten Dachbodenboten für K., des Geistlichen in der Kirche, klingen fast schon wie ein Epilog:"In dem Gericht täuschst du dich" (155),es ist unbestechlich und klagt das Einfache ein:das Bedürfnis nach Erfahrung,dem sich alle Pforten öffnen, weil es unschuldig ist.

Das Recht des Freispruchs ist auch von Kafka in die Hände der Ohnmächtigen seiner Zeit gelegt worden. Dies ist ein Gewinn an literarischer Konkretion in der Frage nach Glück und Recht in der bürgerlichen Literaturtradition. Auch läßt sich der illusionäre Knabentrotz des Angeklagten auf dem Dachboden gegen die Autorität der Richter bei Kafka als Verblendungszusammenhang nachweisen; K. kämpft nicht um den Sieg des Guten, sondern um dessen Nachtseite, den narzißtischen Triumph, den er mit dem Leben bezahlt wie seine Vorläufer. Der Selbstbehauptungswunsch des Knaben und das Schönheitsverlangen des Heranwachsenden fließen in die zerstörerische Selbstverleugnung gegen die glückliche Veränderung zusammen. Eine Rätselfrage dieses Romans scheint aber dennoch die Hoffnung auf die glückliche Veränderung selbst, um die im Prozeß gekämpft wird, zu bleiben. Nur in den Angstgesichtern des Verfolgungswahns wird der entstellte Wunsch nach menschlicher Nähe noch fühlbar. Der Held endet wie ein Hund in dem Kehricht, dem sein Sauberkeitsverlangen entstammt.

Erst auf dem Wege zur Exekution werden die Wünsche, deren Verwirklichung das Leben gerettet hätten, deutlich, denn im Sterben ist ihnen das Drängende genommen. K. folgt blind - wie einst zum Gericht - einer Erscheinung, die Fräulein Bürstner gleicht "nicht etwa, weil er sie möglichst lange sehen wollte, sondern nur deshalb, um die Mahnung, die sie für ihn bedeutete, nicht zu vergessen." (163) Als er schon im Steinbruch liegt, fällt sein letzter Blick auf einen fremden Menschen in einem fremden Haus, und im Tode schwingt zum ersten Mal in diesem Blick auf den Fremden die Sehnsucht nach dem Leben mit, doch nur als Abschied, gleichsam als Sühne mit:
"Wer war es? Ein Freund? Ein guter Mensch? Einer, der teilnahm? Einer, der helfen wollte? War es ein einzelner? Waren es alle? War noch Hilfe? Gab es Einwände, die man vergessen hatte? Gewiß gab es solche. Die Logik ist zwar unerschütterlich, aber einem Menschen, der leben will, widersteht sie nicht. Wo war der Richter, den er nie gesehen hatte? Wo war das hohe Gericht, bis zu dem er nie gekommen war? Er hob die Hände und spreizte alle Finger." (165)
Diese greifen aber nun ins Leere. K. stirbt "wie ein Hund! (...) als sollte die Scham ihn überleben." (165)

Es scheint, als habe das Dachbodenmotiv in seiner Genese sich geradezu
auf Kafkas "Prozeß" hinentwickelt und in seinem Werk formal und inhaltlich die eindringlichste Gestaltung des Widerspruchs von Wunsch und Wirklichkeit im konkreten Leben der Zentralfigur erhalten. Alle Figuren,
die sich bei den Vorläufern im 19. Jahrhundert dort oben einfanden, um
die strittige Sache der bürgerlichen Praxis zu verhandeln, sind bei ihm
im Dachboden versammelt: neugierige Kinder, liebeshungrige Frauen,
schmierige Bürokraten, Kauze, Gescheiterte, Arme und der Künstler,
Bösewichte und Menschenfreunde sind das entstellte Personal des Volkes,
das sich hier ein gräßliches Stelldichein gibt, um den vom Identitätsverlust bedrohten Bürger herauszufordern. Sie alle scheinen erst bei
Kafka ihre eigene Geschichte preiszugeben, womit das Dachbodenmotiv
bei diesem Dichter zu Höhepunkt und Ende gekommen wäre.

Dies aber hieße, die Rezeption des Werkes um des guten Endes unserer
Untersuchung willen zu unterschlagen; denn am "Prozeß" hat nicht der
Angriff gegen das herrschende Unglück imponiert, sondern die Angst, das
neurotische Gewand des Veränderungswunsches. Diese Angst aber ist in
Kafkas Werk nicht souverän gehandhabtes dichterisches Mittel, sondern
Wesenszug des Fabulierens. Die Katastrophe am Ende ist daher wirklich
nicht befreiend, sondern niederdrückend. Hier bleibt die Botschaft
vom Dachboden innerhalb des bürgerlichen Symbolisierungszusammenhanges
noch Angsttraum.

N e u k r a n t z   Das ganze Haus war in Aufruhr

Es bietet sich an, einen der Arbeiterdichter der 2oer Jahre danach zu
fragen, welche Veranschaulichung dem Dachboden von jenen zuteil wird, die
in der bürgerlichen Literatur sein Personal liefern. So sei am Schluß der
Untersuchung auf Klaus Neukrantz' "Barrikaden am Wedding" (1931) [1] kurz
eingegangen, der die Straßenkämpfe der Berliner Maitage 1929 darstellt.

---

1) Klaus Neukrantz, Barrikaden am Wedding. Berlin 1970.

Neukrantz beginnt den Roman mit der Heimkehr eines jungen Arbeiters,
der die U-Bahn verläßt, müde von der Arbeit in seine Straße einbiegt,
in das Haus, in die Wohnung, in die Küche tritt, ißt und dort erschöpft
einnickt, ehe er ins Bett sinkt, um neben seiner Frau auszuschlafen (5 ff.).
Das Unglück dieser Menschen findet eine nüchterne Benennung: Schinderei
und Armut, Arbeit und kein Leben. Alle in der Straße kennen und teilen es.
Es ist eine jener Straßen, in die es den bürgerlichen Romanhelden unters
Dach trieb, um die Wahrheit zu erfahren:
"In den engen Stuben umspülte die stickige, verbrauchte Luft vieler Menschen in einem Raum die Gesichter der Schlafenden. Treppen, Flure, Quer- und Hinterhäuser, das war alles unerträglich dicht zusammen. Kaum Wände und Luft dazwischen. Einer spürte den schweren, unruhigen Atem des anderen. Der Geruch der Menschen drang durch die Wände, Spalten und Verschläge. Mieter, Untermieter, Schlafburschen und der Fluch dieser Gasse - die Kinder, von denen es kaum eins gab, das in einem eigenen Bett schlafen konnte.
    Die kinderreichste und kinderelendste Straße des großen, hungernden Berlin ... !
Auf den Treppenabsätzen kauerten in sich zusammengekrochene Menschenbündel. Obdachlose, die in dem nahegelegenen Asyl keine Unterkunft mehr gefunden hatten. Man ließ sie. Auch diese Menschenbündel auf den Treppen schliefen und hatten ihre kurzen qualvollen Träume, ihre Ängste und Sehnsüchte." (8)
Literarisch ist dieses Mietshaus der Armut als Weltsymbol bekannt seit
Wilhelm Raabe. Baufälligkeit, Krankheit, Hunger und drangvolle Enge sind
seither die Signale der Verelendung. Und doch fehlt dieser Darstellung
die emotionale Distanzierung des Erzählers, ihre Eindringlichkeit ist
aus dem schlimmen Sachverhalt evoziert. Es fehlt der Ekel, es fehlt die
Berührungsscheu, es fehlt die Angst, hier Atem zu holen. Die mitgeteilte
Not klagt an. Angst läßt Neukrantz vielmehr aus den Träumen aufsteigen,
die in diesem Elendshause anders sind "als sie diejenigen haben, die in
großen sauberen Schlafzimmern ruhen. Quälende, kurze Träume, beschattet
von den Sorgen und Aengsten des Tages" (8), hervorgerufen aber von den
wirklichen Verfolgern, dem Leihhausjuden, dem Beamten im Wohlfahrtsamt,
dem Armenarzt und dem Asylpförtner (9). Hier klafft kein Abgrund zwischen
Traum und Tag. Der Hoffnung aber gibt Neukrantz einen markanten Namen:
"Rot Front!" (1o) Danach führt Neukrantz das Dachbodenmotiv ein und überschreibt die Szene: "Eine alltägliche Geschichte mit unerwartetem Ausgang."
(1o) Der Gang des in die Wohnung im 4. Stock geschickten "kleinen, rundlichen Herrn mit einer schwarzen Aktentasche unter dem Arm" (1o) wird
nicht mitgeteilt, das innere Erlebnis des Eintritts in die Elendsviertel,
das bisher bei den unter das Dach Geschickten literarisch bedeutsam wurde,
fällt fort, denn der Auftrag des "Beamten, der machen mußte, was ihm ge-

sagt wurde" (11) ist machtgeschützt; er hat die in Not geratene Familie
mit dem schwindsüchtigen Mann und zwei kranken Kindern wegen Mietrückstands zu exmittieren. Auf sein lautes Pochen "Punkt 1o Uhr" (1o) bleibt
dort alles still. Dagegen wird es im Hause lebendig. Gegenüber geht eine
Tür einen Spalt auf,und eine alte Frau "fragt mißtrauisch,' wat woll'n
Se denn von die...?'" Darauf allerdings gibt es wirklich keine Antwort.
Als der Beamte das Gespräch eröffnen will, knallt die Tür zu. Nervosität
steigt in ihm auf, der Amtsstempel am Türpfosten macht ihm aber zu neuem
Pochen Mut. Vor das Schlüsselloch gebückt, droht er mit Zwangsmaßnahmen.
Als drinnen ein Kind anfängt zu weinen, kommt von unten ein Arbeiter
herauf: "Ach so ... Sie sind det! Machen Sie hier nich so'n Krach, meine
Frau ist krank!" ist seine mürrische Reaktion. Der Arbeiter aber, so beobachtet der Beamte, rennt "jetzt schnell die drei Treppen herunter über
den Hof. Dem Dicken wurde immer ungemütlicher zumute." (1o) Das Gefühl
der Bedrohung läßt ihn unwillkürlich nach Sicherheit suchen. Er fühlt
"plötzlich in der Aktentasche das Frühstückspaket, das ihm seine Frau
jeden Morgen sorgfältig einwickelte, damit es nicht auf die Akten durchfettete." (11) Mit dieser Geste führt uns Neukrantz das Überlegenheitsgefühl des kleinen Beamten vor, er ist der Satte unter den Hungrigen.

Auch in dieser Szene wird bekanntes Dachbodenpersonal vorgeführt: verlassene einsame Frauen, schreiende Kinder, der Arbeiter, der servile,
schmierige Bürokrat, die angstgeladene Stimmung und die unfreiwillige
Veröffentlichung des Ereignisses. Überall gehen die Türen auf wie in
Kafkas "Prozeß" und verdoppeln die Bedrängnis. Neukrantz aber zieht
eine klare Trennungslinie durch die bürgerliche Geselligkeit des bunten
Volkes unter dem Dach. Der Kleinbürger steht eindeutig auf der Seite
der Feinde und kommt, im Staatsauftrag seiner selbst sicher, um Gesetz
und Ordnung herzustellen. Er ist Bote des Amtsgerichts, das den Notleidenden selbst die Bleibe unterm Dach nicht lassen will. Die Fronten
zwischen dem Kleinbürger und den Arbeitern sind literarisch aufgerissen.
Ohne poetische Mystifikation wird damit aber auch die Frage evoziert,
welches Gericht den Triumph erringen wird, das der Herrschenden oder
des Volkes, in dessen Dienst das Dachbodenmotiv steht. Das heißt, daß
Neukrantz auch die Rechtsfrage aus der poetischen Verdichtung herauslöst und eindeutig politisch benennt. Die Angst des kleinen Beamten
ist daher auch real und ohne Doppeldeutigkeit; der Aufruhr gegen ihn ist
hier möglich.

Seine Erleichterung bei der Entdeckung, daß die Frau oben mit ihren Kindern allein und ohne männlichen Schutz ist, erweist sich in dieser Dachbodenszene als bourgeoise Fehleinschätzung. Die patriarchalische Überlegenheitspose, mit der der Beamte nun die Elendswohnung durchmißt (11), führt ihn als Verblendeten in eine Falle: "In ihrer Angst schrie die Frau mit einer derart gellenden Stimme, daß es bis weit über den Hof zu hören war." (11) Der Schrei dieser Frau veröffentlicht die Gewalt, die hier geübt werden soll. Sie sucht Rettung und Überleben, auch für die Siechenden um sie herum, den schwindsüchtigen Mann und die Kinder. Wohl ist es ein weibliches Schicksal, wie wir es in der Literatur unter dem Dache dargestellt finden, doch unschuldig und ohne Triebverstrickung, daher mächtig in der Verzweiflung wie einst die Märchenfiguren, die den Hilferuf vom Turm ins Land schickten und von den Brüdern erhört wurden. Bei Neukrantz ist jetzt unter dem Dache die Anklage erhoben, der Prozeß beginnt, nicht gegen die Angeklagte, sondern gegen den Ankläger.

Der Beamte hält "im Amtston" seine Rede von der Verschuldung der Familie (11), er selbst nach herrschendem Recht ohne Fehl. Sein Gestus erinnert an K.'s erstes Auftreten vor dem Dachbodengericht im "Prozeß", hier oben gibt es auch für ihn und die Äußerungen des bürgerlichen Rechtsgefühls keine Ohren; kopfschüttelnd über "so ein Elend" geht er durch die Wohnung. Nun tauchen der schon von Kafka und seinen Vorläufern bekannte bourgeoise Ekel und die Berührungsscheu auf, hier aber deutlich akzentuiert als die Brutalität des Angepaßten beim Anblick des sterbenskranken Kindes: "Entsetzlich, daß so etwas überhaupt noch lebt' flüstert der Dicke mit einem vorwurfsvollen Kopfschütteln." (11) Der Vorwurf aber gilt nicht dem Ausdruck des himmelschreienden Unrechts, sondern dem Skandalon des "unangenehmen Anblicks" (12).

Mit dieser eindringlichen Selbstdarstellung des Angeklagten beendet Neukrantz die Herausforderung des Dachbodengerichts an den Kleinbürger. Ein Blick aus dem Fenster hinunter zu den Transportarbeitern läßt ihn erblassen. Auf dem Hof haben sich die Frauen versammelt und reden auf die drei Männer ein. "Es hatte nicht den Anschein, als wenn sich die Arbeiter so sehr im Gegensatz zu den Weibern befanden." (12) Mit einem Satz hat Neukrantz den Abgrund, der in der bürgerlichen Konfiguration des Dachbodenmotivs zwischen männlichem und weiblichem Schicksal gähnt, geschlossen. Der Ruf der Bedrängten oben wird von den Frauen unten verdoppelt. Eine "kreischende langgezogene Weiberstimme" unten verwandelt den Aufschrei unter dem Dach in einen Aufruf zur gemeinsamen Gegenwehr: "Schmeißt den Büttel rrraus!" (12) Von nun an handeln die Männer. Neukrantz führt jetzt eine Dachbodenszene ein, die unter Arbeitern spielt und konfrontiert damit die Herausforderung des Dachbodengerichts an den Kleinbürger mit der proletarischen Alternative. Als der Beamte die Schritte auf der Treppe hört, flüstert er "tonlos", "Jetzt kommen sie!" (12)

Neukrantz' Dachbodenbote ist Revolutionär (15), ein Arbeiter "Mitte der Dreißiger" mit ergrautem Haar und "aschfarbenem, ernstem Gesicht". (12) Er geleitet "die Arbeiter des Gerichtsvollziehers" (12) unters Dach. Seine ersten Worte richten sich an die Bedrängte: "Nanu, man nich so'ne Angst, Frau Krüger ....., so, lassen Se uns mal durch."(12) Sein erster Blick fällt auf das kranke Kind und nimmt das Elend wahr: "Irgendetwas arbeitete in seinem regungslosen Gesicht. Seine schmalen Lippen wurden noch dünner." (12) Dann treffen die Arbeiter auf den Beamten. "Der Dicke stand zitternd, mit der unter den Arm gepreßten Aktenmappe, am Fenster. An der Schlagader brannte auf dem kurzen wulstigen Hals ein großer roter Fleck. Der Mund stand halb offen vor Erregung." (12) Die Angst des Beamten vor dem tätlichen Angriff ist unbegründet, seine Sache ist unter dem Dach bereits verhandelt. An der ruhigen Erscheinung des Arbeiters nimmt er aufatmend "eine gewisse Autorität" (13) wahr und hofft, dort Schutz zu finden. Er bietet Unterwerfung an, zieht "mit einer halben schiefen Verbeugung" seinen Hut, nennt seinen Namen "Bendovsky" und will sich redselig über die Not in der Wohnung äußern. Der Arbeiter aber schneidet ihm das Wort ab, ohne ihn anzusehen. Er richtet sich vielmehr an die drei Arbeiter, die er unters Dach geholt hat und erhebt die Anklage:

"Aber ihr..., ihr seid Proleten wie wir. Weil ihr selber nichts habt, will man euch mit ein paar lumpigen Groschen zu Bütteln eurer eigenen Klassengenossen machen. Seht euch das mal an hier! Der Mann is seit zwei Jahren arbeitslos, weil er lungenkrank is, deshalb kriegt er auch keine Erwerbslosenunterstützung. Det Mädel da, is seit ein' Jahr schwindsüchtig. Im Monat kriegen die Vier hier drin 32 Mark von der Wohlfahrt und 'ne Flasche Lysol von der Lungenfürsorge. Vor zwei Monaten haben sie den

Mann det Lysol aus dem Magen gepumpt, seitdem is es ganz aus mit dem.
In de Markthalle versucht er ein paar Pfenn'je zu verdienen. Det Loch
hier kost' im Monat 25 Mark Miete, bleiben 7 Mark zum Leben im Monat,
einschließlich Lustbarkeit und Sommerreise - so, und wenn ihr jetzt
noch den Mut habt, die paar Klamotten hier rauszutragen und det kranke
Kind auf de Straße zu setzen, dann fangt man an!" Er drehte sich um und
ging, ohne noch weiter jemand anzusehen, aus der Stube. -
Einen Augenblick war es still. Der Dicke sah mißtrauisch, mit einem
schräg lauernden Blick zu den drei schweigenden Arbeitern herüber. Der
eine hob plötzlich sein Gesicht und sagte ganz laut: 'Nee... ick nich!
Da müßten wir ja Lumpen sein! ... Machen Se sich denn det mal alleene.
Herr ...'
Die beiden anderen nickten nur mit dem Kopf, sahen noch einmal das jetzt
merkwürdig still gewordene Kind an und verschwanden in dem dunklen Flur.-"
(13)

Das Gericht über Glück und Recht ist unzweideutig, die Herausforderung
an die Arbeiter klar formuliert und die himmelschreiende Rechnung offengelegt. Die drei dort oben ihrer Entscheidung überlassenen Männer senken
die Köpfe und handeln; ihre Tat aber ist ein Opfer, ihre Arbeitslosen-
unterstützung ist durch Arbeitsverweigerung in Gefahr (14), und das bedeutet den sicheren Weg ins Elend des Arbeitslosen, dem sie unter dem
Dache beigestanden haben. Mit dem semantisch durchaus stimmigen Reflexiv
der Verabschiedung vom Gerichtsvollzieher: "Machen Se sich denn det mal
alleene, Herr," ist die Anklage angenommen und an die Selbstherrlichkeit des Schergen vor ihnen weitergegeben. Sie gehen entschuldet von
dannen, man möchte meinen, nach der Tradition des Motivs, in die Freiheit. Neukrantz aber entläßt sie "in den dunklen Flur", denn ihr weiteres
Schicksal bleibt das ihrer ganzen Klasse.

Und doch führt Neukrantz den Treppenabstieg der Arbeiter und des Beamten
rigoros im Sinne des Klassenwiderspruchs durch. Der Beamte bleibt fassungslos zurück, er hat verloren, und seine Aufmerksamkeit wird ganz darauf
gerichtet, in dem tollen Hause die Freiheit zu gewinnen. Nun wird ihm von
dem grauen Arbeiter, dem Dachbodenboten, dem er seinen Namen preisgegeben hatte und den er über seine weiteren Exmissionen ins Vertrauen zu
ziehen sucht, eine gleichmütige Antwort zuteil. Den Namen des Mannes,
den er erfragt, erfährt er nicht. Neukrantz gibt das Recht zu Ekel und
Berührungsscheu nun den elenden Bewohnern: "Sie brauchen keine Angst zu
haben!' sagte der Arbeiter ruhig. 'Es wird Sie niemand anfassen.'"(14)
Für die drei Männer aber gehen im Hause alle Türen auf: "Die Frauen auf
der Treppe empfingen die drei Arbeiter mit lauten Bravo-Rufen. Aus einer

Tür brachte eine Frau einen Topf heißen Kaffee und drei dicke, belegte
Stullen. Alles lachte und erzählte durcheinander. Die erregte Stimmung
war auf einmal in eine laute Fröhlichkeit umgeschlagen. (...) Einer
schob ihnen ein paar Zigaretten in die Taschen. Schließlich waren die
Drei auch arbeitslos und man verstand, daß es nicht ganz leicht war, auf
die paar Mark Lohn zu verzichten." (14)

Der augenblickliche Triumph, den alle im Hause mit den drei oben Losgesprochenen feiern, steht dennoch in düsterem Gegensatz zur gesellschaftlichen Wirklichkeit, den das Dachbodenmotiv ja aufreißt. Die Utopie des
sozialen Friedens der Ausgebeuteten ist verzweifelte Hoffnung und verlangt den Kampf, der Thema des Romans ist. Stärker bleibt immer noch der
auf dem Dachboden gerichtete Scherge, der "unter eisigem Schweigen, die
Aktentasche fest an sich gepreßt, ohne hochzusehen, schnell die Treppen
herunter" kommt (14). Der Schuldspruch vor dem Gericht des Volkes unter
dem Dach, der im Treppenabstieg des Schergen kollektive Resonanz findet
und in seiner Angst ihn selber trifft, verliert mit den ersten Schritten
auf die Straße die Direktheit des Angriffs:

"Erst auf dem Nettelbeckplatz, als er die Tschako der Polizisten blitzen
sah, wich die entsetzliche Angst von ihm. Er merkte auf einmal, daß er
förmlich rannte. Furchtbar ... wenn ihn jemand so gesehen hätte! - Wie
ein Kranker ging er nach Hause. Das Frühstückspaket in seiner Aktentasche
blieb zum ersten Male unberührt." (15)

Die Nähe der Polizei auf den Straßen schenkt dem Kleinbürger wieder Vertrauen in die Sicherheit seiner Existenz. Mit dieser Vergewisserung kehrt
unverzüglich auch die Selbstgefälligkeit des Überheblichen zurück. Die
Scham, die bei Kafka das Unterliegen des Helden vor dem Dachbodengericht
überlebt, wird hier ihres poetischen Zaubers beraubt und festgemacht.
Sie ist bei Neukrantz nur der Narzißmus des Privilegierten, dem in der
Erfahrung von der Übermacht des herrschenden Unglücks und Unrechts unter
dem Dache aufdämmert, daß er für ewig das Gesicht verloren hat. Mit dieser nagenden Kränkung geht, dem gesellschaftlichen Sachverhalt entsprechend,
die Identitätskrise des Kleinbürgers einher. Die Kränkung wird zehrende
Krankheit, die den Appetit des Satten verdirbt. Neukrantz sieht in der
inneren Gefährdung dieses kleinen Beamten allerdings nicht den wahren
politischen Sachverhalt gespiegelt, sie ist Bagatelle. Die schwindende

Eßlust des Versagers ist bei ihm wirklich Randerscheinung und ohne zwingenden Verweis auf den tödlichen Ernst der Rechtsfrage, die er unter dem Dache evoziert: die Kluft zwischen Wunsch und Wirklichkeit im Leben seiner Klasse.

Die Dachbodenszene stellt Neukrantz an den Anfang des Romans und zeigt, daß die Herausforderung von oben nicht Ende einer Entwicklung, sondern Beginn eines gewaltigen Kampfes ist, in dem die uneingelösten Veränderungswünsche realisiert werden sollen. Zauberspuk und eindringliches Rätsel in der bürgerlichen Tradition des Dachbodenmotivs kommen hier ans Ende ihrer Macht. Die symbolisierte Konfiguration des Klassenkonfliktes weicht dem eindringlichen Appell zum Kampf. Dabei kommen aber auch Mystifikation und Dämonisierung des Weiblichen ans Ende ihrer Zauberkraft, denn die Leidenden scheinen einander als Geschwister beizustehen. Vom Dachboden in diesem Arbeiterroman werden die Hoffnungen der Ausgebeuteten auf Glück und Recht in der Gesellschaft vier Jahre vor der Machtübernahme des Faschismus in Deutschland auf die Straße getragen, um ihnen zum Sieg zu verhelfen.

LITERATUR - VERZEICHNIS

Primär-Literatur

1. M. de Cervantes Saavedra, Don Quichote. Hg. W.v. Wurzbach,
   2 Bde., Leipzig 19o5
2. Th. Fontane, Nymphenburger Ausgabe in 15 Bd., hg. K. Schreinert,
   München 1969
3. J.W.v. Goethe, Weimarer Sophien-Ausgabe Bd. 51, Weimar 1911
   Hamburger Ausgabe in 14 Bd., hg. E. Trunz, Hamburg 1956
4. J.u.W. Grimm, Kinder- und Hausmärchen der Brüder Grimm,
   hg. von F. Panzer, Wiesbaden o.J.
   Kinder- und Hausmärchen der Brüder Grimm, 2 Bde.,
   Leipzig o. J.
5. F. Kafka, Der Prozeß. Frankfurt 196o
6. G. Keller, Gesammelte Werke, 3 Bde., hg. H. Schumacher, Köln,
   Berlin o. J.
   Der grüne Heinrich, Reihe Romane der Völker, Bd. 1,
   Berlin 1919
7. Marlitt (E. John), Gesammelte Romane und Novellen, Bd. 1,
   Leipzig o. J.
8. E. Mörike, Mörikes Werke, hg. H. Mainc, Leipzig, Wien 1914
   Sämtliche Werke in 6 Teilen, hg. R. Krauß, Leipzig o. J.
9. C.Ph. Moritz, Anton Reiser. Hg. H. Eybisch, Leipzig 196o
lo. R. Musil, Sämtliche Erzählungen, Hamburg 1968
11. K. Neukrantz, Barrikaden am Wedding, Berlin 197o
12. F. Petrarca, Briefe. Hg. H. Nachold u. P. Stern, Berlin 1931
13. W. Raabe, Sämtliche Werke, Braunschweiger Ausgabe in 21 Bd.,
    hg. K. Hoppe, Göttingen 1965
14. G. Reuter, Aus guter Familie, Leidensgeschichte eines Mädchens.
    Berlin 1899
15. A. Stifter, Sämtliche Werke, hg. L. Geiger, Berlin, Darmstadt,
    Wien 1959
    Studien, 2 Bde., Osnabrück 1899
    Nachsommer. Hg. A. Gerz, Potsdam o. J.
16. Th. Storm, Sämtliche Werke in 4 Bd,, hg. P. Goldammer, Berlin 1956
17. J. Wickram, Goldfaden. Hg. R. Elchinger, München 1923
18. C.M. Wieland, Wieland's Werke in 4o Bd., Berlin o. J.

Sekundär-Literatur

1. G. Bachelard, Poetik des Raumes, München 1960
2. Bächtold-Stäubli, Handwörterbuch des deutschen Aberglaubens, hg. Hoffmann und Krayer, Berlin, Leipzig 1929-30, Bd. 2
3. Bateson, Jackson, Laing, Lidz, Wynne u. a., Schizophrenie und Familie, Reihe Theorie 2, Frankfurt 1969
4. M. Beaujean, Der Trivialroman in der 2. Hälfte des 18. Jahrhunderts in: Abh. zur Kunst-, Musik- und Literaturwissenschaft, Bd. 22, Bonn 1964
5. Bilderschmuck der deutschen Sprache, Weimar 1894
6. Deutsches Sprichwörter-Lexikon, Bd. 1, Leipzig 1867
7. F. Fiedler, Mythologie der Griechen und italischen Völker, Halle 1823
8. A. Freud, Das Ich und die Abwehrmechanismen. Reihe Geist und Psyche, München o. J.
9. S. Freud, Gesammelte Werke, 18 Bde., hg. A. Freud u.a., Frankfurt 1969
10. Handwörterbuch des deutschen Märchens, hg. Bolte-Mackensen, Bd. 1, Berlin - Leipzig 1930 - 33
11. G.W.F. Hegel, Sämtliche Werke, hg. E. Lasson, Bd. 5, Hamburg 1952
12. J. Hobrecht, Über öffentliche Gesundheitspflege, Stettin 1868
13. M. Horkheimer u. Th. W. Adorno, Dialektik der Aufklärung, Amsterdam 1947
14. E. Jones, Leben und Werk Sigmund Freuds. 3 Bde., Bern - Stuttgart 1962
15. E. Korrodi, Gottfried Kellers Lebensraum. Zürich - Leipzig 1930
16. Meister der deutschen Kritik. Hg. W. Killy, Bd. 2, München 1963
17. R. v. Ranke-Graves, Griechische Mythologie, Reinbeck 1955
18. P. Searles, Der Übergang vom konkretistischen zum metaphorischen Denken im Gesundungsprozeß der Schizophrenen in: Psyche IX, Jg. 19, 1965
19. K. Simrock, Handbuch der deutschen Mythologie. Bonn 1874
20. L. S. Wygotski, Denken und Sprechen. Reihe Conditio Humana, Frankfurt 1969